Direito da Família
e das Sucessões

Direito da Família e das Sucessões

2019 • 6ª Edição

Jorge Augusto Pais de Amaral
Juiz Conselheiro do Supremo Tribunal de Justiça, jubilado

ALMEDINA

DIREITO DA FAMÍLIA E DAS SUCESSÕES

AUTOR

Jorge Augusto Pais de Amaral

1ª Edição: Novembro, 2014

EDITOR

EDIÇÕES ALMEDINA, S.A.

Rua Fernandes Tomás, nºs 76-80

3000-167 Coimbra

Tel.: 239 851 904 · Fax: 239 851 901

www.almedina.net · editora@almedina.net

DESIGN DE CAPA

FBA.

PRÉ-IMPRESSÃO

João Jegundo

IMPRESSÃO E ACABAMENTO

Pentaedro, Lda.

Setembro, 2019

DEPÓSITO LEGAL

461641/19

ALMEDINA | GRUPOALMEDINA

BIBLIOTECA NACIONAL DE PORTUGAL – CATALOGAÇÃO NA PUBLICAÇÃO

AMARAL, Jorge Augusto Pais de

Direito da família e das sucessões. – 6ª ed. – (Manuais universitários)

ISBN 978-972-40-8140-3

CDU 347

"A vida, quanto mais vazia, mais pesa"
LÉON DAUDI

À Maria Ivone,
aos nossos filhos,
Rui Jorge e Maria João,
e aos nossos netos,
Diogo e Leonor

PREFÁCIO DA 6ª EDIÇÃO

Cada edição do livro reflete as diversas alterações legislativas que entretanto vão sendo publicadas, constituindo nossa constante preocupação mantê-lo atualizado. Essa tarefa proporciona-nos ainda o ensejo de, sempre que possível, procurar melhorar a obra. O facto de termos exercido a magistratura judicial no Tribunal de Família de Lisboa por um período de cerca de oito anos, deu-nos uma experiência muito vasta acerca das diversas questões que um aluno de Direito ou o próprio jurista poderão ter de enfrentar na sua vida profissional.

Procuramos utilizar uma linguagem que, embora precisa, é o mais acessível possível. Estamos em sintonia com o próprio legislador que, recentemente, manifestou a sua preocupação de que seja utilizada uma "linguagem simples e clara" ao aditar ao Código de Processo Civil o artigo 9º-A.

Estas nossas preocupações têm sido devidamente compreendidas, atendendo ao bom acolhimento que o livro tem merecido.

PAIS DE AMARAL

PREFÁCIO DA 1ª EDIÇÃO

Constitui, para mim, uma honra escrever breves e singelas palavras sobre *Direito da Família e das Sucessões*, mais um excelente trabalho do Juiz Conselheiro jubilado do Supremo Tribunal de Justiça, Jorge Augusto Pais do Amaral, ilustre magistrado, dotado de profunda humanidade, que granjeou o respeito e admiração dos colegas e da comunidade jurídica pelo seu saber sempre conjugado com um elevado sentido prático e uma invejável capacidade de síntese.

Estes atributos já se revelaram em obras anteriores, de que me permito salientar o *Direito Processual Civil*, muito justamente apreciado pelos juristas em geral e por várias gerações de alunos que beneficiaram da sua docência universitária.

O Conselheiro Pais do Amaral retoma um tema que sempre lhe foi muito caro – o Direito da Família – e sobre o qual já produziu obra, prosseguindo o seu labor com o difícil Direito das Sucessões.

É esta obra - *Direito da Família e das Sucessões* - que em boa hora se apresenta à comunidade jurídica, mas que igualmente aproveita a todos aqueles que pretendem compreender o complexo e fascinante mundo do Direito da Família e das Sucessões.

O Conselheiro Pais do Amaral acompanha meticulosamente o direito positivo, inserindo-o numa sistematização própria; descreve os institutos com toda a simplicidade, própria de quem dispõe de muita segurança jurídica, sem contudo deixar de acentuar as particularidades mais relevantes e integrando-os no contexto histórico.

Privilegia-se, pois, o elemento descritivo sobre a patologia; não se esquece, porém, o Conselheiro Pais do Amaral de chamar a atenção, sempre que se mostre necessário, sobre as relevantes questões de natureza interpretativa.

Trata-se de uma obra de leitura fácil e indispensável e que se aconselha vivamente a quem pretenda adquirir um conhecimento amplo e efetivo destes ramos de direito.

Lisboa, Outubro de 2014

J.F. de Salazar Casanova, Juiz Conselheiro
Vice-Presidente do Supremo Tribunal de Justiça

CAPÍTULO I

1. Plano de exposição

Na exposição que nos propusemos levar a cabo, começamos por definir a família e abordar cada uma das fontes das relações jurídicas familiares, ou seja, abordamos de forma mais ou menos desenvolvida o casamento, o parentesco, a afinidade e a adoção.

Focamos com especial relevância a relação matrimonial, visto ser uma relação duradoura que liga duas pessoas entre si e que afeta a condição jurídica de cada um dos seus elementos. Além de focalizarmos as duas modalidades de casamento previstas na lei, destacamos as respetivas diferenças. Evidenciamos ainda as várias vicissitudes por que pode passar o casamento.

Fazemos uma referência mais breve às relações de parentesco, que são as que se estabelecem entre as pessoas que têm o mesmo sangue, ou porque descendem umas das outras ou porque têm um progenitor comum. É o caso das relações entre o filho e a sua mãe ou o seu pai; é também o caso das relações entre irmãos ou entre primos. De todas, são as relações de filiação que, por razões que facilmente se compreendem, merecem a nossa especial atenção.

À semelhança da filiação natural, embora independentemente dos laços de sangue, não podemos deixar de referir as relações que se estabelecem entre o adotante e o adotado.

A afinidade constitui um efeito da relação matrimonial que também não podemos deixar de referir. Dizem-se relações de afinidade as que se estabelecem entre um dos cônjuges e os parentes do outro cônjuge. Pode dizer-se que a afinidade pode sobreviver ao próprio casamento. Na verdade, não se extingue pela dissolução do casamento por morte.

Além do aspeto pessoal das relações familiares, fazemos referência também às relações patrimoniais. Abordamos os diversos regimes de bens na celebração do casamento e, após a sua extinção, o inerente processo sucessório.

Na segunda parte dirigimos a nossa atenção para os assuntos que se prendem com a sucessão nas relações patrimoniais. Começamos por uma breve resenha histórica sobre a evolução do instituto das sucessões e enunciamos as diversas modalidades de sucessões e espécies de sucessíveis. Dedicamos diversos capítulos aos modos de vocação sucessória, aos modos de aquisição da herança, à sua partilha, à sucessão legítima, legitimária, testamentária e contratual, procurando abordar em cada um deles as diversas questões relacionadas.

É esta, em termos muito sucintos, a orientação que escolhemos, dando maior relevo a alguns aspetos da exposição do que a outros, por razões que ninguém deixará de compreender.

I PARTE
DIREITO DA FAMÍLIA

CAPÍTULO II

2. A Família

A) Noção de Família

O homem é um ser sociável. Independentemente da posição que ocupa na sociedade, o indivíduo, para se sentir completo, procura estar integrado no seio familiar, onde começa toda a sua formação.

Na história dos agrupamentos humanos, a família precede todos os outros. Por isso, o Direito sempre se preocupou em tutelar as relações familiares.

O Código Civil[1], no seu artigo 1576º determina que são fontes das relações jurídicas familiares o casamento, o parentesco, a afinidade e a adoção.

Pode, portanto dizer-se que a família é constituída por todas as pessoas ligadas por essas mesmas relações. Os familiares de uma pessoa são, além do seu cônjuge, todos os seus parentes e afins, adotantes e adotados. É este o conceito que corresponde à noção jurídica de família. Por vezes, como é do conhecimento comum, a expressão é utilizada com um sentido muito mais restrito, abrangendo tão somente os cônjuges e os respetivos filhos.

B) Evolução do núcleo familiar

A composição e a organização jurídica da família tem sofrido grande evolução com o decorrer dos tempos. O agregado familiar, em tempos recuados, era naturalmente constituído não só pelos cônjuges e pelos filhos solteiros, mas também pelo filho varão primogénito, herdeiro único do património familiar, juntamente com a sua mulher e filhos. Por outro lado, os casais

[1] Diploma a que pertencerão todos os artigos sem outra referência.

tinham geralmente muitos filhos, o que tornava a família muito numerosa. A acrescer a tudo isto, do núcleo familiar faziam parte todas as pessoas que viviam sob o mesmo teto na dependência de uma autoridade comum, abrangendo, por isso, os próprios serviçais. O chefe de todo o agregado era naturalmente o marido. No artigo 1040º, nº 3 ainda se podem surpreender vestígios desse enquadramento dos serviçais no núcleo familiar.

A partir de então, foram enormes as transformações operadas. O núcleo familiar passou a ser constituído apenas pelo casal e filhos enquanto solteiros. Deixou de existir um chefe da família, passando a haver igualdade entre os cônjuges. Por outro lado, apesar de a esperança de vida das pessoas ter aumentado consideravelmente, a família nuclear tem ficado cada vez mais reduzida, porque a taxa de natalidade tem diminuído grandemente.

C) União de facto

Atualmente proliferam as uniões de facto, isto é, as uniões entre duas pessoas em condições semelhantes às dos cônjuges. Estas uniões merecem alguma proteção jurídica, mas não estão englobadas nas fontes das relações jurídicas familiares previstas no artigo 1576º.

Como exemplo da proteção jurídica das pessoas que vivem em união de facto em condições análogas às dos cônjuges podemos referir a que vem contemplada no artigo 2020º, nº 1. Nos termos deste preceito, o membro sobrevivo da união de facto tem o direito de exigir alimentos da herança do falecido. Trata-se de um direito semelhante ao apanágio do cônjuge sobrevivo previsto no artigo 2018º.

Esse direito cessa, porém, se o alimentado contrair casamento ou iniciar nova união de facto – artigo 2019º.

As uniões de facto têm merecido a proteção legal, como se verifica do disposto na Lei nº 7/2001, de 11 de Maio, alterada pela Lei nº 23/2010, de 30 de Agosto e, mais recentemente, pela Lei nº 2/2016, de 29/02. Também a Lei nº 6/2010, de 11 de Maio, contém medidas de proteção das pessoas que vivam em economia comum.

O Acórdão do Supremo Tribunal de Justiça nº 7/2017, D.R. nº 129/2017, Série I, de 2017/07/06 decidiu que "o membro sobrevivo da união de facto tem direito a pensão de sobrevivência, por morte do companheiro, beneficiário do setor bancário, mesmo que o regime especial de segurança social aplicável, constante de instrumento de regulamentação coletiva de trabalho, para que remete a Lei nº 7/2001, não preveja a atribuição desse direito.

D) Direito da Família. Especificidades

1) Definição

O Direito da Família pode definir-se como sendo o conjunto das normas jurídicas que regulam as relações entre os membros da família: a relação matrimonial e as relações de parentesco, afinidade e adoção e ainda as relações que, por virtude destas, se desenvolvem.

Devido à natureza das respetivas matérias, o direito de família apresenta características especiais que o distinguem das restantes normas do direito civil, como sejam, por exemplo, o direito das obrigações.

2) Caráter imperativo das normas

No direito de família predominam as normas de caráter *imperativo*, isto é, inderrogáveis pela vontade dos particulares. Diferentemente, no direito das obrigações prepondera a autonomia privada e, por conseguinte, a grande maioria das normas têm caráter supletivo ou dispositivo.

Sendo a família a primeira célula da organização social e a mais importante do organismo do Estado, facilmente se compreende que as normas que lhe dizem respeito não possam ficar sujeitas ao livre arbítrio dos interesses particulares.

Assim, têm caráter *imperativo* as normas que regulam as modalidades, os requisitos e a forma do casamento, as que definem os deveres e os direitos pessoais dos cônjuges, as que enumeram os fundamentos do divórcio, as que disciplinam as responsabilidades parentais, o direito a alimentos e o instituto de adoção. De uma forma genérica, pode dizer-se que fogem a esse controlo do Estado as relações familiares patrimoniais, visto que são reguladas, de um modo geral, por normas de caráter *dispositivo*. No entanto, mesmo dentre estas, existem ainda algumas normas de caráter imperativo. É o caso, entre outros, das restrições ao princípio da liberdade quanto às convenções antenupciais (artigo 1699º); da imutabilidade das convenções antenupciais e do regime de bens resultantes da lei (artigo 1714º); do regime imperativo da separação de bens (artigo 1720º).

3) Caráter institucional

Sendo as relações familiares muito complexas, nomeadamente no que se referem aos direitos e deveres pessoais, a compreensão da sua disciplina tem, muitas vezes, de ser procurada "mais nos quadros vitais da *instituição familiar*, por intuição do julgador, embora guiada pelo direito, do que no arrazoado *descritivo* da lei, com a atividade racional do intérprete". [2]

O direito vive sobretudo nas próprias instituições, como referem alguns juristas. É a partir das instituições, como é o caso da família, que melhor se pode alcançar o sentido da lei. Quando são reguladas as relações de família, o legislador, por vezes, limita-se a reconhecer o "direito que vive e constantemente se realiza na instituição familiar". Sendo o conteúdo das normas por vezes muito vago, só é possível a integração das mesmas recorrendo a outras normas pelas quais se rege a instituição familiar.

Para exemplificar o que acabamos de dizer, pense-se no conteúdo dos deveres dos cônjuges previstos no artigo 1672º; no conteúdo dos deveres dos pais e filhos a que alude o artigo 1874º; no conteúdo das responsabilidades parentais previsto no artigo 1878º.

4) Coexistência do direito estadual e do direito canónico na relação matrimonial

A ordem jurídica portuguesa reconhece a validade da ordem jurídica canónica para regular certos aspetos do casamento católico.

Em Portugal, um grande número de casamentos é celebrado segundo a forma canónica. Pode dizer-se que o legislador português devolveu ao direito canónico a regulamentação de certos aspetos do casamento católico. Estes casamentos são, portanto, só em parte regidos pelo direito matrimonial do Estado português.

Como exemplos desta coexistência na regulamentação da relação matrimonial podemos apontar, entre outros, os artigos: 1587º, nº 2; 1588º e seguintes; 1596º e seguintes; 1625º e seguinte.

5) Permeabilidade às mutações sociais

Quando confrontado com outros ramos de direito, o Direito de Família é especialmente influenciado pelas modificações que se refletem nas estruturas sociais e políticas. A noção de casamento, a admissibilidade ou inadmissibilidade do divórcio, a posição da mulher casada perante o marido, a situação dos filhos constituem matéria cuja solução tem sofrido grandes modificações.

[2] Cfr. Pires de Lima e Antunes Varela, Código Civil Anotado, vol. IV, pág. 14 (anotação).

Recentemente o casamento deixou de ser possível apenas entre duas pessoas de sexo diferente, passando a ser permitido entre pessoas do mesmo sexo (artigo 1577º). Tempos houve em que o divórcio não era consentido, passou depois a ser permitido apenas no caso dos casamentos civis e agora é possível em qualquer forma de casamento (artigo 1773º e seguintes). Os direitos e deveres dos cônjuges passaram a ser iguais, deixando o marido de ser o chefe da família (artigo 1671º). Os filhos concebidos fora do casamento deixaram de figurar no registo como ilegítimos.

CAPÍTULO III

3. Caraterísticas dos direitos familiares

A) Direitos patrimoniais

Os direitos de família podem ser pessoais ou patrimoniais. Os de ordem patrimonial constituem originariamente direitos obrigacionais ou direitos reais. A circunstância de os sujeitos destas relações obrigacionais ou reais serem simultaneamente sujeitos de uma relação familiar não altera as caraterísticas essenciais da relação, mas provoca modificações na sua dinâmica. Quer dizer, as relações obrigacionais ou reais passam a ser influenciadas pelas relações familiares dos seus sujeitos. Assim, no que toca aos efeitos patrimoniais do casamento, teremos em conta, por exemplo, o regime de dívidas dos cônjuges entre si e perante terceiros, o regime das vendas e doações entre os cônjuges e das que são feitas com vista ao casamento.

Só nos ocuparemos das relações que respeitam a direitos patrimoniais quando as mesmas se subordinam às relações familiares.

Primordialmente ocupar-nos-emos dos direitos familiares pessoais, começando por referir as suas caraterísticas.

B) Direitos pessoais

Os direitos familiares pessoais são poderes funcionais. A primeira caraterística, e certamente a mais importante, que distingue os direitos familiares pessoais dos restantes direitos civis é que não são direitos subjetivos. São antes, *poderes funcionais* ou *poderes-deveres.*

O direito subjetivo traduz-se no poder de exigir de outrem um certo comportamento. O seu titular pode exercê-lo como quiser e até pode nem sequer o exercer.

O titular do *poder funcional* ou *poder-dever,* como a própria designação sugere, é obrigado a exercê-lo. É obrigado a exercê-lo do modo que é exigido pelo interesse que serve, sendo certo que o interesse que está em causa não é o do titular do direito, mas o do "sujeito passivo".

O seu exercício é controlado legalmente. Trata-se de um direito irrenunciável e indisponível.

Para melhor compreendermos este poder funcional basta pensar no poder paternal. Em causa está o interesse do filho menor. Os pais exercem o poder paternal tendo em vista o interesse do filho. A natureza jurídica do poder paternal já nada tem a ver com o direito que era concedido ao *pater familias* sobre o filho e os demais elementos da família, para passar a ser entendido como um poder funcional ou direito-dever obrigatoriamente exercido no interesse do menor.

Como facilmente se compreende, o ideal é que sejam coincidentes os interesses de ambos os sujeitos do poder funcional.

C) Fragilidade da garantia

Os direitos pessoais familiares estão tutelados por uma garantia mais frágil do que a generalidade dos outros direitos. Na verdade, ao não cumprimento dos deveres familiares não corresponde a aplicação de qualquer sanção prevista na lei.

Conforme determina o artigo 1672º, os cônjuges estão reciprocamente vinculados pelos deveres de respeito, fidelidade, coabitação, cooperação e assistência. Se um dos cônjuges faltar ao cumprimento de qualquer destes deveres, isso não constituirá fundamento para exigir ao faltoso o cumprimento, como facilmente se compreende, pela razão simples de que ninguém pode ser obrigado à prática de determinado ato. Por outro lado, também não dá ao cônjuge inocente o direito de exigir qualquer indemnização. Apenas lhe pode proporcionar a possibilidade de pôr termo ao casamento pelo divórcio ou exigir a separação judicial de pessoas e bens. Isto, porém, não constitui uma sanção.

É claro que isto não afasta a responsabilidade civil ou criminal do ato que está na origem do incumprimento de determinado dever conjugal. Significa que o facto de estar integrado no grupo familiar não retira a qualquer dos elementos que o compõem os seus direitos de personalidade. Assim, se o marido agredir fisicamente a mulher pode ter de responder criminalmente e pode ser condenado a uma indemnização.

O adultério da mulher foi, em tempos idos, considerado crime. Atualmente não acarreta nenhuma responsabilidade para com o marido senão aquela a que já fizemos referência, isto é, apenas dá ao marido a possibilidade de desencadear ação de divórcio ou de separação de pessoas e bens.

D) Caráter duradouro dos estados de família

As relações de família são duradouras, permanentes, tendencialmente perpétuas. Geram, por isso, verdadeiros estados: o estado de casado, o estado de separado de pessoas e bens, o estado de filho. Na verdade, nas relações familiares, há uma grande necessidade de certeza.

Esta característica faz com que não seja consentido estabelecer um prazo ou condições para o casamento ou para a perfilhação. Pela mesma razão, a adoção não é revogável – artigo 1989º.

E) Tipicidade dos direitos familiares

Os direitos e negócios familiares estão sujeitos a *numerus clausus*. Significa isto que, no domínio do Direito de Família, só podem ser celebrados os negócios previstos na lei, assim como as relações familiares só podem ter o conteúdo legalmente fixado. Tudo se passa de modo diferente no domínio do direito das obrigações em que impera o princípio da liberdade contratual.

Devido à tipicidade das relações familiares não se poderá efetuar uma perfilhação em que ficasse estipulado que filho ficaria afastado do direito à sucessão ou do direito a alimentos. Pela mesma razão só agora é permitido o casamento entre pessoas do mesmo sexo e não o era antes da alteração legislativa que o veio permitir.

CAPÍTULO IV

4. Parentesco

Embora nos tenhamos proposto dar especial relevância à relação matrimonial, não podemos deixar de fazer referência às outras fontes das relações jurídicas familiares previstas no artigo 1576º.

Começamos pelo parentesco.

Conforme dispõe o artigo 1578º, o parentesco é o vínculo que une duas pessoas, em consequência de uma delas descender da outra ou de ambas descenderem de um progenitor comum.

Como resulta do preceito, a origem do parentesco está na procriação, independentemente de ter havido ou não casamento entre os progenitores. Os parentes estão ligados pelos vínculos de sangue, pelo que o parentesco se pode também designar por *consanguinidade*.

As pessoas que descendem uma da outra, mesmo que existam outras intermédias, formam uma *linha de parentesco*. Esta linha pode ser *reta* ou *colateral*, em consonância com o que dispõe o artigo 1580º.

Nos termos do nº 1 deste preceito, a linha de parentesco diz-se reta, quando um dos parentes descende do outro; diz-se colateral quando nenhum dos parentes descende do outro, mas ambos procedem de um progenitor comum.

É em *linha reta* o parentesco que liga pai e filho, avô e neto, bisavô e bisneto, etc.

Designa-se por *linha colateral* o parentesco que se estabelece entre pessoas que, não sendo descendentes uma da outra, têm um ascendente comum.

Graficamente, podemos representar o parentesco em *linha reta* através de um segmento de reta que começa em uma das pessoas ligadas pela relação de parentesco e termina na outra, qualquer que seja o número de parentes intermediários.

Por sua vez, para representar *graficamente* o parentesco na *linha colateral* podemos servir-nos de dois segmentos de reta que se encontram num ponto, formando um ângulo. No extremo de cada um dos lados do ângulo colocamos os dois parentes e, no vértice, o progenitor comum.

Como dispõe o artigo 1580º, nº 2, a linha reta é descendente ou ascendente: descendente, quando se considera como partindo do ascendente para o que dele procede; ascendente quando se considera como partindo deste para o progenitor.

O pai é parente em *linha reta ascendente* do filho. Este, ao contrário, é parente em *linha reta descendente* do pai.

A classificação tem interesse sempre que a lei estabelece a distinção entre *ascendentes* e *descendentes*, como se verifica no caso da sucessão *legítima*, prevista no artigo 2133º, e no caso da sucessão *legitimária* a que aludem os artigos 2156º e seguintes.

A distinção entre *linha reta descendente* e *linha reta ascendente* também se verifica no caso da venda a que se refere o artigo 877º. Os pais e avós não podem vender a filhos ou netos, sem o consentimento dos outros filhos ou netos. Não se verifica a proibição no caso de a venda ser no sentido da linha reta ascendente, ou seja, dos filhos aos pais ou dos netos aos avós.

Se a noção de parentesco fosse levada às extremas consequências, acabaríamos por concluir que todas as pessoas são parentes umas das outras por terem um tronco comum, que teria sido o primeiro casal que povoou a Terra. Esta ideia levou o legislador a sentir a necessidade de estabelecer um *limite do parentesco.*

Com essa finalidade, determina o artigo 1582º: salvo disposição da lei em contrário, os efeitos do parentesco produzem-se em qualquer grau na linha reta e até ao sexto grau na linha colateral.

Quer dizer, na *linha reta,* os efeitos do parentesco produzem-se em qualquer grau, sem qualquer restrição. A única *restrição* é a que resulta dos próprios factos condicionados pelo *tempo de vida* das pessoas.

Na *linha colateral* os efeitos do parentesco não vão além do *sexto grau.*

A primeira parte do artigo 1582º estabelece uma ressalva que nos parece que só tem tido repercussão legal no sentido de *restringir o limite* e não de o ampliar. É o que resulta do disposto no artigo 2133º, nº 1, alínea *d),* e do artigo 2147º em que os sucessíveis são os colaterais até ao quarto grau apenas. No caso dos impedimentos matrimoniais esse limite é ainda mais reduzido – artigos 1602º, alínea *c)* e 1604, alínea *c)*.

Como acabamos de verificar, o parentesco conta-se por *graus*.

A este respeito dispõe o artigo 1579º que o parentesco se determina pelas gerações que vinculam os parentes um ao outro: cada geração forma um grau, e a série dos graus constitui a linha de parentesco.

Em cada linha de parentesco, este conta-se por graus e cada geração constitui um grau.

O processo de contagem dos graus de parentesco vem definido no artigo 1581º, nos termos seguintes:

1. Na linha reta há tantos graus quantas as pessoas que formam a linha de parentesco, excluindo o progenitor.
2. Na linha colateral os graus contam-se pela mesma forma, subindo por um dos ramos e descendo pelo outro, mas sem contar o progenitor comum.

O processo de contagem dos graus leva-nos a conhecer a maior ou menor proximidade do vínculo de sangue entre os parentes.

Na *linha reta* contam-se as pessoas que formam essa linha, excluindo o progenitor. Assim, pai e filho são parentes em 1º grau (2 pessoas que formam a linha, menos o progenitor); bisavô e bisneto são parentes em 3º grau (são 4 as pessoas que formam a linha, devendo ser excluída 1, que é o progenitor comum).

Na *linha colateral* a contagem faz-se do mesmo modo, mas agora tendo em atenção aquelas duas linhas que formam o ângulo em cujo vértice se situa o progenitor comum. Subindo por um dos ramos até ao vértice do ângulo, que é progenitor comum, e descendo pelo outro ramo. Do número total das pessoas contadas retira-se uma, que é o progenitor comum. Assim, os irmãos são parentes colaterais em 2º grau, por serem 3 as pessoas que formam a respetiva linha e haver necessidade de excluir o progenitor comum (o pai ou a mãe); Tio e sobrinho são parentes colaterais em 3º grau por serem 4 as pessoas que formam a linha angular, havendo de ser excluído o progenitor comum.

No Direito Canónico é diferente o modo de contar os graus de parentesco na *linha colateral*. Para os *canonistas*, em vez de se contarem ambas as linhas até ao progenitor comum, conta-se apenas uma delas, se tiverem igual extensão. Se forem diferentes em extensão, isto é, no caso do número de gerações que integram cada uma das linhas ser diferente, conta-se apenas a linha mais comprida. A contagem na *linha reta* faz-se do mesmo modo que no nosso Direito Civil.

As relações de parentesco têm maior ou menor relevância conforme o grau de proximidade. No entanto, há um efeito comum às diversas relações de parentesco, que é o efeito sucessório.

São herdeiros legitimários o cônjuge, os descendentes e os ascendentes, pela ordem e segundo as regras estabelecidas para a sucessão legítima – artigo 2157º.

De entre as relações de parentesco, importa destacar a *filiação*, que é a mais importante. Um dos efeitos é o poder paternal, o qual se traduz em um conjunto de poderes-deveres que aos pais compete exercer no interesse dos filhos. As responsabilidades parentais estão consagradas no artigo 1878º.

Outro importante efeito das relações parentais consiste na obrigação de prestar *alimentos*, conforme dispõe o artigo 2009º. Havendo várias pessoas vinculadas à prestação de alimentos, se alguma dessas pessoas oneradas não puder satisfazer a parte que lhe cabe, o encargo recai sobre as restantes – artigo 2010º, nº 2.

As relações de parentesco assumem também importância no domínio da *tutela*.

Quando os pais não tenham designado tutor ou este não haja sido confirmado, compete ao tribunal de menores, ouvido o conselho de família, nomear o tutor de entre os parentes ou afins do menor...- artigo 1931º, nº 1.

Por sua vez, o conselho de família é constituído por dois vogais escolhidos entre os parentes ou afins do menor – cfr. artigos 1951º e 1952º.

Podemos ainda referir que as relações de parentesco constituem *impedimentos matrimoniais*.

Impedimentos dirimentes relativos nos casos previstos no artigo 1602º, alíneas *a)* e *c)* ou impedimentos impedientes no caso a que alude o artigo 1604º, alínea *c)*.

Por último, lembraremos que as relações de parentesco e afinidade constituem *causas de impedimento do juiz e fundamento de suspeição*, nos termos do disposto nos artigos 115º, nº 1, alínea *d)* e 120º do Código de Processo Civil.

5. Afinidade

O artigo 1584º dá-nos a noção de afinidade considerando-o como sendo o vínculo que liga cada um dos cônjuges aos parentes do outro.

Para haver *afinidade* é necessário que tenha havido casamento e que exista parentesco. A fonte das relações de afinidade é o casamento. A afinidade só nasce, portanto, após a sua celebração. Não tem efeitos retroativos. Se duas pessoas solteiras viviam maritalmente e depois vieram a contrair matrimónio entre si, é só a partir da celebração do casamento que se pode começar a falar de afinidade. Anteriormente ao casamento, entre um indivíduo e a filha da sua namorada não podia existir qualquer afinidade.

Os *afins* não são parentes entre si, visto que não estão ligados por vínculo de sangue, embora o parentesco esteja na base da afinidade. O parentesco que está na origem da afinidade entre o sogro e a nora, não é o parentesco entre eles (que não existe), mas o que liga o sogro e o marido da nora, que é filho daquele.

Se a *afinidade* tem a sua origem a partir do casamento, pareceria lógico que terminasse com a dissolução do mesmo. No entanto, nem sempre é assim. Mantém-se para *além da dissolução do casamento por morte.*

Conforme dispõe o artigo 1585º, a afinidade determina-se pelos mesmos graus e linhas que definem o parentesco e não cessa pela dissolução do casamento por morte.

Como resulta da lei, a afinidade mantém-se mesmo depois da dissolução do casamento por morte, o que significa que *cessa no caso da dissolução do casamento por divórcio,* como se depreende do preceito, *a contrario sensu.* Significa que, no caso de dissolução do casamento por divórcio, não existe impedimento ao posterior casamento do ex-cônjuge com o filho ou com o pai do outro.

As razões que justificam que a afinidade seja considerada causa de incapacidade matrimonial, que constitua motivo de preferência na escolha do tutor ou dos vogais do conselho de família e que motive ainda outras incapacidades, não desaparecem, em princípio, só porque foi dissolvido, por morte, o casamento que lhe serve de base.

Deste mesmo preceito se conclui que a *afinidade,* tal como o parentesco, pode ser na linha *reta* (sogros e genro ou nora) ou na linha *colateral* (cunhados). Assim, um cônjuge é *afim em linha reta* dos parentes em linha reta do seu cônjuge. É *afim em linha colateral* dos parentes do seu cônjuge em linha colateral.

Dentro da linha *reta,* pode distinguir-se a linha *ascendente* e a linha *descendente* tal como na relação de parentesco, com a devida adaptação.

Por sua vez, a contagem dos *graus* da afinidade obedece ao mesmo critério utilizado para o parentesco, tendo por base o número de gerações.

Um cônjuge é *afim em 2º grau* dos parentes em 2º grau do seu cônjuge e é *afim em 3º grau* dos parentes em 3º grau do seu cônjuge.

Diferentemente, a lei não estabelece *nenhum limite* para os graus de afinidade à semelhança do que determina para o parentesco na linha colateral.

Os *efeitos da afinidade* são muito menos importantes do que os que resultam da relação de parentesco. Ao contrário da relação de parentesco, a afinidade não produz quaisquer efeitos na sucessão legítima nem origina obrigação de prestar alimentos.

Por vezes, a finidade constitui um motivo de preferência. É o que acontece no caso da *escolha do tutor* pelo tribunal em que é dada preferência aos parentes e afins, por imposição do artigo 1931º, nº 1. É ainda o caso da escolha dos vogais do conselho de família que também são escolhidos entre os parentes ou afins, conforme determina o artigo 1952º, nº 1.

Na maioria das vezes, a afinidade constitui fundamento de incapacidades ou incompatibilidades de vária natureza.

No domínio do casamento civil, a *afinidade na linha reta* constitui um *impedimento dirimente relativo*, nos termos da alínea *d)* do artigo 1602º.

Não é permitida a averiguação oficiosa de paternidade se a mãe e o pretenso pai forem afins em linha reta – artigo 1866º, alínea *a)*.

No domínio do Código de Processo Civil, constitui um caso de *impedimento do juiz* quando tenha intervindo em causa como mandatário judicial o seu cônjuge ou algum parente ou afim na linha reta ou no 2º grau da linha colateral – artigo 115º, nº 1, alínea *d)* do Código de Processo Civil.

É também *fundamento de suspeição do juiz* o caso em que o juiz ou o seu cônjuge, ou algum parente ou afim se encontre na situação prevista no artigo 120º, alínea *d)* do Código de Processo Civil.

Por outro lado, *podem recusar-se a depor como testemunhas*, o sogro ou a sogra nas causas do genro ou da nora e vice-versa – artigo 497º, nº 1, alínea *b)* também do Código de Processo Civil.

6. Adoção[3]

A) Noção e evolução histórica

Tal como o parentesco e a afinidade, a adoção é também uma fonte das relações jurídicas familiares previstas no artigo 1576º.

[3] Foi publicada, no dia 8 de Setembro, a Lei nº 143/2015 que aprovou o Regime Jurídico do Processo de Adoção, tendo sido introduzidas diversas alterações ao regime anterior.

Conforme é definida no artigo 1586º, a adoção é o vínculo que, à semelhança da filiação natural, mas independentemente dos laços de sangue, se estabelece legalmente entre duas pessoas, nos termos dos artigos 1973º e seguintes.

O vínculo que se estabelece entre o adotante e o adotado nasce a partir da sentença constitutiva da adoção e é semelhante, quanto aos efeitos, à filiação natural, embora não provenha dos laços biológicos da procriação.

Os romanos serviram-se largamente da adoção, que se manteve até ao período medieval, vindo a cair em desuso na idade moderna. Mais tarde, ressurgiu na generalidade dos países europeus, depois da primeira Guerra Mundial. Esse ressurgimento foi sendo feito de uma forma gradativa: primeiramente, o Estado limitava-se a entregar a criança à família que dela passaria a cuidar, sem que isso implicasse qualquer alteração no *estado* do menor; algum tempo depois, passou a estabelecer-se um vínculo familiar, semelhante ao da filiação natural, mantendo-se, no entanto, os laços que prendiam a criança à família de origem; por último, a criança passou a ser completamente integrada na família do adotante, desaparecendo os laços que a prendiam à família biológica.

Em Portugal, o anterior Código Civil de 1867 não lhe deu acolhimento, pois a adoção tinha perdido a sua aceitação.

No século XX a adoção ganhou novamente força, depois de um longo período de esquecimento.

Renasceu, porém, com um espírito muito diferente daquele que anteriormente a caracterizava. A adoção deixou de ser um meio de "assegurar e perpetuar o culto doméstico em matrimónios estéreis", como acontecia no direito romano. E também deixou de ser um meio de dar continuidade à família perpetuando o nome dos adotantes. Agora a adoção tem como finalidade servir os interesses do próprio adotado.

Por outras palavras, a adoção deixou de ser um instituto com vista a favorecer os interesses do adotante e passou a ter agora o propósito de satisfazer os interesses das crianças ou jovens abandonados ou maltratados, por forma a poderem desenvolver-se num ambiente familiar que lhes proporcione o sustento e a educação necessários à sua adequada formação.

Este novo espírito resulta claramente patenteado no disposto nos artigos 1973º e seguintes.

Desde logo o artigo 1974º determina, no seu nº 1, que a adoção visa realizar o superior interesse da criança e será decretada quando apresente reais vantagens para o adotado...e seja razoável supor que entre o adotante e o adotando se estabelecerá um vínculo semelhante ao da filiação.

Na verdade, através da adoção pretende-se que venham a estabelecer--se entre o adotante e o adotado relações próprias da filiação. A sentença que a decretar não se pode limitar a emitir um juízo de legalidade, mas deve proferir um juízo de oportunidade, só admitindo a adoção no caso de a mesma apresentar reais vantagens para o adotando.

B) Sua constituição

Podem ser adotadas as crianças que sejam filhas do cônjuge do adotante e as que tenham sido confiadas ao adotante mediante confiança administrativa ou medida de promoção e proteção de confiança com vista a futura adoção. É o que determina o artigo 1980º, nº 1.

Nos termos do disposto no artigo 1979º, podem adotar *duas pessoas* casadas há mais de 4 anos e não separadas judicialmente de pessoas e bens ou de facto, se ambas tiverem mais de 25 anos. Para adotar *individualmente,* o adotante terá de ter mais de 30 anos e menos de 60. Se, porém, o adotando for filho do seu cônjuge, a idade mínima exigida baixa igualmente para os 25 anos.

O *adotando* deve ter menos de 15 anos à data do requerimento da adoção. Poderá, no entanto, ser adotado o jovem que, a essa data, tenha menos de 18 anos e não se encontre emancipado quando, desde idade não superior a 15 anos, tenha sido confiado aos adotantes ou a um deles ou quando for filho do cônjuge do adotante – artigo 1980º, nºs 2 e 3.

Conforme resulta deste preceito, a *idade máxima para o menor* poder ser adotado é, em princípio, de 15 anos. Conta-se em relação ao momento em que é apresentado pelo adotante o respetivo requerimento. A idade pode estender-se até aos 18 anos, contados com referência ao mesmo momento, se o jovem já tinha sido confiado, com idade não superior a 15 anos, aos adotantes ou a um deles ou é filho do cônjuge do adotante. Neste caso, o jovem *não pode ter sido emancipado.* Como se sabe, o menor é emancipado pelo casamento, conforme dispõe o artigo 132º.

Por força da alteração introduzida pela Lei nº 2/2016, de 29/02, ao artigo 7º da Lei nº 7/2001, de 11/05, passou a ser reconhecido a todas as pessoas que vivam em união de facto nos termos da presente lei o direito de adoção em condições análogas às previstas no artigo 1979º do Código Civil, sem prejuízo das disposições legais respeitantes à adoção por pessoas não casadas.

A adoção exige o *consentimento* do adotando maior de 12 anos; do cônjuge do adotante não separado judicialmente de pessoas e bens; dos pais do adotando, ainda que menores e mesmo que não exerçam as responsabilidades parentais, desde que não tenha havido medida de promoção e proteção de confiança com vista a futura adoção; do ascendente, do colateral até ao 3º grau ou do tutor, quando, tendo falecido os pais do adotando, tenha este a seu cargo e com ele viva; dos adotantes – alíneas *a)* a *e)* do artigo 1981º, nº 1.

Nos casos previstos nas alíneas *c), d)* e *e)* do nº 1 do artigo 1978º, sempre que a criança se encontre a viver com ascendente colateral até ao 3º grau ou tutor e a seu cargo, não é exigido o consentimento dos pais, sendo porém exigido o consentimento dessas pessoas – artigo 1981º, nº 2.

O consentimento pode ser dispensado pelo tribunal nos casos previstos nas alíneas do nº 3 do mesmo artigo 1981º.

Por outro lado, considerando que o adotado irá integrar a família do adotante, o artigo 1984º impõe ao juiz a *audição de certas pessoas* do núcleo familiar, nomeadamente os filhos do adotante maiores de 12 anos, se os houver. Na verdade, o seu depoimento poderá ser de grande utilidade para conhecer as condições de vida do progenitor que pretende alargar a família a mais um filho e sobre o possível relacionamento dos filhos de sangue com o novo irmão adotivo.

A *identidade do adotante* não pode ser revelada aos pais naturais do adotado, salvo se aquele declarar expressamente que não se opõe a essa revelação. Por sua vez, os *pais naturais do adotado* também se podem opor a que a sua identidade seja revelada ao adotante – cfr. artigo 1985º, nºs 1 e 2.

Todas as entidades públicas e privadas têm o dever de adotar as providências necessárias a esta preservação do segredo de identidade – cfr. artigo 5º, nº 1 do R.J.P.A. (Regime Jurídico do Processo de Adoção).

Este regime de secretismo poderá ser vantajoso por contribuir para aumentar o número de menores encaminhados para a adoção.

No entanto, às pessoas adotadas é garantido o direito ao conhecimento das suas origens, nos termos e com os limites definidos no diploma que regula o processo de adoção – artigo 1990º-A.

A este respeito determina o artigo 6º, nº 1 do R.J.P.A. que os organismos de segurança social, mediante solicitação expressa do adotado com idade igual ou superior a 16 anos, têm o dever de prestar informação, aconselhamento e apoio técnico no acesso ao conhecimento das suas origens.

Por força do nº 7 do mesmo preceito, pode ainda o tribunal, a requerimento do Ministério Público e com fundamento em ponderosos motivos de saúde do adotado menor, autorizar o acesso a elementos da sua história pessoal.

Conforme dispõe o artigo 31º do R.J.P.A., a fase final do processo de adoção tem natureza de jurisdição voluntária, sendo-lhe aplicáveis as correspondentes normas do Código de Processo Civil.

Os processos de jurisdição voluntária estão previstos nos artigos 986º e seguintes do Código de Processo Civil. Nos termos do nº 2 do primeiro destes artigos, o tribunal pode investigar livremente os factos, coligir as provas, ordenar os inquéritos e recolher as informações convenientes e só são consideradas as provas que o juiz considere necessárias.

Nos processos de jurisdição voluntária não é obrigatória a constituição de advogado, salvo na fase de recurso. Nas providências a tomar, o tribunal não está sujeito a critérios de legalidade estrita, devendo adotar a solução que julgue mais conveniente e oportuna.

Como determina o artigo 32º do mesmo R.J.P.A., o procedimento relativo à prestação do consentimento prévio para a adoção, bem como a tramitação judicial do processo de adoção têm caráter urgente.

Como consequência desta urgência, os prazos processuais não se suspendem durante as férias judiciais, como determina o artigo 138º, nº 1, *in fine* do Código de Processo Civil.

C) Efeitos da adoção

Pela adoção o adotado adquire a situação de filho do adotante e integra-se com os seus descendentes na família deste, extinguindo-se as relações familiares entre o adotado e os seus ascendentes e colaterais naturais, sem prejuízo do disposto quanto a impedimentos matrimoniais nos artigos 1602º a 1604º – artigo 1986º, nº 1.

Como se verifica, em princípio, a adoção faz extinguir as relações familiares entre o adotado e a sua família natural, passando o adotado a integrar a família do adotante. Porém, os laços de sangue que o ligam à família natural não podem ser desprezados quando estão em causa os impedimentos matrimoniais. Justificam esta exceção as razões de ordem eugénica, moral e social que estão na base dos impedimentos matrimoniais.

O nº 2 deste mesmo preceito contém a seguinte ressalva ao princípio da extinção das relações familiares que prendem o adotado à família natural:

se um dos cônjuges adota o filho do outro mantêm-se as relações entre o adotado e o cônjuge do adotante e os respetivos parentes.

Compreende-se perfeitamente que neste caso especial em que a adoção recai sobre o filho do cônjuge do adotante se mantenham, para todos os efeitos, os laços de parentesco natural que ligam o adotado ao cônjuge do adotante e os respetivos parentes entre si.

A integração do adotado na família do adotante vai mesmo mais longe, fazendo com que o adotado perca os seus apelidos de origem para usar os da família do adotante e até possa modificar o nome próprio, conforme resulta do disposto no artigo 1988º.

Pretende-se, deste modo, fazer extinguir completamente os vestígios de uma ligação que se pretende que seja cortada cerce.

Depois de decretada a adoção não é possível estabelecer a filiação natural do adotado nem fazer a prova dessa filiação fora do processo preliminar de casamento – artigo 1987º.

Como se compreende, a investigação da *filiação natural do adotado* torna-se desnecessária depois de ter sido decretada a adoção. Porém, essa averiguação pode interessar no processo *preliminar de casamento*, quando está em causa a celebração do casamento do adotado, visto que a filiação resultante da adoção não esclarece sobre o seu parentesco real.

D) Irrevogabilidade da adoção

A adoção não é revogável – artigo 1989º.

Através da adoção são criadas situações de natureza pessoal de grande relevância não só para o adotado e para o adotante como também para os respetivos familiares. A necessidade de tutelar essas situações seria incompatível com a possibilidade de revogação. Assim, o vínculo familiar criado pela *adoção não pode ser revogado* pelo adotante nem pelo adotado e também o não pode ser por acordo de ambos.

A adoção não pode ser revogada, *mas pode vir a ser anulada* pela revisão da sentença prevista no artigo 696º e seguintes do Código de Processo Civil.

Fazendo uma síntese do que dispõe o artigo 1990º, podemos dizer que a sentença que tiver decretado a adoção só é suscetível de *revisão*, se tiver *faltado o consentimento* de quem legalmente o devia ter prestado; se *tiver sido indevidamente dispensado o consentimento* dos pais do adotado; se o *consentimento do adotante tiver sido viciado*; se o consentimento de quem teve de prestá-lo tiver sido determinado *por coação moral*; se tiver *faltado o consentimento do adotado*, quando necessário.

A revisão não será, contudo, concedida, quando os interesses do adotado possam ser consideravelmente afetados, salvo se razões invocadas pelo adotante imperiosamente o exigirem – artigo 1990º, nº 3.

Para poder ser concedida a revisão, a lei admite, portanto, que sejam *sopesados os interesses em jogo*. Por um lado, concede-se que a revisão seja recusada quando os legítimos interesses do adotado estejam em grave perigo. Por outro lado, essas razões poderão ceder perante as razões apresentadas pelo recorrente.

O artigo 1991º regula acerca da questão da *legitimidade para requerer a revisão da sentença* que decretou a adoção e sobre a *caducidade do direito de a requerer*.

Se o fundamento invocado para a revisão da sentença é a falta de consentimento do adotante ou dos pais do adotado – alíneas *a)* e *b)* do nº 1 artigo 1990º – a *legitimidade* para a requerer cabe à pessoa cuja falta de consentimento foi indicada. O prazo de *caducidade* é de seis meses contados a partir do conhecimento da adoção.

Quando o fundamento do pedido diz respeito ao *erro* ou *coação* referidos nas alíneas *c)* e *d)* do nº 1 do artigo 1990º, a legitimidade para requerer a revisão da sentença pertence à pessoa cujo consentimento foi viciado, podendo fazê-lo no prazo de seis meses após a cessação do vício. O prazo é mais curto do que o previsto na regra geral do nº 1 do artigo 287º, por razões que facilmente se compreendem, atendendo à especial natureza dos interesses em jogo quando está em causa a adoção.

Quando tiver faltado o consentimento do adotado, quando necessário, ou seja, do *adotado maior de 12 anos* – artigo 1981º, nº 1, alínea *a)* – é atribuída ao próprio adotado a *legitimidade* para impugnar a sentença. O prazo continua a ser de seis meses, mas, como se compreende, o prazo conta-se a partir do momento em que atingiu a maioridade ou foi emancipado (pelo casamento – artigo 132º).

O pedido de revisão, nos casos das alíneas *a)* e *b)* do número anterior, não poderá ser deduzido decorridos três anos sobre a data do trânsito em julgado da sentença que tiver decretado a adoção – artigo 1991º, nº 2.

Pretende-se com este limite evitar os inconvenientes que poderiam advir do prolongamento exagerado do prazo de caducidade previsto nas alíneas *a)* e *b)*, o que poderia repercutir-se de forma negativa nas relações com o adotado, visto os prazos só começarem a contar a partir do conhecimento de determinado facto ou da cessação de invocado vício.

E) Atos posteriores à sentença

Nos termos do disposto no artigo 69º, alínea *d)* do Código de Registo Civil, ao assento de nascimento são especialmente averbadas a adoção e a revisão da respetiva sentença.

Após o averbamento do facto referido na alínea *d)*, deverá ser feita a comunicação a que se reporta o nº 3 do artigo 56º do Regulamento Jurídico do Processo de Adoção, a efetuar com preservação dos elementos de identificação dos adotantes, designadamente identidade, filiação residência, número de documento de identificação e do tribunal onde correu o processo de adoção.

A sentença não é notificada aos pais biológicos. É, porém, comunicada aos pais biológicos ou, na sua falta, a outros ascendentes do adotado, a extinção do vínculo biológico e respetiva data.

Excecionalmente, a sentença pode estabelecer a manutenção de contactos pessoais entre o adotado e elementos da família biológica, verificadas as condições e os limites previstos no nº 3 do artigo 1986º do Código Civil – nº 5 do acima referido artigo 56º do R.J.P.A.

CAPÍTULO V

7. Sistemas matrimoniais

Desde tempos muito recuados, à medida que a doutrina da Igreja se ia difundindo pelo Império Romano, e principalmente depois da conversão de Constantino, o direito matrimonial passou por importantes transformações. O casamento deixou de ser uma mera união de duas pessoas de sexo diferente e foi erguido à categoria de instituição divina.

Durante muito tempo, a Igreja não exigiu a sua intervenção na formação do matrimónio. O essencial era o consentimento dos cônjuges e isso, por muito tempo, foi considerado suficiente, sem necessidade da intervenção do sacerdote.

Porém, o abuso dos casamentos clandestinos vulgarizou-se de tal modo que o IV Concílio de Latrão, em 1215, passou a exigir a publicação de *três pregões* ou *proclamas*, os chamados *bani*, de onde deriva a palavra portuguesa *banhos*.

Após a Reforma, o regime matrimonial da Igreja foi vivamente combatido por Lutero e Calvino. Por isso, no século XVI, o Concílio de Trento, embora continuasse a considerar o casamento como um ato consensual e como sacramento, passou a exigir, sob pena de nulidade, que o casamento fosse anunciado à missa, em três domingos consecutivos, que o casamento fosse solenemente celebrado pelo pároco na presença de duas testemunhas e que do ato fosse lavrado registo.

Portugal aceitou os cânones do Concílio e, durante muito tempo se considerou que o matrimónio era mais próprio da teologia e do direito canónico. Não se considerava, no entanto, que constituísse matéria estranha ao direito civil. Era o próprio direito civil que mandava observar o direito canónico.

Aos vários Países deparava-se a possibilidade de optar entre o casamento civil e o casamento católico, seguindo um dos seguintes sistemas: sistema do casamento civil *obrigatório*, do casamento civil *facultativo* ou do casamento civil *subsidiário*.

Segundo o sistema do *casamento civil obrigatório*, o Estado não reconhece validade ao casamento que não seja celebrado segundo as normas previstas na lei civil. O direito matrimonial do Estado é obrigatório para todos os cidadãos qualquer que seja a religião que eles professem. É claro que isto nada tem a ver com a liberdade de culto, ou seja, os nubentes podem casar segundo os rituais da religião que abraçaram, mas o ato não produzirá efeitos jurídicos. Apenas será válido o casamento civil.

Por um lado, tem a vantagem de aplicar a todos os cidadãos do País um único direito matrimonial. Por outro lado, obriga os nubentes que professem determinada confissão a uma dupla celebração.

No sistema de *casamento civil facultativo* os nubentes têm a faculdade de optar entre a celebração do casamento civil e a celebração do casamento religioso, cuja validade o Estado reconhece. Este sistema tem a vantagem de não forçar os nubentes à dupla celebração a que atrás nos referimos.

O sistema do *casamento civil subsidiário* é aquele em que o casamento civil é permitido a pessoas em determinadas condições, principalmente nos casos admitidos pelo direito canónico. O Estado aceita inteiramente o direito matrimonial da Igreja. O casamento católico é reconhecido pelo Estado, sendo admitido o casamento civil apenas subsidiariamente nos casos em que a Igreja o considera legítimo.

O casamento civil foi introduzido na legislação portuguesa através do Código Civil de 1867 que, no seu artigo 1057º, passou a admitir o casamento celebrado perante o oficial do registo civil, com as condições e pela forma estabelecida na lei civil. Por sua vez, nos termos do seu artigo 1069º, "o casamento católico só produz efeitos civis, sendo celebrado em conformidade com as leis canónicas recebidas neste reino, ou por elas reconhecido, salvas as seguintes disposições".

O artigo 1081º do mesmo diploma proibia que pudesse haver inquérito prévio acerca da religião dos contraentes, o que nos leva a concluir que aos católicos não estava vedado contrair casamento sob a forma civil.

Os nubentes podiam, portanto, optar pela celebração de casamento católico ou pela celebração de casamente civil, o que nos conduz a qualificar o sistema como sendo de *casamento civil facultativo*.

Com a implantação da República, as leis sobre o matrimónio foram objeto de grandes alterações com a publicação do Decreto nº 1, de 25 de Dezembro de 1910. Depois de no artigo 1º definir o casamento como um contrato celebrado entre duas pessoas de sexo diferente, determina no artigo 2º que este contrato é puramente civil e presume-se perpétuo, sem prejuízo da sua dissolução por divórcio...E, para que não restassem dúvidas quanto ao alcance deste preceito, reafirmava no artigo seguinte que "todos os portugueses celebrarão o casamento perante o respetivo oficial do registo civil, com as condições e pela forma estabelecidas na lei civil, e só esse é válido".

Tratava-se, como é evidente, do sistema de *casamento civil obrigatório.*

Este regime manteve-se até à entrada em vigor da Concordata com a Santa Sé, assinada em 7 de Maio de 1940. O novo regime, que entrou em vigor em 1 de Agosto de 1940, dispunha no seu artigo 1º que "o casamento poderá ser celebrado perante os funcionários do registo civil, com as condições e pela forma estabelecida na lei civil, ou perante os ministros da Igreja Católica, em harmonia com as leis canónicas".

Esta legislação enveredou pelo regresso ao sistema de *casamento civil facultativo.*

O Estado reconhecia efeitos civis aos casamentos católicos e não permitia que os seus tribunais os dissolvessem pelo divórcio, mas seriam competentes para decretar a separação de pessoas e bens. É claro, os casamentos católicos celebrados antes da entrada em vigor da Concordata continuavam a ser passíveis de divórcio.

Entretanto, foi assinado, em 15 de Fevereiro de 1975, o Protocolo adicional à Concordata de 1940. A partir de então, aos tribunais civis foi novamente atribuída competência para decretar o divórcio dos casamentos católicos, visto que foi revogado o artigo 1790º que considerava indissolúveis por divórcio os casamento católicos celebrados desde o dia 1 de Agosto de 1940.

O Estado Português continuou a reconhecer os efeitos civis aos casamentos celebrados segundo as leis canónicas se a ata do casamento tiver sido objeto de registo civil.

8. Modalidades do sistema de casamento facultativo

Durante muito tempo existiu uma certa ligação entre a religião e o casamento. A essa ligação foi dada uma especial importância pela Igreja Católica, nomeadamente a partir do momento em que o casamento entre os batizados passou a ser tido como um sacramento. Os Estados foram-se conformando com a ideia de ser a Igreja Católica a disciplinar o ato matrimonial e, por isso, o casamento esteve por longo tempo sujeito à legislação e jurisdição eclesiástica, exceto quanto aos efeitos civis cuja regulamentação o Estado chamou a si.

A partir da Reforma, Lutero refutou a natureza sacramental do matrimónio. Por outro lado, o desenvolvimento de certas doutrinas teológicas também veio alterar este estado de coisas. Tudo isso deu azo a que os Estados passassem a criar o direito matrimonial não confessional. Mas o maior golpe dado ao privilégio da Igreja consistiu na aceitação do princípio da liberdade religiosa, deixando o catolicismo de ser a única religião do Estado.

Os diversos Países tomaram posições diferentes perante o problema da criação de legislação matrimonial, tendo optado por seguir um dos sistemas que referimos no número anterior: sistema do *casamento civil obrigatório*, sistema do *casamento civil facultativo* ou sistema do *casamento civil subsidiário*.

O sistema de *casamento facultativo* pode divergir para *duas modalidades distintas* quanto às suas consequências práticas.

Numa primeira modalidade, o Estado concede aos seus nacionais a possibilidade de celebrarem casamento religioso, sujeitando-o ao mesmo regime do casamento civil e atribuindo-lhe os respetivos efeitos. O casamento religioso e o casamento profano são apenas duas formas distintas de os nubentes se consorciarem. As atribuições do funcionário do registo civil passam a ser desempenhadas pelo ministro do culto. Assim, o Estado permite a celebração do casamento católico, ao qual reconhece validade, mas sujeita-o ao regime do casamento civil não só quanto aos efeitos, mas também quanto à observância dos requisitos.

Esta modalidade tem a vantagem de evitar aos nubentes uma dupla celebração e a de existir apenas um único direito matrimonial válido para todos os cidadãos do País.

Segundo uma outra modalidade do sistema de casamento civil facultativo, o Estado admite como válido o casamento católico tal como ele é regulado pela Igreja. Quer dizer, o Estado não só reconhece a forma de celebração do casamento como reconhece a própria legislação eclesiástica. Por outras palavras, a lei permite que os nubentes celebrem um casamento religioso, cuja disciplina pertence à jurisdição da Igreja.

Esta modalidade tem a dupla vantagem de poupar os nubentes à necessidade de terem de efetuar mais do que uma celebração e ainda a de haver um único direto matrimonial.

9. Sistema matrimonial vigente

Conforme dispõe o artigo 1587º, nº 1, o casamento é católico ou civil.

É o próprio Estado que coloca o casamento católico, ou seja, o casamento regulado pela legislação da Igreja Católica a par do casamento civil integrado pela legislação estadual.

Significa que são reconhecidos efeitos civis aos casamentos celebrados segundo as leis canónicas.

Como se verifica, Portugal enveredou pelo sistema de *casamento civil facultativo*. É claro que é facultativo apenas *para os católicos*, pois que para os que professarem outra religião diferente é obrigatório o casamento civil, visto que a lei não atribui qualquer valor à cerimónia religiosa. Só aos católicos é permitido optar pelo casamento católico ou pelo casamento civil.

A afirmação contida na lei de que o casamento é católico ou civil, conduz à conclusão de que os cidadãos que sigam um culto diferente do católico e pretendam casar em conformidade com os ritos desse mesmo culto, nada obsta a que o façam, por força do princípio da liberdade religiosa, mas terão de celebrar o casamento civil para que a sua união conjugal produza os efeitos civis do casamento.

Tem sido entendido que não se trata de discriminação religiosa, mas apenas uma consequência de a Igreja Católica possuir uma organização jurídica muito melhor que a das outras confissões.

O artigo 1588º dispõe sobre os efeitos do casamento católico determinando que o mesmo se rege, quanto aos efeitos civis, pelas normas comuns deste código, salvo disposição em contrário.

Não se podem confundir os requisitos de validade do casamento com os efeitos do mesmo. Enquanto os requisitos dizem respeito ao ato, os efeitos são os que nascem da relação matrimonial que se constituiu. Claro que não nos iremos referir aos efeitos religiosos do casamento, visto que apenas dizem respeito à Igreja. Os efeitos civis englobam não só os efeitos patrimoniais como também os efeitos pessoais.

É o direito canónico que regula as condições de *validade* ou *nulidade* do casamento católico. Neste sentido dispõe o artigo 1625º que reconhece aos tribunais eclesiásticos a competência para o conhecimento das causas respeitantes à nulidade do casamento católico e à dispensa do casamento rato e não consumado. Por sua vez, o artigo 1626º garante a exequibilidade das suas decisões.

Assim, é aos tribunais eclesiásticos que compete julgar, segundo as normas de direito canónico, se o casamento católico deve ser anulado por *erro ou vício de vontade.*

Porém, no que concerne à *capacidade matrimonial,* houve a preocupação de aproximar ou eliminar a divergência quanto aos *impedimentos* da lei civil e da lei canónica, afastando os inconvenientes dessa mesma divergência. Assim, para a celebração do casamento católico exige-se que os nubentes tenham a *capacidade prevista na lei civil.*

Nos termos do artigo 1597º, nº 1, a capacidade dos nubentes para contrair matrimónio católico é comprovada por meio de processo preliminar de casamento, organizado nas conservatórias a requerimento dos nubentes ou do pároco respetivo.

Segundo preceitua o artigo 151º, nº 1 do Código de Registo Civil, o casamento católico não pode ser celebrado sem que ao respetivo pároco seja apresentado o certificado a que se refere o artigo 146º.

Por sua vez este artigo 146º, nº 1 ordena que se os nubentes houverem manifestado a intenção de celebrar o casamento católico ou casamento civil sob a forma religiosa, seja passado pelo conservador um certificado no qual se declare que os nubentes podem contrair casamento.

A observância desta obrigação é verificada no momento em que deve ter lugar a *transcrição.*

Com a finalidade de conseguir a unificação do registo do casamento, o assento paroquial do casamento católico é lavrado em duplicado e o pároco da paróquia da celebração do casamento deve enviar o duplicado do assento a uma conservatória do registo civil – cfr. artigos 167º, nº 1 e 169º, nº 1, ambos do Código do Registo Civil.

Já o Código Civil de 1867 tinha imposto obrigação semelhante que, não tendo sido acatada, levava a que a prova do casamento ora se fizesse com base no registo civil, ora com base no registo paroquial, conforme se tratasse de casamento civil ou de casamento católico.

No que diz respeito aos *efeitos de ordem pessoal,* podemos referir que o Protocolo Adicional à Concordata veio ocasionar a revogação do artigo do Código Civil que consagrava a indissolubilidade dos casamentos católicos, o que equivale a dizer que *é permitido o divórcio* tanto para os casamentos civis como *para os casamentos católicos.*

10. O casamento como ato

A) O contrato

O artigo 1577º define o casamento como sendo um contrato celebrado entre duas pessoas que pretendem constituir família mediante uma plena comunhão de vida, nos termos das disposições do Código Civil.

O artigo 1506º do Código Civil de 1867 também qualificava o casamento como um contrato perpétuo feito entre duas pessoas.

O artigo 1º do Decreto nº 1de 25 de Dezembro de 1910 igualmente definia o casamento como um contrato celebrado entre duas pessoas e o artigo 2º do mesmo diploma presumia-o perpétuo.

Diferentemente de Portugal, muitos outros países não viram necessidade de o definir, abstendo-se de formular qualquer conceito legal do casamento.

É, porém, incontestável que se trata de um *contrato*, pois o casamento resulta de um acordo entre duas declarações de vontade contrapostas.

É um contrato não só o *casamento civil* como também o *casamento canónico.*

Esta classificação tem gerado, no entanto, alguma controvérsia. Passaremos a referir algumas das posições assumidas.

Segundo uma delas, o casamento não é um ato de direito privado, sendo a declaração do funcionário do registo civil o elemento verdadeiramente constitutivo do casamento, em que o consentimento dos nubentes constitui um mero pressuposto dessa declaração. O casamento seria um ato administrativo em que o Estado, através do seu representante, seria parte no ato jurídico matrimonial.

Refutando esta posição, diremos que não se compreende como o consentimento dos nubentes pode ser reduzido a um simples pressuposto da declaração do funcionário, quando a lei exige que o consentimento seja livre e isento de vícios.

Não é pela intervenção do oficial público que o casamento deixa de ser um ato jurídico dos nubentes. O papel do oficial público é o de verificar se não existe qualquer impedimento à realização do ato e declarar depois os nubentes como marido e mulher, quando exprimiram perante si o consentimento para tal exigido.

Uma outra posição vai no sentido de considerar o casamento como um negócio plurilateral, havendo três partes, englobando assim, além dos nubentes, o conservador do registo civil. Diferentemente da orientação anterior, agora a declaração do conservador é colocada em pé de igualdade com a dos nubentes.

Parece evidente que a declaração do conservador não pode ser colocada no mesmo plano da dos nubentes. O conservador não é parte no casamento e, por essa mesma razão, não é atingido pelos respetivos efeitos do mesmo. Os únicos a contrair casamento são os nubentes.

É certo que se trata de um contrato em que os nubentes não podem alterar os efeitos fundamentais do casamento previstos na lei, sendo, portanto, limitada a sua autonomia privada.

Ao contrário do que acontece no domínio das obrigações em que as partes têm a faculdade de fixar livremente o conteúdo dos contratos, conforme resulta do artigo 405º, no que concerne ao casamento a liberdade dos nubentes encontra-se muito limitada.

A vontade de contrair casamento importa a aceitação de todos os efeitos legais do matrimónio, conforme preceitua o artigo 1618º. Por outro lado, não podem ser objeto de convenção antenupcial a alteração dos direitos ou deveres, quer paternais, quer conjugais, como o impõe o artigo 1699º.

Apesar destas limitações, o casamento não deixa de ser um contrato, visto que aos nubentes não é retirada a faculdade de se decidirem livremente pelo casamento. Tendo conhecimento dos efeitos essenciais do ato que vão praticar, decidem livremente que querem casar e que querem casar um com o outro.

B) O sexo dos nubentes

Antes da alteração operada em 2010, o artigo 1577º definia o casamento como o contrato celebrado entre duas pessoas *de sexo diferente* que pretendem constituir família.

Por outro lado, o casamento contraído por duas pessoas do mesmo sexo era considerado juridicamente inexistente, conforme dispunha a alínea *e)* do artigo 1628º.

Porém, a Lei nº 9/2010, de 31/5, alterou o artigo 1577º, eliminando a parte em que se referia ao *sexo diferente* dos nubentes e revogou a línea *e)* do artigo 1628º. Considerando estas modificações legislativas, o casamento passou a ser permitido entre *duas pessoas do mesmo sexo*.

A procriação não é um elemento essencial do casamento. Basta ter em conta que a *impotência* nunca constituiu um impedimento matrimonial.

Acresce a este, o argumento de que é permitido o casamento entre pessoas de idade muito avançada.

Por outro lado, o direito nacional não atribui qualquer significado à consumação do matrimónio através da cópula. Assim, o casamento antes e depois de consumado tem o mesmo valor. Ao contrário do direito canónico, a lei civil não conhece a existência do instituto da "dispensa do casamento rato e não consumado" a que alude o artigo 1625º.

C) Finalidade do casamento

Manteve-se na lei que o propósito do casamento é o de constituir família. Na verdade, o casamento continua a ser uma fonte das relações jurídicas familiares conforme determina o artigo 1576º. Assim, se as pessoas constituírem uma união de facto, essa união só por si não gera uma relação jurídica familiar. Do mesmo modo que se um homem casado abandonar o lar conjugal e passar a viver em união de facto com outra mulher, não cria duas famílias.

A finalidade do casamento consiste em alcançar *plena comunhão de vida*. Cada um dos cônjuges, sem aniquilar a sua personalidade, entrega-se ao outro, procurando com esta dádiva recíproca, satisfazer uma série complexa de sentimentos.

D) Solenidade do ato

O casamento é sempre um negócio jurídico solene, quer se trate de casamento civil ou de casamento católico. Quando os nubentes exprimem a vontade de contrair casamento não podem fazê-lo de qualquer modo, mas através de certa forma prevista na lei.

Só a partir do Concílio de Trento (1563), o casamento católico passou a ser um contrato solene celebrado perante o ministro da Igreja.

Porém, enquanto a forma exigida para os outros negócios jurídicos ditos solenes consiste na exigência de um documento escrito que contém as declarações de vontade dos contraentes, a forma requerida para a validade e existência do casamento está na cerimónia da celebração do casamento e não propriamente no documento escrito.

A solenidade a que o casamento civil deve obedecer encontra-se prevista no artigo 155º do Código do Registo Civil. Nele se indica a forma que deve ser seguida na celebração do casamento, que é pública. Depois de referir o que o conservador tem de fazer até ao momento de ouvir o consentimento dos contraentes, determina que, depois de prestado esse consentimento, o conservador diz, em voz alta, de modo a ser ouvido por todos os presentes: "Em nome da lei e da República Portuguesa, declaro F. e F. (indicando os nomes completos de marido e mulher) unidos pelo casamento."

O casamento católico segue solenidade própria prevista nas leis eclesiásticas.

Com a exigência da solenidade pretende-se mostrar aos olhos dos nubentes e das outras pessoas em geral o significado do ato matrimonial.

11. Especificidades do casamento católico

A) O contrato e o sacramento

O casamento católico é regulado pelo direito canónico, como já sabemos.

Como também já é do nosso conhecimento, o casamento católico é um contrato, assim como o casamento civil.

Além disso, é um sacramento. O matrimónio celebrado entre batizados, começando por ser um ato humano, assente no consentimento prestado pelos nubentes, foi elevado pela Igreja à condição de sacramento.

Lutero e Calvino reagiram contra, sustentando que o casamento era um ato de natureza mundana e não tinha caráter divino. Já no final do século XVII, os teólogos galicanos estabeleceram a distinção entre o *sacramento* do matrimónio, reservado à exclusiva jurisdição eclesiástica e o *contrato* de casamento, cuja regulação pertencia ao Estado.

Embora não fazendo a total separação entre o contrato e o sacramento, a Igreja sempre se arrogou o direito de legislar sobre o sacramento, e passou a deixar para as autoridades civis a parte respeitante ao contrato, ou seja, a parte do casamento de natureza terrena.

B) Efeitos civis do casamento católico

O casamento católico rege-se, quanto aos efeitos civis, pelas normas comuns deste código, salvas disposições em contrário – artigo 1588º.

Não podemos confundir os efeitos *de ordem religiosa*, cuja regulamentação cabe à Igreja, com os efeitos civis do matrimónio aos quais são aplicadas as normas do Código Civil, na falta de disposição em contrário.

Os efeitos civis do matrimónio podem ser de ordem *patrimonial*, que sempre pertenceram à lei civil, e de ordem *pessoal*.

O casamento católico rege-se pelas normas comuns quando está em causa a *modificação da relação matrimonial*, como seja a separação judicial de bens (artigos 1767º e seguintes) e a separação judicial de pessoas e bens (artigos 1794º e seguintes).

São igualmente aplicáveis as normas comuns nos aspetos que determinam a *extinção da relação matrimonial*, pondo termo ao casamento pelo divórcio (artigos 1773º e seguintes).

Após a Concordata com a Santa Sé, foi abolido o *divórcio* para os casados catolicamente. Considerava-se que os nubentes que optassem pelo casamento católico haviam renunciado ao divórcio. O casamento era, portanto, perpétuo.

Após o Protocolo Adicional à Concordata, de 15 de Fevereiro de 1975, foi alterado o regime passando a ser *admitido o divórcio* para os casamentos católicos, como já o era para os casamentos civis.

O conhecimento das causas respeitantes à nulidade do casamento católico e à dispensa do casamento rato e não consumado é reservado aos tribunais e às repartições eclesiásticas competentes, conforme determina o artigo 1625º.

Quanto à *capacidade matrimonial* houve a preocupação de aproximar o sistema de *impedimentos* da lei civil e da lei eclesiástica para eliminar ou atenuar os inconvenientes de uma duplicação. O casamento católico só pode ser contraído por quem tiver a capacidade matrimonial prevista na lei civil. Assim, nos termos do artigo 1597º, a capacidade dos nubentes é comprovada por meio de *processo preliminar* organizado nas conservatórias a requerimento dos nubentes ou do pároco respetivo.

O pároco que celebra o casamento é obrigado a enviar à conservatória do registo civil o duplicado do assento paroquial para efeitos de ser *transcrito*, conforme o disposto nos artigos 167º e 169º do Código do Registo Civil.

C) Consumação do ato

A consumação do ato tem para o casamento católico uma importância que não tem para o casamento civil. Embora não seja necessária para a perfeição do casamento, torna-o mais estável, pois é a partir da consumação que, para a Igreja, se torna indissolúvel. A consumação do casamento serve, portanto, de base à distinção entre casamento *rato* e casamento *consumado*. É passível de *dispensa* o casamento rato e não consumado.

O direito canónico considera a *impotência* como impedimento matrimonial, embora aceite a validade do casamento *in articulo mortis* e também no caso de um dos nubentes ser comprovadamente *estéril*.

O casamento católico tem uma maior tendência para ser perpétuo do que o casamento civil, pois são muito raros os casos em que o direito canónico admite a sua dissolução.

D) Dualidade de casamentos

A existência de um casamento anterior não dissolvido constitui impedimento à celebração de um novo casamento, visto que não é permitida a bigamia.

Porém, o casamento civil anterior não impede a celebração de casamento católico entre as mesmas pessoas.

Neste sentido determina o artigo 1589º, nº 1, que o casamento católico contraído por pessoas já ligadas entre si pelo casamento civil não dissolvido é averbado à margem do assento, independentemente do processo preliminar de publicações.

Neste caso, não se trata de bigamia, porque as pessoas que se ligam pelo casamento católico são as mesmas que já estavam unidas pelo casamento civil anterior. Estando já lavrado o assento de casamento civil, a forma mais simples de inscrever o novo registo, sem destruir desnecessariamente o anterior, consiste em fazer o averbamento à margem desse assento.

Neste mesmo sentido dispõe o artigo 179º do Código do Registo Civil.

O inverso não é permitido, ou seja, não podem casar civilmente duas pessoas já unidas por um casamento católico anterior não dissolvido.

Conforme dispõe o nº 2 do mesmo artigo 1589º, não é permitido o casamento civil de duas pessoas unidas por matrimónio católico anterior.

Compreende-se esta dualidade de critérios, porque, neste caso, a revalidação do casamento sob a forma civil, não tem qualquer fundamento útil que o legitime.

12. O casamento como estado

A) Unidade ou exclusividade

O casamento gera uma relação que perdura no tempo, isto é, uma relação (conjugal) com uma certa estabilidade. Por isso, se poderá falar de um verdadeiro estado – o estado de casado.

O estado civil pode definir-se como a situação de uma pessoa em relação ao matrimónio: solteiro, casado, viúvo ou divorciado.

A união de facto não tem essa estabilidade e, por isso, pode terminar em qualquer momento, desde que ambos ou apenas um deles assim o deseje.

Uma das características do estado matrimonial é a *unidade* ou *exclusividade*, o que significa que uma pessoa não pode simultaneamente estar casada com várias outras. Equivale a dizer que *não é admitida a poligamia ou a poliandria*. Aliás, a bigamia é um crime punido pelo Código Penal.

Nos termos do disposto no artigo 1601º, alínea *c)*, constitui impedimento dirimente absoluto o casamento anterior não dissolvido, católico ou civil...

Conforme resulta deste mesmo preceito, nada impede a poligamia sucessiva, ou seja, nenhum impedimento existe a que uma pessoa contraia *segundas núpcias*, após a dissolução do casamento a que estava ligada.

B) Perpetuidade

Outra das características consiste na *vocação de perpetuidade*.

Se o casamento só se considerasse dissolvido pela morte de um dos cônjuges, seríamos levados a concluir que seria perpétuo o estado matrimonial. Mas, embora possa terminar por outra via, mesmo assim podemos dizer que a comunhão de vida é tendencialmente para sempre.

O artigo 1056º do Código Civil de 1867, definia o casamento como "*um contrato perpétuo*". O artigo 2º do Decreto nº 1 de 25 de Dezembro de 1910 afirmava igualmente que o contrato do casamento se *presumia perpétuo*.

Poder-se-ia considerar perpétuo o casamento católico celebrado depois do dia 1 de Agosto de 1940 até à assinatura do Protocolo adicional à Concordata, de 15 de Fevereiro de 1975. Só a partir de então voltou a ser também admitido o divórcio do casamento católico.

Na verdade, o casamento cria uma relação que tende a ser duradoira. Por isso, o artigo 1618º, nº 2 considera como *não escritas* as cláusulas pelas quais os nubentes pretendam submetê-lo *a condição* ou *a termo*. Ninguém pode estabelecer um prazo para a duração do casamento.

Como se sabe, o casamento pode ser dissolvido pelo divórcio, o que equivale a dizer que não se trata, portanto, de um contrato perpétuo. Porém, também as causas do divórcio não podem ser outras a não ser as admitidas na lei.

C) Alteração dos apelidos dos cônjuges

Devido à estabilidade da relação matrimonial, é permitido aos cônjuges a alteração do nome.

Conforme dispõe o artigo 1677º, nº 1, cada um dos cônjuges conserva os seus próprios apelidos, mas pode acrescentar-lhes apelidos do outro até ao máximo de dois.

Quando os cônjuges são de sexo diferente, não só a mulher, mas também o homem, pode compor o seu nome acrescentando um ou dois apelidos do cônjuge ao seu nome de solteiro. É claro que, se os cônjuges forem do mesmo sexo, o podem igualmente fazer.

A este respeito vigora igualmente o princípio da unidade ou da exclusividade. Do mesmo modo que a pessoa não pode casar enquanto se encontrar ligada por um casamento anterior, também não pode aditar os apelidos do novo cônjuge mantendo igualmente os do anterior.

Neste sentido determina o nº 2 do mesmo artigo que a faculdade de acrescentar um ou dois apelidos não pode ser exercida por aquele que conserve apelidos do cônjuge de anterior casamento.

Em caso de viuvez, o cônjuge que tenha acrescentado ao seu nome apelidos do outro não só os conserva, como até pode mantê-los mesmo depois de segundas núpcias, se o declarar até à celebração do novo casamento – cfr. artigo 1677º-A.

Se for decretada a separação judicial de pessoas e bens, cada um dos cônjuges conserva os apelidos do outro que tenha adotado. Na verdade, a separação de pessoas e bens não dissolve o casamento.

No caso de divórcio, pode conservá-los se o ex-cônjuge der o seu consentimento ou o tribunal o autorizar, tendo em atenção os motivos invocados – artigo 1677º-B.

CAPÍTULO VI

13. Promessa de casamento

A) Breve alusão histórica aos esponsais ou desposórios

Antes de estudar o instituto matrimonial, debruçar-nos-emos sobre a promessa de casamento.

Já em tempos muito recuados, a ligação matrimonial começava por um período de namoro em que o homem fazia a corte à mulher. Depois desse período, mais ou menos longo, resultava normalmente a promessa recíproca de contrair casamento.

Essa promessa era pelos romanos designada de *esponsais*. "Antes dos esponsais, a mulher romana era *sperata*, vocábulo expressivo e preferível ao de *namorada* ou *conversada*; e a noiva era *sponsa*, enquanto que hoje damos o epíteto de *esposa* à mulher casada".

"Os esponsais romanos não estavam sujeitos a formalidades externas rigorosas; eram acto consensual, mas produziam importantes efeitos jurídicos; pois os desposados não podiam contrair matrimónio com outra pessoa sem a prévia ruptura dos seus esponsais anteriores; a infidelidade da sponsa constituía adultério".

" O antigo direito canónico não dava força obrigatória aos esponsais".

Antes do Código Civil de 1867, os esponsais eram considerados um ato solene que só por escritura pública podia ser celebrado. Mas, podiam as partes retratar-se, pagando uma pena convencional ou uma indemnização por perdas e danos, além da restituição das prendas recebidas.[4]

[4] V. Cunha Gonçalves, Tratado de Direito Civil, vol. VI, páginas 82 e seg.

No domínio do Código Civil de 1867, os esponsais perderam parte da sua força jurídica. Nos termos do seu artigo 1067º, o consentimento dos contraentes, para o casamento, só pode prestar-se irrevogavelmente no próprio ato da celebração dele. São, portanto, nulos os contratos, em que as partes se obrigam para o futuro, debaixo do título de esponsais, desposórios ou qualquer outro, a contrair casamento, quer haja, quer não, estipulação de cláusulas penais.

§ único. A disposição deste artigo não obsta, contudo, a que a pessoa, que, sob promessa de casamento, recebeu nesse intuito quaisquer donativos ou autorizou alguma despesa, seja obrigada à restituição daqueles, ou à indemnização desta, se lhe for exigida.

O preceito foi depois textualmente reproduzido no artigo 24º do Decreto nº 1, de 25 de Dezembro de 1910.

Como se vê, partindo do princípio de que o consentimento dos nubentes só pode ser irrevogavelmente prestado no momento da celebração do casamento, foi considerada a *nulidade* dos esponsais ou desposórios.

No entanto, tornava obrigatório a restituição dos donativos recebidos e a indemnização pelas despesas autorizadas com vista ao casamento.

B) Incumprimento da promessa

Atualmente, dispõe o artigo 1591º que o contrato pelo qual, a título de esponsais, desposórios ou qualquer outro, duas pessoas se comprometem a contrair matrimónio não dá direito a exigir a celebração do casamento, nem a reclamar, na falta de cumprimento outras indemnizações que não sejam as previstas no artigo 1594º, mesmo quando resultantes de cláusula penal.

Como se verifica, o preceito não declara a nulidade da promessa como fazia a legislação anterior. Aceita, portanto, que do contrato surgem deveres cuja violação dá lugar à indemnização prevista no artigo 1594º.

No entanto, diz expressamente que a promessa *não dá direito a exigir a celebração do casamento.*

Na verdade, em certos casos, o incumprimento do contrato promessa é passível de *execução específica*, nos termos do artigo 830º. Exige-se, porém, que a tal se não oponha a natureza da obrigação assumida. É evidente que o casamento, pela sua natureza, se enquadra perfeitamente nesta exceção.

Por vezes, o tempo que precede o compromisso de celebrar o casamento é longo. Por outro lado, a esse compromisso é atribuído um elevado grau de confiança que assentou em determinadas práticas sociais (como, por exemplo, o pedido da mão da noiva no meio de uma festa com a presença de grande número de amigos). O direito não podia ficar indiferente a estes factos, nem isentar de responsabilidade o incumpridor, nomeadamente quando houve lugar a diversas diligências preparatórias do casamento e foram efetuadas despesas.

No entanto, não se pode forçar demasiado o incumpridor a pontos de o levar a celebrar o casamento apenas para poder subtrair-se ao pagamento de elevada indemnização. O consentimento para celebrar o casamento deve ser livre.

Ponderando todos estes aspetos, o preceito, sem deixar de obrigar o promitente faltosos a responder pelo seu ato, procede a uma limitação dos danos reparáveis e até do seu quantitativo.

Pelo que já foi exposto, compreende-se facilmente que não seja admitida *cláusula penal*, visto que esta tem a função de compelir o devedor ao cumprimento, mediante a ameaça do pagamento de uma indemnização, em geral, superior à que resultaria da aplicação das regras legais – cfr. artigo 810º.

C) Requisitos a que deve obedecer a promessa

Para que a promessa de casamento possa produzir os efeitos previstos na lei, terá de obedecer a determinados requisitos.

Tratando-se de um contrato, a promessa tem de ser *bilateral*. Não basta que apenas um tenha prometido casar com o outro. O artigo 1591º refere-se ao contrato em que duas pessoas se comprometem. Não tem relevância a promessa unilateral.

Outro dos requisitos que se impõe é o da *capacidade* dos promitentes. Na verdade, não faria sentido que pudesse vincular-se a uma promessa de casamento quem não tem capacidade para casar.

Quanto à forma, considerando que o artigo 1591º é omisso a tal respeito, entende-se que a promessa não tem de ser reduzida a escrito. Tem aplicação a liberdade de forma prevista no artigo 219º. Aliás, não é usual que a promessa de casamento seja feita por escrito. A prova da promessa pode, portanto, ser feita por qualquer meio, tendo em conta as circunstâncias, os usos e a condição social das pessoas em causa.

D) Efeitos do incumprimento da promessa

O artigo 1594º fixa os efeitos do incumprimento dos esponsais ou desposórios a que alude o artigo 1591º, determinando os termos da indemnização a que dará lugar.

A responsabilidade civil contratual pela falta de cumprimento dos esponsais depende da culpa do faltoso, não se verificando, por isso, qualquer desvio à regra geral. Por outras palavras, o dever de indemnizar incumbe a quem culposamente deu lugar à situação de incumprimento, ou seja, a quem, nos termos do artigo 1594º, *rompeu a promessa sem justo motivo*, a quem *culposamente deu lugar à retratação do outro* ou a quem, *de forma dolosa, contribuiu para a sua própria incapacidade matrimonial.*

A noção de *justo motivo* não é fácil de caracterizar. De um modo geral, existe justo motivo quando *não seja razoável exigir* o cumprimento da promessa, tendo em conta os factos ocorridos posteriormente ou de que o promitente veio a ter conhecimento depois de se ter comprometido. A qualificação do justo motivo assentará em dados objetivos, mas também não poderá deixar de ter em conta considerações de ordem subjetiva quanto às circunstâncias particulares do caso concreto e às conceções dominantes na esfera social em que se movimentam os nubentes.

O justo motivo que levou o promitente a romper a promessa tem de assentar em *facto imputável ao outro contraente.* Doutro modo, nem um é obrigado a indemnizar, nem o outro tem direito a qualquer indemnização. Quer dizer, para que o promitente não seja obrigado a indemnizar e tenha direito a ser indemnizado, o justo motivo para o rompimento ou retratação tem de partir de um facto imputável ao outro contraente praticado com *dolo* ou mera *culpa*.

Quando o casamento não se realize por motivo de *incapacidade* de algum dos contraentes, exige-se que ele ou os seus representantes tenham procedido com *dolo* para que o outro tenha direito a ser indemnizado – cfr. nº 2 do artigo 1594º.

Através deste requisito do *justo motivo* consegue-se maior flexibilidade na aplicação da norma em causa.

A *prova do justo motivo* do incumprimento da promessa cabe ao faltoso, assim como também lhe caberá alegar e provar *que foi o outro contraente quem culposamente deu azo à retratação,* se quiser exigir indemnização com esse fundamento. É o que resulta do ónus da prova previsto no artigo 342º, nº 2 e nº 1, respetivamente.

Os danos indemnizáveis são, por força do artigo 1594º, as *despesas feitas* e as *obrigações contraídas na previsão do casamento.* Estão, pois, incluídas as despesas já pagas, mas também as que resultem de obrigações que se vençam no futuro. Trata-se, em suma, das despesas que só se fizeram e das obrigações que só se contraíram tendo em vista o casamento que se esperava realizar. Ficam de fora, portanto, os lucros cessantes e quaisquer outros danos emergentes que não sejam os contemplados nesta disposição legal.

Estando limitada, deste modo, a reparação dos danos provenientes do incumprimento da promessa de casamento, não poderão ser exigidos outros. Assim, o esposado inocente não pode exigir, por exemplo, a reparação por *danos morais* que tenha sofrido. No entanto, esta limitação não vai ao ponto de incluir a reparação devida pela prática de outros atos ilícitos. Quer dizer, nada impede que seja requerida indemnização por difamação, injúria, furto, etc.

Deve ainda ser tido em conta que, de entre os danos indemnizáveis, o nº 3 do mesmo preceito estabelece algumas limitações à sua reparação, por forma a tornar obrigatório apenas o pagamento das *despesas e obrigações que se mostrem razoáveis, perante as circunstâncias do caso e a condição dos contraentes*.

Por outro lado, no cálculo da indemnização, deve o tribunal *atender às vantagens* que, independentemente do casamento, as *despesas* feitas e as *obrigações* contraídas, *possam ainda proporcionar* ao contraente lesado. É o caso, por exemplo, em que os móveis adquiridos com vista ao casamento ou o enxoval ainda podem ter utilidade para "o esposado inocente".

O *prudente arbítrio* exigido ao tribunal, a que alude o preceito, deve conduzir a que haja devida ponderação no cálculo da indemnização, de modo a não perder de vista a condição económica dos nubentes e por forma a evitar que uma indemnização avultada possa levar o promitente incumpridor a optar por casar contra a sua vontade. Não se pode, pois, tornar menos livre o consentimento para o casamento.

O *direito à indemnização* cabe, em princípio, ao *esposado inocente*, mas também pode ser atribuído aos *pais* ou a *terceiros* que tenham agido em nome dos pais. Como por vezes acontece, as despesas feitas na expetativa do casamento e as obrigações contraídas com o mesmo objetivo, não partem dos nubentes, mas dos pais ou de amigos que atuam em sua substituição.

E) Casos de restituição dos donativos

No domínio da legislação anterior, nomeadamente o § único do artigo 24º do Decreto nº 1 de 25 de Dezembro de 1910, não fazia qualquer distinção entre *donativos* e *despesas* feitas na expetativa do casamento que não chegou a realizar-se, obrigando o promitente à *restituição* daqueles e ao *pagamento* destas quando lhe fosse exigido.

Atualmente o artigo 1594º dispõe quanto ao *pagamento das despesas* e quanto às *obrigações contraídas* com vista à celebração do casamento que se frustrou.

O artigo 1592º prevê o caso de o casamento que deixou de celebrar-se por incapacidade ou retratação de algum dos promitentes, obrigando cada um deles a restituir os donativos que o outro ou terceiro lhe tenha feito em virtude da promessa e na expetativa do casamento.

Essa obrigação de restituir não está dependente de culpa, o que significa que tanto impende sobre o promitente *culpado* como sobre o promitente *inocente*. Diferentemente, a obrigação de indemnizar imposta pelo artigo 1594º só recai sobre o contraente *culpado*.

A obrigação de restituir constitui uma consequência jurídica da não verificação da condição que subjaz à entrega dos donativos. Por outras palavras, o fundamento da obrigação de restituir é a ineficácia dos donativos por não se ter verificado a condição. Sendo assim, facilmente se compreende que a obrigação se estenda a ambos os contraentes, independentemente de saber qual deles foi o culpado do incumprimento. Pela mesma razão, essa obrigação de restituir os donativos abrange não só os que cada um dos esposados recebeu do outro, mas também os que recebeu de terceiro.

Os donativos em causa são aqueles que foram *feitos em virtude da promessa e na expetativa do casamento*, quer tenham sido feitos antes ou depois da promessa. Não são abrangidos os donativos que nada tenham a ver com essa expetativa do casamento, como, por exemplo, os donativos conformes aos usos sociais, como sejam presentes de aniversário, de Natal, etc.

Como se disse, a restituição dos donativos, que encontra o seu fundamento na não verificação da condição a que se presumem subordinados, produz-se, conforme resulta do artigo 1592º, segundo os *termos prescritos para a nulidade ou anulabilidade* do negócio jurídico. O artigo 274º estabelece a regra da subordinação dos atos de disposição de bens ou direitos que constituem objeto do direito condicional à mesma condição.

A obrigação de restituir abrange as cartas e retratos pessoais do outro contraente, mas não as coisas que hajam sido consumidas antes da retratação ou da verificação da incapacidade – artigo 1592º, nº2.

Deve ser restituído tudo o que tiver sido recebido pelo promitente e, se a restituição em espécie não for possível, o valor correspondente, conforme determina o artigo 289º, nº 1.

A restituição não engloba apenas as coisas que possuem valor económico, mas também os objetos com valor estimativo ou afetivo. Abrange inclusivamente as coisas consumíveis, com exceção das que foram consumidas antes da retratação ou da verificação da incapacidade.

Tendo alguma das partes alienado gratuitamente coisa que devesse restituir, e não podendo tornar-se efetiva contra o alienante a restituição do valor dela, fica o adquirente obrigado em lugar daquele, mas só na medida do seu enriquecimento – artigo 289º, nº 2.

F) Restituições no caso de morte

Se o casamento não se efetuar em razão da morte de algum dos promitentes, o promitente sobrevivo pode conservar os donativos do falecido, mas, neste caso, perderá o direito de exigir os que, por sua parte, lhe tenha feito – artigo 1593º, nº 1.

Como se verifica, no caso de o casamento não se ter realizado devido à morte de um dos promitentes, a lei estabelece um regime diferente do que fixou para o caso em que a não realização do casamento se ficou a dever a *incapacidade* ou *retratação* de um deles.

A solução do caso fica dependente da vontade do promitente sobrevivo. Se não quiser que os donativos possam ir parar às mãos dos herdeiros do falecido, exigirá a sua restituição. Neste caso, perderá os que recebeu e terá de os restituir aos herdeiros do falecido.

Trata-se de uma questão de *reciprocidade* que não se vê repetida no nº 2 do mesmo artigo, visto que determina que o mesmo promitente pode reter a correspondência e os retratos pessoais do falecido e exigir a restituição dos que este haja recebido da sua parte.

O *princípio da reciprocidade* é respeitado quando estão em causa donativos com valor pecuniário. Mas entende-se que não se justifica o seu seguimento em relação a objetos que, não tendo valor económico, não são mais do que recordações íntimas dos promitentes. Assim, o promitente sobrevivo pode reter correspondência e retratos do falecido e, por outro lado exigir dos herdeiros do falecido a restituição das cartas e retratos que lhe tinha entregue.

Contra o uso indevido que o promitente sobrevivo venha a fazer dessas cartas ou desses retratos poderão reagir os familiares do falecido referidos no artigo 71º.

G) Caducidade das ações

À extinção de direitos, em geral, pelo mero decurso do lapso de tempo que mede a sua duração, dá-se o nome de caducidade.

A caducidade está prevista no artigo 298º, nº 2.

Nos termos do disposto no artigo 1595º, o direito de exigir a restituição dos donativos ou a indemnização caduca no prazo de um ano, contado da data do rompimento da promessa ou da morte do promitente.

A restituição de donativos a que aludem os artigos 1592º e 1593º assim como o direito a indemnização previsto no artigo 1594º caducam no prazo de um ano. O prazo conta-se a partir da data do rompimento da promessa nos casos dos artigos 1592º e 1594º e a partir da data da morte do promitente no caso do artigo 1593º.

Nem sempre será fácil fazer a prova da data do rompimento da promessa. Devemos ter em conta o que se encontra previsto no artigo 343º, nº 2, quanto ao ónus da prova, no que concerne às ações que devam ser propostas dentro de certo prazo a contar da data em que o autor teve conhecimento de determinado facto.

CAPÍTULO VII

14. Requisitos do casamento

Neste capítulo abordaremos essencialmente os requisitos de fundo exigidos para o casamento, como sejam a *capacidade* das partes e o *consentimento.*

Por estarem relacionados com a capacidade matrimonial, focaremos necessariamente o *processo preliminar de publicações* e os *impedimentos matrimoniais.*

Por outro lado, o consentimento conduz-nos a que tenhamos que dar atenção aos possíveis *vícios do consentimento* e às respetivas *consequências.*

15. Capacidade matrimonial

A) Seu especial significado

A capacidade matrimonial, atendendo à importância pessoal e social do casamento, tem um significado diferente da capacidade negocial exigida para a generalidade dos negócios jurídicos e da capacidade contratual prevista para os contratos em geral.

Para ter capacidade contratual pode ser bastante que as partes possuam o entendimento e a autodeterminação que as torne aptas a reger a sua pessoa e gerir os próprios bens. No que concerne à capacidade matrimonial exige-se mais, pois, tendo em conta a natureza particular do casamento, constataremos que podem estar em causa interesses morais, sociais e até de ordem eugénica.

A capacidade matrimonial, considerando que o casamento se destina à constituição da família, tem de ter em conta os requisitos essenciais à plena comunhão de vida.

Existem incapacidades negociais que não obstam à realização do casamento. Assim, o maior acompanhado é livre de exercer os seus direitos pessoais e celebrar negócios da vida corrente, salvo disposição da lei ou decisão em contrário. Consideram-se pessoais, entre outros, os direitos de casar ou de constituir situações de união, de procriar... – artigo 47º, nºs 1 e 2.

Por outro lado, há circunstâncias que, embora constituindo incapacidades para a celebração do casamento, não determinam, apesar disso, a sua invalidade se o casamento se tiver realizado. Quer dizer, a infração da proibição não gera a sanção de nulidade ou anulabilidade do casamento. É o caso dos impedimentos impedientes.

A capacidade matrimonial significa a *inexistência de impedimentos* ao casamento.

Têm capacidade para contrair casamento todos aqueles em quem se não verifique algum dos impedimentos matrimoniais previstos na lei – artigo 1600º.

As normas que fixam os impedimentos têm caráter excecional e, por isso, não são passíveis de aplicação por analogia.

Tendo em consideração as consequências que resultariam da declaração de inexistência de um casamento ou da sua anulação, para acautelar a sua validade, é organizado um *processo preliminar* à celebração do contrato.

B) Processo preliminar de publicações

Para avaliar a capacidade matrimonial dos nubentes corre um processo preliminar de publicações. Procura-se, deste modo, obstar à celebração de casamentos anuláveis e evitar os respetivos inconvenientes, como se disse.

Esta averiguação prévia, quando está em causa o matrimónio, não se verifica nos restantes negócios jurídicos. Na verdade, a anulação de um casamento tem sempre graves inconvenientes. Por isso, se procuram salvar os efeitos do casamento ainda que invalidamente celebrado (v., por exemplo, artigo 1647º) ou se procura evitar que chegue a celebrar-se.

Nos termos do artigo 1610º, a celebração do casamento é precedida de um processo, regulado na lei do registo civil e destinado à verificação da inexistência de impedimentos.

Tratando-se de *casamento católico*, a capacidade dos nubentes para contrair matrimónio é comprovada por meio de processo preliminar de casamento, organizado nas conservatórias a requerimento dos nubentes ou do pároco respetivo – artigo 1597º, nº 1.

Igualmente a celebração do casamento civil é precedida de um processo, regulado na lei do registo civil e destinado à verificação da inexistência de impedimentos. Nos termos do artigo 134º do Código do Registo Civil, qualquer conservatória do registo civil é competente para a organização do processo preliminar de casamento.

A existência de impedimentos pode ser declarada por qualquer pessoa até ao momento da celebração do casamento e deve sê-lo pelos funcionários do registo civil logo que deles tenham conhecimento – artigo 142º, nº 1, do Código do Registo Civil.

Efetuadas as necessárias diligências, o conservador lavra um despacho a autorizar os nubentes a celebrar o casamento, sempre que não tenha detetado impedimentos e considere que os nubentes têm capacidade matrimonial – cfr. artigo 144º do Código do Registo Civil.

Quando se trata de casamento católico, verificada no despacho final do processo preliminar de casamento a inexistência de impedimento à realização do casamento, o funcionário do registo civil extrai dele o certificado da capacidade matrimonial, que é remetido ao pároco e sem o qual o casamento não pode ser realizado – artigo 1598º, nº 1.

Conforme dispõe o artigo 151º do Código do Registo Civil, o casamento católico não pode ser celebrado sem que ao respetivo pároco seja apresentado o certificado a que se refere o artigo 146º.

Incorre na pena aplicável ao crime de desobediência qualificada o ministro da igreja que oficiar o casamento sem que lhe tenha sido presente o mencionado certificado ou praticar qualquer um dos factos previstos no artigo 296º do Código do Registo Civil.

C) Impedimentos matrimoniais

Constituem impedimentos matrimoniais as circunstâncias que, tendo sido verificadas, impedem a celebração do casamento, sob pena de anulabilidade ou de outras sanções.

Os impedimentos não são propriamente incapacidades, mas constituem causa da incapacidade ou de outras proibições legais para realizar o casamento, sob pena de sanções diferentes da anulabilidade. Estas incapacidades e proibições são os efeitos que os impedimentos matrimoniais produzem mesmo antes da celebração do casamento.

Depois da celebração do casamento, os impedimentos podem determinar a anulabilidade do casamento ou outras sanções menos drásticas.

Dentre estas, podemos referir o caso do *menor que casou sem autorização dos pais ou do tutor* e, por isso, continua a ser considerado menor quanto à administração de bens que leve para o casal ou que posteriormente lhe advenham por título gratuito até à maioridade. Apenas terá direito a que dos rendimentos destes bens lhe sejam arbitrados os alimentos necessários ao seu estado – artigo 1649º, nº 1.

Os impedimentos podem dividir-se em impedimentos *dirimentes* e impedimentos *impedientes*. Como a própria qualificação sugere, uns só impedem e os outros impedem e dirimem, ou seja, invalidam.

É *anulável* o casamento que tiver sido contraído, apesar de se ter verificado a existência de *impedimento dirimente*, enquanto que a verificação de *impedimento impediente* não invalida o casamento já celebrado, mas dá lugar à aplicação de outras sanções.

Outra classificação é a que distingue entre impedimentos *absolutos* e impedimentos *relativos*. Os primeiros constituem verdadeiras *incapacidades* e dizem respeito às qualidades da pessoa por forma a impedi-la de casar seja com quem for. Os segundos constituem antes *ilegitimidades* e baseiam-se numa relação duma determinada pessoa com outra ou com outras e só com estas lhe é proibido casar.

Existem ainda os impedimentos *dispensáveis* e os *não dispensáveis*, conforme admitem ou não dispensa. *Dispensa* é o ato pelo qual a autoridade devida, considerando as circunstâncias do caso concreto, autoriza o casamento, apesar da verificação de um determinado impedimento matrimonial.

Os impedimentos suscetíveis de dispensa estão previstos no artigo 1609º.

Conforme dispõe o nº 2 deste mesmo preceito, a dispensa compete ao conservador do registo civil, que a concederá quando haja motivos sérios que justifiquem a celebração do casamento.

Por fim poderemos ainda aludir à distinção entre *impedimentos de direito civil* e *impedimentos de direito canónico*. A este respeito, lembraremos apenas que os impedimentos ao casamento civil (dirimentes ou impedientes) são também impedimentos ao casamento canónico.

16. Impedimentos dirimentes absolutos

A) Seu significado

Aos impedimentos que dirimem, dá-se o nome de *dirimentes*. A palavra dirimir vem do latim *dirimere*, que significa romper, destruir.

Conforme resulta do proémio do artigo 1601º, os impedimentos dirimentes obstam ao casamento da pessoa a quem respeitam com qualquer outra.

Os impedimentos *absolutos* dizem respeito, portanto, às qualidades da pessoa e impedem-na de casar com quem quer que seja.

Este mesmo artigo 1601º enumera os impedimentos dirimentes absolutos, que iremos analisar separadamente.

B) Idade inferior a dezasseis anos

A idade núbil é de 16 anos para o homem e para a mulher, mas nem sempre assim foi. No domínio do Código Civil de 1867, a idade mínima para casar era de 14 anos para os indivíduos do sexo masculino e de 12 anos para os do sexo feminino. O Decreto nº 1, de 25 de Dezembro de 1910, elevou esses mínimos para 18 anos e 16 anos, respetivamente. Após a Concordata com a Santa Sé, de 25 de Julho de 1940, foi fixada a idade nupcial em 16 anos para o nubente do sexo masculino e 14 anos para o do sexo feminino. Esses limites foram inicialmente mantidos pelo Código Civil de 1966, mas foram mais tarde alterados pela reforma de 1977.

Atualmente, a idade mínima para poder contrair casamento é igual para ambos os nubentes, por força do princípio constitucional que proclama a igualdade dos sexos (cfr. artigos 13º, nº 2 e 36º, nº 1 da Constituição da República Portuguesa).

Foi esta a idade considerada mínima para garantir alguma maturidade não só para a escolha da pessoa do cônjuge, mas também para assumir a responsabilidade de viver uma plena comunhão de vida a dois.

Se, apesar do limite fixado para a idade núbil, se vier a constatar que um dos nubentes casou antes de ter atingido essa idade legal, o casamento será anulável, por força do disposto no artigo 1631º, alínea *a)*.

Têm legitimidade para intentar a ação de anulação as pessoas referidas no artigo 1639º.

A ação de anulação, quando proposta pelo próprio incapaz, deve ser instaurada, no caso de menoridade, até seis meses depois de o nubente ter atingido a maioridade – artigo 1643º, nº 1, alínea *a)*.

Considera-se, porém, *sanada a anulabilidade e válido o casamento* desde o momento da celebração, se antes de transitar em julgado a sentença de anulação, o casamento do nubente que casou antes de atingir a idade de 16 anos, for confirmado perante o funcionário do registo civil e de duas testemunhas, depois de atingir a maioridade, nos termos do artigo 1633º, nº 1, alínea *a)*.

Mesmo depois de ter atingido a idade de 16 anos, mas sendo ainda menor, o nubente necessita de autorização dos pais ou tutor para contrair casamento.

Conforme determina o artigo 149º, nº 1, do Código do Registo Civil, o menor núbil deve obter autorização dos pais detentores do exercício do poder paternal, do tutor, ou o seu suprimento, com vista ao casamento que pretende realizar.

A forma de prestar o consentimento encontra-se referida no artigo 150º do Código do Registo Civil.

Do processo de suprimento, quando o consentimento é negado, tratam os artigos 1000º e seguintes do Código de Processo Civil.

O menor, com idade núbil, que casar sem a devida autorização fica sujeito a uma sanção especial. Conforme determina o artigo 1649º, nº 1 – que já conhecemos – o menor que casar sem ter obtido a autorização dos pais ou do tutor, ou o respetivo suprimento judicial, continua a ser considerado menor quanto à administração de bens que leve para o casal ou que posteriormente lhe advenham por título gratuito até à maioridade, mas dos rendimentos desses bens ser-lhe-ão arbitrados os alimentos necessários ao seu estado.

Como se verifica, o menor fica privado da administração dos bens, que também não competirá ao outro cônjuge, continuando a pertencer aos pais, ao tutor ou ao administrador legal, como se o casamento não se tivesse realizado.

O menor que casar sem o consentimento legalmente imposto ou o respetivo suprimento judicial, também não obtém a emancipação pelo casamento, como normalmente aconteceria por força do disposto no artigo 132º.

Passando agora dum limite para outro, podemos dizer que a lei *não fixa um limite máximo de idade* para contrair casamento. Por um lado, no domínio do direito civil, a impotência não constitui impedimento matrimonial, mas o direito canónico também não estabelece um limite máximo. Por outro lado, são dignos da melhor compreensão os casos das pessoas idosas que resolvem casar com a finalidade de regularizar situações anteriores.

C) Demência notória e a decisão de acompanhamento

O segundo impedimento dirimente absoluto, previsto na alínea *b)* do artigo 1601º, é a demência notória, mesmo durante os intervalos lúcidos, e a decisão de acompanhamento, quando a sentença respetiva assim o determine.

No conceito de demência cabem todos os casos de anomalia psíquica que fazem com que alguém seja incapaz de governar a sua pessoa e gerir os seus bens. É uma noção mais abrangente do que a considerada no domínio da psiquiatria.

A demência constitui um impedimento dirimente, *mesmo durante os intervalos lúcidos*, o que mostra que o fundamento da proibição não reside na falta de uma vontade sã no momento da celebração do casamento. Resulta ainda claro que com este impedimento dirimente se pretende, não tanto defender os interesses privados do nubente, mas antes o interesse público de ordem eugénica e social. Ninguém duvida que é do interesse público evitar que as taras psíquicas do incapaz se transmitam aos filhos e que, por outro lado, constitui dever do Estado impedir a formação de uma sociedade conjugal doentia.

Considerando que a demência constitui impedimento matrimonial no caso de ser *notória*, convém precisar o sentido da qualificação.

O nº 2 do artigo 257º, aplicável à generalidade dos negócios jurídicos, classifica o facto como notório quando uma pessoa de normal diligência o teria podido notar.

Não nos podemos esquecer de que, tratando-se de um impedimento matrimonial, a *ratio legis* não pode buscar-se apenas na defesa do interesse do outro contraente, como deve ser na generalidade dos negócios jurídicos, mas principalmente na proteção dos interesses públicos de ordem eugénica e social, como já referimos. Deste modo, o que importa averiguar é se a demência existe e se pode ser geralmente reconhecida, ainda que eventualmente ignorada pelo outro nubente.

A mesma razão de ser faz com que a *demência acidental* constitua impedimento matrimonial apenas nos casos em que a privação das faculdades mentais exclua a capacidade de entender o significado do consentimento do nubente. Se o nubente conservar as suas capacidades mentais, ainda que diminuídas, não existem razões de ordem eugénica que obstem à celebração do casamento.

O impedimento dirimente deve reportar-se ao *momento da celebração do casamento*. A demência posterior não constitui impedimento nem pode ser havida como fundamento da ação de anulação do casamento. Assim, na ação de anulação do casamento com tal fundamento deve ser feita a prova não só da anomalia psíquica, mas também da data em que a mesma se manifestou.

Essa prova encontra-se facilitada sempre que exista um relatório pericial ordenado pelo juiz no processo de acompanhamento de maior e desse relatório conste a data provável do início da afeção de que sofre o beneficiário, em conformidade com o que dispõe o artigo 899º do Código de Processo Civil.

A sentença com a indicação da data provável do início da afeção que determinou a medida de acompanhamento constituirá, portanto, presunção, *juris et de jure*, da existência do impedimento, nesse momento.

A demência posterior ao casamento constituirá, isso sim, fundamento para ser requerido o divórcio nos termos do artigo 1781º, alínea *b)*.

D) Casamento anterior não dissolvido

A alínea *c)* do artigo 1601º refere, por último, como impedimento dirimente absoluto, o casamento anterior não dissolvido, católico ou civil, ainda que o respetivo assento não tenha sido lavrado no registo do estado civil.

A última parte do preceito veio pôr cobro a uma questão que consistia em saber se o casamento celebrado no estrangeiro, mas não transcrito em Portugal, constituía ou não impedimento a novo vínculo matrimonial. A questão foi suscitada, porque, segundo o Código do Registo Civil de 1911, os casamentos celebrados no estrangeiro deviam ser transcritos no País, sob pena de não produzirem efeitos alguns em Portugal.

Agora não restam dúvidas de que, tendo sido celebrado o casamento, enquanto não for dissolvido, constituirá sempre impedimento à realização de novo casamento por parte de qualquer dos cônjuges, ainda que não tenha sido lavrado o respetivo assento ou que o assento lavrado no estrangeiro não tenha sido transcrito em Portugal.

Em suma, só pode casar quem não se encontre ligado pelo casamento, ou seja, quem é solteiro, viúvo ou divorciado.

Com este impedimento matrimonial, procura-se evitar a *bigamia,* a qual constitui *crime* punido pelo artigo 247º do Código Penal.

Ainda que o casamento seja nulo ou anulável, continua a ser impedimento à realização de uma nova ligação matrimonial, até que a anulação seja decretada em ação intentada com essa finalidade. É, na verdade, o que resulta do artigo 1632º.

Se, apesar da existência de um casamento anterior não dissolvido, tiver tido lugar um segundo matrimónio, considera-se sanada a anulabilidade e válido este casamento desde o momento da sua celebração, se a ação proposta vier a declarar nulo ou anulado o primeiro casamento do bígamo. Quer dizer, a ação que declara nulo o primeiro casamento, torna válido o segundo, que antes estava ferido de invalidade por bigamia, conforme se depreende do disposto no artigo 1633º, nº 1, alínea *c)*.

Se, no caso de casamento civil, for declarada a *morte presumida* do cônjuge ausente (cfr. artigos 114º e seguintes), o cônjuge presente é considerado como viúvo, para todos os efeitos legais. Sendo assim, pode contrair novo casamento e, se o ausente regressar *não existe uma situação de bigamia*, porque o primeiro casamento é considerado dissolvido por *divórcio*, desde a data da declaração da morte presumida – cfr. artigo 116º. Trata-se de um divórcio que não resultou de sentença que o tenha decretado. É um divórcio decretado *ope legis*.

Diremos, por último, que também não se verifica uma situação de bigamia no caso de duas pessoas, já casadas uma com a outra, *decidirem casar novamente entre si*, porque têm alguma dúvida quanto à validade do primeiro ato matrimonial. É o caso, por exemplo, de um casamento que teve lugar em País estrangeiro, quando se torna difícil obter os documentos necessários à sua transcrição. Como a lei apenas pretende obstar à bigamia, compreende-se que essa situação não ocorre, quando os cônjuges se limitam a repetir o ato matrimonial.

Como já tivemos ocasião de constatar, o artigo 1589º *permite o casamento católico* contraído por duas pessoas já ligadas entre si por casamento civil não dissolvido. No entanto, *não permite o casamento civil* de duas pessoas unidas por matrimónio católico anterior não dissolvido.

17. Impedimentos dirimentes relativos

A) Seu significado

Depois de termos abordado, no número anterior, os impedimentos dirimentes absolutos, voltamo-nos agora para os *impedimentos dirimentes relativos*.

Conforme consta do proémio do artigo 1602º, são também impedimentos dirimentes, obstando ao casamento entre si das pessoas a quem respeitam.

Conclui-se desta definição que, enquanto os *impedimentos dirimentes absolutos* abrangem todos os factos que impedem o casamento de certa pessoa com qualquer outra, seja ela qual for, os *impedimentos dirimentes relativos* apenas obstam ao casamento *entre si* das pessoas a quem respeitam.

Quer dizer, se os *impedimentos dirimentes relativos* obstam a que **A** possa contrair casamento com **B**, isso não significa que **A** esteja impedido de casar com **C** ou com qualquer outro.

Analisaremos seguidamente os impedimentos dirimentes relativos enumerados no mesmo artigo 1602º.

B) O parentesco na linha reta

O primeiro desses impedimentos é o *parentesco na linha reta*, mencionado na alínea *a)* do preceito legal em causa.

Assim, estão impedidos de casar entre si: progenitor ou progenitora e um filho, avô ou avó e um neto. Como facilmente se compreende, na origem de tal impedimento estão razões de ordem moral, social e também de ordem eugénica. Na verdade, o cruzamento de pessoas do mesmo sangue poderia tornar-se bastante pernicioso por propiciar o desenvolvimento de taras psicológicas.

Mas nem só o parentesco natural, baseado nos laços dc sangue, constitui impedimento matrimonial, pois a proibição estende-se ao parentesco que nasceu do vínculo da *adoção.*

Conforme dispõe o artigo 1986º, pela adoção o adotado adquire a situação de filho do adotante e integra-se com os seus descendentes na família deste...

Pater est quem leges discunt.

Porém, embora o mesmo artigo 1986º determine, como efeito da adoção, a extinção das relações familiares entre o adotado e os seus ascendentes e colaterais naturais, ressalva, quanto aos impedimentos matrimoniais, o disposto nos artigos 1602º a 1604º.

Na verdade, embora a adoção signifique o corte dos laços que prendiam o adotado à sua família de sangue, este mesmo sangue continua a correr-lhe nas veias depois da adoção. A lei procura deste modo evitar o casamento incestuoso do adotado com o seu progenitor natural. Com essa mesma intenção se admite a prova da filiação natural, nos termos do artigo 1987º.

A mesma preocupação em evitar o casamento entre parentes na linha reta levou o legislador a permitir a prova de *maternidade* ou *paternidade* nos termos previstos no artigo 1603º, no processo preliminar de casamento, com o efeito restrito aí referido.

C) A relação anterior de responsabilidades parentais

Este impedimento não existia antes da entrada em vigor da Lei nº 137/2015, de 7 de Setembro. Com a publicação desta, foi modificado o regime de exercício das responsabilidades parentais previsto no Código Civil, sendo promovido o seu alargamento em caso de ausência, incapacidade, impedimento ou morte do progenitor.

Assim, por força do disposto no artigo 1903º, com a nova redação, quando um dos pais não puder exercer as responsabilidades parentais por ausência, incapacidade ou outro impedimento decretado pelo tribunal, esse exercício deverá caber ao outro progenitor. Porém, no impedimento deste, por decisão judicial, o exercício das responsabilidades parentais caberá, em primeiro lugar, ao cônjuge ou unido de facto de qualquer dos pais ou, seguidamente, a alguém da família de qualquer dos pais.

O impedimento dirimente relativo referido na alínea *b)* do artigo 1602º refere-se precisamente à pessoa ligada por anteriores responsabilidades parentais.

D) Parentesco no segundo grau da linha colateral

É, pois, proibido o casamento entre irmãos, quer dos *irmãos germanos ou bilaterais* (filhos do mesmo pai e da mesma mãe), quer dos *irmãos consanguíneos* (filhos do mesmo pai) ou *uterinos* (filhos da mesma mãe).

As razões que estão na origem desta proibição são as mesmas que servem de fundamento ao impedimento do parentesco na linha reta. São *razões de ordem moral, social e eugénica.*

Os efeitos da *adoção* têm igualmente repercussão neste impedimento.

O *adotado* adquire a condição de *filho do adotante* e passa a integrar a família deste, como já noutro passo dissemos. Por conseguinte, o adotado também passa a ser considerado como *irmão de todos os outros filhos do adotante,* quer dos *filhos de sangue* quer dos outros *filhos adotivos.* O impedimento é, portanto, extensivo aos adotados plenamente.

É claro que, neste caso, já não são razões de ordem eugénica que determinam o impedimento, mas continuam a ser razões de ordem moral e social.

É aplicável ao impedimento, quando está em causa a adoção, a ressalva constante da parte final do artigo 1987º, que permite a prova da *filiação natural do adotado* no *processo preliminar de publicações.*

No *processo preliminar de publicações* também é possível fazer a *prova de paternidade ou de maternidade não reconhecida* com a finalidade exclusiva de obstar à realização de casamento incestuoso.

E) Afinidade na linha reta

Perante a noção de afinidade como sendo o vínculo que liga cada um dos cônjuges aos parentes do outro (artigo 1584º), a proibição agora em análise significa que não é possível o casamento do *sogro* ou da *sogra* com o *genro* ou a *nora*, do mesmo modo que não é possível o casamento entre *padrasto* ou *madrasta* com *enteado* ou *enteada*.

Como resulta expressamente do preceito, só a *afinidade em linha reta* constitui impedimento dirimente relativo. Por conseguinte, nenhum óbice se coloca ao casamento entre *cunhados*, desde que outro impedimento não exista.

Também não existe impedimento ao casamento de um dos ex-cônjuges com os afins do outro. É, portanto, possível o casamento de quem foi padrasto ou madrasta (agora viúvo ou divorciado) com o viúvo ou viúva do enteado. Como costuma dizer-se a afinidade não gera afinidade.

F) Condenação por homicídio contra o cônjuge do outro

Concretamente, constitui impedimento dirimente relativo, nos termos da alínea *d)* do artigo 1602º, a condenação anterior de um dos nubentes, como autor ou cúmplice, por homicídio doloso, ainda que não consumado, contra o cônjuge do outro.

Já no domínio do direito anterior o conjugicídio constituía impedimento matrimonial. A palavra *conjugicídio* não traduz a situação que atualmente a lei pretende configurar. Na verdade, atualmente a lei não exige que um dos nubentes seja conjugicida. Basta a condenação de um dos nubentes por homicídio (doloso) contra o cônjuge do outro, mesmo que este não tenha tomado parte no crime. O que se pretende evitar é o casamento em que um dos nubentes pôs termo à vida do cônjuge do outro.

Nem sequer se exige que tenha havido uma situação de adultério anterior ao homicídio.

Exige-se, porém, que tenha havido *condenação por homicídio doloso* ainda que não consumado, abrangendo esta expressão as diversas formas do crime previstas nos artigos 21º e seguintes do Código Penal de 1995. Não basta que o crime de homicídio tenha sido praticado por mera negligência, sendo exigido o dolo, definido este nos termos do artigo 14º do mesmo Código Penal.

A condenação pressupõe o julgamento que pode arrastar-se por muito tempo, o tempo suficiente para que o casamento em causa tenha lugar antes de haver sentença de condenação. Para obviar a essa situação, a alínea *f)* do artigo 1604º considera como impedimento impediente *a pronúncia do nubente pelo crime de homicídio doloso,* ainda que não consumado. Pode dizer-se que esta disposição legal significa um complemento da alínea *e)* do artigo 1602º.

Constitui impedimento matrimonial a condenação, independentemente de a sentença condenatória ter sido proferida por tribunal português ou por tribunal estrangeiro. Não está em causa a execução da sentença em Portugal, mas o que a condenação significa para os interesses de ordem pública que se pretendem tutelar.

18. Impedimentos impedientes

A) Noção

Como já tivemos ocasião de referir, os impedimentos impedientes são factos que impedem a celebração do casamento, mas não o tornam anulável se, apesar da proibição, chegou a realizar-se.

Constituem apenas proibições, as quais, se não forem cumpridas, não afetam a validade do casamento, mas desencadeiam outras sanções menos severas do que a anulabilidade. Por outras palavras, a violação das normas que estabelecem as proibições não determinam a anulabilidade do casamento, mas dão origem a outras sanções que variam de caso para caso.

Os impedimentos impedientes encontram-se previstos nas diversas alíneas do artigo 1604º e em leis especiais. Faremos alusão apenas aos que o artigo enumera.

B) Falta de autorização dos pais ou do tutor para o casamento de menores

Como já se sabe a idade núbil é de dezasseis anos, o que significa que o nubente pode casar antes de ter atingido a maioridade. Porém, enquanto menor, para casar necessita da autorização dos progenitores ou do tutor, consoante esteja sujeito ao poder paternal ou à tutela – cfr. artigos 122º, 124º e 1921º.

O documento comprovativo da autorização para celebrar o casamento, ou o respetivo suprimento, deve ser junto ao processo preliminar.

O artigo 149º do Código do Registo Civil refere-se especificamente ao modo de obter essa autorização ou esse suprimento.

As formas de prestar o consentimento estão previstas no artigo 150º desse mesmo diploma legal. Salientaremos que o nº 3 desse artigo prevê a possibilidade de o consentimento poder ser prestado no ato da celebração do casamento, caso em que deve ser mencionado apenas no assento

Pode o conservador do registo civil suprir a autorização se razões ponderosas justificarem a celebração do casamento e o menor tiver suficiente maturidade física e psíquica – artigo 1612º, nº 2. São, portanto, exigidos dois requisitos, sendo um de caráter subjetivo (a consideração da maturidade física e psíquica) e outro de caráter objetivo (as razões ponderosas capazes de justificar o suprimento da autorização).

Se o menor casar sem a autorização necessária e sem o respetivo suprimento, *continua a ser considerado menor quanto à administração dos bens* que leve para o casal ou que posteriormente lhe advenham por título gratuito até à maioridade. Estes bens não respondem, nem antes nem depois da dissolução do casamento, pelas dívidas contraídas por um ou por ambos os cônjuges no mesmo período – cfr. artigo 1649º.

Quer dizer, a sanção que é imposta ao menor pelo facto de ter casado sem o consentimento dos pais ou do tutor (ou o seu suprimento) consiste na recusa da emancipação que alcançaria pelo casamento (cfr. artigo 132º), continuando a ser considerado menor e, por tal motivo privado da administração dos seus bens, a qual continuará a pertencer aos pais, ao administrador legal ou ao tutor.

C) Revogação do prazo internupcial

O prazo internupcial estava previsto para os casos em que o casamento anterior havia sido dissolvido por divórcio ou por morte do cônjuge, ou em que havia sido foi declarado nulo ou anulado. Os nubentes eram obrigados a respeitar o decurso de um certo período de tempo até poderem celebrar novo casamento.

Já o artigo 10º do Decreto nº 1 de 25 de Dezembro de 1910 preceituava que qualquer dos ex-cônjuges não poderia contrair novo casamento sem que tivessem decorrido sobre a dissolução do casamento anterior, por divórcio ou por morte, o prazo de seis meses para o varão e de um ano para a mulher.

O respeito por este prazo tinha como fundamento, quanto ao marido, a imposição de "uma atitude de conveniência moral, no caso de divórcio, e um luto legal, no caso de viuvez, não lhe permitindo alardear notória míngua de delicadeza de sentimentos".[5]

Quer dizer, o impedimento do prazo internupcial obstava ao casamento daquele cujo matrimónio anterior foi dissolvido, declarado nulo ou anulado, enquanto não decorressem sobre a dissolução, declaração de nulidade ou anulação, cento e oitenta ou trezentos dias, conforme se tratasse de homem ou mulher.

Com tal imposição, que se aplicava a ambos os cônjuges, tinha-se em vista uma ideia de *decoro social* e até numa espécie de *luto oficial*, no caso de viuvez.

O prazo mais dilatado, exigido para a mulher, justificava-se por uma razão que só a ela podia dizer respeito e que era a de evitar a *turbatio in sanguinis*, isto é, a de afastar quaisquer dúvidas acerca da paternidade de um filho que viesse a nascer após o segundo casamento.

Trezentos dias é o período legal da conceção fixado pelo artigo 1798º.

Não se permitia que a mulher voltasse a casar sem que tivessem decorrido trezentos dias após a data de dissolução, anulação ou declaração de nulidade do casamento anterior, para evitar dúvidas sobre a paternidade do filho nascido dentro desse período de tempo. Se o filho nascesse dentro do período de trezentos dias, presumia-se que era filho do anterior marido da mãe, presunção que assentava no disposto no artigo 1826º.

Existiam, porém, situações em que não se justificava a exigência do prazo internupcial após a dissolução do casamento, por já ter cessado anteriormente a coabitação entre os cônjuges.

Era o que acontecia sempre que o prazo internupcial já tivesse decorrido, desde a data em que havia *findado a coabitação dos cônjuges* e essa data estivesse *fixada na sentença de divórcio.*

Era igualmente o que se verificava no caso de *conversão da separação judicial de pessoas e bens em divórcio,* quando o prazo internupcial já havia decorrido desde a data em que transitou em julgado a sentença que decretou a separação.

Como se compreende, também não se verificava o impedimento, quando o casamento tinha sido dissolvido por *morte de um dos cônjuges, mas estes já*

[5] Cfr. Cunha Gonçalves, Tratado de Direito Civil, vol. VI, pág. 139.

estavam separados judicialmente de pessoas e bens, no caso de o prazo internupcial já ter decorrido desde o trânsito em julgado da sentença de separação.

O prazo mais dilatado para a mulher, imposto com a intenção de prevenir a *turbatio in sanguinis*, podia ser reduzido para um prazo internupcial de 180 dias, igual ao do homem, desde que fosse afastada a causa que justificava a diferenciação. Por outras palavras, se não houvesse motivos para ter dúvidas quanto à paternidade do filho que viesse a nascer, também não existia razão que justificasse a dilatação do prazo para a mulher.

A lei determinava que a mulher podia contrair novas núpcias passados cento e oitenta dias após a dissolução, declaração de nulidade ou anulação do casamento anterior, se obtivesse *declaração judicial de que não estava grávida* ou *tivesse tido algum filho depois*.

No caso de os cônjuges estarem *separados judicialmente de pessoas e bens* e o casamento se dissolver por *morte do marido*, podia ainda a mulher celebrar segundo casamento decorridos cento e oitenta dias sobre a data em que havia transitado em julgado a sentença de separação, se obtivesse a *declaração judicial de que não estava grávida* ou *tivesse tido algum filho depois daquela data*.

Atualmente, devido aos progressos da tecnologia, não sc corre o referido risco de *turbatio in sanguinis*, visto que com facilidade e certeza se pode determinar qual a paternidade do filho de uma mulher que se encontra grávida. Esperava-se então que o prazo de cento e oitenta dias, ou outro mais curto, passasse a ser observado igualmente por ambos os cônjuges, pelas razões acima expostas.

No entanto, o legislador foi mais longe, eliminando a necessidade de aguardar qualquer prazo para os nubentes poderem contrair novo casamento, ao revogar a alínea *b)* do artigo 1604º, o artigo 1605º e o nº 1 do artigo 1650º.

D) Parentesco no terceiro grau da linha colateral

A alínea *c)* do artigo 1604º, ao designar como impedimento impediente o parentesco no terceiro grau da linha colateral, significa que não podem contrair casamento entre si tios e sobrinhos.

A justificação para este impedimento são também razões de ordem eugénica.

No entanto, este impedimento é suscetível de dispensa, nos termos do artigo 1609º, nº 1, alínea *a)*.

A dispensa compete ao conservador do registo civil, que a concederá quando haja motivos sérios que justifiquem a celebração do casamento, conforme dispõe o nº 2 do mesmo artigo.

Se os nubentes celebrarem o casamento sem terem obtido a prévia dispensa, o casamento não é anulado por isso. A única sanção consiste na incapacidade de o tio ou tia para receber do seu consorte qualquer benefício por doação ou testamento – cfr. artigo 1650º, nº 2.

E) Vínculo de tutela, acompanhamento de maior ou administração legal de bens

Com o impedimento impediente previsto na alínea *d)* do artigo 1604º procura o legislador obstar ao casamento do incapaz com a pessoa que desempenhou o cargo de tutor, de acompanhamento de maior ou de administrador legal de bens e até com os seus parentes ou afins na linha reta, irmãos, cunhados ou sobrinhos, enquanto não tiver decorrido um ano sobre o termo da incapacidade e não estiverem aprovadas as respetivas contas, se houver lugar a elas, conforme dispõe o artigo 1608º.

O tutor representa os menores nos casos em que tal representação não pode ser atribuída aos pais (artigo 1921º) e, nos termos do artigo 138º, as medidas de acompanhamento têm lugar sempre que o maior esteja impossibilitado, por razões de saúde, deficiência, ou pelo seu comportamento, de exercer, plena, pessoal e conscientemente, os seus direitos ou de, nos mesmos termos, cumprir os seus deveres.

O acompanhamento do maior visa assegurar o seu bem-estar, a sua recuperação, o pleno exercício de todos os seus direitos e o cumprimento dos seus deveres, salvo as exceções legais ou determinadas por sentença – artigo 140º, nº 1.

O acompanhante, maior e no pleno exercício dos seus direitos, é escolhido pelo acompanhado ou pelo seu representante legal, sendo designado judicialmente – artigo 143º, nº 1.

Na falta de escolha, o acompanhamento é deferido, no respetivo processo, à pessoa cuja designação melhor salvaguarde o interesse imperioso do beneficiário. A escolha deverá recair, designadamente, numa das pessoas referidas no nº 2 do mesmo artigo.

Nos termos do disposto no artigo 145º, o acompanhamento limita-se ao necessário, podendo o tribunal, em função de cada caso, cometer ao acompanhante algum dos regimes contemplados neste preceito. E, no que concerne à administração total ou parcial dos bens, manda no seu nº 5 aplicar, com as necessárias adaptações, o disposto nos artigos 1967º e seguintes.

O artigo 146º determina que o acompanhante, no exercício da sua função, deve privilegiar o bem-estar e a recuperação do acompanhado com a diligência requerida a um bom pai de família, na concreta situação considerada.

O exercício pelo acompanhado de direitos pessoais e a celebração de negócios da vida corrente são livres, salvo disposição da lei ou decisão judicial em contrário – nº 1 do artigo 147º

São pessoais, entre outros, os direitos de casar ou de constituir situações de união, de procriar, de perfilhar ou de adotar, de cuidar e de educar os filhos ou os adotados, de escolher profissão, de se deslocar no país ou no estrangeiro, de fixar domicílio e residência, de estabelecer relações com quem entender e de testar – nº 2 do artigo 147º.

O administrador legal de bens tem a seu cargo a administração dos bens do menor nos casos previstos no artigo 1922º.

A *justificação* para o impedimento assenta em *duas ordens de razões*. Por um lado tende a evitar que o tutor, o acompanhante de maior ou o administrador legal dos bens do incapaz procure casar com este para *se eximir à prestação de contas* a que estava obrigado. Por isso, o vínculo de tutela, acompanhamento de maior ou administração legal de bens é suscetível de dispensa, mas só no caso de as respetivas *contas se encontrarem já aprovadas*, conforme o impõe o artigo 1609º, nº 1, alínea *b)*. Por outro lado, a lei quer evitar que o incapaz *se sinta constrangido* a dar o seu consentimento para a celebração do casamento com a pessoa que cuidou de si e dos seus bens ou com os seus parentes ou afins.

Embora pela dispensa a que se refere a alínea *b)* do nº 1 do artigo 1609º não possa ser afastada a obrigação de prestar contas, pode sê-lo, todavia, *o prazo de um ano* sobre o termo da incapacidade a que alude o artigo 1608º. Assim, pode prescindir-se deste prazo quando não existam razões sérias para pôr em dúvida a intenção do nubente, ou seja, sobre a vontade séria de casar do antigo incapaz.

Se *o impedimento for violado*, a única *sanção* aplicável aos nubentes é a que resulta do artigo 1650º, nº 2, ou seja, importa, respetivamente, para o tio ou tia, para o tutor, acompanhante ou administrador, ou seus parentes ou afins na linha reta, irmãos, cunhados ou sobrinhos, e para o adotante, seu cônjuge ou parentes na linha reta, a incapacidade para receberem do seu cônjuge qualquer benefício por doação ou testamento.

F) Pronúncia por crime de homicídio doloso contra o cônjuge do outro nubente

Na alínea *F)* do nº 17, ao tratar dos impedimentos dirimentes relativos, fizemos referência à condenação de um dos nubentes, como autor ou cúmplice, por homicídio doloso, ainda que não consumado, contra o cônjuge do outro. Dissemos, a propósito, que só a condenação constituía impedimento dirimente e que, no caso de o julgamento se arrastar por muito tempo, podia entretanto acontecer a realização do casamento antes de ter sido proferida sentença. Para obviar a essa situação, a alínea *f)* do artigo 1604º considera como impedimento impediente a *pronúncia* do nubente pelo crime de homicídio doloso, ainda que não consumado, contra o cônjuge do outro. E acrescentámos então que esta disposição legal significa um complemento da alínea *e)* do artigo 1602º.

É com este impedimento impediente que agora nos deparamos. Como naquele local tivemos ocasião de referir, o impedimento agora em apreço visa evitar que o homicida tenha oportunidade de celebrar o casamento antes de ser julgado e condenado por sentença transitada em julgado. Para o efeito, basta a *pronúncia* pelo crime de homicídio doloso contra o cônjuge do outro nubente para que não tenha andamento o processo de casamento.

Como se compreende, este impedimento não é suscetível da dispensa prevista para outros casos contemplados no artigo 1609º.

19. Formalidades anteriores ao casamento

A) Organização do processo preliminar

Quer os nubentes optem pelo casamento católico, quer pelo casamento civil, há necessidade de averiguar a sua capacidade matrimonial através de um processo preliminar previsto nos artigos 134º e seguintes do Código do Registo Civil.

Conforme dispõe este mesmo artigo 134º do Código do Registo Civil, qualquer conservatória do registo civil é competente para a organização do processo preliminar de casamento.

A necessidade do processo preliminar justifica-se pela importância social do casamento. Através desse processo preliminar procura-se obstar à celebração de casamentos anuláveis, constituindo uma forma de evitar possivelmente os graves inconvenientes que daí poderiam advir.

É um processo administrativo, mas pode ser convolado para processo judicial. No caso de ser declarada a existência de algum impedimento, a tramitação do processo é suspensa até que o impedimento cesse, seja dispensado ou julgado improcedente por decisão judicial – artigo 142º, nº 3 do Código do Registo Civil.

Podem requerer a instauração do processo os nubentes, pessoalmente ou por intermédio de procurador. Pode também o requerimento ser assinado pelo pároco competente para a organização do processo canónico, quando os nubentes pretendem o casamento católico – artigo 135º do Código do Registo Civil.

A organização do processo principia com a declaração para casamento, a qual deve conter os elementos de identificação dos nubentes e outras indicações. Deve ainda ser instruída com vários documentos – artigos 136º e seguinte do Código do Registo Civil.

B) Declaração de impedimentos

A existência de impedimentos pode ser declarada por qualquer pessoa até ao momento da celebração do casamento e deve sê-lo pelos funcionários do registo civil logo que deles tenham conhecimento.

A declaração de algum impedimento suspende a tramitação do processo preliminar, o qual só volta a correr quando o impedimento cessar, seja dispensado ou julgado improcedente por decisão judicial, como já foi dito – cfr. artigo 142º do Código do Registo Civil.

Como também é já do nosso conhecimento, são suscetíveis de dispensa os impedimentos matrimoniais previstos no artigo 1609º.

A simples declaração do impedimento, enquanto não for julgada improcedente ou sem efeito, obsta à celebração do casamento, bem como à passagem do certificado previsto no artigo 146º – artigo 245º, nº 3, do Código do Registo Civil.

Recebida a declaração de impedimento, é dado cumprimento ao princípio do contraditório. Para o efeito, os nubentes são citados para, no prazo de 20 dias, impugnarem o impedimento, sob a cominação de se ter por confessado – artigo 247º, nº 1 do Código do Registo Civil.

No caso de confissão expressa ou tácita dos nubentes dentro do prazo estabelecido, o conservador deve proferir despacho em que considera o impedimento procedente e manda arquivar o processo de casamento – artigo 248º do Código do Registo Civil.

Se, ao invés, o impedimento for impugnado, o processo é remetido ao juiz da comarca, no prazo de dois dias. O juiz profere sentença nos dois dias seguintes à data em que o processo lhe é concluso, se os documentos o habilitarem a fazê-lo. No caso contrário, ordena que o processo baixe à conservatória para serem inquiridas as testemunhas e produzidas as restantes provas. Cumpridas as diligências ordenadas, volta o processo ao juiz para proferir a decisão final – artigos 249º e 250º do Código do Registo Civil.

Da sentença proferida cabe sempre recurso para o Tribunal da Relação, mas do acórdão deste tribunal não é admissível recurso para o Supremo Tribunal de Justiça – artigo 251º do Código do Registo Civil.

C) Passagem do certificado

Se não tiver havido declaração de impedimento ou se esta for considerada sem efeito ou improcedente, o conservador lavrará despacho a autorizar os nubentes à celebração do casamento.

No que diz respeito ao casamento civil, determina o artigo 1613º que, findo o processo preliminar de casamento e os processos judiciais a que este der causa, cabe ao funcionário do registo civil proferir despacho final, no qual autoriza os nubentes a celebrar casamento ou manda arquivar o processo.

De modo semelhante, mas agora quanto ao casamento católico, dispõe o artigo 1598º que, verificado no despacho final do processo preliminar de casamento a inexistência de impedimento à realização do casamento, o funcionário do registo civil extrai dele o certificado da capacidade matrimonial, que é remetido ao pároco e sem o qual o casamento não pode ser celebrado.

A necessidade do certificado é corroborada pelo artigo 151º, nº 1 do Código do Registo Civil ao afirmar que o casamento católico não pode ser celebrado sem que ao respetivo pároco seja apresentado o certificado a que se refere o artigo 146º.

O casamento deve celebrar-se dentro dos seis meses seguintes. Se não for celebrado no prazo referido, o processo pode ser revalidado – artigo 145º, nºs 1 e 2 do Código do Registo Civil.

D) Dispensa do processo preliminar

Por vezes existem prementes razões de urgência que justificam que seja autorizada a realização do casamento independentemente da organização do processo preliminar.

No que concerne ao *casamento católico* preceitua o artigo 1599º que o casamento in articulo mortis, na iminência de parto ou cuja celebração imediata seja expressamente autorizada pelo ordinário próprio, por grave motivo de ordem moral, pode celebrar-se independentemente do processo preliminar de casamento e de passagem do certificado previsto no artigo anterior.

Para obviar à possibilidade de confundir a dispensa do processo preliminar (e também da apresentação do certificado de capacidade matrimonial) com a dispensa de impedimentos, foi redigido o nº 2 deste mesmo preceito. Nele se esclarece que a dispensa do processo preliminar não altera as exigências da lei civil quanto à capacidade matrimonial dos nubentes, continuando estes sujeitos às sanções estabelecidas na mesma lei.

Quanto ao *casamento civil* pontua o artigo 1622º, determinando que, quando haja fundado receio de morte próxima de algum dos nubentes, ou iminência de parto, é permitida a celebração do casamento independentemente do respetivo processo preliminar e sem a intervenção do funcionário do registo civil.

Como se verifica, neste caso, além de se dispensar o processo preliminar, dispensa-se igualmente a intervenção do funcionário do registo civil. No entanto, a celebração do casamento civil *urgente* exige as formalidades que vêm referidas no artigo 156º do Código do Registo Civil.

Do casamento urgente é redigida uma ata, nas condições previstas na lei do registo civil – artigo 1622º, nº 2.

Com base nessa ata, procede-se à organização e homologação do casamento, homologação que pode ser recusada nos casos a que alude o artigo 160º do Código de Registo Civil.

20. Necessidade do consentimento dos nubentes e modos de o prestar.

Sendo o casamento um contrato, a sua celebração exige o consentimento de ambos os intervenientes, como qualquer outro contrato. No entanto, considerando a importância social do casamento, podemos mesmo dizer que o consentimento dos nubentes reveste, neste caso, uma importância muito superior. Se não houver vontade da parte dos nubentes e esta não for por eles manifestada nos termos legais, não se pode falar de casamento válido.

Sob a epígrafe atualidade do mútuo consenso, o artigo 1617º determina que a vontade dos nubentes só é relevante quando manifestada no próprio ato da celebração do casamento.

Para que o casamento seja válido exige-se, portanto, que os nubentes declarem o seu consentimento no próprio ato da sua celebração. Não basta a declaração de vontade anteriormente emitida por qualquer meio como, por exemplo, uma carta, um telefonema. Trata-se de um *contrato verbal*.

No caso de casamento por procuração, o princípio da atualidade não deixa de ser cumprido. É ao procurador que cabe manifestar a sua vontade, em nome do mandante, no momento da celebração do casamento.

Além de ser verbal é também um *contrato solene*, a ponto de a lei fixar as palavras que devem ser usadas para exprimir o consentimento.

A atualidade do consentimento é garantida pelo funcionário quando pergunta a cada um dos nubentes se aceita o outro por consorte e cada um deles responde sucessiva e claramente: "é de minha livre vontade casar com F. (indicando o seu nome completo)." – artigo 155º, nº 1, do Código do Registo Civil.

É anulável o casamento celebrado, por parte de um ou de ambos os nubentes, com falta de vontade ou com vontade viciada por erro ou coação, conforme dispõe o artigo 1631º, alínea *b)*.

21. Caráter pessoal do consentimento

A) Princípio geral

O consentimento deve ser pessoal.

Conforme consta do artigo 1619º, a vontade de contrair casamento é estritamente pessoal em relação a cada um dos nubentes.

Pela Lei nº 83/2015, de 5/8, foi alterado o Código Penal que passou a incluir o artigo 154º-B, por força do qual é punido com pena de prisão até 5 anos quem constranger outra pessoa a contrair casamento ou união equiparável à do casamento.

Por outro lado, como já verificámos, o artigo 1617º determina que a vontade dos nubentes só é relevante quando manifestada no próprio ato da celebração do casamento.

Não é admitido, portanto, o consentimento manifestado pelo representante legal. Mesmo quando os pais ou o tutor dão a devida autorização com vista ao casamento do menor, nenhuma intervenção têm na revelação da vontade exigida para a celebração do matrimónio, pois esta celebração depende apenas da vontade pessoal dos nubentes.

Apesar de a lei exigir que a vontade de casar tenha de ser manifestada pelo próprio nubente pessoalmente, no ato da celebração do casamento, não exclui a possibilidade de ser emitida procuração para o efeito.

Quando se realiza o casamento por procuração, não deixa de estar assegurada, por esta via, a intervenção pessoal do nubente. O artigo 150º, nº 1 do Código do Registo Civil, admite que o consentimento seja prestado pessoalmente ou por procurador.

B) O casamento por procuração

Como já deixámos expresso, é admitido o casamento por procuração. Esta faculdade resulta do próprio título do artigo 1620º, nº 1.

O casamento por procuração tem contra si o inconveniente de o consentimento ter sido prestado pelo constituinte em momento anterior ao casamento, em vez de o ser no momento da celebração. Além disso, o consentimento expresso na procuração é prestado perante um funcionário que não preside ao casamento.

Tem, porém, a vantagem de possibilitar o casamento entre duas pessoas que se encontram em locais diferentes, por vezes muito distantes entre si, e às quais seria muito difícil o encontro para a celebração do matrimónio.

Para o casamento por procuração, a lei estabelece dois requisitos de ordem substantiva.

Um deles consiste na limitação a *um só dos nubentes* poder ser representado por procurador. Na verdade, o nº 1 do artigo 1620º dispõe expressamente que é lícito a um dos nubentes fazer-se representar por procurador na celebração do casamento. O mesmo dispõe o artigo 44º do Código do Registo Civil.

O outro requisito diz respeito aos *termos da procuração* e consta do nº 2 do mesmo artigo 1620º. A procuração deve conter poderes especiais para o ato, a designação expressa do outro nubente e a indicação da modalidade de casamento.

A procuração pode ser outorgada por documento assinado pelo representado, com reconhecimento presencial da assinatura, por documento autenticado ou por instrumento público – artigo 43º, nº 2 do Código do Registo Civil.

Ainda no que respeita à procuração deve ter-se em conta o disposto na alínea *d)* do artigo 1628º, segundo o qual será juridicamente inexistente o casamento contraído por intermédio de procurador, quando celebrado depois de terem cessado os efeitos da procuração, ou quando esta não tenha sido outorgada por quem nela figura como constituinte, ou quando seja nula por falta de concessão de poderes especiais para o ato ou de designação expressa de outro contraente.

Por outro lado, nos termos do artigo 1621º, nº 1, cessam todos os efeitos da procuração pela revogação, pela morte do constituinte ou do procurador, ou pelo acompanhamento de qualquer deles, quando a sentença que o haja decretado assim o determine.

Procurou-se, deste modo, conciliar a admissibilidade do casamento por procuração com o princípio da atualidade do mútuo consenso previsto no artigo 1617º. Como se verifica, a revogação faz cessar os efeitos da procuração mesmo antes de ter chegado ao conhecimento do procurador.

Esta orientação é confirmada pelo nº 2 do mesmo artigo 1621º ao determinar que o constituinte pode revogar a todo o tempo a procuração, mas é responsável pelo prejuízo que causar se, por culpa sua, o não fizer a tempo de evitar a celebração do casamento.

Em suma, a revogação deve ser feita a tempo de evitar o casamento, mas se foi feita tardiamente, dado que produz efeitos imediatos, o constituinte é responsável pelo prejuízo a que deu causa.

C) Qualificação do procurador **ad nuptias**: *representante ou simples núncio?*

A representação não anula completamente a vontade do *representante*. Embora este emita uma declaração de vontade própria em nome do representado, cabe ao representante pelo menos decidir se, atentas as circunstâncias concretas, o ato deve ou não realizar-se.

Diferentemente, o *núncio* não passa de um mero transmissor da vontade da parte, sendo apenas um mensageiro. Não lhe é deixada margem para qualquer resolução pessoal. Não declara a sua vontade, limitando-se a transmitir a vontade do principal.

O constituinte pode ter acordado com o procurador que o casamento deve ser celebrado sejam quais forem as circunstâncias. Neste caso, o procurador não poderá legitimamente recusar a realização do matrimónio.

Pode também o constituinte ter dado instruções ao procurador para recusar a celebração do casamento, no caso de se verificarem determinadas circunstâncias.

Pode ainda o constituinte nada ter combinado com o procurador quanto às circunstâncias, o que será porventura o mais usual.

De qualquer modo, tem-se entendido que ao procurador fica a faculdade de recusar a realização do matrimónio sempre que as circunstâncias supervenientes, ignoradas do constituinte, sejam de molde a criar-lhe dúvidas sobre se o constituinte ainda quereria contrair o casamento. Sendo assim, evita a realização do casamento. Trata-se, neste caso, de um verdadeiro representante.

Em defesa desta posição tem sido afirmado o seguinte: tendo a lei admitido o casamento por procuração, certamente pretendeu que o procurador pudesse, em princípio, decidir por si sobre a realização do casamento. Doutro modo, a lei admitiria igualmente o casamento por carta.

D) Aceitação pura e simples dos efeitos do casamento

Nos termos do disposto no artigo 1618º, nº 2, consideram-se não escritas as cláusulas pelas quais os nubentes, em convenção antenupcial, no momento da celebração do casamento ou em outro ato, pretendam modificar os efeitos do casamento, ou submetê-lo a condição, a termo ou preexistência de algum facto.

Os nubentes não podem declarar que aceitam apenas alguns dos efeitos do matrimónio, excluindo os outros. A aceitação tem de ser integral.

Qualquer convenção sobre o tempo de duração do casamento, qualquer cláusula que estabelecesse uma condição a que o casamento ficaria submetido, seria considerada como não escrita.

22. Falta ou vícios da vontade

A) Presunção da vontade

O consentimento manifestado pelos nubentes no momento da celebração do casamento deve ser duplamente perfeito. Perfeito no sentido de haver concordância entre as declarações de vontade por ambos manifestada e perfeito também pela ausência de quaisquer vícios dessa mesma vontade.

Mas, como é do conhecimento comum, pode existir, como na generalidade dos contratos, alguma divergência entre a vontade real e a vontade manifestada. Essa divergência pode ser intencional, mas também pode ser não intencional. Quando existe a divergência, suscita-se então a questão de saber se o declarante fica vinculado à declaração que fez e em que termos.

Os casos de divergência entre a vontade e a declaração feita encontram-se enumerados no artigo 1635º, os quais constituem fundamento para a anulabilidade do casamento. Esta enumeração é taxativa, o que significa que o casamento é anulável apenas nos casos previstos no artigo.

No que diz respeito ao contrato de casamento, dispõe o artigo 1634º, que a declaração de vontade, no ato da celebração, constitui presunção não só de que os nubentes quiseram contrair matrimónio, mas de que a sua vontade não está viciada por erro ou coação.

Quer dizer que, por força do preceito, quando os nubentes celebram o casamento, presume-se que quiseram mesmo casar e que a vontade que manifestaram nesse sentido está isenta de quaisquer vícios.

Esta presunção legal tem, numa ação que venha a ser proposta, o efeito de inverter o ónus da prova, conforme dispõe o artigo 344º.

B) Erro

Para que o consentimento seja verdadeiramente livre é necessário que a vontade do nubente tenha sido esclarecida.

Nos termos do artigo 1636º o erro que vicia a vontade só é relevante para efeitos de anulação quando recaia sobre as qualidades essenciais da pessoa do outro cônjuge, seja desculpável e se mostre que sem ele, razoavelmente, o casamento não teria sido celebrado.

Conforme resulta do preceito, o objeto do erro só pode ser a *pessoa do outro cônjuge*. Não tem relevância o erro que tenha por objeto pessoa diferente, como seja a pessoa de *terceiro*, quer se trate de um parente do cônjuge, quer de um estranho. Também estão excluídas quaisquer circunstâncias não ligadas à pessoa do cônjuge, ou que digam respeito ao seu património. Porém, mesmo no que diz respeito à pessoa do cônjuge, o erro apenas tem relevância se versar sobre as suas *qualidades essenciais*.

Por outro lado, exige-se que o erro *seja desculpável*, no sentido de compreensível atentas as circunstâncias. Não se poderá qualificar de desculpável o erro que resultou apenas de uma atitude negligente ou de excessiva boa fé do nubente.

Exige-se, por último, que o erro seja *essencial* para se poder dizer que sem ele o casamento não se teria realizado. Quer dizer, o erro deve incidir sobre circunstâncias que tenham sido decisivas na formação da vontade do nubente, por forma a poder dizer-se que, se o erro não existisse, mas antes tivesse o nubente um conhecimento exato das circunstâncias, não teria decidido celebrar o casamento.

Mas essa essencialidade subjetiva do nubente que errou tem de ser temperada por um critério de *razoabilidade* assente em dados objetivos. Por outras palavas, o erro do nubente tem de ser considerado essencial não só para ele como para a generalidade das pessoas nas mesmas circunstâncias.

C) Coação

Diz-se feita sob coação moral a declaração negocial determinada pelo receio de um mal de que o declarante foi ilicitamente ameaçado com o fim de obter dele a declaração – artigo 255º, nº 1.

A ameaça tanto pode respeitar à pessoa como à honra ou fazenda do declarante ou de terceiro – artigo 255º, nº 2.

Não constitui coação a ameaça do exercício normal de um direito nem o simples temor reverencial – artigo 255º, nº 3.

Os *elementos constitutivos da coação* contidos nestas disposições legais, que são aplicáveis ao comum dos negócios jurídicos, são-no igualmente ao casamento, podendo mesmo considerar-se um complemento das normas específicas deste.

O *receio da consumação do mal* cominado constitui a coação como vício da vontade. A ameaça do mal cuja consumação o declarante receia foi feita com a finalidade de extorquir o seu consentimento para a concretização do negócio em causa.

Na *coação física* falta inteiramente a vontade, ao passo que na *coação moral* existe vontade, mas está viciada devido a uma pressão psicológica.

Nos termos do artigo 1638º, nº 1, é anulável o casamento celebrado sob coação moral, contanto que seja grave o mal com que o nubente é ilicitamente ameaçado, e justificado o receio da sua consumação.

Assim, para que se possa falar de coação, é necessário que a ameaça tenha sido *determinante* da vontade do declarante. É necessário que a ameaça tenha sido *essencial,* o que equivale a dizer que o nubente nunca teria declarado a sua vontade de casar se não fosse o receio do mal cominado.

Por outro lado, a ameaça tem de ser feita com a *intenção de extorquir a declaração*, ou seja, o declarante emitiu a declaração por influência da ameaça de um mal.

Quanto à ameaça é necessário ainda que se verifique a sua *ilicitude*, a sua *gravidade* e que seja *justificado o receio da sua consumação.*

A *ilicitude* do mal ameaçado faz com que sejam de excluir os casos de ameaça do exercício de um direito do cominante, tal como a lei determina.

A *gravidade* do mal cominado deve ser aferida de forma objetiva, mas sem deixar de ter em conta os caracteres fundamentais do nubente em causa (a sua idade, o sexo, a sua compleição). A ameaça de agressão pode ser grave para um e não o ser para outro.

O *receio justificado da consumação da ameaça* dependerá das circunstâncias concretas, da veemência do cominante e até da iminência da concretização da ameaça.

O nº 2 do artigo 1638º equipara à ameaça ilícita o facto de alguém, consciente e ilicitamente, extorquir ao nubente a declaração de vontade mediante a promessa de o libertar de um mal fortuito ou causado por outrem.

Como já tivemos ocasião de referir, atualmente quem constranger outra pessoa a contrair casamento é punido com pena de prisão até cinco anos, nos termos do disposto no artigo 154º-B do Código Penal.

D) Casamento simulado

O casamento diz-se simulado quando falta a vontade de casar por parte de ambos os nubentes. O casamento foi realizado com a intenção de obter uma determinada nacionalidade, frustrar a aplicação de certas leis ou de prejudicar terceiros. O casamento não corresponde à vontade real dos contraentes.

O casamento simulado é anulável, por falta de vontade das partes, nos termos da alínea *d)* do artigo 1635º.

A anulação por simulação pode ser requerida pelos próprios cônjuges ou por quaisquer pessoas prejudicadas com o casamento, nos termos do artigo 1640º, nº 1.

A ação de anulação só pode ser instaurada dentro dos três anos subsequentes à celebração do casamento ou, se este era ignorado do requerente, nos seis meses seguintes ao momento em que dele teve conhecimento – artigo 1644º.

23. Celebração do casamento

Concluído o processo preliminar de casamento, é lavrado o despacho final do conservador a autorizar os nubentes a celebrar o casamento. É passado um certificado com a autorização para o casamento, o qual deve realizar-se dentro do prazo de seis meses, tudo conforme já tivemos ocasião de referir.

Qualquer conservador do registo civil é competente para a celebração do casamento, independentemente da freguesia e concelho onde aquele deva ser celebrado.

O dia, hora e local da celebração devem ser acordados entre os nubentes e o conservador.

No ato da celebração devem estar presentes os nubentes, ou um deles e o procurador do outro, e o conservador. Podem intervir duas a quatro testemunhas.

Considera-se celebrado na presença do funcionário do registo civil o casamento realizado perante quem, não tendo competência funcional para o ato, exerça publicamente as respetivas funções, salvo se ambos os nubentes conheciam, no momento da celebração, a falta daquela competência – cfr. artigos 153º e 154º do Código do Registo Civil.

O casamento é um contrato formal e ainda um contrato solene. As formalidades exigidas visam principalmente preservar a dignidade social do ato. Diferentemente do que se passa nos restantes negócios jurídicos, no casamento as partes não poderão dizer que manifestaram o seu consentimento de uma forma precipitada. A organização do processo preliminar com vista à averiguação prévia da capacidade matrimonial dos nubentes contribui para essa segurança. Por outro lado, a interpelação que é feita pelo oficial público que preside ao casamento, no momento em que o mesmo se realiza, faz com que os nubentes possam ponderar devidamente acerca do ato que estão prestes a realizar. A prova da declaração de vontade não depende da prova testemunhal, pois é obrigatório que seja lavrado assento.

A solenidade do ato está expressa no artigo 155º do Código do Registo Civil.

A celebração do casamento é pública. O conservador depois de anunciar que naquele local vai ter lugar a celebração do casamento lê, da declaração inicial, os elementos relativos à identificação dos nubentes e os referentes ao seu propósito de o contrair, bem como o despacho final que o autoriza.

Em seguida interpela as pessoas presentes para que declarem se conhecem algum impedimento que obste à realização do casamento.

Não tendo sido declarado qualquer impedimento e depois de referir os direitos e deveres dos cônjuges, previstos na lei civil, o conservador pergunta a cada um dos nubentes se aceita o outro por consorte.

Cada um dos nubentes responde, sucessiva e claramente:" É de minha livre vontade casar com F. (indicando o nome completo do nubente)".

Então o conservador diz em voz alta: "Em nome da lei e da República Portuguesa, declaro F. e F. (indicando os nomes completos de marido e mulher) unidos pelo casamento".

24. Anulabilidade do casamento

As causas de anulabilidade previstas no artigo 1631º podem sintetizar-se em três grupos: a existência de algum impedimento dirimente; a falta de vontade ou vontade viciada por erro ou coação; a falta de testemunhas.

Podemos ainda acrescentar, a propósito, que a anulabilidade *não opera ipso iure* – artigo 1632º; que a *legitimidade para propor a ação* de anulação é atribuída apenas a determinadas pessoas – artigos 1639º a 1642º; que a ação deve ser proposta *dentro de certos prazos*, sob pena de caducidade – artigo 1643º; que *a anulabilidade pode ser sanada*, tornando válido o casamento, por desaparecimento da causa que lhe deu origem – artigo 1633º.

A *legitimidade* para propor a ação, ou para prosseguir nela, nos termos do artigo 1639º, nº 1, pertence não só aos cônjuges (seus herdeiros ou adotantes) como a qualquer parente deles na linha reta ou até ao quarto grau na linha colateral e também ao Ministério Público.

Nos termos do nº 2 do mesmo artigo 1639º, além das pessoas mencionadas no número anterior, podem ainda intentar a ação, ou prosseguir nela, o tutor, o acompanhante com poderes para o efeito e o primeiro cônjuge do infrator, no caso de bigamia.

Os *prazos de caducidade* no que concerne à propositura da ação variam consoante a pessoa do autor e a natureza da causa que serve de fundamento à ação de anulação, nos termos do artigo 1643º.

Assim, segundo este preceito, a ação de anulação fundada em impedimento dirimente deve ser instaurada:

a) Nos casos de menoridade, de demência notória ou de acompanhamento de maior judicialmente impeditivo, quando proposta pelo incapaz, até seis meses depois de ter atingido a maioridade, de a incapacidade natural ter cessado ou de cessar ou ser revisto, nesse sentido, o acompanhamento; quando proposta por outra pessoa, dentro dos três anos seguintes à celebração do casamento, mas nunca depois da maioridade ou da cessação da incapacidade natural.

Quando o casamento foi contraído, apesar da existência de algum dos *impedimentos dirimentes absolutos ou relativos* previstos nos artigos 1631º e 1632º, que devia ter constituído obstáculo à sua celebração e devia ter sido detetado no processo preliminar de publicações, o casamento será anulável por força do disposto na alínea *a)* do artigo 1631º.

Na alínea *b)* do mesmo artigo está prevista a causa de anulabilidade motivada pelo facto de o casamento ter sido celebrado, por parte de um ou de ambos os cônjuges, com *falta de vontade* ou com a *vontade viciada por erro ou coação.*

A *falta de vontade* não significa a falta de manifestação de vontade, porque esta falta dá lugar à inexistência do casamento, por força do disposto no artigo 1628º, alínea *c)*. Os casos de falta de vontade ou de vontade viciada só podem ser os enumerados no artigo 1635º. Trata-se dos casos em que o casamento foi realizado por *coação física* de um ou de ambos os nubentes (em que há falta absoluta de vontade) ou em que o nubente estava *errado acerca da identidade do outro.*

As *testemunhas* cuja falta constitui causa de anulabilidade do casamento prevista na alínea *c)* do artigo 1631º, são aquelas cuja presença é exigida pelo artigo 154º, nº 2, do Código do Registo Civil.

Considera-se sanada a anulabilidade e válido o casamento desde a celebração, se antes de transitar em julgado a sentença de anulação ocorrer algum dos factos previstos nas diversas alíneas do artigo 1633º.

As alíneas *a)* e *c)* deste artigo preveem o caso do casamento do menor não núbil confirmado por este depois de atingir a maioridade e também o caso de ter sido declarado nulo ou anulado o primeiro casamento do bígamo. A estes casos já fizemos referência no lugar próprio.

Nos termos da alínea *b)* do mesmo artigo considera-se sanada a anulabilidade e válido o casamento desde o momento da celebração se o casamento for confirmado pela pessoa que se encontrava na situação da alínea *b)* do artigo 1601º, depois de este fazer verificar judicialmente a cessação das causas do impedimento.

25. Inexistência do casamento

Quando as deficiências verificadas na celebração do casamento atingiram determinada gravidade impõe-se que esse "casamento" não produza qualquer efeito jurídico e seja tido como inexistente.

O artigo 1628º enumera taxativamente os casos de inexistência jurídica do casamento.

Em primeiro lugar – na alínea *a)* – refere o casamento celebrado *perante quem não tinha competência funcional para o ato*, salvo tratando-se de casamento urgente.

Com a exigência legal da intervenção de um oficial público para a celebração do casamento pretende-se que, com a sua autoridade, seja garantida a seriedade do ato e que, através do documento por ele lavrado, se possa provar com segurança a respetiva realização. Só deste modo se podem evitar as uniões meramente privadas.

Excecionalmente, nos termos do artigo 1629º, não é considerado juridicamente inexistente o casamento celebrado perante quem, sem ter competência para o ato, exercia publicamente as correspondentes funções, desde que os nubentes desconhecessem essa falta de competência no momento da celebração.

A última parte da alínea *a)* do artigo 1628º ressalva o caso do casamento *urgente*. No mesmo sentido, na parte final do proémio do artigo 156º do Código do Registo Civil permite-se a celebração do casamento *urgente* sem a intervenção do funcionário do registo civil.

Em segundo lugar – alínea *b)* – é considerado juridicamente inexistente o *casamento urgente que não tenha sido homologado.*

As causas justificativas da não homologação do casamento urgente estão taxativamente enumeradas no artigo 1624º.

Por sua vez, o artigo 160º do Código do Registo Civil também refere os casos em que o casamento urgente não pode ser homologado.

Tendo sido recusada a homologação por falta de requisitos legais, da observância das formalidades devidas, da falsidade dos mesmos ou até da existência de algum impedimento, o casamento tem de ser considerado inexistente.

Em terceiro lugar – alínea *c)* do artigo 1628º – é juridicamente inexistente o casamento em cuja celebração *tenha faltado a declaração da vontade de um ou de ambos os nubentes*, ou do procurador de um deles.

Não se trata aqui da falta de vontade, pois essa constituiria uma das causas da anulabilidade do casamento prevista na alínea *b)* do artigo 1631º.

A inexistência de que ora nos ocupamos é a sanção aplicada à *falta de declaração expressa da vontade* de ambos os nubentes (ou de um deles) ou do procurador.

A exigência da declaração expressa não significa que os nubentes ou o procurador tenham de pronunciar as palavras exatas referidas na alínea *e)* do nº1 do artigo 155º do Código do Registo Civil. Basta que tenham manifestado de forma expressa a sua vontade de contrair matrimónio.

Por último, determina a alínea *d)* do artigo 1628º que é juridicamente inexistente o *casamento contraído por intermédio de procurador, quando celebrado depois de terem cessado os efeitos da procuração*, ou quando esta não tenha sido outorgada por quem nela figura como constituinte, ou quando seja nula por falta de concessão de poderes especiais para o ato ou de designação expressa do outro contraente.

Nos termos do disposto no artigo 1621º, nº 1, *cessam todos os efeitos da procuração* pela sua revogação, pela morte do constituinte ou do procurador ou pelo acompanhamento de qualquer deles, quando a sentença que o haja decretado assim o determine.

Se já cessaram os efeitos da procuração, estamos perante uma situação que *equivale à falta de manifestação de vontade do mandante.*

Se *a procuração não foi outorgada por quem nela figura como constituinte* significa igualmente que não foi manifestada a vontade deste.

A procuração deve conter poderes especiais para o ato e a designação expressa do outro nubente, por exigência do artigo 1620º, nº 2. A falta destes requisitos torna *nula a procuração.*

O casamento juridicamente inexistente *não produz qualquer efeito jurídico* e nem sequer é havido como putativo – artigo 1630º, nº 1.

São consideradas de tal modo graves as deficiências que se entende ser razoável nem sequer admitir a produção dos efeitos próprios do casamento anulável.

A inexistência pode ser invocada por qualquer pessoa, a todo o tempo, independentemente da declaração judicial – artigo 1630º, nº 2.

É igualmente a gravidade das deficiências que justifica que a inexistência do casamento *possa ser invocada a todo o tempo por qualquer interessado*, independentemente de declaração judicial, diferentemente do que acontece com a anulabilidade.

26. Casamento putativo

A palavra putativo procede etimologicamente do vocábulo latino *putare*, que significa *reputar* ou estar convencido da verdade de um facto. O casamento putativo é o que é reputado pelas partes e por terceiros como tendo sido celebrado em termos não merecedores da censura da lei.

Ao casamento putativo é concedido um regime especial quanto aos respetivos efeitos. Embora estando ferido de invalidade, os nubentes, ou pelo menos um deles, estava convencido da sua validade, pois agiu (ou agiram ambos) de boa fé ao celebrá-lo. Por isso, considerou-se que não seria justo aplicar ao casamento o mesmo regime que resulta da declaração de nulidade ou anulação de qualquer outro negócio jurídico.

Sem esta preocupação, isto é, se o tratamento fosse o mesmo que é concedido para a generalidade dos negócios jurídicos, a anulação do casamento faria com que este tivesse de ser considerado, desde o início, como uma situação concubinária e, portanto, os filhos tivessem de ser considerados como tendo sido concebidos fora do casamento. Por outro lado, os interesses de terceiros também não seriam protegidos. Assim, por exemplo, as dívidas contraídas por um dos cônjuges, em princípio, não iriam onerar os bens do outro.

Esta necessidade de tratamento especial dispensado ao casamento putativo foi sentida desde tempos muito recuados, tendo a ideia sido acolhida pelo Código Civil de 1867 e depois pelo Decreto nº 1, de 25 de Dezembro de 1910.

Dando continuidade a esta preocupação, o atual Código Civil, no capítulo que se ocupa do casamento putativo, determina no seu artigo 1647º, nº 1, que o casamento civil anulado, quando contraído de boa fé por ambos os cônjuges, produz os seus efeitos em relação a estes e a terceiros até ao trânsito em julgado da respetiva sentença.

Quer dizer, enquanto não for proferida sentença que decrete a anulação do casamento este produzirá normalmente todos os efeitos do casamento válido. Depois da sentença de anulação ter transitado em julgado, manter-se-ão os efeitos que produziu no passado o casamento contraído de boa fé por ambos os cônjuges. Pode dizer-se que, por um lado, a sentença não opera retroativamente e, por outro, a circunstância de o casamento ter de ser anulado, não significa que os efeitos jurídicos que produziu anteriormente tenham de desaparecer. Depois do trânsito em julgado da sentença de anulação, o casamento já não produz quaisquer efeitos.

Conforme dispõe o artigo 1648º, nº 1, considera-se de boa fé o cônjuge que tiver contraído o casamento na ignorância desculpável do vício causador da nulidade ou anulabilidade, ou cuja declaração de vontade tenha sido extorquida por coação física ou moral.

Para o conceito de boa fé utilizou-se uma forma composta. Adotou-se o sentido psicológico – a ignorância do vício causador da nulidade ou anulabilidade – mas acrescentou-se a declaração de vontade extorquida por coação, que não cabia naquele conceito.

A boa fé a considerar é a que deve existir no momento da celebração do casamento. Só esse momento é que conta para o efeito.

O conhecimento judicial da boa fé pertence exclusivamente aos tribunais do Estado, como impõe o nº 2 do artigo 1648º. Deste modo não restam dúvidas de que, embora aos tribunais eclesiásticos seja atribuída a competência exclusiva para conhecer da validade do casamento católico, sempre que sejam suscitadas questões acerca da boa fé ou da má fé dos cônjuges, a sua apreciação compete aos tribunais do Estado.

A boa fé dos cônjuges presume-se, como diz o nº 3 ainda do artigo 1648º.

A importância desta afirmação revela-se no que concerne ao ónus da prova previsto no artigo 342º e seguintes. Assim, o cônjuge interessado em fazer valer os efeitos do casamento putativo em seu benefício, não tem de fazer a respetiva prova, a qual doutro modo lhe caberia – cfr. artigo 344º, nº 1.

A anulação do casamento civil, ainda que contraído de má fé por ambos os cônjuges, não exclui a presunção de paternidade – artigo 1827º, nº 1.

Por força do disposto no artigo 1647º, quanto aos efeitos do casamento putativo há a considerar dois períodos de apreciação. O primeiro situa-se entre a data da celebração do casamento e a data do trânsito em julgado da sentença de anulação. O segundo é o que se segue ao trânsito em julgado desta mesma sentença.

Os atos realizados entre os cônjuges ou os negócios celebrados por um ou por ambos com terceiros, durante o primeiro destes períodos, têm de ser encarados, quanto à sua validade, como se o casamento fosse válido.

No segundo período, para a apreciação desses mesmos atos tem de ser tido em conta que o casamento é como se não tivesse nunca existido, o que equivale a dizer que as pessoas que o celebraram terão agora de ser encaradas como estranhas entre si.

Embora o casamento anulado seja considerado como se nunca tivesse sido celebrado, gerou o direito a alimentos que o cônjuge de boa fé conserva mesmo depois de ter sido declarado nulo ou anulado o casamento, nos termos do artigo 2017º.

O nº 2 do artigo 1647º prevê o caso em que *apenas um dos cônjuges contraiu o casamento de boa fé*. Só este pode arrogar-se os benefícios do estado matrimonial e opô-los a terceiros, desde que, relativamente a estes, se trate de mero reflexo das relações havidas entre os cônjuges.

Só o cônjuge de boa fé pode invocar os efeitos que o beneficiem, ou seja, ele saberá se lhe é conveniente ou não invocar a eficácia do casamento putativo. Ao cônjuge de má fé não aproveitam os benefícios do casamento putativo, sendo considerado como se o casamento se não tivesse realizado.

O nº 3 do mesmo artigo 1647º diz respeito ao *casamento católico*. A declaração de nulidade pertence aos tribunais e repartições eclesiásticas. A eficácia do casamento putativo abrangerá todos os atos praticados até ao averbamento dessa decisão que anulou o casamento, desde que esteja transcrito no registo civil.

A declaração de nulidade do casamento católico, transcrito no registo civil, também não exclui a presunção de paternidade – artigo 1827º, nº 2.

Quando nos referimos ao casamento putativo temos em mente um casamento com existência jurídica e não o que padeça de qualquer dos defeitos a que alude o artigo 1628º e seja, por isso, inexistente. Na verdade, como já foi referido, o casamento juridicamente inexistente não produz qualquer efeito jurídico e nem sequer é havido como putativo – artigo 1630º, nº1.

27. Prova do casamento

A) Registo do casamento

Após a celebração do casamento, qualquer que seja a modalidade, deve proceder-se ao respetivo registo.

Nos termos do disposto no artigo 1651º, nº 1, é obrigatório o registo dos casamentos celebrados em Portugal, quer dos casamentos católicos, quer dos casamentos civis.

O registo do casamento consiste no assento que é lavrado por *inscrição* ou *transcrição* – artigo 1652º.

Em plena consonância, o artigo 51º do Código do Registo Civil, referindo-se às formas de lavrar os assentos, diz igualmente que são lavrados por *inscrição* ou por *transcrição*.

Concretamente, o assento paroquial do casamento católico é lavrado *em duplicado* no livro de registo ou em arquivo eletrónico da paróquia, logo após a celebração do matrimónio. Depois o pároco deve enviar, no prazo de três dias, o duplicado a uma conservatória do registo civil, cujo conservador procederá à respetiva *transcrição*, no prazo de um dia, e deve comunicá-lo ao pároco – artigos 167º, 169º, 171º e 172º, todos do Código do Registo Civil.

Como se verifica, o assento é lavrado por *transcrição* quando tem por base um outro documento escrito, que tanto pode ser o *assento paroquial*, como no caso acima referido, como também pode ser uma *decisão judicial*, um *documento estrangeiro* ou o *despacho de homologação* do casamento civil urgente.

O artigo 53º do Código do Registo Civil enumera os assentos que são lavrados por *transcrição*, entre os quais refere os assentos de casamento católico, de casamento civil sob a forma religiosa ou de casamento civil urgente, celebrados em território português.

É feito por *inscrição* o assento que é lavrado diretamente nos livros do registo. São lavrados por inscrição, entre outros, os assentos de casamento civil não urgente, celebrado em território português ou realizado no estrangeiro perante agente diplomático ou consular português – artigo 52º, alínea *e)* do Código do Registo Civil.

O assento, que é uma formalidade a cumprir em momento posterior à celebração do casamento, não interessa quanto à validade do ato, mas é um elemento essencial à prova do mesmo, que se faz pela respetiva certidão.

O casamento cujo registo é obrigatório não pode ser invocado, seja pelos cônjuges ou seus herdeiros, seja por terceiro, enquanto não for lavrado o respetivo assento, sem prejuízo das exceções previstas neste código – artigo 1669º.

Salvo disposição legal em contrário, os factos cujo registo é obrigatório só podem ser invocados depois de registados – artigo 2º do Código do Registo Civil.

A prova resultante do registo civil quanto aos factos que a ele estão obrigatoriamente sujeitos e ao estado civil correspondente não pode ser ilidida por qualquer outra, a não ser nas ações de Estado e nas ações de registo. E os factos registados não podem ser impugnados em juízo sem que seja pedido o cancelamento ou retificação dos registos correspondentes – artigo 3º, nºs 1 e 2 do Código do Registo Civil.

Trata-se do respeito pelo princípio da fidelidade do registo.

As alterações ao conteúdo dos assentos que devam ser registadas são lançadas na sequência do texto, por meio de averbamento – artigo 68º do Código do Registo Civil.

B) Efeito retroativo do registo

O registo efetuado por inscrição ou por transcrição não pode ser considerado um elemento constitutivo do casamento. Não faz parte das formalidades essenciais do casamento, sendo um ato posterior ao mesmo. Compreende-se, por isso, que a falta ou omissão do registo ou até a sua perda não constituem fundamento para a nulidade ou anulabilidade do casamento.

Na verdade, o registo é uma simples formalidade posterior ao casamento, que se torna necessária para que o casamento possa ser invocado, nos termos do artigo 1669º.

Tratando-se de registo que deva ser lavrado por *inscrição*, o registo *omitido* é efetuado mediante decisão do conservador em *processo de justificação administrativa*. Se o registo tiver de ser feito por *transcrição*, o conservador deve *requisitar à entidade competente o título* necessário para o lavrar. Se não houver sido lavrado o original, o conservador deve providenciar para que a entidade competente faça suprir a omissão e remeta à conservatória o respetivo título – cfr. artigo 83º do Código do Registo Civil.

Como os efeitos civis do casamento derivam do contrato e não da inscrição do ato nos livros, é forçoso concluir que a eficácia do registo deve retroagir à data em que foi celebrado.

Nos termos do disposto no artigo 1670º, efetuado o registo, e ainda que venha a perder-se, os efeitos civis do casamento retrotraem-se à data da sua celebração.

A retroatividade diz respeito tanto aos efeitos pessoais como aos efeitos patrimoniais do casamento e aproveita às relações dos cônjuges entre si e destes com os filhos ou com terceiros.

No entanto, relativamente a terceiros, a lei estabelece uma exceção. O nº 2 do mesmo artigo 1670º ressalva os direitos de terceiro que sejam compatíveis com os direitos e deveres de natureza pessoal dos cônjuges e dos filhos, a não ser que, tratando-se de registo por transcrição, esta tenha sido feita dentro dos sete dias subsequentes à celebração.

Se o casamento civil não tiver sido imediatamente inscrito ou transcrito no registo ou se o casamento católico não tiver sido transcrito no prazo de sete dias contados a partir da celebração, o registo que venha a ser feito posteriormente não irá prejudicar os direitos de terceiro que sejam compatíveis com os direitos e deveres de natureza pessoal dos cônjuges e dos filhos.

A ressalva diz respeito aos direitos de terceiro, nos casos em que o registo foi efetuado tardiamente, e cinge-se aos efeitos civis do casamento.

É apontado como exemplo, pelo Professor Antunes Varela, um caso decidido pelo Supremo Tribunal de Justiça. Estava em causa "um inventário judicial, no qual os irmãos de um dos cônjuges foram chamados como herdeiros, com integral preterição do cônjuge sobrevivo, porque o inventário foi aberto antes de ter sido transcrito em Portugal o assento do casamento que o finado realizara anos antes no Brasil". O acórdão ressalvou os direitos dos irmãos do *de cujus* (neste caso terceiros). [6]

[6] Antunes Varela, Direito de Família, pág. 309.

CAPÍTULO VIII

28. Casamento católico

A) Capacidade civil

Pode dizer-se que o casamento católico é o preferido pela maioria das pessoas em Portugal.

O Código Civil dedica-lhe uma secção, onde, nos artigos que vão desde o 1596º ao 1599º, faz referência específica a esta modalidade de casamento.

O primeiro destes artigos trata da capacidade civil, estabelecendo que o casamento católico só pode ser celebrado por quem tiver a capacidade matrimonial exigida na lei civil.

Quer dizer, embora o casamento católico deva ter em conta os impedimentos matrimoniais previstos no direito canónico, está igualmente dependente da observância dos impedimentos constantes da lei civil.

Na verdade, no que concerne ao casamento civil, por força do disposto no artigo 1600º, têm capacidade para o contrair todos aqueles em quem se não verifique algum dos impedimentos matrimoniais previstos na lei.

Aqueles que pretendam contrair casamento devem declará-lo, pessoalmente ou por intermédio de procurador, numa conservatória do registo civil e requerer a instauração do processo de casamento. Tratando-se de casamento católico, a declaração para a instauração do processo pode ainda ser prestada pelo pároco competente para a organização do processo canónico. É ao conservador do registo civil que compete passar certificado no qual declara que os nubentes podem contrair casamento. O casamento católico não pode ser celebrado sem que ao respetivo pároco seja apresentado esse certificado – cfr. artigos 135º, 146º e 151º, todos do Código do Registo Civil.

No mesmo sentido dispõe o artigo 1598º que, verificada no despacho final do processo preliminar de casamento a inexistência de impedimento à realização do casamento, o funcionário do registo civil extrai dele o certificado da capacidade matrimonial, que é remetido ao pároco e sem o qual o casamento não pode ser celebrado.

Se, apesar de todas estas precauções, o casamento católico vier a ser celebrado entre nubentes que não tinham a capacidade matrimonial exigida pela lei civil, não compete aos tribunais comuns decidir sobre a sua inexistência ou a anulação, visto que, nos termos do artigo 1625º, é reservada aos tribunais eclesiásticos a exclusividade do conhecimento das causas respeitantes à nulidade do casamento católico.

B) Processo preliminar de casamento

Conforme dispõe o nº 1 do artigo 1597º, a capacidade dos nubentes para contrair matrimónio é comprovada por meio de processo preliminar de casamento, organizado nas conservatórias a requerimento dos nubentes ou do pároco respetivo.

Já acima fizemos referência a este processo preliminar que, no caso do casamento católico, pode ser requerido pelo pároco, mas cuja organização corre na conservatória do registo civil. Trata-se do processo destinado à verificação da inexistência de impedimentos exigido pelo artigo 1610º.

O nº 2 do mesmo artigo 1597º determina que o consentimento dos pais ou tutor, relativo ao nubente menor, pode ser prestado na presença de duas testemunhas perante o pároco, o qual levantará auto de ocorrência, assinando-o com todos os intervenientes.

Como se verifica, este preceito reconhece ao pároco competência para receber o consentimento dos pais ou tutor a que faz referência o artigo 1612º.

O assento paroquial de casamento católico deve conter referência à existência do consentimento dos pais ou representantes legais dos nubentes menores ou ao respetivo suprimento e, quando tiver sido prestado no ato da celebração, a menção da circunstância – artigo 167º, nº 1, alínea *e)* do Código de Registo Civil.

No caso do casamento civil, o consentimento para o casamento de menores é prestado nos termos previstos nos artigos 149º e 150º, seguindo o processo de suprimento os termos previstos nos artigos 255º e seguintes, todos do Código do Registo Civil.

C) Dispensa do processo preliminar

Por vezes existem razões excecionais de *urgência* que justificam que seja permitida a celebração do matrimónio sem a prévia organização do processo preliminar normalmente exigido.

É o caso dos casamentos *in articulo mortis*, na iminência de parto ou cuja imediata celebração seja expressamente autorizada pelo ordinário próprio por grave motivo de ordem moral, os quais podem celebrar-se independentemente de processo preliminar de casamento e da passagem do certificado – artigo 151º do Código do Registo Civil.

O mesmo dispõe o artigo 1599º.

Porém, a dispensa do processo preliminar de casamento não significa qualquer supressão dos requisitos exigidos quanto à capacidade matrimonial dos nubentes.

Para que não restem dúvidas quanto à subsistência de tais exigências, o nº 2 do artigo 1599º adverte que a dispensa do processo preliminar não altera as exigências da lei civil quanto à capacidade matrimonial dos nubentes, continuando estes sujeitos às sanções estabelecidas na lei.

Tratando-se de casamento celebrado com dispensa do processo preliminar respetivo, mediante autorização do ordinário próprio, deve mencionar-se no assento essa circunstância e a data da autorização – artigo 167º, nº 5 do Código do Registo Civil.

Por isso, quando o casamento é legalmente celebrado sem precedência do processo respetivo, a transcrição do casamento católico deve ser recusada nos casos previstos no artigo 174º, nº 1, alínea *e)* do Código do Registo Civil.

Ainda no que diz respeito aos casamentos urgentes, a celebração do casamento civil está prevista noutra secção do Código Civil, concretamente nos artigos 1622º e seguintes.

D) Infrações cometidas pelos párocos no caso de casamento urgente

Nos termos do disposto no artigo 296º, nº 1, do Código do Registo Civil, incorre na pena aplicável ao crime de desobediência qualificada o ministro da igreja que praticar algum dos seguintes factos:

a) Oficiar no casamento sem lhe ser presente o certificado previsto no artigo 151º ou depois de haver recebido a comunicação a que se refere o artigo 148º, exceto tratando-se de casamento *in articulo mortis*, na iminência de parto ou cuja celebração imediata haja sido expressamente autorizada pelo ordinário próprio;

b) Celebrar o casamento *in articulo mortis* sem motivo justificado e com o intuito de afastar algum impedimento previsto na lei civil.

Os casamentos *in articulo mortis* e os celebrados na iminência de parto não carecem de autorização do ordinário. Porém, o pároco deve consultá-lo e obter a respetiva autorização a não ser que a urgência do caso lho não permita.

A alínea *b)* do nº 1 do artigo 296º acima transcrita, a respeito dos casamentos urgentes, apenas faz referência à sanção do pároco nos casos de celebração de casamento *in articulo mortis* e não de celebração na iminência de parto.

CAPÍTULO IX

29. Sociedade conjugal

A) Evolução da situação jurídica da mulher casada

O contrato de casamento origina um novo estado civil, o estado de casado, e produz efeitos jurídicos entre as partes, uns de ordem pessoal, outros de ordem patrimonial.

Pelo contrato que celebraram, nos termos do artigo 1577º, os nubentes pretendem constituir família mediante plena comunhão de vida.

Atualmente o casamento assenta na igualdade de direitos e deveres dos cônjuges, mas nem sempre assim foi.

Durante muitos séculos, o marido tinha absoluta supremacia de direitos. No domínio do direito romano, a mulher casada ficava sujeita à *manus* do marido ou do *paterfamilias,* situação que se manteve durante todo o período medieval.

A situação da mulher evoluiu com a publicação do Código Civil de 1867 que, no seu artigo 1185º, determinava o seguinte: ao marido incumbe, especialmente, a obrigação de proteger e defender a pessoa e os bens da mulher; e a esta a de prestar obediência ao marido.

Os dois artigos seguintes do mesmo Código dispunham sobre a obrigação de a mulher acompanhar o marido, exceto para país estrangeiro, e proibiam a mulher de publicar os seus escritos sem consentimento do marido, mas em caso de injusta recusa deste, era-lhe permitido recorrer à autoridade judicial.

A justificação então proclamada assentava nas seguintes razões: "não podia haver, em absoluto, liberdade e igualdade em qualquer sociedade; porque, sendo indispensável uma direção, uma entidade que delibere, administre e mande; cumprindo aos outros executar as deliberações daquela; e, sendo toda a convenção um vínculo, uma restrição da vontade dos contraentes."[7]

Esta situação sofreu certa alteração com a publicação do Decreto nº 1, de 25 de Dezembro de 1910, que no artigo 39º dispunha o seguinte: a sociedade conjugal baseia-se na liberdade e na igualdade, incumbindo ao marido, especialmente, a obrigação de defender a pessoa e os bens da mulher e dos filhos, e à mulher, principalmente, o governo doméstico e uma assistência moral tendente a fortalecer e aperfeiçoar a unidade familiar.

Por força dos artigos 42º e 44º do mesmo diploma, a mulher passou a poder publicar os seus escritos sem o consentimento do marido e a poder estar em juízo sem outorga nem autorização do marido, nos mesmos termos em que este o poda fazer sem outorga, nem autorização da mulher. Começa desde então a notar-se uma certa tendência, ainda embrionária, para a igualdade de direitos entre os cônjuges.

Reagindo quanto a tais alterações, foi entendido que a obediência devida pela mulher ao marido não significava uma situação de desigualdade, de subordinação absoluta, sem vontade própria, como a das pessoas de menoridade em relação aos pais ou tutor. "Esse vocábulo só significava a preponderância do marido, nas deliberações concernentes aos negócios domésticos, nos casos em que as opiniões dos cônjuges estejam em desacordo".[8]

O Código Civil de 1966 procurou eliminar todos os vestígios que pudessem traduzir incapacidade da mulher em relação ao marido e teve em vista distribuir as funções próprias de cada um dos cônjuges dentro da sociedade conjugal.

Assim, o artigo 1674º atribuiu o poder marital ao elemento masculino, que considerou o chefe da família, a quem competia representá-la e decidir em todos os atos da vida conjugal comum.

Por outro lado, nos termos do artigo 1677º, continuou a atribuir à mulher, durante a vida em comum, o governo doméstico.

Porém, a mulher deixou de ter necessidade do consentimento do marido para exercer profissões liberais ou funções públicas, para publicar as suas obras ou dispor da propriedade intelectual e também para exercer o comércio – artigos 1676º e 1686º.

[7] Cunha Gonçalves, ob. Cit., vol. VI, pág. 762.

[8] Ob. e loc. cit., pág. 761 e seguinte.

Por outro lado, foi reconhecida à mulher legitimidade para contrair dívidas – artigo 1690º.

A Constituição da República Portuguesa, no seu artigo 36º, nº 3, veio acentuar a igualdade dos cônjuges ao determinar que estes têm iguais direitos e deveres quanto à capacidade civil e política e à manutenção e educação dos filhos.

A partir daí, o Decreto-Lei nº 496/77, de 25/11, veio, em consonância, alterar alguns artigos do Código Civil.

Corroborando o preceito constitucional, o artigo 1671º reafirma a igualdade dos cônjuges e atribui a direção da família a ambos os cônjuges, que devem acordar sobre a orientação da vida em comum, tendo em conta o bem da família e os interesses de um e outro.

Desapareceu assim de vez a ideia de que a sociedade conjugal, como qualquer outra sociedade, devia ter um chefe a dirigi-la.

Foram igualmente alteradas várias disposições do Código Civil para se subordinarem ao preceito constitucional, entre as quais as dos artigos 1674º, que tinha como epígrafe o poder marital, e as do artigo 1678º, referente à administração dos bens do casal.

Esta ideia de completa igualdade trouxe muitas outras implicações, que estiveram na origem de outras tantas alterações da lei.

Desde logo, deixou de fazer sentido qualquer atribuição especial de funções apenas a um dos cônjuges e, por isso, teve de ser alterado o disposto no artigo 1677º, que atribuía à mulher o governo doméstico.

B) Direito ao nome

O nome serve para identificar a pessoa. Na Idade Média as pessoas usavam o nome do batismo, ao qual juntavam o nome da localidade onde haviam nascido (como, por exemplo, o do navegador Pero da Covilhã), o da sua profissão ou ainda o de qualquer defeito ou particularidade física. Enfim, não existiam quaisquer regras para a composição do nome das pessoas.

Hoje o nome completo deve compor-se, no máximo, de seis vocábulos gramaticais, simples ou compostos, dos quais só dois podem corresponder ao nome próprio e quatro a apelidos. Os apelidos são escolhidos entre os que pertençam a ambos ou só a um dos pais do registando ou a cujo uso qualquer deles tenha direito, podendo, na sua falta, escolher-se um dos nomes por que sejam conhecidos – cfr. artigo 103º, nº 2, proémio e alínea *e)* do Código do Registo Civil.

O nome fixado no assento de nascimento só pode ser modificado mediante autorização do Conservador dos Registos Centrais – artigo 104º, nº 1, do Código do Registo Civil. Porém, o nº 2 do mesmo preceito enumera algumas exceções, entre as quais a alteração resultante da renúncia aos apelidos adotados por virtude do casamento e, em geral, da perda do direito ao nome por parte do registado – constante da alínea *d)*.

O direito ao nome dos cônjuges foi objeto de uma grande modificação. Pelo artigo 1675º anterior era atribuído à mulher o direito de usar os apelidos do marido até ser proferido o divórcio ou, em caso de viuvez, até passar a segundas núpcias.

Pela nova redação do correspondente artigo 1677º, cada um dos cônjuges conserva os seus próprios apelidos, mas pode acrescentar-lhes apelidos do outro até ao máximo de dois.

Quando o casamento só podia ser celebrado entre pessoas de sexo diferente, só a mulher podia adotar os apelidos do marido, mas a ideia de defesa do princípio da igualdade, estabelecido na Constituição, foi levada ao ponto de atribuir ao marido também o direito de adotar os apelidos da mulher.

Atualmente o preceito deixou de referir as palavras marido e mulher e, portanto, qualquer dos cônjuges, seja qual for o sexo, pode usar os apelidos do outro.

Esta faculdade só não pode ser exercida por aquele que conserve apelidos do cônjuge de anterior casamento, conforme dispõe o nº 2 do mesmo artigo 1677º.

Parece nada impedir que ambos os cônjuges usem simultaneamente da faculdade, por forma a que cada um deles acrescente ao seu nome apelidos do outro.

Nos termos do artigo 181º, alínea *g)* do Código do Registo Civil, o assento de casamento deve conter os apelidos adotados por qualquer dos nubentes.

C) Casamento entre pessoas do mesmo sexo

A alteração mais profunda foi a operada pela Lei nº 9, de 2010, que, no seu artigo 1º, veio permitir o casamento civil entre pessoas do mesmo sexo.

Esta alteração obrigou a modificar, além de outros preceitos do Código Civil, o artigo 1577º que contém a noção de casamento.

Conforme estabelece atualmente este preceito depois de ter sido eliminada a expressão "pessoas de sexo diferente", o casamento é o contrato celebrado entre duas pessoas que pretendem constituir família mediante uma plena comunhão de vida, nos termos das disposições deste Código.

30. Deveres conjugais

Em versão anterior, o artigo 1671º, sob o título deveres recíprocos dos cônjuges, dispunha o seguinte: os cônjuges estão reciprocamente vinculados pelos deveres de fidelidade, coabitação e assistência.

Pela Reforma de 1977, o correspondente artigo 1672º passou a ter um título mais reduzido, mas o número dos deveres foi aumentado. Assim, com a epígrafe "deveres dos cônjuges", os deveres enunciados passaram a ser os de respeito, fidelidade, coabitação, cooperação e assistência.

Quer dizer, foram acrescentados dois deveres – o de respeito – que passou a figurar em primeiro lugar e – o de cooperação – a anteceder o dever de assistência.

A cada um destes deveres faremos uma sucinta referência imediatamente a seguir.

31. Dever de respeito

O dever de respeito, sendo referido na lei em primeiro lugar é, sem dúvida, o mais importante dos deveres conjugais. Aliás, na sua amplitude não seria difícil incluir todos os restantes.

O acatamento das leis que estabelecem as regras da convivência social é uma emanação do respeito que deve existir entre os cidadãos. O respeito deve estar presente em todas as relações entre as pessoas.

"Platão afirma, pela boca de Protágoras, que Zeus, receando que a raça humana viesse a extinguir-se, inspirou aos homens o respeito mútuo e a justiça para servirem de base de norma a toda a organização social".

Na verdade, o respeito é um dos valores mais importantes do ser humano e tem grande relevância na vida social.

O dever de respeito impõe a cada pessoa a obrigação de ter um comportamento em que não haja ofensas à honra, à dignidade, à consideração social e à integridade física dos outros, por forma a preservar os seus direitos de personalidade.

A lei protege os indivíduos contra qualquer ofensa ilícita ou ameaça de ofensa à sua personalidade física e moral, conforme consta do artigo 70º, nº 1.

O conceito de personalidade compreende uma série extensa de direitos. Entre eles, podemos enumerar o direito à vida, à integridade física, à honra, à liberdade, ao bom nome, à saúde, à inviolabilidade de correspondência e até ao repouso.

As ofensas à personalidade física e moral fazem incorrer o infrator não só em responsabilidade civil, mas também criminal.

Como constatamos, a violação do dever de respeito engloba não só as ofensas à integridade física como as ofensas à integridade moral. As primeiras são geralmente designadas como ofensas ou agressões corporais. As segundas traduzem-se em atos ou palavras suscetíveis de ofender a honra e a dignidade da pessoa a quem são dirigidas.

Embora o casamento tenha por finalidade a constituição de família mediante plena comunhão de vida, a entrega de cada um dos cônjuges ao outro, de modo a constituírem *duo in carne una*, tal finalidade não significa o desaparecimento da personalidade individual de cada um deles. Por isso, cada um terá de continuar a respeitar a individualidade do outro nos seus aspetos físico e moral, sob pena de incorrer em responsabilidade civil e criminal.

Se a ofensa for grave ou reiterada de tal modo que, independentemente da culpa, mostre que se chegou a uma situação de rutura definitiva do casamento, pode constituir fundamento para o divórcio ou para separação judicial de pessoas e bens – cfr. artigos 1781º e 1794º.

Qualquer dos cônjuges tem plena liberdade de atuação, contanto que não infrinja os deveres inerentes ao seu estado de casado. Com base no artigo 1677º-D, cada um dos cônjuges pode exercer qualquer profissão ou atividade sem o consentimento do outro. Deve, porém, conciliar o exercício dessa liberdade com os interesses próprios da vida familiar.

O casamento não só não destrói a individualidade de cada um dos cônjuges, como faz surgir, por outro lado, uma nova entidade, cuja honra e bom nome de cada um dos componentes interessa preservar. Gera uma espécie de unidade moral entre os esposos, produzindo uma ligação íntima entre a dignidade de um e a dignidade do outro, de tal maneira que "todo o ato de um deles, afetando a sua dignidade e respeitabilidade, igualmente ferirá a dignidade e respeitabilidade do cônjuge".[9]

Cria no casal – como também tem sido afirmado – "uma honra e bom nome solidários".

[9] Cfr. Manuel de Andrade, R.L.J., ano 88º, pág. 293

Embora a personalidade de cada um não se dissolva numa nova entidade, em diversas circunstâncias passam a ser vistos socialmente como o casal que formam.

Assim, a embriaguez, o consumo de estupefacientes, o proxenetismo, o vício do jogo, o furto, o homicídio ou qualquer outro ato desonroso praticado por um dos esposos repercute-se no bom nome e reputação do casal, atingindo, portanto, também o outro. Constitui, por isso, violação do dever de respeito.

Podemos ainda acrescentar que o dever de respeito não se cinge apenas às pessoas dos cônjuges, estendendo-se também às famílias de onde cada um deles é proveniente.

Na verdade, o casamento não tem o efeito de cortar radicalmente a ligação de cada um dos intervenientes à sua família de origem. Cada um dos cônjuges manterá os laços afetivos que o prendiam aos seus pais e irmãos.

Além disso, cada um dos cônjuges passou a estar ligado aos parentes do outro pelo vínculo da afinidade referida no artigo 1584º.

Por tudo isto, facilmente se compreenderá que a ofensa que um deles faça à integridade física ou moral dos familiares do outro, pode constituir ofensa aos seus sentimentos capaz de ser qualificada como violação do dever de respeito.

No que toca à ofensa à integridade moral, não se deve ainda perder de vista que as palavras ou expressões não contêm a mesma significação em todas as localidades do País e podem mudar também com o decurso do tempo. Em conformidade, a sua carga ofensiva varia no espaço e no tempo.

Por outro lado, a capacidade de ofender que as palavras e expressões contêm depende do grau de sensibilidade e educação da pessoa a quem são dirigidas e até da pessoa que as profere.

32. Dever de fidelidade

A) Noção

A fidelidade significa o cumprimento daquilo a que alguém se comprometeu.

No ato de celebração do casamento, cada um dos nubentes faz várias promessas ao outro, perante o pároco ou o conservador do registo civil, entre as quais a de lhe ser fiel. Mas a fidelidade de que ora nos ocupamos tem a ver com as relações sexuais.

Pelo casamento é atribuído a cada um dos cônjuges o *ius in corpus*, também designado *débito conjugal*, que se traduz no dever de cada um deles ter relações sexuais com o outro e apenas com ele.

Na verdade, no ato da celebração do casamento cada um dos nubentes compromete-se a manter relações sexuais exclusivamente com o outro. É neste compromisso que se situa o dever de fidelidade, cuja violação mais grave constitui adultério.

B) Breve resenha histórica do adultério

Em tempos muito recuados, o adultério da mulher era muito severamente punido, inclusivamente, por vezes, com o apedrejamento até à morte.

Na Índia os adúlteros eram devorados pelos cães e no Egito sofriam horríveis mutilações.

Entre nós, nos primeiros tempos, o caso era deixado à *vindicta privada*. A partir das Ordenações era punido com pena de morte, se o marido acusasse e com degredo para a África, quando não acusasse.

O artigo 401º do Código Penal punia o adultério da mulher com prisão maior de 2 a 8 anos. Nos termos do artigo 404º do mesmo diploma, ao adultério do marido correspondia a pena de 3 meses a 3 anos, mas só no caso de ser praticado com manceba teúda e manteúda na morada conjugal.

Para o caso de os adúlteros serem surpreendidos em flagrante, o artigo 372º dispunha o seguinte: "O homem casado que achar sua mulher em adultério, cuja acusação não lhe seja vedada, nos termos do artigo 404º, § 2º, e nesse ato matar a ela ou ao adúltero, ou a ambos, ou lhes fizer alguma das ofensas corporais declaradas nos artigos 360º, nºs 3 a 5, 361º e 366º, será desterrado para fora da comarca por seis meses.

§ 1º – Se as ofensas forem menores, não sofrerá pena alguma.

§ 2º – As mesmas disposições se aplicarão à mulher casada, que no ato declarado neste artigo matar a concubina teúda e manteúda pelo marido na casa conjugal, ou ao marido, ou a ambos, ou lhes fizer as referidas ofensas".

Esta disposição legal só foi revogada perto do final do século XX, pelo Decreto-Lei nº 262/75, de 27 de Maio.

A Lei do Divórcio (Decreto de 3 de Novembro de 1910), tendo adotado o princípio da igualdade dos cônjuges, introduziu alterações às sanções aplicadas ao adultério. Nos termos do seu artigo 61º, o adultério do marido foi "igualado, em caráter e gravidade, ao da mulher, mas a pena nunca poderá exceder para qualquer deles e respetivo corréu o máximo de prisão correcional". A pena não podia, portanto, ser superior a dois anos de prisão.

Dispunha ainda o mesmo preceito legal que o cônjuge ofendido teria de optar pela ação criminal de adultério ou pela ação civil de divórcio, ou de separação, com base no adultério, não podendo cumulá-las em caso algum.

No domínio do direito civil, recuando até ao Código Civil de 1867, encontramos diferença de tratamento entre o homem e a mulher. Nos termos do artigo 1204º, o adultério da mulher podia ser causa legítima de separação de pessoas e bens. Porém, o adultério do marido só o seria desde que "com escândalo público ou completo desamparo da mulher, ou com concubina teúda e manteúda no domicílio conjugal".

Por outro lado, no caso de adultério da mulher, podia haver simples separação de pessoas, mas isso não sucedia no caso de adultério do marido – artigo 1210º, § único.

A Lei do Divórcio revogou, para todos os efeitos, esta disposição legal. A partir de então, da separação de pessoas resultaria sempre a separação de bens. Qualquer dos cônjuges podia requerer o divórcio ou a separação de pessoas e bens invocando o adultério do outro – cfr. artigos 4º e 43º.

No entanto, a equiparação, sob o aspeto jurídico, entre o adultério do homem e o da mulher foi alvo de muitas críticas. Apontava-se que, sob o aspeto social, a diferença entre o homem e a mulher é muito grande, fundando-se na própria natureza humana, na diferença fisiológica e psicológica entre um e outro.

Concluía-se que o facto de o marido ter tido uma aventura em nada diminuía a consideração social da esposa nem justificava socialmente a separação ou o divórcio. Mas se é a mulher a protagonista da aventura, o marido fica socialmente diminuído, desonrado e só se redime abandonando a mulher, separando-se ou divorciando-se.[10]

Chegou mesmo a argumentar-se que a mulher, quando separada do marido, pode perfeitamente conservar-se casta, sem nenhum prejuízo para a saúde; pelo contrário, não se pode exigir, sem risco de saúde, uma longa abstinência, em cumprimento do dever de fidelidade, ao homem que, por qualquer motivo, se encontre no estrangeiro, ou numa colónia, ou em viagem.[11]

[10] Santos Martins, A Mulher Perante a Lei, pág. 172.

[11] Cunha Gonçalves, Tratado de Direito Civil, vol. VII, pág. 26 e seguintes.

C) *O dever conjugal*

Atualmente o adultério não constitui crime. Por outro lado, o artigo 13º da Constituição da República Portuguesa estabelece o princípio da igualdade, não permitindo a descriminação por virtude do sexo.

Como se sabe, o casamento impõe uma limitação à liberdade sexual. Cada elemento do casal não deve ter relações de sexo com outra pessoa que não seja o seu cônjuge. Se o fizer, viola o dever de fidelidade e pratica adultério.

O adultério pressupõe, em quem o pratica, a existência de um elemento objetivo, que se traduz na prática de relações sexuais com uma pessoa que não é o seu cônjuge, e de um elemento subjetivo, constituído pela intenção ou, pelo menos, a consciência da prática dessas relações. Se faltar o elemento subjetivo, como no caso de erro ou coação, o ato não se pode qualificar de adultério. É o que se verifica, por exemplo, se a mulher teve relações de cópula com um homem que supunha ser o seu marido ou ainda quando a mulher foi vítima de violação.

Se não chegarem a consumar-se as relações sexuais, como no caso de simples *flirt*, parece que o dever violado pode ter outra qualificação. Na verdade, pode tratar-se da violação do dever de respeito. Aliás, como já dissemos, no dever de respeito é possível enquadrar outro dever conjugal autonomizado.

A separação judicial de pessoas e bens não dissolve o vínculo conjugal e, embora extinga os deveres de coabitação e assistência, não extingue o dever de fidelidade, conforme resulta do teor do artigo 1795º-A. Significa que, mesmo depois de ter sido decretada a separação de pessoas e bens, os cônjuges continuam vinculados pelo dever de fidelidade.

33. Dever de coabitação

A) *Noção*

O dever de coabitação compreende não só a obrigação de os cônjuges viverem em comunhão de leito, mesa e habitação, mas também o de, cada um, se "entregar" sexualmente ao outro.

Este é o dever mais natural e imediato, dentre os que resultam do casamento, porque, tendo este por fim a união sexual, de modo a serem *duos in carne una*, impõe-se que os cônjuges vivam não só debaixo do mesmo teto, mas principalmente cumprindo o débito conjugal, segundo a terminologia tão precisa e expressiva do direito canónico.[12]

[12] Cfr. Cunha Gonçalves, ob. cit., vol. VI, pág. 766.

O *débito conjugal* significa, para cada um dos cônjuges, o dever de se relacionar sexualmente com o outro. Cada um deles passa a ter, após o casamento, o chamado *ius in corpus*, que é não só um direito, mas também constitui um dever.

Como já antes referimos, o casamento impõe uma limitação à liberdade sexual, traduzida na obrigação de os cônjuges respeitarem a exclusividade de relações sexuais entre si. Pode agora acrescentar-se que, através do dever de coabitação, surge o complemento dessa limitação, impondo aos cônjuges que mantenham entre si as relações sexuais que não podem praticar com outra pessoa estranha à sociedade conjugal.

Enquanto o dever de fidelidade contém uma obrigação de *non facere*, o dever de coabitação tem um conteúdo positivo, que se traduz no referido débito conjugal.

A recusa injustificada do trato sexual por parte de qualquer dos cônjuges, constitui violação do dever de coabitação. Não será justificação bastante para a recusa, a alegação feita por um dos cônjuges de que o ato sexual lhe não dá prazer.

No entanto, o débito conjugal não obriga a que um dos cônjuges se tenha de sujeitar às fantasias sexuais do outro.

Por outro lado, a jurisprudência tem defendido que o direito ao débito conjugal, que não é absoluto, deverá ceder quando as relações entre marido e mulher atingiram tal grau de deterioração que se torne humanamente inexigível qualquer concessão carnal própria de um clima de harmonia e de afeto entre os esposos.[13]

A comunhão de leito, mesa e habitação importa a necessidade de os cônjuges adotarem a residência de família.

B) Residência da família

Nos termos do disposto no artigo 1673º, nº 1, os cônjuges devem escolher de comum acordo, a residência da família, atendendo, nomeadamente, às exigências da vida profissional e aos interesses dos filhos e procurando salvaguardar a unidade da vida familiar.

Considerando o princípio da igualdade de direitos e deveres dos cônjuges proclamado no artigo 1671º, a escolha da residência do casal tem agora de pertencer a ambos, mediante acordo. Terminou o tempo em que

[13] Cfr. Ac. R.C., de 18/5/1982, B.M.J. 319, 344.

a mulher devia obediência ao marido que, sendo o chefe da família, era a ele que competia a escolha e o fazia de forma unilateral.

Acabou igualmente o tempo em que era admissível a execução específica, quer no sentido da entrega judicial da mulher ao marido, quer no sentido de a mulher exigir ser recebida pelo marido na sua residência.

Por força do preceito, o acordo quanto à escolha da residência da família deve ter em conta as exigências da vida familiar e os interesses dos filhos, por forma a salvaguardar a unidade familiar.

Há casos, porém, em que se admite que cada um dos cônjuges possa ter residência diferente. Mas, salvo motivos ponderosos em contrário, os cônjuges devem adotar a residência da família, conforme dispõe o nº 2 do mesmo artigo 1673º.

Ora, pode acontecer que não seja possível obter o almejado acordo entre os cônjuges. Neste caso, dispõe o nº 3 do mesmo artigo que, na falta de acordo sobre a fixação ou alteração da residência da família, decidirá o tribunal a requerimento de qualquer dos cônjuges.

Seguir-se-á, portanto, um processo, a que faremos referência imediatamente.

C) Decisão judicial sobre a residência da família

Nos termos do nº 1 do artigo 991º Código de Processo Civil, havendo desacordo entre os cônjuges sobre a fixação ou alteração da residência da família, pode qualquer deles requerer a intervenção dos tribunais para solução do diferendo, oferecendo logo as provas.

Trata-se de um processo de jurisdição voluntária.

Depois de apresentadas as provas, o juiz pode ordenar as diligências que entender necessárias, podendo convocar as partes e quaisquer familiares para uma audiência, onde tenta a conciliação, decidindo em seguida.

Na decisão não é lícito ao juiz privilegiar a profissão de qualquer dos cônjuges, nem se, como aliás é corrente, a remuneração de um deles é bastante superior à do outro.[14]

Se um dos cônjuges tiver razões para não cumprir o dever de coabitação ou estiver definitivamente desinteressado de o fazer, é inútil fixar uma residência da família.[15]

[14] Leonor Beleza, Reforma do Código Civil, 1981, pág. 113.

[15] Ibid, pág. 115.

Conforme dispõe o nº 4 do artigo 991º do Código de Processo Civil, da decisão cabe sempre recurso, com efeito suspensivo.

D) Retrospetiva histórica

Nos termos do artigo 1186º do Código Civil de 1867, a mulher tinha obrigação de acompanhar o marido, exceto para o estrangeiro.

Esta disposição estava em consonância com a obrigação, imposta à mulher, pelo artigo 1185º do mesmo diploma, de prestar obediência ao marido.

O Decreto nº 1 de 25 de Dezembro de 1910 veio amenizar um pouco esta obrigação imposta à mulher. Nos termos do seu artigo 40º, a mulher devia adotar a residência do marido, exceto se este quisesse mudar-se para as colónias ou para o estrangeiro sem acordo dela, pois, neste caso, caberia ao juiz decidir.

Como se vê, a mulher ficava dispensada de acompanhar o marido não só quando ele quisesse fixar-se nas colónias ou no estrangeiro, mas também quando quisesse fazer a mudança sem ter obtido previamente o seu acordo. Nestes casos, cabia ao juiz decidir, tal como agora acontece na falta de acordo sobre a fixação ou alteração da residência.

Porém, a divergência entre o regime do Código de 1867 e o do Decreto nº 1 de 1910, não se fica por aqui. Havia, na vigência do Código de 1867 a possibilidade de o marido exigir a entrega judicial da mulher quando esta se recusasse a acompanhá-lo (cfr. artigo 665º do C. P. Civil de 1867). O artigo 41º do Decreto nº 1 de 1910 pôs termo a esta exigência determinando que, em nenhuma circunstância poderia o marido requerer que lhe fosse judicialmente entregue a mulher. Pelo contrário, esta poderia requerer que o marido a recebesse em casa, quando a tivesse abandonado.

O Código de Processo Civil de 1939 regressou à posição anterior ao Decreto nº 1 de 1910, determinando no seu artigo 1470º que, quando a mulher abandonar o marido ou se recusar a acompanhá-lo, sendo a isso obrigada, pode ele requerer que a mulher lhe seja entregue judicialmente.

O Código Civil de 1966 veio novamente pôr termo a esta entrega judicial da mulher casada.

O artigo 1672º, em redação anterior, embora mantivesse que a mulher devia adotar a residência do marido (com as exceções constantes de várias alíneas), aboliu a possibilidade da execução específica. O preceito não passava de um dever conjugal, cuja violação podia constituir fundamento para ação de divórcio ou de separação de pessoas e bens. No entanto, nos termos do nº 2 do mesmo artigo continuava a ser lícito à mulher exigir judicialmente que o marido a recebesse na sua residência.

Com a Reforma de 1977, foi introduzida uma completa alteração. A residência passou a ter de ser escolhida por acordo de ambos os cônjuges, em vez de ser fixada por vontade do marido. Foram também fixados os parâmetros a que devia obedecer a escolha.

A casa de morada da família está atualmente protegida, por força da Lei nº 13/2016, de 23 de Maio, a qual, no âmbito de processos de execução fiscal, estabelece restrições à venda executiva de imóvel que seja habitação própria e permanente do executado.

34. Dever de cooperação

Conforme dispõe o artigo 1674º, o dever de cooperação importa para os cônjuges a obrigação de socorro e auxílio mútuos e a de assumirem em conjunto as responsabilidades inerentes à vida da família que fundaram.

Cooperar tem o significado de atuar, juntamente com outro, para o mesmo fim; contribuir com trabalho, esforços, auxílio; colaborar.

O dever de cooperação entre os cônjuges significa que cada um se deve esforçar por colaborar com o outro no sentido de ambos alcançarem as finalidades que se propuseram ao celebrar o casamento.

Trata-se de um dever de conteúdo pessoal, em contraposição com o dever de assistência previsto no artigo seguinte.

No âmbito do dever de cooperação cabem, por um lado, a obrigação imposta a cada um dos cônjuges visando a pessoa do outro cônjuge e, por outro lado, uma obrigação que não beneficia diretamente os próprios cônjuges.

A primeira parte do preceito contempla os deveres que se traduzem na obrigação que impende sobre cada um dos cônjuges de auxiliar e socorrer o outro – quer moral, quer fisicamente – na doença, na profissão, nas dificuldades quotidianas e, de um modo geral, em todas as adversidades que tiver de enfrentar.

A segunda parte é dirigida a ambos os cônjuges no sentido de se entreajudarem, por forma a assumirem conjuntamente as responsabilidades que advêm da família que fundaram, nomeadamente as que se relacionam com a procriação e educação dos filhos.

35. Dever de assistência

A) Noção

Nos termos do artigo 1675º, nº 1, o dever de assistência compreende a obrigação de prestar alimentos e a de contribuir para os encargos da vida familiar.

Embora se trate de um dever pessoal, tem um conteúdo de natureza patrimonial.

A lei desdobra o dever de assistência em duas obrigações: a obrigação de *prestar alimentos* e a obrigação de *contribuir para os encargos da vida familiar.*

A obrigação de *prestar alimentos* apenas diz respeito aos próprios cônjuges, sendo um credor e o outro devedor da respetiva prestação.

A contribuição para os *encargos da vida familiar* pode abranger também a satisfação das necessidades dos filhos, dos parentes e empregados a cargo dos cônjuges.

B) Obrigação de prestar alimentos

O dever de prestar alimentos que recai sobre os cônjuges é corroborado pelo artigo 2015º que determina que, na vigência da sociedade conjugal, os cônjuges estão reciprocamente obrigados à prestação de alimentos, nos termos do artigo 1675º.

A expressão legal *alimentos* abrange tudo o que é indispensável ao sustento, habitação e vestuário do credor do direito, conforme resulta do disposto no artigo 2003º, nº 1.

No entanto, considerando que o casamento deve dar lugar à existência de plena comunhão de vida, o devedor dos alimentos deve proporcionar ao cônjuge credor idêntico nível de vida, o que significa que o devedor pode ser obrigado a ir além do indispensável para o sustento habitação e vestuário. Por outras palavras, a obrigação de alimentos a prestar pelo cônjuge não se pode cingir às estritas necessidades do alimentando, mas deve proporcionar-lhe a integração no nível de vida que corresponda à condição económica e social da família.

O dever de assistência mantém-se durante a separação de facto se esta não for imputável a qualquer dos cônjuges – nº 2 do mesmo artigo 1675º.

Se a separação de facto for imputável a um dos cônjuges, ou a ambos, o dever de assistência só incumbe, em princípio, ao único ou principal culpado – nº 3 ainda do artigo 1675º (primeira parte).

É durante a separação de facto que a obrigação de prestar limentos adquire autonomia. Enquanto os cônjuges vivem em conjunto, a prestação de alimentos é absorvida nos encargos da vida familiar.

Durante a separação, para ter direito aos alimentos, o requerente terá de alegar e provar não só a necessidade dos alimentos peticionados como a situação de separação de facto.

Quanto à imputabilidade da separação de facto importa-lhe provar: que a separação não é imputável a qualquer deles; que é totalmente imputável ao requerido; ou que, sendo imputável a ambos, o requerido é o principal culpado.

Excecionalmente, o tribunal pode, por motivos de equidade, impor esse dever ao cônjuge inocente ou menos culpado, considerando, em particular, a duração do casamento e a colaboração que o outro cônjuge tenha prestado à economia do casal – cfr. nº 3 do artigo 1675º (*in fine*).

A exceção encontra justificação no facto de o casamento ainda se encontrar de pé, apesar de os cônjuges estarem separados de facto. Compreende-se que o cônjuge inocente ou menos culpado possa ser obrigado a contribuir para os encargos da vida familiar quando relacionados com os filhos.

O dever de assistência, a título excecional, no que concerne aos alimentos é diferente do direito a alimentos após o divórcio, previsto no artigo 2016º. Num caso, trata-se de um dos deveres a que os cônjuges estão reciprocamente vinculados. No outro caso, estamos perante um direito que é uma consequência do divórcio e que surge, portanto, numa altura em que se extinguiram os deveres conjugais.

Estas diferenças, no que concerne aos alimentos, ditam igualmente diferenças quanto à respetiva medida. No caso dos alimentos fixados por força do artigo 1675º, o seu montante deve, quanto possível, proporcionar ao alimentado um nível de vida, no aspeto económico e social, semelhante ao que tinha antes da separação de facto. Não está, portanto, sujeito aos parâmetros estabelecidos pelo artigo 2004º.

C) Contribuição para os encargos da vida familiar

Quanto ao dever de contribuir para os encargos da vida familiar, que também está incluído no dever de assistência, dispõe o artigo 1676º o seguinte:

1. O dever de contribuir para os encargos da vida familiar incumbe a ambos os cônjuges, de harmonia com as possibilidades de cada um, e pode ser cumprido, por qualquer deles, pela afetação dos seus

> recursos àqueles encargos e pelo trabalho despendido no lar ou na manutenção e educação dos filhos.

Como se verifica, a contribuição individual de cada um dos cônjuges está subordinada, não a um critério de igualdade, mas sim de proporcionalidade. Mede-se pelas possibilidades económicas de cada um. E as possibilidades económicas dependem não só dos rendimentos auferidos como dos proventos do trabalho.

Na contribuição de cada um dos cônjuges pode ser contabilizado o trabalho por ele despendido no lar ou na manutenção e educação dos filhos. É deste modo valorizada a contribuição prestada pelo cônjuge que abdica do trabalho fora de casa para se dedicar ao governo do lar e a cuidar dos filhos.

> 2. Se a contribuição de um dos cônjuges para os encargos da vida familiar for consideravelmente superior ao previsto no número anterior, porque renunciou de forma excessiva à satisfação dos seus interesses em favor da vida em comum, designadamente à sua vida profissional, com prejuízos patrimoniais importantes, esse cônjuge tem direito de exigir do outro a correspondente compensação.
> 3. O crédito referido no número anterior só é exigível no momento da partilha dos bens do casal, a não ser que vigore o regime de separação.

Estão assim previstos os casos em que a contribuição de um dos cônjuges foi consideravelmente superior à do outro, nomeadamente quando renunciou à sua vida profissional e essa renúncia lhe acarretou prejuízos patrimoniais de monta. Nestes casos, pode exigir a compensação que terá lugar no momento da partilha dos bens do casal, se não vigorar o regime de separação.

> 4. Não sendo prestada a contribuição devida, qualquer dos cônjuges pode exigir que lhe seja diretamente entregue a parte dos rendimentos ou proventos do outro que o tribunal fixar.

O modo de tornar exequível a obrigação de o cônjuge contribuir para os encargos da vida familiar é através do processo de jurisdição voluntária previsto no artigo 992º do Código de Processo Civil, subordinado ao título contribuição do cônjuge para as despesas domésticas.

Nos termos do seu nº 1, o cônjuge que pretenda exigir a entrega direta da parte dos rendimentos do outro cônjuge, necessários para as despesas domésticas, indica a origem dos rendimentos e a importância que pretende receber, justificando a necessidade e razoabilidade do montante pedido.

Se for considerado justificado o pedido, a sentença ordena a notificação da pessoa ou entidade pagadora dos rendimentos ou proventos para entregar diretamente ao requerente a respetiva importância periódica – cfr. nº 2 do referido artigo 992º do Código de Processo Civil.

CAPÍTULO X
Direitos e deveres dos cônjuges de natureza patrimonial

36. Liberdade de convenção

Como vimos, os direitos e deveres pessoais dos cônjuges são, de um modo geral, fixados na lei. Os de natureza patrimonial dependem essencialmente da vontade dos nubentes, podendo estes acordar na fixação do regime das relações patrimoniais entre os cônjuges e destes com terceiros.

Nos termos do disposto no artigo 1698º, os esposos podem fixar livremente, em convenção antenupcial, o regime de bens do casamento, quer escolhendo um dos regimes previstos neste código, quer estipulando o que a esse respeito lhes aprouver, dentro dos limites da lei.

O regime de bens do casamento não pode ser fixado, no todo ou em parte, por simples remissão genérica para uma lei estrangeira, para um preceito revogado, ou para usos e costumes locais – artigo 1718º.

Excecionalmente essa liberdade de escolha não lhes é facultada, sendo-lhes imposto um determinado regime.

Assim, conforme dispõe o nº 2 do artigo 1699º, no caso de o casamento ter sido celebrado por quem já tenha filhos, ainda que maiores ou emancipados, não poderá ser convencionado o regime de comunhão geral nem estipulada a comunicabilidade dos bens referidos no nº 1 do artigo 1722º.

Os regimes previstos no Código Civil são: o da *comunhão de adquiridos* (artigos 1721º e seguintes), o regime da *comunhão geral* (artigos 1732º e seguintes) e o regime *da separação* (artigos 1735º e seguinte).

Na falta de estipulação da convenção antenupcial, o casamento considera-se celebrado segundo o regime da comunhão de adquiridos – artigo 1717º.

Conforme o *regime de bens escolhido* pelos nubentes, ou *supletivamente fixado na lei*, no caso de não ter havido convenção, serão definidos os direitos e deveres de natureza patrimonial dos cônjuges e destes perante terceiros.

Porém, a administração e disposição dos bens e as dívidas dos cônjuges obedecem a regras que se aplicam, em princípio, a qualquer regime de bens.

Têm capacidade para celebrar convenções antenupciais aqueles que têm capacidade para contrair casamento. Aos menores só é permitido celebrar convenções antenupciais com autorização dos respetivos representantes legais. Aos maiores acompanhados, quando devam ser representados para a realização de atos de disposição entre vivos ou quando os mesmos dependam de autorização, só é permitido celebrar convenções antenupciais com o acordo expresso do acompanhante – artigo 1708º, nºs 1, 2 e3.

37. Administração dos bens do casal

A) Regra geral

Nos termos do disposto no artigo 1189º do Código Civil de 1867, a administração de todos os bens do casal pertencia ao marido, e só pertencia à mulher na falta ou impedimento dele.

No mesmo sentido dispunha o artigo 1117º do mesmo diploma, determinando que a administração dos bens do casal, sem exceção dos próprios da mulher, pertencia ao marido.

O Código Civil de 1966 inicialmente não se desviou desta orientação. No seu artigo 1678º, nº 1, dispunha que a administração dos bens do casal, incluindo os próprios da mulher e os bens dotais, pertencia ao marido, como chefe da família.

Por força do princípio da igualdade proclamado pela Constituição da República de 1976, foram introduzidas alterações em algumas disposições do Código Civil. Assim, o referido artigo 1678º, nº 1, passou a atribuir a cada um dos cônjuges a administração dos bens próprios.

Já anteriormente o nº 2 do mesmo preceito atribuía à mulher a administração dos bens próprios ou dotais, quando tivesse reservado esse direito na convenção antenupcial.

Atualmente pertence à mulher a administração dos seus bens próprios, móveis ou imóveis, sem necessidade de ter antes formulado a respetiva reserva na convenção antenupcial. Aliás, nem poderá abdicar desse direito a favor do marido, visto que a alteração das regras sobre a administração dos bens do casal não pode ser objeto de convenção antenupcial, conforme proibição constante do artigo 1699º, nº 1, alínea *c)*.

No entanto, é permitido a qualquer dos cônjuges conferir procuração a terceiro para a administração dos seus bens próprios, conforme resulta do disposto na parte final da alínea *f)* do nº 2 do mesmo artigo 1678º.

Nada impede, portanto, que qualquer dos cônjuges confira mandato ao outro para administrar os seus bens próprios – alínea *g)* ainda do nº 2 do preceito.

B) Exceções

Cada um dos cônjuges tem ainda a administração nos casos referidos pelas diversas alíneas do nº 2 do artigo 1678º:

a) Dos *proventos* que receba pelo seu trabalho.

Nestes proventos está incluída não só a remuneração que cada um recebe por qualquer atividade desempenhada por conta doutrem, como também a que aufere pelo exercício de profissão liberal.

Apesar de os proventos serem considerados *bens comuns* nos regimes de comunhão – conforme resulta do disposto nos artigos1724º, alínea *a)*, 1732º e 1733º – a lei atendeu à ligação especial entre esses proventos e o cônjuge através do qual entram para o património do casal. Este regime de exceção não se aplica aos rendimentos da atividade comercial nem aos provenientes da aplicação de capitais.

b) Dos direitos de autor.

A administração dos direitos de autor compete apenas ao titular da obra. Aliás, o preceito está em consonância com o artigo 67º, nº1, do Código do Direito de Autor que determina que o autor tem o direito exclusivo de fruir e utilizar a sua obra.

Na verdade, por força do artigo 1303º, nº 1, os direitos de autor e a propriedade industrial estão sujeito a legislação especial.

c) Dos bens comuns por ele levados para o casamento ou adquiridos a título gratuito depois do casamento, bem como dos sub-rogados em lugar deles.

Embora se trate de bens comuns, a circunstância de terem sido levados por um dos cônjuges para o casamento, ou por ele adquiridos gratuitamente depois do casamento, constitui razão suficiente para que a esse cônjuge seja atribuída a sua administração exclusiva. Essa administração estende-se aos bens sub-rogados no lugar deles, atendendo ao que dispõe o artigo 1723º.

d) Dos bens que tenham sido doados ou deixados a ambos os cônjuges com exclusão da administração do outro cônjuge, salvo se se tratar de bens doados ou deixados por conta da legítima desse outro cônjuge.

Neste caso, a exceção justifica-se pelo respeito da vontade manifestada pelo autor da liberalidade.

e) Dos bens móveis, próprios do outro cônjuge ou comuns, por ele exclusivamente utilizados como instrumento de trabalho.

A utilização exclusiva, por um dos cônjuges, de certos bens como instrumentos do seu trabalho, confere-lhe o direito da respetiva administração, quer estes bens sejam próprios de qualquer dos cônjuges, quer sejam bens comuns.

f) Dos bens próprios do outro cônjuge, se este se encontrar impossibilitado de exercer a administração por se achar em lugar remoto ou não sabido ou por qualquer outro motivo, e desde que não tenha sido conferida procuração bastante para administração desses bens.

Como já tivemos oportunidade de verificar, o nº 1 do mesmo artigo atribui a cada um dos cônjuges a administração dos bens próprios. Por isso, a administração dos bens próprios do outro constitui uma exceção que apenas terá aplicação no caso de ele se encontrar impossibilitado de a exercer. Essa impossibilidade pode ter como causa o facto de se encontrar em lugar afastado, embora seja conhecido o seu paradeiro. É claro, que o afastamento com caráter permanente ou duradoiro pode justificar a administração pelo outro cônjuge, desde que não haja possibilidades de administração a partir do lugar em que se encontra. Justifica-se igualmente a administração pelo cônjuge não titular dos bens, quando não é conhecido o lugar em que o titular se encontra.

Em qualquer dos casos, sempre resta ao titular dos bens a possibilidade de conferir procuração a terceiro para administrar os próprios bens.

O preceito refere como justificação para a administração pelo outro que não titular dos bens não só a ausência deste em lugar remoto ou não sabido – de que já nos ocupámos – mas também *outros motivos*. Nestes, podemos englobar os casos de acompanhamento de maior, doença prolongada, cumprimento de pena privativa da liberdade, etc.

g) Dos bens próprios do outro cônjuge se este lhe conferir por mandato esse poder.

Quando o titular dos bens deseje atribuir a administração dos bens próprios ao seu cônjuge, o respetivo consentimento terá de revestir a forma de mandato, não sendo suficiente um simples acordo entre eles.

38. Atos de administração

A) Administração ordinária

Conforme dispõe o nº 3 do artigo 1678º, fora dos casos previstos no número anterior, cada um dos cônjuges tem legitimidade para a prática de atos de administração ordinária relativamente aos bens comuns do casal; os restantes atos de administração só podem ser praticados com o consentimento de ambos os cônjuges.

O preceito distingue entre atos de administração ordinária e atos de administração conjunta.

Para os atos de administração ordinária dos bens comuns do casal qualquer dos cônjuges tem legitimidade para a sua prática.

Consideram-se atos de administração ordinária os que correspondem a uma gestão patrimonial limitada e prudente, em que não são permitidas certas operações arrojadas e ao mesmo tempo perigosas, que podem ser de alta vantagem, mas podem ocasionar graves prejuízos.

Serão atos de administração ordinária os que se destinam à conservação dos bens administrados (pintar a casa, reparar o muro caído, etc.) e a promover a sua frutificação normal (colheita da azeitona, poda das árvores, etc.).[16]

B) Administração extraordinária

A última parte do nº 3 do artigo 1678º refere-se aos atos praticados, relativamente aos bens do casal, que não sejam considerados de administração ordinária. Estes atos só podem ser validamente praticados com o consentimento de ambos os cônjuges.

[16] Cfr. Manuel de Andrade, Teoria Geral da Relação Jurídica, vol. II, reimpressão, págs. 61 e seg.

São considerados atos de administração extraordinária, entre outros, os que visam a frutificação anormal (converter um pinhal em vinha) ou os que se destinam melhoramentos ou benfeitorias. [17]

C) *Providências administrativas*

O cônjuge que não tem a administração dos bens não está inibido de tomar providências a ela respeitantes, se o outro se encontrar, por qualquer causa, impossibilitado de o fazer, e do retardamento das providências puderem resultar prejuízos – artigo 1679º.

Trata-se de atos de administração que exigem que sejam praticados com uma certa urgência. Por um lado, o cônjuge administrador dos bens está impedido temporariamente de atuar, porque está ausente, porque está doente, ou por outra qualquer razão. Por outro lado, por dever de cooperação, o cônjuge não administrador deve tomar as providências que no caso se impõem para evitar prejuízos.

É fácil de idealizar situações que imponham a tomada de providências desta natureza, como sejam, a reparação do fornecimento de gás, o abastecimento de água, a reparação do telhado quando está iminente a chuva, etc.

39. Exercício da administração

O cônjuge que administrar bens comuns ou próprios do outro cônjuge, ao abrigo do disposto nas alíneas *a)* a *f)* do nº 2 do artigo 1678º, não é obrigado a prestar contas da sua administração, mas responde pelos atos intencionalmente praticados em prejuízo do casal ou do outro cônjuge – artigo 1681º, nº 1.

Geralmente todo o administrador de bens alheios é obrigado a prestar contas da sua gestão. É o que acontece no caso do curador provisório do ausente – artigo 95º; do tutor do menor – artigo 1944º; do acompanhante de maior ao acompanhado e ao tribunal – artigo 151º, nº 2; do gestor de negócios – artigo 465º, alínea *c)*; do mandatário – artigo 1161º, alínea *d)*; do administrador de bens do menor – artigo 1971º, nº 1, conjugado com o artigo 1944º; do testamenteiro – artigo 2332, nº 1.

Diferentemente, o cônjuge administrador dos bens comuns ou próprios do outro cônjuge está isento da obrigação de prestar contas da sua administração. Por outro lado, também só responde nos casos em que atuou

[17] Ibidem.

intencionalmente de forma a causar prejuízo nos bens comuns ou próprios do consorte. Não responde nos casos em que o prejuízo se ficou a dever a mera culpa ou a omissão.

As razões que estão na base desta posição do legislador são essencialmente as seguintes: por um lado, foram tidas em conta as perturbações que a ação de indemnização pedida por um cônjuge contra o outro podia ocasionar nas relações pessoais entre eles e o risco de perturbar a estabilidade familiar; por outro, entendeu-se que não seria justo aplicar a uma gestão tão complexa, como é a do cônjuge administrador, o regime previsto para os atos de qualquer gestor de bens alheios.

No entanto, o cônjuge não administrador tem ao seu alcance uma forma de reagir contra a má administração do outro, quando a administração seja de tal modo grave e continuada que ponha em risco o seu património. Pode requerer a separação judicial de bens, nos termos do artigo 1767º.

O nº 2 do mesmo artigo 1681º dispõe que, quando a administração, por um dos cônjuges, dos bens comuns ou próprios do outro se fundar em mandato, são aplicáveis as regras deste contrato, mas, salvo se outra coisa tiver sido estipulada, o cônjuge administrador só tem de prestar contas e entregar o respetivo saldo, se o houver, relativamente a atos praticados nos últimos cinco anos.

Quando a administração do cônjuge é por força de *mandato* conferido pelo outro cônjuge, então as regras a aplicar à sua atividade são as do mandato, inclusivamente as que dizem respeito à responsabilidade. No entanto, se não houver estipulação em contrário, a obrigação de prestar contas e de entregar o respetivo saldo – artigo 1161º, alíneas *d)* e *e)* – só dirá respeito à atividade dos últimos cinco anos.

Se um dos cônjuges entrar na administração dos bens próprios do outro ou de bens comuns cuja administração lhe não caiba, sem mandato escrito mas com conhecimento e sem oposição expressa do outro cônjuge, é aplicável o disposto no número anterior; havendo oposição, o cônjuge administrador responde como possuidor de má fé – artigo 1681º, nº 3.

Trata-se da administração de bens comuns ou de bens próprios do outro cônjuge, sem mandato escrito e sem qualquer fundamento legal. Pode denominar-se *administração de facto.*

Se a situação é conhecida do outro cônjuge e este *não se opõe,* a situação é semelhante à do cônjuge a quem foi conferido mandato. Por isso se aplica a disposição do número anterior. Se *existir oposição,* o cônjuge administrador é considerado como possuidor de má fé e como tal responde – cfr. artigo 1271º.

40. Alienação ou oneração de bens

A) Alienação ou oneração de móveis

A alienação ou oneração de bens móveis comuns cuja administração caiba aos dois cônjuges carece do consentimento de ambos, salvo se se tratar de ato de administração ordinária – artigo 1682º, nº 1.

Trata-se dos poderes de alienação ou oneração, por meio de ato entre vivos, de que gozam os cônjuges, relativamente aos bens móveis. Quando estão em causa bens móveis cuja administração pertença a ambos os cônjuges, a sua alienação ou oneração depende do consentimento de ambos. Excetua-se o caso de a alienação ou oneração ser um ato de administração ordinária (cfr. artigo 1678º, nº 3), porque então podem ser alienados ou onerados por qualquer dos cônjuges.

Cada um dos cônjuges tem legitimidade para alienar ou onerar, por ato entre vivos, os móveis próprios ou comuns de que tenha a administração, nos termos do nº 1 do artigo 1678º e das alíneas *a)* a *f)* do nº 2 do mesmo artigo, ressalvado o disposto nos números seguintes – artigo 1682º, nº 2.

Conforme resulta do preceito, relativamente aos móveis próprios ou aos móveis comuns cuja administração lhe pertença por força do disposto nas alíneas *a)* a *f)* do nº 2 do artigo 1678º, o cônjuge administrador tem legitimidade para os alienar ou onerar por ato entre vivos, sem necessitar do consentimento do outro cônjuge.

No entanto, se os bens móveis estiverem afetados à utilização conjunta de ambos os cônjuges na vida do lar ou como instrumento comum de trabalho, a sua alienação ou oneração necessita do consentimento de ambos – cfr. nº 3, alínea *a)* do mesmo artigo 1682º.

É o que acontece com o mobiliário, as louças, os faqueiros, os eletrodomésticos, as roupas, etc., que são *utilizados conjuntamente por ambos os cônjuges na vida do lar,* e é igualmente o que se passa com os móveis que constituem *instrumento comum de trabalho,* como sejam, o automóvel utilizado por ambos, o computador utilizado por ambos, etc.

Se, porém, os bens móveis se encontrarem deteriorados e, portanto, sem préstimo para o fim a que se destinavam, a sua alienação por um dos cônjuges não está dependente do consentimento do outro.

No caso de os bens móveis serem administrados por um dos cônjuges, mas pertencerem exclusivamente ao outro, também só poderão ser alienados ou onerados com o consentimento de ambos, salvo tratando-se de ato de administração ordinária – cfr. alínea *b)* do nº 3 do artigo 1682º.

Na verdade, não faria sentido que o cônjuge administrador de bens do seu consorte os pudesse alienar ou onerar sem o consentimento deste. Só não haverá necessidade do seu consentimento quando se trata de um ato de administração ordinária.

Quando um dos cônjuges, sem o consentimento do outro, alienar ou onerar, por negócio gratuito, móveis comuns de que tem a administração, será o valor dos bens alienados ou a diminuição de valor dos onerados levado em conta na sua meação, salvo tratando-se de doação remuneratória ou de donativo conforme aos usos sociais – artigo 1682º, nº 4.

Não seria razoável que, sendo os bens comuns, um dos cônjuges, por ser o administrador, os pudesse alienar a título gratuito, praticando um ato de benemerência à custa do outro cônjuge. Esta disposição legal faz com que a alienação seja considerada como tendo sido feita à própria custa do alienante, quando tiver lugar a partilha dos bens do casal, nos termos do artigo 1689º.

B) Alienação ou oneração de imóveis e de estabelecimento comercial

Nos termos do disposto no artigo 1682º-A, é exigido o consentimento de ambos os cônjuges para a alienação, oneração, arrendamento ou constituição de outros direitos reais de gozo sobre imóveis próprios ou comuns e ainda para a alienação, oneração ou locação de estabelecimento comercial, próprio ou comum.

O estabelecimento comercial, sendo uma universalidade de direito, não se enquadra na classificação de coisas móveis, conforme resulta do disposto nos artigos 203º e seguintes.

Mas o estabelecimento comercial constitui, no domínio da economia familiar, um elemento de grande relevância. Por isso, se justifica que não possa ser objeto de alienação (trespasse), oneração ou locação sem o consentimento das duas pessoas que compõem a sociedade familiar.

Esta exigência do consentimento de ambos os cônjuges restringe-se apenas aos casos em que vigora entre eles o regime de comunhão.

No regime de separação, cada um dos cônjuges conserva o domínio e fruição de todos os bens presentes e futuros, podendo dispor deles livremente, conforme dispõe o artigo 1735º. Neste caso, a necessidade do consentimento de ambos os cônjuges é limitada aos atos em que o interesse comum da sociedade familiar se coloca acima dos interesses individuais de cada um dos cônjuges. É o que acontece quanto à casa de morada de família. Assim, a necessidade do consentimento de ambos os cônjuges, quando estão em causa atos de disposição referentes à casa de morada da família, estende-se aos casos em que vigora o regime de separação.

A alienação, oneração, arrendamento ou constituição de outros direitos pessoais de gozo sobre a casa de morada da família carece sempre do consentimento de ambos os cônjuges – artigo 1682º-A, nº 2.

No mesmo sentido, as disposições do direito ao arrendamento previstas no artigo 1682º-B exigem o consentimento de ambos os cônjuges.

É claro que a casa de morada da família só é de considerar como tal enquanto ela for, de facto, a residência da família, nos termos do disposto no artigo 1673º.

41. Forma do consentimento conjugal e seu suprimento

Conforme preceitua o artigo 1684º, nº 1, o consentimento conjugal, nos casos em que é legalmente exigido, deve ser especial para cada um dos atos.

O consentimento não pode ser uma declaração genérica para determinada categoria de atos, como, por exemplo, para a venda ou oneração dos imóveis.

Pelo contrário, deve concretizar o ato, isto é, deve referir a operação a que respeita. Esta exigência não significa que tenham de ser indicados todos os elementos do negócio, como sejam, a identidade do comprador, no contrato de compra e venda, e o respetivo preço. O essencial é que não fiquem dúvidas de que o cônjuge que presta o consentimento sabe exatamente ao que o mesmo se refere. Pode ser suficiente a indicação do bem a vender e a sua localização.

Não se trata de um *mandato*. Segundo a noção vertida no artigo 1157º, o mandato é o contrato pelo qual uma das partes se obriga a praticar um ou mais atos jurídicos por conta da outra.

Quando o cônjuge aliena ou onera bens comuns ou bens próprios do outro cônjuge, no quadro de um regime de comunhão de bens, não pratica um ato por conta dele.

Também não se confunde com *procuração*. Nos termos do artigo 262º, nº 1, diz-se procuração o ato pelo qual alguém atribui a outrem, voluntariamente, poderes representativos.

Qualquer dos cônjuges, ao dar consentimento ao outro para alienar ou onerar bens, não lhe outorga poderes para agir em seu nome. O cônjuge a quem foi prestado consentimento age em nome próprio.

No entanto, no nº 2 do mesmo artigo 1684º afirma-se que a forma do consentimento é a exigida para a procuração.

Igualmente o artigo 117º do Código do Notariado determina que são aplicáveis à forma do consentimento conjugal as regras estabelecidas para as procurações.

Significa que a forma requerida para a prestação do consentimento é a mesma que é exigida para a procuração, ou seja, a forma que, nos termos do nº 2 do artigo 262º, é exigida para o negócio que o procurador deva realizar.

Mas poderá haver *mandato* e ser passada *procuração* no caso de vigorar entre os cônjuges o regime de separação, visto que os respetivos patrimónios são autónomos. Neste caso, um dos cônjuges pode naturalmente encarregar o outro de alienar ou locar determinados bens.

Os cônjuges não necessitam do consentimento um do outro para aceitar doações, heranças ou legados. Porém, o repúdio da herança ou legado só pode ser feito com o consentimento de ambos os cônjuges, a menos que vigore o regime de separação de bens – artigo 1683º.

Como se compreende, exige-se que o *repúdio* seja concertado entre os cônjuges, porque esse ato pode ter repercussões na situação patrimonial da sociedade conjugal. Já assim não sucederá, se entre eles vigorar o regime de separação de bens.

Nos termos do nº 3 ainda do artigo 1684º, se o cônjuge estiver impossibilitado de prestar o consentimento, ou recusar injustificadamente o consentimento que lhe foi pedido, pode o cônjuge interessado requerer o seu suprimento judicial.

O processo de *suprimento* segue os trâmites previstos nos artigos 1000º e 1001º do Código de Processo Civil.

42. Sanções aplicáveis à falta do consentimento

Nos casos em que a lei exige o consentimento de ambos os cônjuges, mas o ato foi praticado por um deles sem o consentimento do outro e sem o respetivo suprimento judicial, a prática de tal ato produz a anulabilidade, nos termos do artigo 1687º, nº 1.

A anulação pode ser requerida pelo cônjuge que não deu o consentimento ou pelos seus herdeiros, dentro dos seis meses subsequentes à data em que o requerente teve conhecimento do facto, mas nunca depois de decorridos três anos sobre a sua celebração – artigo 1687º, nºs 1 e 2.

Em caso de alienação ou oneração de móvel não sujeito a registo feita apenas por um dos cônjuges, quando é exigido o consentimento de ambos, a anulabilidade não poderá ser oposta ao adquirente de boa fé – artigo 1687º, nº 3.

Como se verifica, não é oponível ao adquirente de boa fé a anulabilidade da alienação ou oneração, quando esta provenha da falta de legitimidade do alienante. Resultam, portanto, sacrificados os interesses do cônjuge não alienante (ou até do casal, no caso a que se refere a alínea *a)* do nº 3 do artigo 1682º) em favor do aquirente de boa fé..

A sanção é diferente no caso de alienação ou oneração de bens próprios do outro cônjuge, feita sem legitimidade, pois são-lhe aplicáveis as regras relativas à alienação de coisa alheia – cfr. artigo 1687º, nº 4.

Ora, a venda de bens alheios, quando falta ao vendedor legitimidade para a realizar, é nula, nos termos dos artigos 892º e seguintes.

43. Dívidas dos cônjuges

A) Legitimidade para contrair dívidas

Como dissemos na parte final do nº 36, a administração e disposição de bens e as dívidas dos cônjuges obedecem a regras que se aplicam, em princípio, a qualquer regime de bens.

Chegou agora o momento de nos referirmos às dívidas dos cônjuges, começando necessariamente pela legitimidade para as contrair.

Nos termos do artigo 1690º, nº 1, qualquer dos cônjuges tem legitimidade para contrair dívidas sem o consentimento do outro.

Seja qual for o regime de bens, qualquer dos cônjuges pode contrair obrigações sem que para isso tenha de obter o consentimento prévio do seu consorte. Porém, o conjunto de bens que respondem pelas dívidas por ele contraídas varia consoante o regime de bens escolhido.

Para a determinação da responsabilidade dos cônjuges, as dívidas por eles contraídas têm a data do facto que lhes deu origem – artigo 1690º, nº 2.

Torna-se, portanto, necessário situar a dívida em data anterior ou posterior à celebração do casamento. Para isso, devemos seguir o critério enunciado no preceito, segundo o qual a dívida tem a data do facto que lhe deu origem.

As dívidas dos cônjuges podem classificar-se em dois grupos. Num deles estão englobadas as que são *da responsabilidade de ambos os cônjuges* e no outro as que *responsabilizam apenas um deles.*

B) Dívidas da responsabilidade de ambos os cônjuges

O atual Código Civil evitou a designação de *dívidas comunicáveis* por duas razões essenciais: em primeiro lugar, porque estas dívidas se constituem não só no regime de comunhão de bens, mas também no regime de separação; por outro lado, no regime de separação essas dívidas não podem incidir sobre bens comuns, porque não existem, e também não oneram solidariamente os bens de ambos os cônjuges.

O artigo 1691º, nº 1, dispõe acerca das dívidas que responsabilizam ambos os cônjuges, nos termos das suas diversas alíneas que passamos a analisar.

Em primeiro lugar, na alínea *a)* faz referência às *dívidas contraídas por ambos os cônjuges ou por um deles com o consentimento do outro.*

A classificação abrange tanto as dívidas posteriores como as anteriores à celebração do casamento. Porém, no que toca às dívidas posteriores à celebração do casamento, exige-se que as mesmas tenham sido contraídas na expetativa da realização desse mesmo evento. Sendo assim, a aplicação do preceito estende-se a qualquer regime de bens, incluindo o regime de separação.

Não se faz referência ao suprimento do consentimento, no caso de este ter sido recusado, pela simples razão de não ser admissível, visto que qualquer dos cônjuges tem legitimidade para contrair dívidas sem o consentimento do outro, por força do já mencionado nº 1 do artigo 1690º.

Na alínea *b)* do preceito em análise é feita alusão às dívidas contraídas por qualquer dos cônjuges *para ocorrer aos encargos normais da vida familiar.*

Estas dívidas responsabilizam ambos os cônjuges ainda que tenham sido contraídas apenas por um. E tanto importa que tenham sido contraídas depois, como antes da celebração do casamento, quer o regime de bens vigente entre os cônjuges seja o de comunhão, quer seja o de separação.

Entre os encargos da vida familiar se incluem as despesas relacionadas com o exercício do governo doméstico, como sejam a alimentação, vestuário, limpeza, e também as relacionadas com a saúde de qualquer dos membros da família, com a atividade escolar dos filhos, a renda de casa, etc.

O que importa é que as dívidas, pela sua natureza e pelo seu valor, considerando o nível de vida do casal, se possam enquadrar nos *encargos normais da vida familiar*.

Conforme dispõe a alínea *c)* responsabilizam ambos os cônjuges *as* dívidas *contraídas na constância do matrimónio pelo cônjuge administrador, em proveito comum do casal e nos limites do seu poder de administração.*

Agora, diferentemente do que acontece nas alíneas anteriores, apenas estão abrangidas as dívidas *nascidas na constância do matrimónio* e que tenham sido *contraídas pelo cônjuge administrador.*

Quanto ao *cônjuge administrador*, tendo em conta o disposto nas diversas alíneas do nº 2 do artigo 1678º, a função administrativa encontra-se distribuída por ambos os cônjuges, em conformidade com os grupos de bens nas mesmas autonomizados.

As dívidas contraídas na constância do matrimónio pelo cônjuge administrador são também da responsabilidade do outro cônjuge desde que se verifiquem os dois requisitos substanciais exigidos: 1 – que as dívidas tenham sido contraídas *em proveito comum do casal*; 2 – que as dívidas se contenham *dentro dos limites próprios da administração.*

O *proveito comum do casal* afere-se não pelo resultado, mas pelo fim tido em vista por quem contraiu a dívida, ou seja, deve atender-se à aplicação e não ao resultado. Se ao contrair a dívida se tinha em vista o interesse da sociedade conjugal, a dívida foi contraída em proveito comum do casal, mesmo que o resultado tenha sido prejudicial em vez de benéfico. Não basta, porém, a intenção subjetiva, mas exige-se a intenção objetiva do proveito comum, sendo necessário, portanto, que a dívida possa ser considerada como tal em conformidade com as regras da experiência comum.

Por outro lado, o interesse do casal pode ser não só de natureza económica, mas também de natureza moral. Assim, será aplicada em proveito comum do casal, por exemplo, a dívida contraída para fazerem ambos uma viagem de recreio.

Agora que, no âmbito do lar, deixou de existir uma distribuição de funções definida, torna-se muito difícil conhecer os limites da administração de cada um. Porém, a dívida será da exclusiva responsabilidade do cônjuge que a contraiu, se a mesma tiver ultrapassado o valor adequado ao nível social da família.

São ainda da responsabilidade de ambos os cônjuges, nos termos da alínea *d)* do mesmo preceito, *as dívidas contraídas por qualquer dos cônjuges no exercício do comércio,* salvo se se provar que não foram contraídas em proveito comum do casal, ou se vigorar entre os cônjuges o regime de separação de bens.

Nos termos do artigo 15º do Código Comercial, as dívidas comerciais do cônjuge comerciante presumem-se contraídas no exercício do seu comércio.

As dívidas comerciais também se presumem contraídas em proveito comum do casal. Porém, atualmente, é admitida a alegação e a prova de que, embora a dívida tenha sido contraída pelo cônjuge comerciante no exercício do comércio, a mesma não reverteu em proveito comum do casal.

Permite-se assim que um dos cônjuges afaste a sua responsabilidade por uma dívida que não trouxe qualquer proveito para o casal. Todavia, esta possibilidade traz uma maior insegurança para os credores.

Quando vigora entre os cônjuges o *regime de separação de bens,* a atividade comercial exercida por um deles não aproveita ao outro nem legalmente responsabiliza os seus bens.

Por último, conforme dispõe a alínea *e),* são da responsabilidade de ambos os cônjuges as dívidas consideradas comunicáveis nos termos do nº 2 do artigo 1693º.

A remissão para o nº 2 do artigo 1693º diz respeito à responsabilidade pelas dívidas que onerem os bens doados, herdados ou legados que, por força do regime de bens adotado, ingressarem no património comum.

Parece ser de toda a justiça que, se os bens ingressaram no património comum, sejam ambos os cônjuges a responder pelas dívidas que oneram a liberalidade, apesar de esta ter sido feita apenas a um deles.

O cônjuge do aceitante tem, porém, o direito de impugnar o seu cumprimento com o fundamento de que o valor dos bens não é suficiente para a satisfação dos encargos. Na verdade, os encargos não podem ir além dos limites das forças da liberalidade, conforme resulta do disposto nos artigos 963º, nº 2, 2071º, nº 1 e 2276º, nº 1.

No regime de comunhão geral de bens, são ainda comunicáveis as dívidas contraídas antes do casamento por qualquer dos cônjuges, em proveito comum do casal – artigo 1691º, nº 2.

No regime de comunhão geral de bens são considerados comuns os bens que cada um leva para o casamento. Sendo assim, as dívidas contraídas por qualquer deles, em proveito comum do casal, mesmo que o tenham sido antes do casamento, terão de ser também da responsabilidade de ambos.

Se os bens que cada um leva para o casamento se comunicam, igualmente se devem comunicar as dívidas, quando contraídas em proveito comum.

Nos casos em que é fixado outro qualquer regime, já assim não acontecerá. No regime de comunhão de adquiridos e no regime de separação, os bens que cada um dos cônjuges leva para o casamento continuam a pertencer-lhe exclusivamente. Por isso, se antes do casamento contrair dívidas ainda que revertam em proveito comum do casal, essas dívidas são da responsabilidade de quem as assumiu.

C) *Dívidas que oneram bens certos e determinados*

O artigo 1694º dispõe acerca das dívidas que oneram bens certos e determinados do modo seguinte:

1. As dívidas que onerem bens comuns são sempre da responsabilidade comum dos cônjuges, quer se tenham vencido antes, quer depois da comunicação dos bens;
2. As dívidas que onerem bens próprios de um dos cônjuges são da sua exclusiva responsabilidade, salvo se tiverem como causa a perceção dos respetivos rendimentos e estes, por força do regime aplicável, forem considerados comuns.

Estão assim estabelecidos dois preceitos diferentes, sendo um referente às *dívidas que oneram bens comuns* e outro às que *oneram bens próprios de um* dos cônjuges.

Quando *as dívidas oneram bens comuns* (como, por exemplo, os impostos) são da responsabilidade de ambos os cônjuges.

Quando *as dívidas oneram os bens próprios* de um dos cônjuges são da responsabilidade deste.

Porém, no que concerne ao primeiro, mantém-se o regime não só no caso de as dívidas serem posteriores à celebração do casamento, mas também no caso de as dívidas se terem vencido anteriormente. Procura-se, deste modo, evitar que a comunicação dos bens prejudique os interesses dos credores das dívidas que os oneravam. Na verdade, contavam que o seu crédito tinha a garantia da totalidade dos bens e não apenas de uma quota parte desses bens.

Quanto ao segundo preceito, depois de afirmar a responsabilidade de cada um dos cônjuges pelas dívidas que oneram os seus próprios bens, abre uma ressalva. No regime de comunhão nada impede que, apesar de os bens serem próprios, sejam comuns os respetivos rendimentos. Neste caso, a dívida que onera bens próprios, mas tenha como causa a perceção dos rendimentos comuns, em virtude do regime vigente, é da responsabilidade de ambos os cônjuges.

D) *Dívidas da exclusiva responsabilidade de um dos cônjuges*

Nos termos do disposto no artigo 1692º, são da exclusiva responsabilidade do cônjuge a que respeitam:

a) As dívidas contraídas, antes ou depois da celebração do casamento, por cada um dos cônjuges sem o consentimento do outro, fora dos casos indicados nas alíneas *b)* e *c)* do nº 1 do artigo anterior.

Trata-se das dívidas contraídas por um dos cônjuges, *sem o consentimento do outro*, antes ou depois do casamento, as quais *não representam um encargo normal da vida familiar* e também *não foram contraídas pelo cônjuge administrador, dentro dos limites dos seus poderes, em proveito comum do casal.*

b) As dívidas provenientes de crimes e as indemnizações, restituições, custas judiciais ou multas devidas por factos imputáveis a cada um dos cônjuges, salvo se esses factos, implicando responsabilidade meramente civil, estiverem abrangidos pelo disposto nos nºs 1 ou 2 do artigo anterior.

Tratando-se de dívidas provenientes da prática de *factos ilícitos* ou de outros *factos danosos* que originem responsabilidade objetiva, por elas responderá somente o cônjuge a quem é atribuída a respetiva autoria. Se a autoria do facto é imputada a ambos, a responsabilidade de cada um, medida por fatores de natureza pessoal, não deve ser comunicável ao outro.

Ressalvam-se os casos em que os factos praticados implicarem responsabilidade meramente civil e estiverem abrangidos pelo disposto nos nºs 1 e 2 do artigo 1691º.

Nos casos de responsabilidade civil conexa com a responsabilidade criminal deve ser aplicada a responsabilidade exclusiva do infrator.

c) As dívidas cuja incomunicabilidade resulta do disposto no nº 2 do artigo 1694º.

Em conformidade com o critério fixado no artigo 1694º, as dívidas que oneram bens próprios são da exclusiva responsabilidade do respetivo titular dos mesmos. Ressalva-se o caso das dívidas que tenham como causa a perceção dos rendimentos dos bens próprios, quando esses rendimentos são comuns.

Além dos casos já referidos, as dívidas que onerem liberalidades em exclusivo proveito de um dos cônjuges são da responsabilidade exclusiva deste.

Com efeito, se a dívida diz respeito a bens que foram doados ou deixados a um dos cônjuges, é justo que seja da responsabilidade do aceitante, se o outro cônjuge nenhum proveito obteve da liberalidade. Mesmo nos casos em que a aceitação foi efetuada com o consentimento do outro cônjuge, a dívida considera-se da exclusiva responsabilidade do aceitante, nos termos do disposto no artigo 1693º, nº 1.

44. Bens que respondem pelas dívidas dos cônjuges

A) Pelas dívidas da responsabilidade de ambos os cônjuges

Pelas dívidas que são da responsabilidade de ambos os cônjuges respondem os bens comuns do casal, e, na falta ou insuficiência deles, solidariamente, os bens próprios de qualquer dos cônjuges – artigo 1695º, nº 1.

Em primeiro lugar respondem os bens comuns, visto que estão em causa dívidas da responsabilidade de ambos os cônjuges. Os bens comuns, nos regimes de comunhão, constituem um *património coletivo*, ao passo que, no regime de separação, são apenas objeto de uma relação de *compropriedade.*

Na falta ou insuficiência dos bens comuns respondem subsidiariamente por essas dívidas os bens próprios de qualquer dos cônjuges. Respondem, não apenas por metade do que falta pagar, mas pela totalidade em falta. Posteriormente, no domínio das relações internas, será estabelecida a compensação a que houver lugar, entre os cônjuges ou os seus sucessores.

No regime de separação, a responsabilidade dos cônjuges não é solidária – artigo 1695º, nº 2.

Se vigorar entre os cônjuges o regime de separação, os bens próprios de cada um dos cônjuges não responde solidariamente pela dívida, a não ser que se tenham comprometido como devedores solidários perante o credor.

Cada um dos cônjuges responde apenas pela parte da dívida que lhe compete ou pela parte do remanescente que lhe couber, depois de esgotados os bens de que ambos são contitulares.

B) Pelas dívidas da exclusiva responsabilidade de um dos cônjuges

Nos termos do disposto no artigo 1696º, nº 1, pelas dívidas da exclusiva responsabilidade de um dos cônjuges respondem os bens próprios do cônjuge devedor e, subsidiariamente, a sua meação nos bens comuns.

Como resulta do preceito, pelas dívidas da exclusiva responsabilidade de um dos cônjuges respondem, primordialmente, os bens próprios do cônjuge devedor e, só subsidiariamente, a sua meação nos bens comuns.

Por força do disposto no nº 2 do mesmo artigo, respondem, todavia, ao mesmo tempo que os bens próprios do cônjuge devedor, os bens por ele levados para o casal ou posteriormente adquiridos a título gratuito, bem como os respetivos rendimentos, e também os bens sub-rogados no lugar deles – alíneas *a)* e *c)*; e ainda o produto do trabalho e os direitos de autor do cônjuge devedor – alínea *b)*.

Todos estes bens a que se refere o nº 2 do artigo 1696º respondem integralmente pelo pagamento das dívidas, não havendo somente responsabilidade da meação que neles haja o cônjuge devedor.

45. Compensações devidas pelo pagamento de dívidas do casal

A compensação tem lugar quando as dívidas comuns foram satisfeitas com bens próprios de um dos cônjuges e também, no caso inverso, quando as dívidas da responsabilidade de um dos cônjuges foram pagas pelos bens comuns.

No primeiro caso, o cônjuge que pagou deve ser ressarcido de tudo quanto pagou à custa dos seus bens para além do que lhe cumpria pagar. Se as dívidas eram da responsabilidade de ambos os cônjuges, mas foram pagas com bens próprios de um deles, este torna-se credor do outro pela importância do que pagou a mais do que devia ter pago.

Neste sentido, determina o artigo 1697º, nº 1 que, quando por dívidas da responsabilidade de ambos os cônjuges tenham respondido bens de um só deles, este torna-se credor do outro pelo que haja satisfeito além do que lhe competia satisfazer; mas este crédito só é exigível no momento da partilha dos bens do casal, a não ser que vigore o regime da separação.

O crédito constituído a favor de um dos cônjuges tanto existe nos casos em que o credor cumpriu com bens próprios, na qualidade de obrigado solidário, prevista no artigo 1695º, nº 1, como nos casos em que o tenha feito na qualidade de obrigado conjunto, prevista no nº 2 do mesmo artigo

1695º, porque se terá de entender que, em qualquer dos casos, ele não se dispôs a pagar para além do que lhe competia.

A exigibilidade do crédito é diferida para o momento da partilha dos bens do casal, a qual pode ocorrer por força da separação judicial de bens prevista no artigo 1795º-A. Se entre os cônjuges vigorar o regime de separação, não tem aplicação o diferimento, devido à autonomia dos seus patrimónios.

O segundo caso de compensação está previsto no nº 2 do artigo 1697º nos seguintes termos: sempre que por dívidas da exclusiva responsabilidade de um só dos cônjuges tenham respondido bens comuns, é a respetiva importância levada a crédito do património comum no momento da partilha.

Agora trata-se do caso em que responderam bens comuns pelas dívidas da exclusiva responsabilidade de um dos cônjuges. As dívidas da responsabilidade de um dos cônjuges ocorrem nos casos previstos no artigo 1692º.

Sendo assim, o outro cônjuge deve ser compensado, o que acontecerá no momento da partilha dos bens do casal.

Ao contrário do que acontece no nº 1, no nº 2 do artigo 1697º não é feita qualquer ressalva ao regime de separação, porque neste regime não há bens comuns.

CAPÍTULO XI
Regimes de bens

46. Regimes de bens do casamento

A) Noção

Com o casamento passa a existir entre os cônjuges uma plena comunhão de vida e de interesses de natureza patrimonial que exige o estabelecimento de um regime especial. Não seria concebível que as relações patrimoniais entre os cônjuges ficassem sujeitas ao regime geral das relações jurídicas reais ou obrigacionais.

O regime de bens do casamento pode ser definido como um conjunto de normas que regulam as relações de natureza patrimonial dos cônjuges entre si e as que, na vida familiar, estabelecem com terceiros.

Na verdade, é de todo o interesse conhecer, de entre os *bens levados por cada um dos cônjuges para o casamento*, quais os que continuam a pertencer-lhe em exclusividade e quais os que passam a constituir património comum. Igualmente em relação aos *bens adquiridos na constância do matrimónio* interessa saber quais os que são próprios e quais os que são considerados comuns. No que toca às *dívidas*, existe também a necessidade de saber em que circunstâncias apenas *um ou ambos os cônjuges respondem por elas*. Enfim, a comunhão de vida encetada pela celebração do casamento exige um regime patrimonial especial, até para se saber a quem cabe a *administração dos bens do casal* e como deve cada um dos elementos do casal contribuir para os *encargos normais da vida familiar*.

B) Princípio da liberdade de escolha do regime de bens e seus limites

Nos termos do disposto no artigo 1698º, os esposos podem fixar livremente, em convenção antenupcial, o regime de bens do casamento, quer escolhendo um dos regimes previstos neste código, quer estipulando o que a esse respeito lhes aprouver, dentro dos limites da lei.

Como se verifica, não é sufragado o sistema da tipicidade, um sistema em que os nubentes estivessem obrigados a escolher um dos regimes descritos na lei.

Pelo contrário, os nubentes não só têm a liberdade de escolher um dos três regimes descritos no Código (de comunhão de adquiridos, de comunhão geral ou de separação), não lhe sendo imposto qualquer deles, como podem igualmente criar um regime novo ou combinar, como lhes aprouver, vários desses regimes.

Podem mesmo alterar as prescrições de qualquer dos regimes previstos na lei, como, por exemplo, alargar a relação dos bens próprios nos regimes de comunhão, ou criar um regime original adaptado às circunstâncias que melhor servem os seus interesses.

Quer dizer, os nubentes podem adaptar a convenção às circunstâncias que melhor servem o seu caso particular.

No entanto, em certas circunstâncias previstas na lei, é imposto aos nubentes o regime de separação de bens.

Por outro lado, a liberdade de convenção prevista no artigo 1698º também sofre algumas restrições. O preceito impõe que a convenção se contenha "dentro dos limites da lei".

C) Regime imperativo de separação de bens

O artigo 1720º enumera, de forma taxativa, os dois casos em que o casamento se considera contraído sob o regime de separação de bens.

O primeiro, constante da alínea *a)* do preceito, diz respeito aos casamentos celebrados sem precedência do processo preliminar de casamento.

Este regime imperativo com fundamento na falta de processo preliminar abrange os casamentos católicos e os casamentos civis.

As circunstâncias anómalas em que se verificou a celebração do casamento justificam as precauções da lei, com vista a impedir o casamento por interesse puramente patrimonial.

O segundo caso, referido na alínea *b)* do artigo, respeita aos casos em que o casamento é celebrado por quem tenha completado sessenta anos de idade.

Basta que um deles tenha atingido essa idade. O legislador, partindo da ideia de que nesta idade não é muito vulgar o casamento sustentado na afeição entre os nubentes, procurou evitar o casamento por interesse económico. É certo que em alguns casos o casamento se limita a legalizar uma situação de convivência marital de muitos anos, mas não era possível que a lei estabelecesse qualquer descriminação dos casos.

O nº 2 do mesmo artigo 1720º dispõe que a imposição legal do regime de separação não obsta a que os nubentes façam doações entre si.

Quer dizer, a lei proíbe as doações entre casados, quando vigorar o regime imperativo de separação de bens, por imposição do artigo 1762º, com a finalidade de evitar que, deste modo, viesse a resultar frustrada a prescrição imperativa da lei. Permite-se, no entanto, que os *nubentes* façam doações entre si com vista ao casamento que pretendem celebrar.

O legislador só foi sensível à possibilidade de abusos por força da influência que um dos cônjuges pode exercer sobre o outro, mas não viu inconveniente em que fizessem doações enquanto nubentes.

47. Convenções antenupciais

A) Noção. Princípio da liberdade de fixação

A convenção antenupcial é um acordo entre os nubentes no sentido de fixar o regime de bens do casamento que vão celebrar. É um contrato acessório do casamento, sendo a realização e validade deste um pressuposto essencial da eficácia da convenção, como resulta do disposto nos artigos 1716º e 1760º, nº 1.

Como já tivemos ocasião de referir, os nubentes têm plena liberdade de escolha do regime de bens que mais lhes aprouver, exceto nos casos previstos no artigo 1720º, em que o regime imperativo é o da separação de bens.

Na escolha do regime de bens os nubentes tanto podem optar por um dos regimes tipificados no Código, como podem criar um regime novo ou combinar as prescrições de vários regimes, conforme resulta do disposto no artigo 1698º.

A convenção antenupcial tanto pode dizer respeito a todas as relações patrimoniais dos cônjuges, como apenas incluir algumas dessas relações.

Mas o regime de bens do casamento não pode ser fixado, no todo ou em parte, por simples remissão genérica para uma lei estrangeira, para um preceito revogado, ou para os usos e costumes locais – artigo 1718º

Os nubentes têm de escolher o regime de bens que adotam na convenção antenupcial, porque, se o não fizerem, será aplicável às suas relações patrimoniais o regime supletivo, que é o de comunhão de adquiridos previsto no artigo 1717º.

B) Restrições ao princípio da liberdade

A extensa liberdade concedida aos nubentes na fixação da convenção antenupcial não podia deixar de ser refreada, com o fim de evitar que no acordo se procurassem derrogar certas normas de caráter imperativo que regulam as relações familiares.

Por isso, a liberdade de escolha dos nubentes, quanto à fixação da convenção antenupcial, deverá ser feita, conforme é imposto pela parte final do artigo 1698º, *dentro dos limites da lei.*

As mais importantes limitações encontram-se fixadas no artigo 1699º, sob a epígrafe restrições ao princípio da liberdade.

Nos termos do nº 1 deste preceito não podem ser objeto de convenção antenupcial:

a) A regulamentação da sucessão hereditária dos cônjuges ou de terceiro, salvo o disposto nos artigos seguintes.

Esta limitação já, em parte, resulta da proibição dos pactos sucessórios prevista no nº 2 do artigo 2028º. Compreende as disposições sucessórias de origem contratual, mas também as disposições de última vontade, em testamento.

b) A alteração dos direitos ou deveres, quer paternais, quer conjugais.

Os nubentes não podem alterar os direitos ou deveres, no domínio do poder paternal, por forma a excluir qualquer dos progenitores do exercício das responsabilidades parentais, conforme determinam os artigos 1877º, 1878º e 1882º.

Do mesmo modo, não podem afastar os deveres entre eles, como esposos, previstos no artigo 1672º.

O preceito não faz distinção entre os direitos e deveres de natureza pessoal e os de natureza patrimonial.

c) Alteração das regras sobre administração dos bens do casal.

Depois de uma certa evolução legislativa quanto à administração dos bens do casal, foram fixadas as regras sobre o cônjuge a quem compete essa administração, as quais não são suscetíveis de alteração.

d) A estipulação da comunicabilidade dos bens enumerados no artigo 1733º.

Os nubentes estão impedidos de incluir, mesmo no regime de comunhão geral, os bens que a lei dele exclui de forma imperativa.

O nº 2 do mesmo artigo 1699º, determina que, se o casamento for celebrado por quem tenha filhos, ainda que maiores ou emancipados, não poderá ser convencionado o regime de comunhão geral nem estipulada a comunicabilidade dos bens referidos no nº 1 do artigo 1722º.

Com esta proibição procura-se defender os interesses dos filhos anteriores à celebração do casamento, visto que poderiam ser lesados se fosse fixado o regime de comunhão geral. Aceita-se, porém, a fixação do regime de comunhão de adquiridos.

C) Disposições por morte consideradas lícitas

O artigo 1700º enumera as disposições por morte que a convenção antenupcial pode conter:

a) A instituição de herdeiro ou a nomeação de legatário em favor de qualquer dos esposados, feita pelo outro esposado ou por terceiro nos termos prescritos nos lugares respetivos.
b) A instituição de herdeiro ou a nomeação de legatário em favor de terceiro, feita por qualquer dos esposados.
c) A renúncia recíproca à condição de herdeiro legitimário do outro cônjuge.

Por sua vez, o nº 2 do preceito permite também cláusulas acessórias de reversão ou fideicomissárias, as quais, por força do disposto no artigo 1707º, são livremente revogáveis, a todo o tempo, pelo autor da liberalidade.

O nº 3 do mesmo artigo 1700º dispõe que a estipulação referida na alínea *c)* do nº 1 apenas é admitida caso o regime de bens, convencional ou imperativo, seja o da separação.

O artigo 1707º-A estabelece o regime de renúncia à condição de herdeiro em 10 números, dos quais salientamos principalmente os seguintes:

1. A renúncia pode ser condicionada à sobrevivência ou não de sucessíveis de qualquer classe, bem como de outras pessoas, nos termos do artigo 1713º, não sendo necessário que a condição seja recíproca.

2. A renúncia apenas afeta a posição sucessória do cônjuge, não prejudicando designadamente o direito a alimentos do cônjuge sobrevivo, previsto no artigo 2018º, nem as prestações sociais por morte.
3. Sendo a casa de morada da família propriedade do falecido, o cônjuge sobrevivo pode nela permanecer, pelo prazo de cinco anos, como titular de um direito real de habitação e de um direito de uso do recheio.

Os restantes números contidos no artigo dizem respeito à casa de morada da família estabelecendo, nomeadamente, a possibilidade de prorrogação, pelo tribunal, do prazo de permanência (nº 4); a caducidade do direito do interessado, se não habitar a casa por mais de um ano, quando a causa lhe é imputável (nº 5); os casos em que o direito de o cônjuge habitar a casa não lhe é conferido por dispor de casa própria (nº 6); o direito de o cônjuge permanecer na habitação depois de esgotado o prazo (nº 7); a fixação, pelo tribunal, das condições do contrato de arrendamento, quando as partes não chegam a acordo (nº 8); o direito de preferência do cônjuge sobrevivo em caso de alienação do imóvel (nº 9); o direito de habitação torna-se vitalício quando o cônjuge sobrevivo tenha completado 65 anos de idade à data da abertura da sucessão (nº 10).

D) Imutabilidade do regime de bens

O princípio da imutabilidade das convenções antenupciais e do regime de bens está consagrado no artigo 1714º que, no seu nº 1, dispõe o seguinte: fora dos casos revistos na lei, não é permitido alterar, depois da celebração do casamento, nem as convenções antenupciais nem os regimes de bens legalmente fixados.

Subordinada à regra da imutabilidade está não só à convenção antenupcial e, consequentemente, também o regime de bens livremente fixado pelos nubentes, mas também o regime de bens supletivo previsto no artigo 1717º, e ainda o regime de separação imperativamente fixado pelo artigo 1720º.

A imutabilidade só se verifica a partir do momento da celebração do casamento. Até esse momento, nada impede que a convenção primeiramente estabelecida seja alterada uma ou mais vezes, conforme resulta do disposto no artigo 1712º.

Por outro lado, o princípio da imutabilidade nem exclui a possibilidade de os cônjuges fazerem doações um ao outro (artigo 1761º); de um dos cônjuges efetuar dação em cumprimento ao seu consorte (artigo 1714º, nº 3); qualquer dos cônjuges pode conferir ao outro mandato para administrar os seus bens próprios (artigo 1678º, nº 2, alínea *g)*. Só não podem alterar a convenção antenupcial e o regime de bens fixado.

São várias as razões em que se fundamenta o princípio da imutabilidade. Entre elas, avultam duas.

A primeira prende-se com a necessidade de proteção de terceiros. Se os cônjuges pudessem, depois do casamento, modificar o regime de bens, nomeadamente a massa patrimonial que respondia pelas dívidas que haviam contraído, as legítimas expetativas dos credores podiam ser sacrificadas.

Outra das razões justificativas do princípio da imutabilidade diz respeito à possibilidade de um dos cônjuges ganhar ascendente de natureza psicológica sobre o outro, por forma a poder impor-lhe uma alteração do regime de bens que lhe acarretasse prejuízos de ordem patrimonial. É certo que a lei não proíbe as doações entre casados, mas estas podem ser revogadas a todo o tempo pelo doador, sem que lhe seja lícito renunciar a este direito (artigo 1765º).

No âmbito da imutabilidade das convenções antenupciais, pelo nº 2 do mesmo artigo 1714º são proibidos os contratos de compra e venda e sociedade entre os cônjuges, exceto quando estes se encontrem separados judicialmente de pessoas e bens.

A venda de bens de um cônjuge ao outro não implica diretamente uma alteração das regras que disciplinam as convenções antenupciais ou o regime de bens em vigor entre os cônjuges. No entanto, pode determinar uma alteração das forças de ordem patrimonial de cada um dos elementos do casal.

Apesar de todas as proibições, a lei ainda permite, a título excecional, a alteração do regime de bens nos casos previstos no artigo 1715º.

48. Requisitos da convenção antenupcial

A) Requisitos substanciais de validade

A convenção antenupcial é um contrato e, como tal, está subordinada aos requisitos substanciais de validade dos contratos em geral.

Existem, no entanto, certas especificidades próprias da convenção antenupcial que devemos ter em conta. Uma delas diz respeito à capacidade para a realização da convenção.

Nos termos do disposto no artigo 1708º, nº 1, têm capacidade para celebrar convenções antenupciais aqueles que têm capacidade para contrair casamento.

Pode dizer-se que é estabelecida uma equiparação entre a capacidade matrimonial e a capacidade para celebrar a convenção antenupcial. Os menores (com mais de 16 anos) necessitam de autorização dos pais ou do tutor para celebrar a convenção, mesmo que estejam autorizados a casar, porque esta autorização para o casamento não abrange a autorização para celebrar a convenção antenupcial. Como já se disse, a convenção é acessória do casamento.

Conforme dispõe o nº 2 do artigo 1708º, aos menores só é permitido celebrar convenções antenupciais com autorização dos respetivos representantes legais.

Aos maiores acompanhados, quando devam ser representados para a realização de atos de disposição entre vivos ou quando os mesmos dependam de autorização, só é permitido celebrar convenções antenupciais com o acordo expresso do acompanhante – nº 3 do mesmo artigo 1708º.

A falta de autorização dos representantes legais ou do acompanhante determina a anulabilidade da convenção antenupcial que só pode ser invocada pelo incapaz, pelos seus herdeiros, ou por aqueles a quem competir a autorização, dentro do prazo de um ano a contar da celebração do casamento – artigo 1709º.

A capacidade para a celebração da convenção antenupcial deve existir no momento em que a respetiva escritura (artigo 1710º) deve ser lavrada. Se, porém, ao nubente faltar capacidade à data da escritura, mas entretanto a tenha adquirido até ao momento da celebração do casamento, o vício considera-se sanado pela realização do matrimónio, conforme dispõe a parte final do artigo 1709º.

O artigo 1713º, nº 1 veio a considerar válida a convenção sob condição ou termo. Pode, como exemplo, referir-se o caso de um casamento celebrado segundo o regime de separação, com a condição de passar ao regime de comunhão geral de bens, se do casamento nascerem filhos.

Para garantir o princípio da imutabilidade, a condição e o termo não devem ficar dependentes da vontade dos cônjuges. Não poderá, portanto, ser fixado um regime de bens que poderá ser alterado desde que tenha lugar uma determinada condição, cuja realização dependa apenas da vontade dos contraentes.

Para salvaguardar as expetativas de terceiros, o nº 2 do artigo 1713º, determina que, em relação a terceiros, o preenchimento da condição não tem efeito retroativo. Assim, mesmo que a condição resolutiva se verifique, não deixará de ser aplicável aos créditos anteriores o regime inicialmente em vigor.

B) Formalidades da convenção

As convenções antenupciais são válidas se forem celebradas por declaração prestada perante funcionário do registo civil ou por escritura pública – artigo 1710º.

Em sentido consonante, determina o artigo 189º, nº 1 do Código do Registo Civil que a convenção antenupcial pode ser celebrada nas conservatórias do registo civil por meio de declaração prestada perante o conservador, o qual pode delegar essa competência em oficial do registo.

A convenção antenupcial é registada mediante a sua menção no texto do assento de casamento, sempre que o auto seja lavrado ou a certidão da respetiva escritura seja apresentada até à celebração deste – artigo 190º, nº 1 do Código do Registo Civil.

A convenção antenupcial, quando apresentada após a celebração do casamento, e a alteração do regime de bens, convencionado ou legalmente fixado, são registadas por averbamento ao assento de casamento – artigo 190º, nº 2 do Código do Registo Civil.

As convenções antenupciais só produzem efeitos em relação a terceiros depois de registadas – artigo 1711º, nº 1.

Também o artigo 191º, nº 1, do Código do Registo Civil dispõe que a convenção que tenha por objecto a fixação do regime de bens ou a sua alteração só produzem efeito em relação a terceiros a partir da data do registo.

Na verdade, a convenção antenupcial não se aplica somente às relações entre os cônjuges, mas também às suas relações negociais com terceiros.

Os herdeiros dos cônjuges e dos demais outorgantes da escritura não são considerados terceiros – artigo 1711º, nº 2.

C) Invalidade e caducidade das convenções

As convenções antenupciais estão sujeitas às causas gerais de nulidade e de anulabilidade prescritas para os outros negócios jurídicos.

A declaração de nulidade ou a anulação da convenção antenupcial têm efeitos retroativos.

Porém, a anulabilidade da convenção antenupcial por falta de autorização, prevista no artigo 1709º, que já tivemos ocasião de referir, assume características especiais. Só pode ser invocada dentro do prazo de um ano a contar da celebração do casamento, e não a contar da cessação da causa que constitui o fundamento da anulabilidade. Por outro lado, a anulabilidade considera-se sanada se o casamento vier a ser celebrado depois de findar a incapacidade. Tudo se passa, neste caso, como se a convenção tivesse tido lugar só no dia da celebração do casamento, quando a incapacidade já não existia.

A convenção antenupcial caduca, se o casamento não for celebrado dentro de um ano, ou se, tendo-o sido, vier a ser declarado nulo ou anulado, salvo o disposto em matéria de casamento putativo – artigo 1716º.

A ressalva quanto ao casamento putativo, em conformidade com o disposto no artigo 1647º, significa que, se ambos os cônjuges tiverem agido de boa fé, a convenção produzirá todos os seus efeitos nas relações entre os cônjuges e nas relações destes com terceiros até ao trânsito em julgado da sentença anulatória ou até ao averbamento da decisão do tribunal eclesiástico no registo civil.

No caso de só um deles ter agido de boa fé, só esse cônjuge pode arrogar-se os benefícios do estado matrimonial e opô-los a terceiros, como se o casamento tivesse sido validamente celebrado, até à data do trânsito em julgado da sentença.

49. Resenha da evolução histórica dos regimes de bens matrimoniais

No direito romano antigo, enquanto os casamentos só eram celebrados *cum manu*, os bens da mulher, designados como dote, ficavam sendo propriedade do marido. Quando passaram a ser praticados os casamentos *sine manu*, o regime correspondente passou a ser o da separação, sendo os da mulher designados como dote, e conservando esta, não só a propriedade, mas também o uso e a administração deles.

No direito dos bárbaros ou dos povos germânicos, já antes do começo da nossa era, vigorava como regra geral a comunhão de bens entre os cônjuges, sendo vulgar entre aqueles o adágio *"os esposos devem dividir entre si fortuna e miséria"*. É de crer que fosse por imitação aos bárbaros que entre os romanos se viram, depois do século VII, alguns casos de comunhão de bens.

Em Portugal, desde os primeiros séculos, foi usado o sistema da comunhão geral de bens, o qual, umas vezes, tinha de ser ou era expressamente convencionado, e daí a expressão *"por carta de ametade"* e, outras vezes, era considerado como nascido do facto de viverem os cônjuges sob economia comum durante um ano e dia, facto assaz generalizado e daí o dizer-se *"segundo o costume do reino"*, pois ambas estas expressões se encontram nas Ordenações Afonsinas.

Nas Ordenações foi convertido o costume em lei e foi mantido nas Ordenações Filipinas, onde se dizia: *"Todos os casamentos feitos em nossos Reinos e Senhorios se entendem serem feitos por Carta de ametade, salvo quando entre as Partes outra cousa for acordada"*.

Esta era a lei vigente ao tempo da publicação do Código Civil de 1867.[18]

50. Regime de bens supletivo

O Código Civil de 1867 dava aos esposos a faculdade de, antes da celebração do casamento, e dentro dos limites da lei, estipular tudo o que lhes aprouvesse relativamente a seus bens. Na falta de qualquer acordo ou convenção, entendia-se que o casamento foi feito segundo o costume do reino. O casamento, segundo o costume do reino, consistia na comunhão, entre os cônjuges, de todos os seus bens presentes e futuros não excetuados na lei.

É o que determinavam os artigos 1096º, 1098º e 1108º desse referido Código Civil de 1867.

As pessoas tinham liberdade de convencionar o regime de bens do casamento, liberdade que continuou a existir sempre. No entanto, como todos sabemos, nem sempre os nubentes fixam o regime de bens que pretendem. São várias as razões que podem explicar esta inércia. Umas vezes porque não possuem qualquer património de valor, outras, simplesmente por incúria, os nubentes não se preocupam com a fixação de regime de bens.

Nestes casos, por força do disposto no artigo 1717º, a que fizemos referência, na falta de convenção antenupcial, ou no caso de caducidade, invalidade ou ineficácia da convenção, o casamento considera-se celebrado sob o regime de comunhão de adquiridos.

Durante vários séculos o regime supletivo foi o da comunhão geral de bens. Entendia-se que era esse o regime que estava de acordo com a plena comunhão de vida dos cônjuges, nascida do matrimónio que celebraram.

Os tempos mudaram e os divórcios passaram a ser muito frequentes. Além disso, ambos os cônjuges trabalham atualmente fora do lar. Por outro

[18] Cunha Gonçalves, ob. cit., vol. VI, páginas 284 e seguintes.

lado, o casamento não une os cônjuges desde o nascimento e, por isso, é justo que só se considerem comuns os bens que advieram ao casal depois da sua união. Aliás, só o acervo dos bens adquiridos depois do casamento se pode considerar como sendo o resultado da cooperação de ambos.

51. Regime da comunhão de adquiridos

A) Noção

São raríssimos os casos em que os nubentes adotam de forma expressa o regime de comunhão de adquiridos. Na quase totalidade dos casos, este é o regime que a lei estipula supletivamente, quando os nubentes não celebraram qualquer convenção antenupcial ou quando a que adotaram foi considerada nula, foi anulada ou caducou. Sendo assim, os nubentes nada fazem a tal respeito, porque sabem que a sua atitude equivale à opção pelo regime de comunhão de adquiridos. É o regime supletivo para os que casaram posteriormente ao dia 31 de Maio de 1967 (cfr. artigo 15º do Decreto-Lei nº 47334, de 25/11/1966). Para os que casaram antes desta data, o regime supletivo era o da comunhão geral.

O regime de comunhão de adquiridos não se confunde com esse outro regime supletivo que existia anteriormente, ou seja, com o regime de comunhão geral.

Em ambos existe *comunhão* de bens, mas no regime de comunhão de adquiridos a comunhão de bens não se generaliza, por forma englobar os bens que os nubentes levaram para o casamento e os que posteriormente adquiriram. No regime de comunhão de adquiridos, só estes, ou seja, só os *adquiridos* pelos cônjuges após o casamento se consideram comuns.

Mas nem todos os bens adquiridos posteriormente ao casamento são considerados comuns. Apenas o são os *adquiridos a título oneroso na constância do casamento.*

B) Natureza jurídica da comunhão de bens

No regime de comunhão de adquiridos, assim como também no de comunhão geral, existe uma massa de bens pertencente a ambos os cônjuges, especialmente afetada aos encargos da vida familiar.

"Os bens comuns constituem uma massa patrimonial a que, em vista da sua especial afetação, a lei concede um certo grau de autonomia, e que pertence aos dois cônjuges, mas em bloco, podendo dizer-se que os cônjuges são, os dois, titulares de um único direito sobre eles". "Trata-se de um património coletivo que pertence em comum a várias pessoas, mas sem se repartir entre elas por quotas ideais, como na compropriedade".

"Os vários titulares do património coletivo são sujeitos de um único direito, e de um direito uno, o qual não comporta divisão, mesmo ideal. Não tem, pois, cada um deles algum direito de que possa dispor ou que lhe seja permitido realizar através da divisão do património comum".

Como acima se disse, os bens comuns constituem uma massa patrimonial com um certo grau de autonomia, em virtude da sua especial afetação aos encargos da vida familiar. Mas essa autonomia não é completa, visto que os bens comuns não respondem apenas pelas dívidas da responsabilidade de ambos os cônjuges, assim como por estas dívidas podem responder outros bens quando não são suficientes os bens comuns – cfr. artigos 1696, nº 2 e 1695º.[19]

Embora cada um dos cônjuges tenha direito à meação, esse direito só pode efetivar-se depois de terem cessado as relações patrimoniais entre os cônjuges ou depois de terminar o vínculo conjugal. Assim, o direito à meação só pode ser executado após ser decretada a separação judicial de pessoas e bens ou depois de dissolvido o casamento pelo divórcio.

C) Participação dos cônjuges no património comum

Nos termos do disposto no artigo 1730º, nº 1, os cônjuges participam por metade no ativo e no passivo da comunhão, sendo nula qualquer estipulação em sentido diverso.

É, portanto, proibido aos cônjuges qualquer desvio da regra da metade no que concerne aos bens integrados na comunhão.

A regra da metade não impede que cada um dos cônjuges faça em favor de terceiro doações ou deixas por conta da sua meação nos bens comuns, nos termos permitidos por lei – artigo 1730º, nº 2.

D) Bens próprios

Conforme dispõe o artigo 1722º, nº 1, são considerados bens próprios dos cônjuges:

a) Os bens que cada um deles tiver ao tempo da celebração do casamento.

A comunhão só nasce a partir da celebração do casamento. Os bens de que cada um dos nubentes dispunha antes do casamento, permanecem

[19] Cfr. Pereira Coelho, Curso de Direito de Família, 1969, 2º Tomo, páginas 121 e seguintes.

próprios dele. Por outras palavras, são próprios de cada um dos cônjuges os bens que foram por ele adquiridos anteriormente, visto que não se transmitem ao outro cônjuge após a realização do matrimónio.

b) Os bens que lhes advieram depois do casamento por sucessão ou doação.

Estes bens entram, porém, na comunhão se o doador ou o testador assim o tiver determinado. Entende-se que essa é a vontade do doador ou testador quando a liberalidade foi feita em favor dos dois cônjuges conjuntamente – artigo 1729º, nº 1.

Tudo isto sem prejuízo do princípio da intangibilidade da legítima (artigo 2156º e seguintes). Na verdade, se a doação ou a deixa foi feita por conta da legítima, os bens doados ou deixados são sempre bens próprios – artigo 1729º, nº 2.

c) Os bens adquiridos na constância do matrimónio por virtude de direito próprio anterior.

O nº 2 do artigo 1722º dá exemplo de bens que se consideram adquiridos por virtude de direito próprio anterior.

Em primeiro lugar, a alínea *a)* tem em vista a herança indivisa, aberta antes do casamento, mas só partilhada depois da realização deste. O preceito está em consonância com o princípio da retroatividade da partilha previsto no artigo 2119º.

Seguidamente, a alínea *b)* do nº 2 do mesmo artigo 1722º faz alusão aos bens adquiridos por usucapião fundada em posse que tenha tido o seu início antes do casamento. Se a posse foi iniciada pelo cônjuge antes de casar, os bens consideram-se adquiridos por ele, mesmo que o prazo da usucapião só se tenha completado após o casamento. Entende-se, pois, que os efeitos da usucapião retroagem à data em que se iniciou a posse. É, aliás, a solução que está completamente de acordo com o artigo 1317º, alínea *c)*, o qual determina que o momento de aquisição do direito de propriedade é, no caso de usucapião, o do início da posse.

Em terceiro lugar, na alínea *c)* do nº 2 consideram-se adquiridos por virtude de direito próprio anterior, os bens comprados por qualquer dos cônjuges, antes do casamento, com reserva de propriedade. A reserva de propriedade, nos contratos de alienação, é permitida pelo artigo 409º, sendo vulgar a sua estipulação nos contratos de venda a prestações, conforme resulta do artigo 934º. Porém, se alguma das prestações tiver sido paga à custa de bens comuns do casal, haverá necessidade de proceder à compensação, conforme dispõe o proémio do nº 2 ainda do artigo 1722º.

Por último, a alínea *d)* do nº 2 deste artigo faz referência aos bens adquiridos no exercício de direito de preferência. Se a situação que serve de fundamento ao direito de preferência é anterior à data do casamento, consideram-se próprios os bens adquiridos no exercício desse direito. Como já acima dissemos, se a preferência foi exercida com dinheiro do casal, haverá que proceder à compensação.

A expressão "entre outros", contida no nº 2 do artigo 1722º, leva-nos a concluir que a enumeração não é taxativa e que se consideram ainda outros bens adquiridos, por virtude de direito próprio anterior. Será o caso dos obtidos por meio de contrato aleatório, quando, por exemplo, um dos cônjuges, antes de casar, comprou um bilhete de lotaria que, já depois de celebrado o casamento, veio a ser premiado. É igualmente o caso do contrato condicional anterior ao casamento, cuja condição só se verificou posteriormente à sua celebração.

Nos termos do disposto no artigo 1723º, são pertença de um dos cônjuges os bens sub-rogados no lugar dos seus bens próprios.

A sub-rogação pode ser *direta* ou *indireta*.

Na *sub-rogação direta*, à saída de certos bens de um património corresponde a entrada de outros bens no mesmo património, verificando-se uma relação de conexão entre a perda e a aquisição. A aquisição e a perda dos bens procedem do mesmo ato jurídico. É o caso em que um prédio foi trocado por outro.

Na *sub-rogação indireta*, a aquisição e a perda derivam de atos jurídicos diferentes. Um dos cônjuges adquiriu um determinado bem com o produto da venda de outro bem que lhe pertencia em exclusividade.

O artigo 1723º reconhece não só a sub-rogação direta, mas também a indireta, embora estabelecendo certos limites quanto a esta, de modo a garantir as legítimas expetativas de terceiros. Assim, determina-se na alínea *c)* deste preceito que conservam a qualidade de bens próprios, os bens adquiridos ou as benfeitorias feitas com dinheiro ou valores próprios de um dos cônjuges, desde que a proveniência do dinheiro ou valores seja devidamente mencionada no documento de aquisição, ou em documento equivalente com intervenção de ambos os cônjuges.

É exigida, portanto, a intervenção simultânea dos cônjuges no documento em que é mencionada a proveniência dos meios com que foi efetuada a aquisição. Quer dizer, os bens adquiridos com o produto da venda de bens próprios só podem ser considerados da exclusiva propriedade de um deles se na escritura de compra e venda for declarado, por ambos os cônjuges, que o preço da compra é proveniente da venda de bens próprios do cônjuge adquirente. Se não for feita tal declaração conjunta, os bens adquiridos presumem-se comuns.

A falta desta menção constitui presunção *juris et juri* de que são comuns os meios utilizados na aquisição.

Porém, a este respeito foi publicado, para uniformização de jurisprudência, o Acórdão do Supremo Tribunal de Justiça nº 12/2015, I série 2015-10-13, que concluiu do modo seguinte: Estando em causa apenas os interesses dos cônjuges, que não os de terceiros, a omissão no título aquisitivo das menções constantes do artigo 1723º, alínea *c)* do Código Civil, não impede que o cônjuge, dono exclusivo dos meios utilizados na aquisição de outros bens na constância do casamento no regime supletivo de comunhão de adquiridos, e ainda que não tenha intervindo no documento aquisitivo, prove por qualquer meio, que o bem adquirido o foi apenas com dinheiro ou seus bens próprios; feita essa prova, o bem adquirido é próprio, não integrando a comunhão conjugal.

Como se verifica, a jurisprudência admite, nos casos em que não estão em causa interesses de terceiros, que seja feita a prova, por qualquer meio, de que os bens adquiridos na constância do casamento o foram à custa do dinheiro ou dos bens de apenas um dos cônjuges.

O artigo 1726º prevê o caso de certos bens terem sido adquiridos em parte com dinheiro ou bens próprios de um dos cônjuges e noutra parte com dinheiro ou bens comuns. E optou-se pela solução que consiste em considerar os bens como próprios ou como comuns, conforme o maior valor das prestações. Se foi maior a prestação do dinheiro ou bens próprios de um dos cônjuges, o bem considerar-se-á próprio dele. Na hipótese contrária, o bem adquirido terá a natureza de bem comum. Entendeu-se que seria vantajoso atribuir a mesma natureza à totalidade da coisa adquirida.

Em qualquer dos casos a compensação restabelecerá o equilíbrio. A compensação será a favor do património próprio do cônjuge ou a favor do património comum conforme o que se considera desfalcado. No entanto, a compensação só terá lugar no momento da dissolução e partilha da comunhão, conforme resulta do nº 2 do mesmo artigo 1726º.

Conforme dispõe o artigo 1727º, os bens indivisos que forem adquiridos, em parte, por um dos cônjuges que deles já tinha a outra parte, são considerados bens próprios. Haverá lugar à compensação devida ao património comum pelas somas prestadas para a respetiva aquisição.

Consideram-se como próprios os bens adquiridos por virtude da titularidade de bens próprios, que não possam considerar-se frutos destes – artigo 1728º, nº 1.

Os frutos, quer os dos bens comuns, quer os dos bens próprios, são considerados bens comuns – cfr. artigo 1733º, nº 2.

Deverá ser compensado o património comum nos casos em que para a nova aquisição tenham sido feitas despesas custeadas com dinheiro ou valores comuns.

O nº 2 do mesmo artigo 1728º enumera, de modo exemplificativo, os bens adquiridos por virtude da titularidade de bens próprios.

Em primeiro lugar, na alínea *a)* refere como bens próprios os provenientes das acessões.

A acessão consta dos artigos 1325º e seguintes. Conforme a define o primeiro destes artigos, dá-se a acessão, quando com a coisa que é propriedade de alguém se une e incorpora outra coisa que lhe não pertencia.

A acessão é uma forma de aquisição da propriedade. O direito de propriedade tem "a virtualidade de absorver tudo o que, por força da natureza ou por ação do homem, se vier a incorporar no seu objeto". "A coisa acrescida pode ser uma *res nullius* ou pertencer a outrem".[20]

Na alínea *b)* são referidos os materiais resultantes da demolição ou destruição de bens.

Os materiais provenientes da demolição ou destruição de uma coisa (uma casa, um muro, etc.) ocupam no património do cônjuge o lugar dessa coisa.

Se a demolição ou destruição ocasionarem despesas que tenham sido custeadas pelos bens comuns, haverá lugar a compensar desse montante o património comum.

A alínea *c)* menciona a parte do tesouro adquirida pelo cônjuge na qualidade de proprietário.

[20] Cfr. Pires de Lima e Antunes Varela, Código Civil Anotado, vol. III, página 121 e seguinte.

O artigo 1324º atribui ao dono do móvel ou imóvel onde o tesouro foi encontrado, o direito a metade do seu valor. Se o móvel ou imóvel pertence exclusivamente a um dos cônjuges, somente a este pertencerá o prémio correspondente.

Por último, a alínea *d)* faz referência aos prémios de amortização dos títulos de crédito ou de outros valores mobiliários próprios de um dos cônjuges (títulos de obrigação, quotas sociais, etc.) e aos títulos ou valores adquiridos por virtude de um direito de subscrição àqueles inerente (ações reservadas a acionistas ou benefícios destinados aos portadores de certos títulos, etc.).

Também neste caso, se a subscrição foi feita com valores do património comum, este deve ser compensado.

E) Bens comuns

Conforme dispõe o artigo 1724º, fazem parte da comunhão:

a) O produto do trabalho dos cônjuges;
b) Os bens adquiridos pelos cônjuges, na constância do matrimónio, que não sejam excetuados por lei.

O *produto do trabalho* destina-se, em princípio, a satisfazer as necessidades económicas dos cônjuges. Não perdem a qualidade de bens comuns pelo facto de se encontrarem depositados no banco, em conta aberta apenas em nome de um deles. Pela mesma razão, as economias, se as houver, também constituem bens comuns.

Porém, no que toca aos *direitos de autor,* o cônjuge tem o direito exclusivo de dispor da sua obra, nos termos do artigo 9º, nº 2 do Código do Direito de Autor.

Quanto aos bens *adquiridos na constância do matrimónio excetuados por lei* podemos referir os previstos nas alíneas *b)* e *c)* do nº 1 do artigo 1722º, no artigo 1723º e os que o artigo 1726º considera como bens próprios.

Os *frutos,* como já acima foi dito, consideram-se bens comuns, quer os frutos dos bens comuns quer os frutos dos bens próprios – artigo 1733º, nº 2. Por força deste mesmo preceito são igualmente considerados comuns as *benfeitorias úteis,* com exceção das referidas na alínea *c)* do artigo 1723º.

Os bens móveis consideram-se comuns quando haja dúvidas sobre a sua comunicabilidade – artigo 1725º.

A presunção de comunicabilidade relativamente aos *bens móveis* tem como finalidade defender os interesses dos cônjuges e de terceiros e ainda contribuir para uma maior segurança na qualificação dos bens do casal. A presunção só tem aplicação no caso de existirem dúvidas quanto à titularidade dos bens. Poderá ser ilidida mediante prova do contrário, sendo admitido qualquer meio de prova.

Quando se trata de bens de uso pessoal e exclusivo de um dos cônjuges, o artigo 1733º, nº 1, alínea *f)* faz dissipar quaisquer dúvidas quanto à sua titularidade.

52. Regime da comunhão geral

A) Noção

O regime da comunhão geral de bens caracteriza-se pelo facto de o património comum abranger não só os bens que os nubentes levaram para o casamento, como também os adquiridos na constância do matrimónio, sem distinguir entre os adquiridos a título oneroso e os adquiridos a título gratuito.

Como refere expressamente o artigo 1732º, no regime da comunhão geral, o património comum é constituído por todos os bens presentes e futuros dos cônjuges, que não sejam excetuados por lei.

Bens presentes são aqueles cuja aquisição teve lugar antes da celebração do casamento, ou seja, os que os nubentes levaram para o casal.

São *bens futuros* os adquiridos já depois de celebrado o casamento, sem que se faça qualquer distinção entre os adquiridos a título oneroso e os adquiridos a título gratuito. Pode dizer-se, de uma forma simplificada, que o regime de comunhao abrange a generalidade dos bens levados pelos nubentes para o casamento ou adquiridos pelos cônjuges na constância do matrimónio.

Os casos excetuados por lei são os que se encontram mencionadas no artigo 1733º.

O regime de comunhão geral só vigora atualmente se for expressamente convencionado, pois deixou de ser regime supletivo, como foi anteriormente ao Código Civil de 1966. No entanto, ainda hoje tem aplicação como regime supletivo para os casamentos celebrados anteriormente ao dia 31 de Maio de 1967.

O artigo 1734º manda aplicar à comunhão geral de bens, com as devidas adaptações, as disposições relativas à comunhão de adquiridos. Na verdade, sendo o regime de comunhão de adquiridos o regime supletivo, constitui a regra e, por isso, apresenta uma mais minuciosa regulamentação. As disposições relativas à comunhão são gerais, aplicando-se a um e a outro destes regimes.

B) Bens próprios

Como já se disse, são excetuados da comunhão os bens enumerados, de modo taxativo, no artigo 1733º, como incomunicáveis.

Esta enumeração tem caráter imperativo, pois, conforme dispõe o artigo 1699º, nº 1, alínea *d)*, a estipulação da comunicabilidade dos bens enumerados no artigo 1733º não pode ser objeto de convenção antenupcial. Nada obsta, porém, a que os nubentes acrescentem bens à lista dos incomunicáveis.

O artigo 1733º refere em primeiro lugar, na alínea *a)*, os bens doados ou deixados, ainda que por conta da legítima, com a cláusula de incomunicabilidade.

É posta em evidência a necessidade de ser respeitada a vontade expressa do disponente. A incomunicabilidade não afeta, antes favorece, o direito do herdeiro legitimário.

Na alínea *b)* do artigo 1733º são excetuados da comunhão os bens doados ou deixados com a cláusula de reversão ou fideicomissária, a não ser que a cláusula tenha caducado.

Trata-se de liberalidades previstas nos artigos 960º a 962º e 2286º e seguintes. Mais uma vez é evidenciada a necessidade de respeitar a vontade do autor de certas liberalidades. Na verdade, o cumprimento da *cláusula de reversão* ou da *substituição fideicomissária* depende da incomunicabilidade dos bens. Se fosse possível a comunicabilidade dos bens em causa, metade deles passaria a pertencer ao cônjuge do donatário ou legatário, tornando impossível operar a reversão ou transmissão fideicomissária de todos os bens, após o falecimento do beneficiário. Se a cláusula ou a substituição tiver caducado, a incomunicabilidade cessa, conforme a parte final do preceito. Cfr. ainda os artigos 960º, nº 2 e 2293º, nº 2.

Na alínea *c)* do mesmo artigo 1733º são mencionados como bens próprios o usufruto, o uso ou habitação, e demais direitos estritamente pessoais.

Como resulta da própria disposição em apreço, trata-se de bens de caráter estritamente pessoal. Além dos concretamente referidos, têm igualmente caráter pessoal, entre outros, o direito de autor e os direitos de crédito constituídos *intuitu personae.*

Seguem-se – alínea *d)* do artigo 1733º – as indemnizações devidas por factos verificados contra a pessoa de cada um dos cônjuges ou contra os seus bens próprios.

É igualmente o caráter pessoal que justifica que se considerem incomunicáveis estas prestações, sendo indiferente que as indemnizações se destinem a ressarcir danos patrimoniais ou não patrimoniais.

O mesmo se poderá dizer no que toca à alínea *e)* também do artigo 1733º, que faz referência aos seguros vencidos em favor da pessoa de cada um dos cônjuges ou para cobertura de riscos sofridos por bens próprios.

É ainda o caso da alínea *f)* ainda do artigo 1733º que determina a incomunicabilidade no que concerne aos vestidos, roupas e outros objetos de uso pessoal e exclusivo de cada um dos cônjuges, bem como os seus diplomas e a sua correspondência.

Trata-se de bens com afetação puramente individual, sendo, pois, razoável que sejam excetuados da comunhão.

A alínea *g)* do mesmo artigo 1733º refere as recordações de família de diminuto valor económico. Estão em causa bens com valor sentimental de um dos cônjuges e com exíguo valor económico.

Por fim, a alínea *h)* também do artigo 733º (aditada pela Lei nº 8/2017, de 3 de Março) estabelece como excetuados da comunhão geral de bens os animais de companhia que cada um dos cônjuges tiver ao tempo da celebração do casamento.

Nada obsta a que os cônjuges, com fundamento na liberdade de convenção proclamada no artigo 1698º, possam ampliar a enumeraçao de bens incomunicáveis prevista no artigo 1733º, sem perder de vista o regime de comunhão de bens que está na origem das suas relações patrimoniais.

53. Regime de separação

Ao contrário do regime da comunhão geral, no regime de separação existe uma completa autonomia dos bens de cada um dos cônjuges, quer dos que levou para o casamento, quer dos que adquiriu posteriormente. Existe igualmente completa liberdade de disposição dos bens, não tendo qualquer dos cônjuges necessidade de obter, para o efeito, o consentimento do outro.

É o que dispõe o artigo 1735º, nos termos seguintes: se o regime de bens imposto por lei ou adotado pelos esposados for o da separação, cada um deles conserva o domínio e fruição de todos os seus bens presentes e futuros, podendo dispor deles livremente.

O regime de separação vigora em três situações: quando *foi convencionado* pelos nubentes, ao abrigo da liberdade de convenção prevista no artigo 1698º; quando o regime de separação *é imposto por lei*, nos termos do artigo 1720º; quando, a requerimento de qualquer dos cônjuges, *foi decretada a simples separação judicial de bens*, com fundamento na má administração do outro e no risco que a mesma representa para o seu património – artigos 1767º e 1770º.

A autonomia das relações patrimoniais entre os cônjuges sofre, porém, algumas limitações, em função da cooperação que deve existir no domínio da sociedade familiar. É o que acontece nos casos seguintes: com *o dever de contribuir para os encargos da vida familiar* – artigo 1676º; com as *providências administrativas* que um deles pode tomar relativamente aos bens do outro – artigo 1679º; com o direito de *apanágio conferido ao cônjuge sobrevivo* – artigo 2018º; com o direito de *sucessão como herdeiro legítimo* – artigos 2133º e seguintes e como *herdeiro legitimário* – artigos 2157º e seguintes; com os limites impostos no que respeita à *casa de morada da família* – artigos 1682º-A, nº 2 e 1682º-B.

No regime de separação, não há bens comuns, mas é lícito aos esposados terem bens em *regime de compropriedade* – artigo 1736º. São bens dos quais ambos os cônjuges são comproprietários. A quota de cada um nesses bens integra o seu património.

Dos bens em compropriedade, podem os cônjuges requerer a divisão a todo o tempo, em ação de divisão de coisa comum, prevista nos artigos 925º e seguintes do Código de Processo Civil.

Na convenção antenupcial, é permitido aos nubentes estipular cláusulas de presunção sobre a propriedade dos móveis, com eficácia extensiva a terceiros, mas sem prejuízo da prova em contrário – cfr. artigo 1736º, nº 1.

Esta faculdade diz respeito apenas aos *bens móveis*, pois algumas vezes será difícil saber por quem foram adquiridos ou com que meios foi efetuada essa aquisição. Quanto à propriedade dos imóveis essa dúvida não se verificará, porque resulta do título de aquisição.

Assim, para determinar a qual dos cônjuges pertencem os móveis, o preceito confere aos esposados a possibilidade de, na convenção antenupcial, fixarem cláusulas de presunção da respetiva propriedade. Estas cláusulas não prejudicam terceiros, visto que têm de constar da convenção antenupcial, a qual está sujeita a registo, como sabemos.

As cláusulas de presunção podem referir-se ao local onde se encontram os bens móveis, à data em que foram adquiridos, a determinadas peças, etc.

Ao permitir a *prova em contrário*, significa que não basta a contraprova, ou seja, a atividade da parte capaz de lançar no espírito do julgador a dúvida sobre o facto. O preceito exige expressamente a prova em contrário.

Quando haja dúvidas sobre a propriedade exclusiva de um dos cônjuges, os bens móveis ter-se-ão como pertencentes em compropriedade a ambos os cônjuges – artigo 1736º, nº 2.

Como se verifica, o legislador não se limitou a admitir cláusulas de presunção convencionadas pelos esposados, mas também estipulou no nº 2 uma *cláusula legal*, segundo a qual, em caso de dúvida acerca da titularidade dos bens móveis, consideram-se pertencentes em compropriedade a ambos os cônjuges.

Enveredou, assim, por uma solução paralela à que foi consagrada pelo artigo 1725º, no domínio do regime de comunhão de adquiridos. Em caso de dúvida sobre a comunicabilidade dos bens móveis, estes consideram-se comuns.

No regime de separação, em caso de dúvida, os bens móveis não podem considerar-se comuns, visto que não há comunhão de bens. Por isso, se consideram como pertencentes em compropriedade a ambos os cônjuges.

Como já foi oportunamente referido, quando o regime é o da separação de bens, convencional ou imperativo, a convenção antenupcial pode conter a renúncia recíproca à condição de herdeiro legitimário do outro cônjuge – artigo 1700º, nº 1, alínea *c)* e nº 3.

54. Doações entre casados

A) Sua admissibilidade

As doações entre os cônjuges só podem ser admitidas com algumas restrições. Desde logo, as razões que fundamentam tais restrições são as mesmas que estão na base do princípio da imutabilidade das convenções antenupciais. Receia-se que a convivência diária entre os cônjuges possa gerar algum ascendente de um sobre o outro e ser a causa da prática de tais liberalidades. Por outro lado, há necessidade de acautelar os interesses de terceiros, nomeadamente dos credores.

"Os romanos justificavam a proibição com o argumento de que o amor podia ser causa de espoliações, e não devia a doação ser o preço de paz doméstica, sendo o cônjuge mais generoso despojado pelo mais egoísta e avaro".[21]

Entre nós, já eram admitidas pelas Ordenações Filipinas.

Nos termos do artigo 1761º, as doações entre casados regem-se pelas disposições desta secção e, subsidiariamente, pelas regras dos artigos 940º a 979º.

Porém, é nula a doação entre casados, se vigorar imperativamente entre os cônjuges o regime de separação de bens – artigo 1762º.

O regime de separação de bens vigora, por força da lei, nos casos a que se refere o artigo 1720º. Trata-se de casos em que os casamentos são celebrados em circunstâncias que fundamentam o receio de certos abusos, por parte de um dos cônjuges, que possam levar à prática de excessivas liberalidades.

Nada obsta, no entanto, a que os nubentes façam entre si doações – artigo 1720º, nº 2. São, portanto, possíveis as doações entre os futuros cônjuges.

Tendo em vista superar os receios que as doações entre casados podem motivar, o legislador determinou a sua livre revogabilidade, a todo o tempo, por parte do doador, não lhe sendo lícito renunciar a tal direito – cfr. artigo 1765º.

O doador tem, portanto, a faculdade de, em qualquer momento e sem qualquer justificação, revogar a liberalidade.

B) Requisitos de forma

Conforme determina o artigo 1763º, nº 1, a doação de coisas móveis, ainda que acompanhada da tradição da coisa, deve constar de documento escrito.

Trata-se de um regime excecional para a doação, entre casados, de coisas móveis, que difere não só do princípio geral da liberdade de forma proclamado no artigo 219º, mas também do regime prescrito no artigo 947º, nº 2, para a doação de coisas móveis, quando acompanhada da tradição da coisa doada.

A entrega pelo doador ao donatário da coisa móvel, ou seja, a tradição da coisa doada, constitui um dado objetivo que, na falta de documento escrito,

[21] Cunha Gonçalves, ob. cit,, vol. VI, pág. 752.

facilita a prova e a publicidade do ato. Por isso, nos termos do artigo 947º, nº 2, a tradição da coisa doada é quanto basta, na generalidade dos casos, para efetivar a doação de coisas móveis.

Diferentemente, no caso de doações de móveis entre casados, a lei não se contenta com a respetiva tradição, porque o doador e o donatário vivem debaixo do mesmo teto, pelo que a transmissão da coisa não envolve publicidade. Além disso, os móveis, ainda que sejam próprios de um dos cônjuges, são possuídos igualmente por ambos no lar conjugal.

Por tudo isto, a lei exige que a *doação de coisas móveis* quando realizada entre casados seja feita através de documento escrito.

Os cônjuges não podem fazer doações recíprocas no mesmo ato – artigo 1763º, nº 2.

Procura-se, deste modo, defender a liberdade e a espontaneidade do doador, evitando a influência que um dos cônjuges possa exercer sobre o outro. Pensa-se que haverá um maior constrangimento quanto à revogação, no caso de as liberalidades recíprocas constarem do mesmo documento.

As razões que impedem que as doações recíprocas entre casados sejam feitas no mesmo documento são as mesmas que proíbem o testamento de mão comum previsto no artigo 2181º. Entende-se, como já se disse, que a grande maioria das liberalidades entre casados é o resultado de alguma pressão que um exerceu sobre o outro.

O mesmo artigo 1763º, no seu nº 3, considera que o regime não é aplicável às reservas de usufruto nem às rendas vitalícias a favor do sobrevivente, estipuladas, umas e outras, em doação dos cônjuges a terceiro.

O exemplo mais comum é aquele em que os progenitores fazem a doação de determinados bens aos filhos, reservando para si o usufruto desses mesmos bens até à morte do último doador. É igualmente o caso da reserva do usufruto, envolvendo bens doados por cada um dos cônjuges ao outro, no mesmo documento, sendo o usufruto dos bens doados para o caso de sobrevivência do donatário.

C) Objeto da doação

Só podem ser doados bens próprios do doador – artigo 1764º, nº 1.

Procura-se, deste modo, manter a imutabilidade das convenções antenupciais, proibindo que bens comuns passem à categoria de bens próprios, da mesma maneira que o nº 2 do mesmo preceito proíbe que bens próprios passem á categoria de bens comuns.

Nos termos do artigo 942º, nº 1, a doação não pode abranger bens futuros.

São coisas futuras as que não estão em poder do disponente, ou a que este não tem direito, ao tempo da declaração negocial – artigo 211º.

Mandando o artigo 1761º aplicar às doações entre casados as disposições dos artigos 940º a 979º, podemos dizer que as doações entre cônjuges só podem ter por objeto bens presentes.

Os cônjuges podem fazer doações um ao outro por ato entre vivos ou *mortis causa*. Porém, neste último caso, a doação que houver de produzir os seus efeitos por morte do doador, é havida como disposição testamentária, se tiverem sido observadas as formalidades dos testamentos – cfr. artigo 946º, nº 2.

Trata-se da conversão da doação em testamento, por aplicação da regra geral prevista no artigo 293º.

D) *Efeitos da doação*

Como já tivemos ocasião de referir, o artigo 1765º, nº 1, determina que as doações entre casados podem a todo o tempo ser revogadas pelo doador, sem que lhe seja lícito renunciar a este direito.

O doador não tem de invocar qualquer justificação para o ato da revogação (revogação *ad nutum*), tendo assim ao seu dispor um meio de pôr termo à doação que não deseja, nos casos em que considera ter sido vítima de pressão de que acabou por se libertar.

Conforme dispõe o nº 2 do mesmo artigo 1765º, a faculdade de revogação não se transmite aos herdeiros do doador.

Quer dizer, falecido o doador, o direito de revogação não se transmite aos seus herdeiros. Na verdade, o direito de revogação é estritamente pessoal. Só o doador tem a faculdade de revogar a liberalidade que tinha como destinatário o cônjuge a quem estava ligado pelos laços do matrimónio.

Porém, as doações podem ser revogadas ou reduzidas por inoficiosidade.

Os efeitos da revogação são, em princípio, os indicados nos artigos 978º e 979º, *ex vi* artigo 1761º.

As doações entre cônjuges, embora produzam imediatamente os seus efeitos, ficam dependentes da condição resolutiva legal, a qual, ao verificar-se, opera retroativamente. É, portanto, precária, a situação do cônjuge donatário. Revogada a doação, os bens doados revertem para o doador livres de quaisquer encargos que o donatário sobre eles tenha constituído.

E) Caducidade da doação

O artigo 1766º enumera os casos em que a doação entre casados caduca:

a) Falecendo o donatário antes do doador, salvo se este confirmar a doação nos três meses subsequentes à morte daquele.

As doações em geral e, portanto, também as doações entre casados são exemplo de negócios concebidos *intuitu personae*. Tendo falecido o donatário antes do doador, a doação caduca, por consideração pela vontade presumida deste ao fazer a doação.

Porém, se o doador, apesar da morte do donatário, quiser manter a doação, agora em benefício dos herdeiros do falecido, poderá fazê-lo confirmando a doação dentro dos três meses posterior ao falecimento.

Por força do disposto no nº 2 do mesmo artigo, para a validade da confirmação exige-se que a declaração a confirmar a doação revista a mesma forma desta, ou seja, a escritura pública, no caso de se tratar de doação de imóvel e documento escrito no caso de doação de móveis, ainda que tenha havido tradição dos mesmos.

A confirmação não altera o regime da revogação.

b) A doação entre casados também caduca se o casamento vier a ser declarado nulo ou anulado, sem prejuízo do disposto em matéria de casamento putativo.

Na verdade, a doação foi feita ao cônjuge. Se o casamento foi declarado nulo (casamento católico) ou foi anulado (casamento civil) desaparece o pressuposto que está subjacente à liberalidade. A doação caduca, tal como acontece na situação paralela da doação para casamento, prevista no artigo 1760º, nº 1, alínea *a)*.

No entanto, em qualquer das situações, a lei ressalva o disposto em matéria de casamento putativo.

Significa isto que, por força do disposto no artigo 1647º, devemos distinguir as situações em que houve boa fé daquelas em que houve má fé da parte dos cônjuges ou de algum deles. Se ambos os cônjuges estavam de boa fé, quando celebraram o casamento, os efeitos da doação devem manter-se. Será idêntica a solução no caso de o cônjuge donatário ter agido de boa fé. Porém, se o cônjuge donatário contraiu o casamento de má fé, a doação não produz quaisquer efeitos.

Mesmo quando a doação mantém os efeitos produzidos em relação ao cônjuge donatário que atuou de boa fé, o doador conserva ainda o direito de revogar a liberalidade.

Por último, nos termo da alínea *c)* do mesmo artigo 1766º, a doação entre casados caduca ocorrendo divórcio ou separação judicial de pessoas e bens por culpa do donatário, se este for considerado único ou principal culpado.

Também esta é uma situação paralela à que está prevista no artigo 1760º, nº 1, alínea *b)* para a caducidade das doações para casamento.

55. Vendas entre cônjuges

Resulta do disposto no nº 2 do artigo 1714º, que se consideram abrangidos pelo princípio da imutabilidade das convenções antenupciais os contratos de compra e venda entre os cônjuges.

Se a venda de bens de um dos cônjuges ao outro fosse considerada válida, constituiria uma forma de operar verdadeiras doações e, por esta via, iludir o princípio da livre revogabilidade das doações entre casados. Sendo difícil provar a simulação, tornar-se-ia o modo de um dos cônjuges se locupletar à custa do outro. Poderia tornar-se em uma verdadeira doação disfarçada de venda e, como tal, irrevogável. A proibição visa evitar atos que denunciem abuso de um dos cônjuges sobre o outro, devido ao ascendente que sobre ele conquistou.

Como se sabe, o princípio da imutabilidade das convenções antenupciais determina que os cônjuges não podem alterar o seu estatuto patrimonial, depois da celebração do casamento. Sendo assim, não podem entrar na comunhão bens próprios de um dos cônjuges, do mesmo modo que não podem bens comuns passar para a propriedade exclusiva de um dos cônjuges. De igual modo, não podem ainda os bens de um dos cônjuges ser transmitidos para o outro, quer onerosa quer gratuitamente.

O preceito abre uma exceção, na parte final, para o caso de os cônjuges se encontrarem separados judicialmente de pessoas e bens.

A cessação das relações de convívio entre os cônjuges, faz desaparecer as razões de suspeição que estão na base da proibição legal. Estando os cônjuges separados de pessoas e bens não se justifica a proibição da venda entre eles.

Nos termos do nº 3 do mesmo artigo 1714º, é lícita a dação em cumprimento feita pelo cônjuge devedor ao seu consorte.

Agora não se trata de uma venda, mas de uma dívida que o cônjuge quer solver por meio da dação em cumprimento. Neste caso, existirá um certo equilíbrio de valores entre a prestação de um e a do outro.

Aliás, as dívidas entre os cônjuges não prescrevem. Conforme dispõe o artigo 318º, alínea *a)*, a prescrição não começa nem corre entre os cônjuges, ainda que separados judicialmente de pessoas e bens.

Não podendo a prescrição começar ou correr entre casados, significa que qualquer dos cônjuges não se sente compelido a propor contra o outro uma ação de dívida para evitar perder o seu direito. É uma forma de proteger a relação conjugal, pois a ação poderia ter efeitos nocivos para a mesma.

CAPÍTULO XII
Modificação da relação matrimonial restrita aos bens

56. Simples separação de bens

A) Noção de separação de bens

O Decreto nº 1, de 25 de Dezembro de 1910, começava por definir o casamento como sendo um contrato celebrado entre duas pessoas de sexo diferente, com o fim de constituírem legitimamente a família. E logo no artigo 2º determinava que este contrato *presume-se perpétuo*, sem prejuízo da sua dissolução por divórcio.

O Código Civil atual, ao fornecer-nos, no seu artigo 1577º, a noção de casamento, não alude a qualquer presunção de perpetuidade. No entanto, o casamento não pode ser celebrado por um período de tempo limitado. Quando os nubentes estabelecem uma comunhão de vida, em princípio, fazem-no para sempre, ou seja, "até que a morte os separe".

A relação matrimonial está, porém, sujeita a diversas vicissitudes ao longo da sua existência e pode mesmo extinguir-se pelo divórcio.

As crises a que a relação matrimonial está sujeita, podem conduzir à *separação de bens*, à *separação de pessoas e bens* e até culminar em *divórcio*, se quisermos referi-las de forma gradativa, em conformidade com a deterioração que provocam na vida conjugal.

A separação de bens caracteriza-se, como resulta da própria expressão, por ser uma separação restrita unicamente aos bens, deixando intocados os deveres pessoais dos cônjuges. Assim, os cônjuges continuam reciprocamente vinculados pelos deveres previstos no artigo 1672º.

A modificação incide apenas sobre o regime de bens, que passa a ser o de separação.

Já o artigo 1203º do Código Civil de 1867 dispunha que a sociedade conjugal podia ser *interrompida*, ou pelo que toca às pessoas e aos bens dos cônjuges, ou só pelo que toca aos bens. E o artigo 1219º do mesmo Código permitia que a mulher casada, quer sem comunhão de bens, quer com ela, que se achasse em perigo manifesto de perder, o que era seu, pela má administração do marido, requeresse separação de bens.

Na verdade, os excessivos poderes que eram conferidos ao marido, como administrador dos bens do casal, e a demasiada liberdade de contrair dívidas, exigiam uma forte medida de proteção dos direitos da mulher. Foi assim adotada a separação de bens, que era um direito pessoal da mulher.[22]

Devido à atual igualdade jurídica dos cônjuges, por imperativo constitucional, o marido deixou de ser o chefe da família e o administrador dos bens. Por isso, atualmente qualquer dos cônjuges pode requerer a separação de bens.

Como vimos acima, o Código Civil anterior referia-se à possibilidade de a sociedade conjugal ser *interrompida*. A expressão, nada feliz, foi alvo de merecidas críticas por parte da doutrina de então. Na verdade, a simples separação de bens não produz o efeito de interromper a sociedade conjugal, visto que não atinge os deveres pessoais dos cônjuges. Tudo não passa de uma simples separação de bens.

B) Pressupostos da separação de bens

Nos termos do artigo 1767º, qualquer dos cônjuges pode requerer a simples separação de bens quando estiver em perigo de perder o que é seu pela má administração do outro cônjuge.

Trata-se de uma providência muito antiga, criada pelo direito romano, que o Código Civil anterior perfilhou, com a finalidade de proteger os direitos da mulher, quando a administração dos bens cabia ao marido, como referimos.

Atualmente, cabendo a administração dos bens a um e ao outro cônjuge, qualquer deles pode requerer a separação de bens, com fundamento em má administração do seu consorte.

Não se trata de uma sanção contra o cônjuge administrador, mas antes de um meio de defesa dos interesses patrimoniais do cônjuge não administrador colocados em perigo pela ruinosa administração daquele.

[22] Cfr. Cunha Gonçalves, ob. cit., vol. VII, páginas 187 e seguinte.

A lei exige, em primeiro lugar, que o requerente esteja em perigo de perder o que é seu. O perigo deve resultar de factos concretos que façam recear a perda de bens pertencentes ao cônjuge requerente. Não basta um ou outro ato isolado, mas uma gestão "sistematicamente mal conduzida", que tenha grandes probabilidades de causar prejuízo. A má administração traduz-se, na generalidade dos casos, em atos que denunciam prodigalidade ou impreparação.

O perigo tem, portanto, de provir da má administração e não de outra qualquer causa.

É indiferente que o administrador tenha atuado com a mesma diligência e capacidade que põe na administração dos próprios bens. Para o êxito da requerida separação de bens, o que importa averiguar é se a administração é realmente perniciosa, sem ter de esperar que o requerente perca todos os bens. Aliás, se chegar a este ponto já não se justifica a pretensão do requerente. Tendo a separação de bens uma função essencialmente preventiva, deve ser requerida e decretada enquanto tiver utilidade, o que só acontecerá enquanto o cônjuge administrador não tiver esbanjado todo o património por administração ruinosa.

C) Caráter litigioso da separação

Por determinação do artigo 1768º, a separação só pode ser decretada em ação intentada por um dos cônjuges contra o outro.

Trata-se de uma ação constitutiva, com o fim de autorizar uma mudança na ordem jurídica existente, segundo a classificação constante do artigo 10º, nº 2 e nº 3, alínea *c)* do Código de Processo Civil.

Nas ações constitutivas, o autor pretende obter, através do tribunal, um efeito jurídico novo que vai alterar a esfera jurídica do réu, independentemente da sua vontade.

Qualquer alteração da relação matrimonial só pode ser decretada pela via judicial. Tanto a simples separação de bens como a separação de pessoas e bens só podem ser alcançadas pela via judicial. A separação de pessoas e bens pode, porém, ser litigiosa ou por mútuo consentimento. A simples separação de bens só pode ser litigiosa, não podendo obter-se por mútuo consentimento. Quer dizer, mesmo que os cônjuges estejam de acordo em reconhecer que é má a administração de um deles e que a mesma põe em risco o património do outro, terá sempre o interessado de propor a ação em que requer a separação de bens. Em suma, todas as formas de modificação ou extinção da relação matrimonial (a não ser que a extinção tenha como causa a morte, como é evidente) têm necessariamente de ser alcançadas por via judicial.

Como facilmente se compreende, no caso da separação de bens, que é o que ora nos interessa, se pudesse obter-se por consenso entre os cônjuges, estaria aberta a porta à possibilidade de conluio com vista a defraudar as expetativas dos credores. A exigência imposta ao lesado de recorrer ao tribunal, empresta ao processo um mínimo de seriedade.

Apesar da exigência do processo judicial e ainda que sejam verdadeiros os fundamentos invocados pelos interessados, não fica completamente afastada a possibilidade de, através da partilha dos bens comuns, procederem à composição ardilosa e concertada dos quinhões, com vista a prejudicar terceiros.

D) Legitimidade para a propositura da ação

Só tem legitimidade para a ação de separação o cônjuge lesado ou o seu acompanhante, quando dotado de poderes de representação e mediante autorização judicial – artigo 1769º, nº 1.

A ação é proposta contra o cônjuge administrador pelo cônjuge não administrador. Se este estiver impossibilitado por razões de saúde, deficiência, ou pelo seu comportamento, de exercer, plena, pessoal e conscientemente, os seus direitos ou de, nos mesmos termos, cumprir os seus deveres, beneficia de medidas de acompanhamento. O acompanhamento do maior visa assegurar o seu bem-estar, a sua recuperação, o pleno exercício de todos os seus direitos e o cumprimento dos seus deveres, salvo as exceções legais ou determinadas por sentença – cfr. artigos 138º e seguintes.

O acompanhante é escolhido pelo acompanhado ou pelo seu representante legal, podendo ser designado judicialmente de entre as pessoas referidas no artigo 143º.

Por força do disposto no nº 2 do mencionado artigo 1769º, se o acompanhante do cônjuge lesado for o outro cônjuge, a ação só pode ser intentada, em nome daquele, por algum parente na linha reta ou até ao terceiro grau da linha colateral ou pelo Ministério Público.

Discutia-se, na vigência do Código Civil de 1867, se, no caso de a mulher falecer no decurso da causa, podiam os seus herdeiros prosseguir nesta.

Depois, no anteprojeto do Código Civil atual, previa-se que, em caso de falecimento de uma das partes, a ação pudesse prosseguir pelos herdeiros do autor ou contra os herdeiros do réu.

Se o projeto tivesse vingado e fosse aprovada a disposição legal correspondente, seria paralela à que vigora quanto à legitimidade para o prosseguimento da ação de divórcio – no caso de um dos cônjuges falecer na pendência da ação – para efeitos patrimoniais, prevista no artigo 1785º, nº 3.

Não tendo sido acolhido o projeto da referida disposição e, portanto, no silêncio da lei a tal respeito, temos de concluir que, no caso de falecer qualquer dos cônjuges na pendência da ação proposta para a separação de bens, a ação não pode prosseguir.

Aliás, a esta mesma conclusão nos conduz a interpretação do disposto no artigo 1770º, nº 1. O falecimento de um dos cônjuges torna a ação absolutamente inútil.

E) Efeitos da separação de bens

Os efeitos da separação de bens constam do artigo 1770º. Nos termos do nº 1 deste preceito, após o trânsito em julgado da sentença que decretar a separação judicial de bens, o regime matrimonial, sem prejuízo do disposto em matéria de registo, passa a ser o da separação, procedendo-se à partilha do património comum como se o casamento tivesse sido dissolvido.

Como se verifica, o efeito imediato do êxito da ação de separação de bens traduz-se na conversão do regime de bens, o qual passa a ser o da separação.

O princípio da imutabilidade das convenções antenupciais está sujeito a algumas exceções previstas no artigo 1715º. No seu nº 1, alínea *b)*, são admitidas alterações ao regime de bens pela simples separação judicial de bens.

Após o trânsito em julgado da sentença que decretar a separação de bens, cada um dos cônjuges fica com a administração e livre disposição dos seus bens. Deixa, portanto, de haver bens comuns e cada um dos cônjuges passa a administrar o seu património com a liberdade de movimentos própria do regime de separação de bens.

Antes, porém, há necessidade de proceder à partilha dos bens. A este respeito determina o nº 2 do mesmo artigo 1770º que, havendo acordo dos interessados, a partilha prevista no número anterior pode ser feita nos cartórios notariais, e, em qualquer outro caso, por meio de inventário nos termos previstos em lei especial.

A partilha faz-se como se o casamento tivesse sido dissolvido – artigo 1689º.

O nº 1 do artigo 1770º contém uma ressalva relativa ao disposto em matéria de registo. Por sua vez, o nº 2 do artigo 1715º determina que às alterações da convenção antenupcial ou do regime legal de bens previstas no número anterior é aplicável o disposto no artigo 1711º.

O nº 1 deste último preceito determina que as convenções antenupciais só produzem efeitos em relação a terceiros depois de registadas.

Assim, para que produzam os seus efeitos em relação a terceiros, as alterações necessitam de ser registadas. Esta exigência destina-se a salvaguardar os legítimos interesses de terceiros que celebrem contratos com qualquer dos cônjuges.

A separação de bens deve ser averbada ao assento de casamento como o impõe o artigo 70º, nº 1, alínea *f)* do Código do Registo Civil.

Com essa finalidade, o tribunal deve comunicar a qualquer conservatória do registo civil, sempre que possível por via eletrónica, as decisões proferidas em ações respeitantes a factos sujeitos a registo que devam ser averbados. A comunicação deve ser enviada no prazo de um dia após o trânsito em julgado da decisão – artigo 78º, nºs 1 e 2 deste mesmo diploma.

F) Irrevogabilidade da separação

Nos termos do disposto no artigo 1771º, a simples separação judicial de bens é irrevogável.

Não era assim na vigência do Código Civil de 1867 que, no seu artigo 1229º, determinava que os efeitos da separação podiam ser anulados por convenção entre os cônjuges, contanto que fosse celebrada por escritura ou ato público.

Em consequência dessa anulação dos efeitos, voltavam os cônjuges ao regime anterior como se a separação nunca tivesse existido.

Agora não é admitida a "reconciliação" como causa de extinção do regime de separação, não sendo admitida igualmente a sua revogação a requerimento de um ou de ambos os cônjuges.

Compreende-se que na separação judicial de pessoas e bens seja admitida a reconciliação, nos termos do disposto no artigo 1795º-C, porque a separação afeta a relação conjugal. Por isso, o legislador não podia desperdiçar a oportunidade de tentar a reconciliação, ou seja, de tentar manter a relação matrimonial, depois de ultrapassada a situação de crise, quando é essa a vontade de ambos os cônjuges.

Não existe uma disposição semelhante para a simples separação de bens, porque não existe paralelismo entre as duas modificações matrimoniais. Na simples separação de bens, os cônjuges não partem necessariamente de uma situação em que as suas relações pessoais se encontrem afetadas. Apenas o seu património, que não as suas pessoas, está em crise. Por isso, não é correto falar-se em restabelecimento da sociedade conjugal, como se fazia na vigência do Código Civil anterior.

A separação de bens resultante da decisão judicial passa a ser o novo regime, como se tivesse sido convencionado antes do casamento. E, a partir de então, fica igualmente sujeito à regra da imutabilidade a que estão sujeitas as convenções antenupciais.

G) Separação de bens com outros fundamentos

O artigo 1772º torna extensivos a todos os casos de separação de bens na vigência da sociedade conjugal, o disposto quanto à partilha do património comum e quanto à irrevogabilidade da separação.

Regem-se, portanto, pelos mesmos princípios os outros casos de separação de bens durante a existência da sociedade conjugal.

A separação de bens a que até agora nos temos vindo a referir tem o seu fundamento numa causa inerente à própria sociedade conjugal, que se traduz na má administração dos bens por parte de um dos cônjuges, por forma a pôr em perigo o património do outro. A esta chamam alguns autores separação *autónoma*.

A separação *não autónoma* é uma consequência indireta de um procedimento judicial que, embora tendo em vista uma outra finalidade, acaba por determinar igualmente a separação de bens. Resulta duma causa exterior à sociedade conjugal.

Enfim, a separação de bens pode também ter origem em outras circunstâncias especialmente referidas na alínea *d)* do nº 1 do artigo 1715º. Trata-se de providências geralmente designadas acessórias ou marginais.

Neste grupo podemos incluir a separação de bens resultante de ação executiva proposta contra o cônjuge devedor, nos casos em que pelas dívidas da sua exclusiva responsabilidade responde, subsidiariamente, a sua meação nos bens comuns, conforme o disposto no artigo 1696º.

Nos termos do disposto no artigo 740º, nº 1, do Código de Processo Civil, quando, em execução movida contra um só dos cônjuges, forem penhorados bens comuns do casal, por não se conhecerem bens suficientes próprios do executado, é o cônjuge do executado citado para, no prazo de 20 dias, requerer a separação de bens ou juntar certidão comprovativa da pendência de ação em que a separação já tenha sido requerida, sob pena de a execução prosseguir sobre os bens comuns.

A separação de bens obtida por esta via tem subjacente uma ação executiva. Significa que a sua origem é, portanto, exterior à sociedade conjugal, não se desenvolvendo no seu próprio seio.

CAPÍTULO XIII
Extinção da relação matrimonial

57. Razão da alteração da sequência

Depois de nos termos ocupado da simples separação de bens, seria de esperar que, percorrendo a gradativa erosão que as crises matrimoniais podem provocar, passássemos agora a focar a separação judicial de pessoas e bens. Seria partir da simples separação de bens, que apenas atingiu as relações de caráter patrimonial, para a separação de pessoas e bens, que já revela uma modificação muito mais extensa e profunda, atingindo a própria relação pessoal dos cônjuges.

Na verdade, de permeio entre a simples separação de bens e a extinção da relação matrimonial resultante do divórcio, fica a separação de pessoas e bens, que denota já um relaxamento no vínculo conjugal, visto que significa a suspensão da vida em comum e reduz de maneira drástica as relações de caráter pessoal e patrimonial. Embora não dissolva completamente o vínculo matrimonial, produz a cessação de alguns dos deveres conjugais. Não constitui, porém, a dissolução dos laços matrimoniais e, por isso, os cônjuges continuam casados.

O divórcio, que constitui a extinção da relação matrimonial, vibra um golpe mais profundo, pondo fim à generalidade dos deveres a que os cônjuges se encontravam reciprocamente vinculados.

Enfim, era inicialmente nosso propósito seguir as possíveis fases sucessivas do processo de rompimento da vida conjugal. Depois da separação de bens, seguir-se-ia a separação de pessoas e bens e, por fim, a dissolução do casamento pelo divórcio.

No entanto, a prioridade sistemática dada ao divórcio pelo Código Civil, que põe em primeiro plano o divórcio e só depois a separação de pessoas e bens por remissão para as normas que dizem respeito ao divórcio, obriga-nos a seguir a mesma ordem.

Em suma, como facilmente se intui, só depois de conhecer as normas que tratam do divórcio, se poderá compreender melhor as que dizem respeito à separação de pessoas e bens.

58. Causas de extinção do casamento

O casamento é tendencialmente perpétuo. Os nubentes não podem acordar na celebração de um casamento a prazo ou sob condição. O artigo 2º do Decreto nº 1 de 25 de Dezembro de 1910 dizia expressamente que o casamento se presumia perpétuo.

Apesar dessa vocação, a relação matrimonial está sujeita, ao longo da sua existência, a várias vicissitudes. É permeável a crises que podem afetar a sua consistência e poderão dar lugar a modificações da relação ou levar mesmo à sua extinção. A extinção significa que se quebrou o vínculo que unia os cônjuges.

Quando a relação matrimonial cessa por causa de um vício originário da celebração do casamento, a extinção ficará a dever-se à *nulidade* ou *anulação* do casamento. É o que acontece quando o casamento foi celebrado, apesar de algum impedimento dirimente, ou contra a vontade de algum dos nubentes.

Nestes casos, a declaração de nulidade ou a anulação tem efeitos retroativos. Tudo se passa como se o casamento não se tivesse realizado, ressalvados os limites impostos no caso do casamento putativo.

Quando a dissolução se verifica posteriormente à celebração do casamento, a causa pode ser a *morte* de um ou de ambos os cônjuges, simultaneamente.

Com a morte de um dos cônjuges cessam imediatamente as relações pessoais e patrimoniais, sem prejuízo de alguns direitos e deveres que perduram. É o caso dos apelidos. Nos termos do artigo 1677º-A, o cônjuge que tenha acrescentado ao seu nome apelidos do outro conserva-os em caso de viuvez.

A morte de um dos cônjuges pode até fazer surgir um novo direito do cônjuge supérstite. O artigo 2018º, sob a epígrafe apanágio do cônjuge sobrevivo, determina no seu nº 1 que, falecendo um dos cônjuges, o viúvo tem direito a ser alimentado pelos rendimentos dos bens deixados pelo falecido.

O apanágio do cônjuge sobrevivo não é afetado pela renúncia recíproca à condição de herdeiro legitimário do outro cônjuge prevista no artigo 1700º, nº 1, alínea *c)*. A renúncia apenas afeta a posição sucessória do cônjuge, não prejudicando designadamente o direito a alimentos do cônjuge sobrevivo, previsto no artigo 2018º, nem as prestações sociais por morte – artigo1707º-A, nº 2.

O cônjuge sobrevivo tem ainda legitimidade para requerer as providências adequadas à tutela dos direitos de personalidade do cônjuge falecido – artigo 71º, nº 2.

Além disso, a relação de afinidade não cessa pela dissolução do casamento por morte – artigo 1585º *in fine*.

Nem só a morte constatada produz efeitos sobre o vínculo conjugal. Se for declarada a *morte presumida* produz os mesmos efeitos que a morte, mas não dissolve o casamento. Porém, o cônjuge do ausente casado civilmente pode contrair novo casamento e, se o ausente regressar, ou se houver notícia de que era vivo quando foram celebradas as novas núpcias, considera-se o primeiro matrimónio dissolvido por divórcio à data da declaração da morte presumida – cfr. artigos 114º a 116º.

O assento de óbito sem que o cadáver tenha sido encontrado produz os mesmos efeitos que a morte, por força das disposições conjugadas dos nºs 3 e 4 do artigo 207º do Código do Registo Civil.

Outra das causas da extinção da sociedade conjugal é o divórcio, previsto nos artigos 1773º e seguintes, a que iremos referir-nos de forma mais circunstanciada.

O divórcio dissolve o casamento e tem juridicamente os mesmos efeitos da dissolução por morte, salvas as exceções consagradas na lei – artigo 1788º.

59. Antecedentes históricos do divórcio

A dissolução do casamento pelo divórcio é conhecida desde a mais remota antiguidade e foi praticada por muitos povos, embora por vezes com discriminação entre homem e mulher.

Alguns povos, desde tempos muito recuados, admitem o repúdio de um dos cônjuges pelo outro. Trata-se, porém, de uma faculdade que o direito islâmico concede apenas ao marido. Só ele pode dissolver unilateralmente o seu casamento independentemente do consentimento ou até da oposição da mulher. Este instituto, reconhecido pelo Corão, é comumente praticado nos países árabes e dispensa a realização de um processo judicial, podendo o divórcio ser decretado por uma autoridade religiosa. O Corão recomenda, porém, um período de reflexão, antes de o repúdio se tornar definitivo, com vista a evitar uma atuação precipitada do marido.[23]

Os romanos usaram e abusaram do divórcio nas duas modalidades: por consentimento (*bona gratia*) e pela vontade de apenas um (*repudium*).

Entre os romanos entendia-se que o casamento só devia durar enquanto durasse a *affectio maritalis* que lhe serviu de fundamento. Quando esse sentimento se extinguisse, o casamento devia cessar pelo divórcio.

"Foi o Cristianismo que pôs o maior travão à licenciosidade e aos deboches romanos estabelecendo com firmeza a indissolubilidade do matrimónio, o que o próprio Cristo decretou dizendo: *não separe o homem o que Deus uniu*".[24]

Para combater os abusos, o cristianismo elevou o casamento à categoria de instituição divina, passando a ser considerado como sacramento.

A indissolubilidade do casamento foi mais tarde aceite pelos povos europeus durante vários séculos, até ao século XVII.

O movimento desencadeado, na primeira metade do século XVI, pela reforma protestante contra o caráter sacramental do casamento veio originar o restabelecimento do divórcio em diversos países cristãos da Europa, com fundamento no adultério e em outras causas. Mais tarde a Revolução Francesa, considerando o casamento como um contrato, perfilhou o divórcio.

Adotado pelo Código Civil francês de 1804, o divórcio irradiou para diversos países.

60. Evolução do regime jurídico do divórcio em Portugal

O Decreto de 3 de Novembro de 1910, conhecido pela "Lei do Divórcio", logo no seu artigo 1º determinava que o casamento dissolve-se: 1º Pela morte de um dos cônjuges; 2º Pelo divórcio.

Comparando as duas únicas formas de dissolução do casamento validamente celebrado, o divórcio era e é considerado o modo de produzir a sua rutura durante a vida de ambos os cônjuges.

[23] Cfr. Mariana Silva Dias, in Julgar nº 23, páginas 293 e segs.

[24] Cunha Gonçalves, ob. cit. Vol. VII, pág. 9.

A concessão do divórcio não se mostrava dependente de uma prévia separação de pessoas e bens, pelo que o podemos classificar de divórcio direto.

O regime sofreu uma modificação radical em 7 de Maio de 1940, pela celebração da Concordata entre a Santa Sé e o Estado Português, a qual veio abolir o divórcio quanto aos casamentos católicos contraídos depois do dia 1 de Agosto de 1940. Manteve-se o divórcio para os casamentos civis.

Para fundamentar esta alteração quanto aos casamentos católicos e a dualidade em relação aos casamentos civis, a Concordata partia da presunção de que os nubentes, ao optarem pelo casamento católico, renunciavam a requerer o divórcio. É óbvio que a renúncia era aceite pela lei civil.

Este regime dualista foi mantido pelo Código Civil de 1966, na sua primitiva versão. Além de ter mantido a proibição, restringiu a possibilidade de divórcio para os casamentos civis, eliminando o divórcio litigioso com fundamento em causas objetivas, e abolindo a modalidade de divórcio por mútuo consentimento.

Entretanto, na sequência do Protocolo Adicional à Concordata, assinado em 15 de Fevereiro de 1975, pelo Decreto-Lei nº 261/75, de 27 de Maio, foram revogados os artigos 1790º e 1794º do Código Civil, o que veio restabelecer a igualdade de condições para os casamentos civis e para os casamentos católicos, repondo a possibilidade de divórcio para estes últimos.

A reforma do Código Civil de 1966 veio conceder a igualdade de direitos e deveres dos cônjuges no casamento.

A lei voltou a admitir as duas modalidades de divórcio: por mútuo consentimento e litigioso. O divórcio litigioso podia ter por fundamento causas subjetivas (a violação grave ou reiterada de um ou de vários dos deveres conjugais) e causas objetivas (separação de facto). Podia um dos cônjuges ser considerado como único ou principal culpado, o que lhe traria consequências patrimoniais negativas no momento de efetivar a partilha, quanto às doações e quanto à obrigação de prestar alimentos.

Mais tarde, pela reforma operada em 1977, o regime jurídico do divórcio sofreu outras alterações.

Pelo Decreto nº 163/95, de 13 de Julho, aos Conservadores do Registo Civil veio a ser atribuída competência para, paralelamente aos tribunais, decretarem o divórcio e a separação de pessoas e bens por mútuo consentimento. Exigia-se, além dos demais requisitos de direito substantivo, que o casal requerente não tivesse filhos menores ou, no caso de os ter, que já estivesse judicialmente regulado o exercício do poder paternal.

Pela Lei nº 47/98, de 10 de Agosto, o divórcio por mútuo consentimento passou a poder ser requerido pelos cônjuges, a todo o tempo. Foi reduzido de 6 para 3 anos o prazo de tempo exigido para que a separação de facto pudesse constituir fundamento de divórcio litigioso.

Pelo Decreto-Lei nº 272/2001, de 13 de Outubro, foi atribuída aos Conservadores do Registo Civil a competência exclusiva para os processos de separação e divórcio por mútuo consentimento, com exceção dos casos que resultaram da conversão de divórcio litigioso. Deixou de ser exigida segunda conferência em todos os processos. Os divórcios por mútuo consentimento em que o casal tem filhos menores passaram a estar abrangidos também por esta reforma. Neste caso, os interesses dos filhos menores serão protegidos por regulação com a participação ativa do Ministério Público.

61. Características da nova lei do divórcio e seus efeitos

Ultimamente, a Lei nº 61/2008, de 31 de Outubro, veio introduzir profundas alterações no regime jurídico do divórcio.

Em "exposição de motivos" procura-se chamar a atenção para um conjunto de transformações operadas na sociedade portuguesa que "afetam diretamente a forma de encarar e viver o casamento e a família", salientando as que decorrem dos processos de *sentimentalização, individualização* e *secularização.* Considera-se que essas transformações tendem a aproximar os portugueses, nas suas "práticas e representações" da vida conjugal e familiar, dos demais países da Europa.

De entre as alterações introduzidas no regime jurídico do divórcio, são de salientar as que se referem ao divórcio litigioso. A primeira alteração diz respeito à própria *designação.* Em vez de divórcio litigioso, a lei designa-o de *"divórcio sem o consentimento de um dos cônjuges".* A eliminação do vocábulo litigioso faz despertar a nossa atenção para outra alteração, esta no que concerne à *eliminação da culpa* quanto ao fundamento do divórcio sem o consentimento do outro cônjuge.

Na mesma senda, a reforma veio alterar os pressupostos do divórcio, abolindo o divórcio fundado na *violação culposa* dos deveres conjugais, embora sem alterar o rol desses mesmos deveres previstos no artigo 1672º.

Foi *encurtado para um ano* o prazo para poder ser decretado o divórcio sem o consentimento do outro cônjuge, com fundamento em causas objetivas, sendo igual para todas as situações previstas no artigo 1781º.

Igual *prazo de um ano* prevê o artigo 1795º-D para requerer a conversão da separação judicial de pessoas e bens em divórcio.

Além das causas objetivas do divórcio sem o consentimento do outro cônjuge expressamente enumeradas, o artigo 1781º, na sua alínea *d)* prevê ainda *"quaisquer outros factos que, independentemente da culpa dos cônjuges, mostrem a rutura definitiva do casamento"*.

Não houve alterações substanciais ao regime do divórcio por mútuo consentimento. Porém, passa a ser da competência do tribunal, se os cônjuges não estiverem em sintonia quanto aos acordos complementares.

No que respeita aos efeitos do divórcio, as principais alterações prendem-se com a abolição da declaração de culpa e, por esta via, dos efeitos que daí derivam. Presentemente, o cônjuge lesado, embora tenha o direito de requerer a reparação dos danos causados pelo outro cônjuge, terá de o fazer nos termos gerais da responsabilidade civil, nos tribunais comuns – artigo 1792º, nº 1.

Os "antigos efeitos negativos da culpa", em caso de divórcio, aplicam-se agora a ambos os cônjuges, no momento da partilha. Nenhum deles poderá receber mais do que receberia se o casamento tivesse sido celebrado segundo o regime de comunhão de adquiridos – artigo 1790º.

As liberalidades recebidas em vista do casamento ou tendo em consideração o estado de casado também caducam – artigo 1791º.

Pela primeira vez, foi consagrada a possibilidade de reivindicar um crédito de compensação, se tiver existido uma situação em que seja manifesta a desigualdade de contribuição dos cônjuges na constância do casamento.

Ao direito a alimentos é atribuído um caráter excecional e limitado, nos termos dos artigos 2016º e 2016º-A.

Quanto ao regime de *filiação* foram igualmente introduzidas alterações significativas. Desde logo, a expressão "poder paternal" foi substituída por "responsabilidades parentais". Houve assim a intenção de transferir o centro da atenção do adulto que detém o poder para as crianças, cujos direitos devem ser salvaguardados.

Foi introduzida, como regra, o *exercício em comum* das responsabilidades parentais, quer os pais nunca tenham vivido juntos, quer vivam em união de facto, mas não tenham declarado que o poder paternal fosse exercido em comum.

É feita a distinção entre *questões de particular importância* para a vida do filho, que são exercidas em comum por ambos os pais nos termos que vigoravam na constância do matrimónio (artigo 1906º, nº 1) e as questões relativas aos *atos da vida corrente* que cabem ao progenitor com quem ele resida habitualmente (artigo 1906º, nº 3).

A reforma também se preocupou com a *responsabilidade criminal* pelo incumprimento repetido e injustificado do regime estabelecido na regulação das responsabilidades parentais, quer através de recusa, quer de atraso ou entraves significativos na entrega ou acolhimento do menor. Neste sentido foi tipificado o crime no artigo 249º do Código Penal e foi reformulado o artigo 250º do mesmo Código no sentido de tornar mais efetivo o âmbito da sua aplicação.

62. Modalidades do divórcio

Nos termos do disposto no artigo 1773º, nº 1, o divórcio pode ser por mútuo consentimento ou sem consentimento de um dos cônjuges.

O divórcio por mútuo consentimento pode correr pela conservatória do registo civil ou pelo tribunal.

Conforme dispõe o nº 2 do mesmo preceito, o divórcio por mútuo consentimento pode ser requerido por ambos os cônjuges, de comum acordo, na conservatória do registo civil, ou no tribunal se, neste caso, o casal não tiver conseguido acordo sobre algum dos assuntos referidos no nº 1 do artigo 1775º.

Significa isto que o divórcio por mútuo consentimento pode ser obtido por via administrativa ou pela via judicial. Tudo depende da possibilidade ou não de os cônjuges chegarem a acordo sobre determinados assuntos previstos no artigo 1775º. Se não conseguirem estar de acordo sobre esses assuntos, terá o processo de divórcio de ser remetido ao tribunal.

O divórcio sem consentimento de um dos cônjuges é sempre requerido no tribunal por um dos cônjuges contra o outro – artigo 1773º, nº 3.

Quer dizer, o divórcio sem o consentimento de um dos cônjuges não pode ser decretado por via administrativa, tendo sempre de seguir a via judicial.

A cada uma destas modalidades iremos imediatamente fazer referência de forma mais pormenorizada.

63. Divórcio por mútuo consentimento por via administrativa

Nos termos do artigo 1775º, nº 1, o divórcio por mútuo consentimento pode ser instaurado a todo o tempo na conservatória do registo civil, mediante requerimento assinado pelos cônjuges ou seus procuradores, acompanhado dos seguintes documentos:

a) Relação especificada dos bens comuns, com indicação dos respetivos valores, ou, caso os cônjuges optem por proceder à partilha daqueles bens, acordo sobre a partilha ou pedido de elaboração do mesmo. Este acordo ou pedido de elaboração do acordo sobre a partilha é feito nos termos do disposto nos artigos 272º-A a 272º-C do Código do Registo Civil.

Como se verifica, os cônjuges podem limitar-se a apresentar a relação especificada dos bens comuns com indicação dos respetivos valores. Não é exigido acordo sobre a partilha dos bens comuns do casal, embora este acordo venha facilitar as coisas para o futuro.

Se não houver bens comuns a partilhar, como no caso de terem casado segundo o regime de separação, assim o declararão.

Por vezes, os cônjuges declaram a inexistência de bens comuns a partilhar com o fim de se furtarem ao trabalho de elaborar a referida relação. Naquele momento acalentam a esperança de proceder à partilha por acordo. Frustrada essa expetativa, se mais tarde vierem requerer a partilha, não lhe pode ser oposta a declaração da inexistência de bens comuns que apresentaram.

São pressupostos do acordo de partilha ou do pedido da sua elaboração a inexistência de dúvidas quanto à identidade dos bens a partilhar e a comprovação da titularidade dos mesmos, por determinação do nº 3 do artigo 272º-A do Código do Registo Civil.

b) Acordo sobre o exercício das responsabilidades parentais quando existam filhos menores e não tenha previamente havido regulação judicial. Se já tiver sido judicialmente regulado o exercício das responsabilidades parentais, deverão apresentar a certidão da respetiva sentença.

Os alimentos devidos ao filho e a forma de os prestar serão regulados por acordo dos pais, sujeito a homologação; a homologação será recusada se o acordo não corresponder ao interesse do menor – artigo 1905º.

As responsabilidades parentais relativas às questões de particular importância para a vida do filho e as relativas aos seus atos da vida corrente devem obedecer ao preceituado no artigo 1906º.

c) Acordo sobre a prestação de alimentos ao cônjuge que deles careça.

Por alimentos entende-se tudo o que é indispensável ao sustento, habitação e vestuário – artigo 2003º, nº 1.

A lei não estabelece, quanto à medida dos alimentos, nenhuma percentagem dos rendimentos daquele que deve prestá-los.

Os alimentos serão proporcionados aos meios daquele que houver de prestá-los e à necessidade daquele que houver de recebê-los. Deve, porém, atender-se à possibilidade de o alimentando prover à sua subsistência – artigo 2004º.

Quanto ao direito do ex-cônjuge aos alimentos, cfr. artigos 2009º e 2016º. Nos termos deste último preceito, cada cônjuge deve prover à sua subsistência, depois do divórcio.

d) Acordo sobre o destino da casa de morada da família.

Trata-se da casa escolhida pelos cônjuges como residência da família – artigo 1673º.

A casa pode ser arrendada ou pode ser pertença de um ou de ambos os cônjuges.

Fazendo parte do património comum dos cônjuges, podem, por acordo, atribuir a um deles o direito ao respetivo arrendamento. Na fixação do montante da renda deverá ser tido em conta que a mesma pertence, em parte, ao arrendatário e, por isso, só pagará metade do valor da renda. O arrendamento fica sujeito às regras do arrendamento para habitação, nos termos do artigo 1793º.

Quando a casa é própria de um dos cônjuges, podem acordar que a mesma seja dada de arrendamento ao outro.

Sendo a casa de morada da família arrendada, o acordo determinará a qual deles fica a caber a posição de arrendatário.

e) Certidão da escritura da convenção antenupcial, caso tenha sido celebrada.

Nos termos do nº 2 do artigo 272º do Código do Registo Civil, a pedido dos interessados, a *relação especificada dos bens comuns*, o acordo sobre o *exercício das responsabilidades parentais*, o acordo sobre a *prestação de alimentos ao cônjuge que deles careça* e o acordo sobre o *destino da casa de morada da família* podem ser elaborados pelo conservador ou pelos oficiais de registo.

Por determinação do artigo 271º também do Código do Registo Civil, o processo de divórcio por mútuo consentimento é instaurado mediante requerimento assinado pelos cônjuges ou seus procuradores, apresentado em qualquer conservatória do registo civil.

Procede-se à consulta da base de dados do registo civil de forma a comprovar o assento de casamento dos interessados e a celebração de convenção antenupcial declarada perante o conservador, caso tenha sido celebrada, com exceção dos casos em que o regime de bens conste do assento de casamento – artigo 272º, nº 3 do mesmo Código do Registo Civil.

f) Acordo sobre o destino dos animais de companhia, caso existam

Esta alínea foi acrescentada pela Lei nº 8/2017, de 3 de Março, que estabelece o estatuto jurídico dos animais, reconhecendo a sua natureza de seres vivos dotados de sensibilidade. Para tanto procedeu à alteração do Código Civil, do Código de Processo Civil e do Código Penal.

Nos termos do artigo 201º-B, agora aditado ao Código Civil, os animais são seres vivos dotados de sensibilidade e objeto de proteção jurídica em virtude da sua natureza.

Por sua vez, o artigo 1793º-A, também aditado ao Código Civil, estabelece que os animais de companhia são confiados a um ou a ambos os cônjuges, considerando, nomeadamente, os interesses de cada um dos cônjuges e dos filhos do casal e também o bem-estar do animal.

Antes do início do processo de divórcio, a conservatória do registo civil deve informar os cônjuges sobre a existência e os objetivos dos serviços de mediação familiar – artigo 1774º.

A mediação familiar tem por finalidade auxiliar os cônjuges, no caso de estarem em vias de se divorciar, acerca das decisões que melhor possam defender os interesses deles próprios e os dos filhos menores. O mediador deve ser um terceiro que, de modo imparcial, procurará encontrar o equilíbrio de interesses entre os cônjuges, com vista aos acordos que devem subscrever.

Recebido o requerimento, o conservador convoca os cônjuges para uma conferência em que verifica o preenchimento dos pressupostos legais e aprecia os acordos. Pode convidar os cônjuges a alterá-los, se os acordos não acautelarem os interesses de algum deles ou dos filhos. Para esse efeito pode determinar a prática de atos e a produção de prova eventualmente necessária. Em seguida decreta o divórcio, procedendo-se ao correspondente registo.

As decisões proferidas pelo conservador do registo civil no divórcio por mútuo consentimento produzem os mesmos efeitos das sentenças judiciais sobre idêntica matéria – cfr. artigo 1776º, nºs 1 e 3.

Quando for apresentado acordo sobre o exercício das responsabilidades parentais relativo aos filhos menores, o processo é enviado ao Ministério Público junto do tribunal de 1ª instância competente em razão da matéria no âmbito da circunscrição a que pertença a conservatória, para que este se pronuncie sobre o acordo no prazo de 30 dias.

Se o Ministério Público considerar que o acordo não acautela devidamente os interesses dos menores, podem os requerentes alterar o acordo em conformidade ou apresentar novo acordo, que irá novamente com vista ao Ministério Público. Quando o Ministério Público se pronuncia de forma favorável sobre o acordo, segue para o conservador para decretar o divórcio.

Nas situações em que os requerentes não se conformam com as alterações indicadas pelo Ministério Público e mantêm o propósito de se divorciar, o processo é remetido ao tribunal – cfr. artigo 1776º-A.

64. Divórcio por mútuo consentimento por via judicial

São três as situações que forçam a que o divórcio por mútuo consentimento tenha de ter o seu desenvolvimento no tribunal e não na conservatória do registo civil.

Uma delas – prevista nos artigos 1776º-A, nº 4 e 1778º – é a que ocorre nas situações em que *os requerentes não se conformam com as alterações indicadas pelo Ministério Público, relativamente ao exercício das responsabilidades parentais*, ou em que *foi rejeitado algum dos acordos*, mas os requerentes mantêm o propósito de se divorciar.

A segunda – prevista no nº 1 do artigo 1778º-A – verifica-se nos casos em que *os requerentes não juntaram algum dos acordos exigidos pelo artigo 1775º* e, por isso, o seu requerimento teve de ser apresentado no tribunal.

A terceira – prevista no artigo 1779º, nº 2 – acontece, nos casos em que, tendo sido proposta no tribunal a *ação de divórcio sem o consentimento de um dos cônjuges, depois ambos acordaram em optar pela modalidade de divórcio por mútuo consentimento.*

Neste último caso, tendo sido proposta ação de divórcio sem o consentimento de um dos cônjuges, é designado o dia para a tentativa de conciliação. Neste momento ou em qualquer outra altura do processo, as partes, motivadas por diligências do juiz, podem acordar no divórcio por mútuo consentimento – cfr. artigo 931º do Código de Processo Civil.

Estabelecido o acordo dos cônjuges quanto ao divórcio por mútuo consentimento, seguem-se no próprio processo os termos dos artigos 994º e seguintes do Código de Processo Civil.

O requerimento para *o divórcio por mútuo consentimento* deve ser assinado por ambos os cônjuges ou pelos seus procuradores e *deve ser instruído com os documentos* referidos no artigo 994º do Código de Processo Civil, que são aqueles a que já fizemos referência e vêm *indicados no artigo 1775º*.

Trata-se de um *processo de jurisdição voluntária*. O alcance de tal enquadramento encontra-se definido no artigo 986º e seguintes do Código de Processo Civil. No que diz respeito à *produção da prova*, na jurisdição voluntária prevalece a atividade inquisitória do juiz sobre o princípio da atividade dispositiva das partes. *O tribunal pode investigar livremente os factos*, coligir as provas, ordenar inquéritos e recolher as informações convenientes, *dispondo assim de largo poder de iniciativa*.

Recebido o requerimento, *o juiz aprecia os acordos* que os cônjuges tiverem apresentado, *convidando-os a alterá-los* se esses acordos não acautelarem os interesses de algum deles ou dos filhos – artigo 1778º-A, nº 2.

Quanto aos acordos exigidos, o juiz fixa as consequências do divórcio nas questões em que os cônjuges não tenham apresentado acordo, como se se tratasse de um divórcio sem o consentimento de um dos cônjuges. Para o efeito, o juiz pode determinar a prática de atos e a produção da prova eventualmente necessária. Na determinação das consequências do divórcio, o juiz deve sempre não só promover mas também tomar em conta o acordo dos cônjuges – artigo 1778º-A, nºs 3, 4 e 6.

Como já tivemos ocasião de referir, antes do início do processo de divórcio, a conservatória do registo civil ou o tribunal devem informar os cônjuges sobre a existência e os objetivos dos serviços de mediação familiar – artigo 1774º.

65. Divórcio sem o consentimento de um dos cônjuges

A) As alterações produzidas pela Lei nº 61/2008

Depois de nos termos ocupado do divórcio por mútuo consentimento, fazendo a distinção entre os casos em que decorre na conservatória do registo civil e os casos em que decorre no tribunal, chegou o momento de referir a modalidade de divórcio sem o consentimento de um dos cônjuges, que anteriormente era designado divórcio litigioso.

Conforme dispõe o artigo 1773º, nº 3, o divórcio sem consentimento de um dos cônjuges é requerido no tribunal por um dos cônjuges contra o outro, com algum dos fundamentos previstos no artigo 1781º.

Estes fundamentos constituem, portanto, as causas do divórcio litigioso. São as circunstâncias de cuja verificação a lei faz depender a possibilidade de ser decretada a dissolução do vínculo conjugal. Trata-se de causas objetivas.

A determinação das causas com base nas quais se pode requerer o divórcio é diferente nas legislações dos vários países e *tem evoluído ao longo dos tempos*, acompanhando as alterações de natureza social, cultural e política.

A Lei nº 61/2008, de 31 de Outubro, embora tivesse mantido intocada a lista constante do artigo 1672º, que determina os deveres a que os cônjuges estão reciprocamente vinculados, aboliu no entanto o divórcio com fundamento na violação culposa desses deveres, isto é, *aboliu o divórcio assente na culpa* de um ou de ambos os cônjuges.

Os fundamentos do divórcio sem o consentimento de um dos cônjuges constam, como se disse, das várias alíneas do artigo 1781º.

A epígrafe deste artigo deixou de ser "rutura da vida em comum" e passou a ser "rutura do casamento". Ao elenco das causas de rutura anteriormente previsto foi acrescentada uma cláusula de caráter geral, em que é dada relevância a quaisquer outros factos que mostrem a rutura definitiva do casamento, independentemente da culpa de qualquer dos cônjuges ou do decurso do tempo. Trata-se, portanto, de mais uma causa objetiva, que foi acrescentada às anteriormente existentes, passando a constituir a alínea *d)*.

Os *prazos* agora estabelecidos no preceito foram encurtados, passando a ser de um ano para o divórcio fundado nas causas objetivas ora previstas.

Quanto aos *efeitos* do divórcio, as principais mudanças dizem respeito à abolição da declaração de culpa e ao que foi estabelecido quanto à partilha.

B) O processo

Conforme determina o artigo 1779º, nº 1, no processo de divórcio sem o consentimento de um dos cônjuges haverá sempre uma tentativa de conciliação.

Em conformidade com este preceito da lei substantiva, o artigo 931º do Código de Processo Civil dispõe acerca dos trâmites processuais do divórcio sem o consentimento de um dos cônjuges. Após a apresentação da petição inicial, o juiz profere despacho em que designa o dia para a tentativa de conciliação.

No dia aprazado, estando presentes as partes, o juiz *tentará a conciliação dos cônjuges*. Tornando-se a conciliação impossível, o juiz procurará então obter o *acordo dos cônjuges para o divórcio por mútuo consentimento*. Para tanto, procurará obter o seu acordo quanto aos alimentos, quanto à regulação do exercício das responsabilidades parentais dos filhos e ainda quanto à utilização da casa de morada da família durante o período da pendência do processo, se for caso disso. Sendo esta tentativa coroada de êxito, o processo seguirá *os termos próprios desta modalidade de divórcio*, com as necessárias adaptações.

C) Rutura do casamento

Como já dissemos, deixou de ser fundamento de divórcio a violação culposa dos deveres conjugais. Atualmente, constituem fundamento de divórcio todas as situações que evidenciem rutura do casamento.

Assim, conforme dispõe o artigo 1781º, são fundamento do divórcio sem consentimento de um dos cônjuges:

a) A separação de facto por um ano consecutivo;
b) A alteração das faculdades mentais do outro cônjuge, quando dure há mais de um ano e, pela sua gravidade, comprometa a possibilidade da vida em comum;
c) A ausência, sem que do ausente haja notícias, por tempo não inferior a um ano;
d) Quaisquer outros factos que, independentemente da culpa dos cônjuges, mostrem a rutura definitiva do casamento.

Como se verifica, as circunstâncias que possam traduzir a *separação de facto*, a *alteração das faculdades mentais do outro cônjuge* ou a sua *ausência sem notícias*, basta que tenha decorrido um ano para que as mesmas possam fundamentar o pedido de divórcio por parte de um dos cônjuges.

Mas a *separação de facto* encontra-se especificamente definida no artigo 1782º. Segundo este preceito, entende-se que há separação de facto, para os efeitos da alínea *a)* do artigo anterior, quando não existe comunhão de vida entre os cônjuges e há da parte de ambos, ou de um deles, o propósito de não a restabelecer.

A caracterização da separação de facto exige, portanto, a verificação de dois requisitos, sendo um de natureza objetiva (a inexistência da vida em comum) e outro de natureza subjetiva (o propósito de não restabelecer a vida em comum).

Na verdade, o casamento pressupõe a existência de plena comunhão de vida, conforme resulta do disposto no artigo 1577º. Pode acontecer que entre os cônjuges não exista comunhão de leito, mesa e habitação, como é próprio da relação matrimonial, mas, apesar disso, se mantenham os laços conjugais. É o que se verifica no caso de um deles ter emigrado, com vista a melhorar a situação patrimonial do casal.

A separação dos cônjuges só significa rutura do casamento, quando não existe comunhão de vida e existe o propósito, pelo menos de um deles, de não restabelecer a comunhão.

A estes fundamentos foi acrescentado outro que, de uma forma genérica, se refere a *quaisquer outros factos que*, independentemente da culpa e do período de duração, *denunciem a rutura definitiva do casamento.*

D) Legitimidade

O divórcio sem o consentimento de um dos cônjuges pode ser requerido por qualquer deles com fundamento nas alíneas *a)* e *d)* do artigo 1781º; com fundamento nas alíneas *b)* e *c)* do mesmo artigo, só pode ser requerido pelo cônjuge que invoca a alteração das faculdades mentais ou a ausência do outro – artigo 1785º, nº 1.

Antes da alteração introduzida pela Lei nº 61/2008, sendo o fundamento do divórcio a violação culposa de um ou de vários deveres conjugais, a ação só poderia ser intentada pelo cônjuge "inocente" contra o cônjuge "culpado" da violação. Não podia um cônjuge violar qualquer dos deveres conjugais e, depois, com esse fundamento, vir pedir o divórcio. Era-lhe vedado, como costuma dizer-se, *fazer o mal e a caramunha.*

Afastada a invocação da culpa por aquela Lei, o divórcio pode ser requerido por qualquer dos cônjuges. É claro que, no caso de o fundamento do divórcio ser a invocação da alteração das faculdades mentais ou a ausência do cônjuge, o divórcio só pode ser requerido por aquele que invoca qualquer destes fundamentos.

Quando o cônjuge que pode pedir o divórcio for maior acompanhado, a ação pode ser intentada por ele ou, quando tenha poderes de representação, pelo seu acompanhante, obtida autorização judicial; quando o acompanhante seja o outro cônjuge, a ação pode ser intentada em nome do titular do direito de agir por qualquer parente deste na linha reta ou até ao terceiro grau da linha colateral ou pelo Ministério Público – artigo 1785º, nº 2.

E) Caracterização do direito ao divórcio

O direito ao divórcio caracteriza-se pelo poder conferido a um dos cônjuges de, por um ato da sua exclusiva iniciativa, embora coadjuvado por uma decisão judicial, produzir uma alteração na esfera jurídica do outro cônjuge, independentemente da sua vontade. É, por isso, um *direito potestativo.*

Enquanto no direito subjetivo *stricto sensu*, ao poder de um sujeito corresponde a obrigação de outro, que este pode violar, o direito potestativo não é suscetível de violação.

Ao propor a ação de divórcio, o autor está a exercer um direito potestativo que tem como consequência jurídica a extinção da relação matrimonial. Este direito do autor tem, porém, de ser ulteriormente integrado por uma decisão judicial, pois não é suficiente o ato unilateral para produzir a alteração pretendida. Ao direito do autor não corresponde qualquer dever por parte do réu. Este tem de sujeitar-se às consequências jurídicas que advêm da atividade desenvolvida pelo autor, caso a ação venha a ser julgada procedente.

Trata-se de uma ação declarativa constitutiva, segundo a classificação constante do artigo 10º, nº 2, alínea *c)* do Código de Processo Civil.

É também um *direito pessoal.* Só ao cônjuge é reconhecida a faculdade de decidir se, em face do desenvolvimento da sua relação matrimonial, a quer manter ou lhe quer pôr cobro.

O direito de requerer o divórcio, sendo um direito estritamente pessoal, não pode ser exercido por pessoas estranhas à sociedade conjugal. Não tem legitimidade para propor a ação, por exemplo, o credor de qualquer dos cônjuges com interesse patrimonial na dissolução do vínculo conjugal, nem os sucessores dos cônjuges.

Não foi, porém, completamente descurado o aspeto patrimonial. Nos termos do nº 3 do artigo 1785º, o direito ao divórcio não se transmite por morte, mas a ação pode ser continuada pelos herdeiros do autor para efeitos patrimoniais, se o autor falecer na pendência da causa; para os mesmos efeitos, pode a ação prosseguir contra os herdeiros do réu.

66. Separação judicial de pessoas e bens

A) Remissão para a lei do divórcio. Seu significado

O artigo 1794º remete a disciplina da separação judicial de pessoas e bens para a secção que trata do divórcio. Foi devido a esta sistematização que decidimos seguir a mesma ordem na exposição, como tivemos ocasião de anunciar.

Esta remissão para a secção onde é regulado o divórcio, nas modalidades de divórcio por mútuo consentimento e também o divórcio sem o consentimento de um dos cônjuges, significa que a separação judicial de pessoas e bens admite igualmente as duas modalidades.

Significa ainda que a separação judicial de pessoas e bens por mútuo consentimento pode decorrer na conservatória do registo civil ou no tribunal, conforme as situações paralelas previstas para o divórcio.

Significa, além disso, que a separação de pessoas e bens sem o consentimento de um dos cônjuges pode ser requerida com os mesmos fundamentos que justificam o pedido de divórcio nesta modalidade.

B) Reconvenção e renovação da instância

Nos termos do artigo 1795º, nº 1, a separação judicial de pessoas e bens pode ser pedida em reconvenção mesmo que o autor tenha pedido o divórcio; tendo o autor pedido a separação de pessoas e bens, pode igualmente o réu pedir o divórcio em reconvenção.

É deste modo admissível o *pedido reconvencional* de separação na ação de divórcio, do mesmo modo que é admissível o pedido de divórcio na ação de separação.

Trata-se de uma disposição que, embora aparentemente de natureza apenas adjetiva, tem um grande alcance no domínio do direito substantivo. Permite a reconvenção, em casos em que não seria admissível, face ao disposto no artigo 266º do Código de Processo Civil, e, com isso, proporciona aos cônjuges grandes vantagens.

Por este meio é possível ao cônjuge obter, de modo imediato, a separação na ação de divórcio em que é demandado, ainda que a ação de divórcio estivesse condenada ao fracasso. Por outro lado, o cônjuge tem a possibilidade de, em reconvenção, pedir o divórcio na ação de separação de pessoas e bens, mesmo que a separação não tivesse condições de êxito.

Nos casos em que tanto o pedido da ação como o da reconvenção estiverem em condições de proceder, ou seja, se o pedido de divórcio e o pedido de separação de pessoas e bens poderiam ser decretados, o juiz deve optar por decretar o divórcio, por força do disposto no artigo 1795º, nº 2.

Podendo ser escolhida uma ou outra decisão, a lei prefere a situação de divórcio pela sua maior estabilidade. Na verdade, a separação judicial de pessoas e bens termina naturalmente pela reconciliação ou pela dissolução do casamento.

No mesmo sentido da simplificação processual, é admitida a *renovação da instância*, nos termos do disposto no artigo 998º do Código de Processo Civil. Assim, tendo o processo de separação por mútuo consentimento resultado da conversão de separação litigiosa, se não vier a ser decretada a separação por qualquer motivo que não seja a reconciliação dos cônjuges, pode qualquer das partes da primitiva ação pedir a renovação da instância.

C) Efeitos da separação de pessoas e bens

Na separação de pessoas e bens a "crise" provocada na relação matrimonial atinge não só o património, como se verifica na separação de bens, mas também as próprias pessoas dos cônjuges. Não é, porém, tão grave como no divórcio, visto que não dissolve o vínculo conjugal.

Conforme dispõe o artigo 1795º-A, a separação judicial de pessoas e bens não dissolve o vínculo conjugal, mas extingue os deveres de coabitação e assistência, sem prejuízo do direito a alimentos; relativamente aos bens, a separação produz os efeitos que produziria a dissolução do casamento.

Quer dizer, embora o vínculo conjugal não tenha quebrado completamente, sofreu um grande enfraquecimento. Subsistindo o casamento, não pode qualquer dos cônjuges contrair novas núpcias com uma terceira pessoa, sob pena de bigamia. Obsta ao novo casamento o impedimento dirimente absoluto previsto no artigo 1601º, alínea *c)*.

Dos deveres conjugais previstos no artigo 1672º, fica extinto o de coabitação, como é natural e, no que concerne ao dever de assistência, mantém-se apenas o de prestar alimentos, nos termos previstos no artigo 2015º.

Quer dizer, desdobrando-se o dever de assistência em duas obrigações – a de prestar alimentos e a de contribuir para os encargos da vida familiar – só a primeira se mantém. Extingue-se o dever de contribuir para os encargos da vida familiar, visto que se extinguiu o dever que pressupõe a comunhão de vida.

A obrigação de prestar alimentos não se extingue entre os cônjuges separados de pessoas e bens, do mesmo modo que também se mantém ainda depois de ter sido decretado o divórcio, nos termos do disposto no artigo 2016º, nºs 2 e 4.

No plano patrimonial, a separação judicial de pessoas e bens é equiparada à dissolução do casamento, conforme resulta da parte final do artigo 1795º-A. Sendo assim, haverá lugar à partilha do património do casal, nos termos do artigo 1689º.

É claro que, se o regime de bens for o de separação, só haverá que dividir os bens em compropriedade, se os houver, em ação de divisão de coisa comum, prevista nos artigos 925º e seguintes do Código de Processo Civil.

Tendo ainda em conta a mesma equiparação ao divórcio, o cônjuge separado de pessoas e bens perde os direitos sucessórios que, em princípio, caberiam ao cônjuge sobrevivo, por força do disposto no artigo 2133º, nº 3.

Relativamente aos filhos do casal, os cônjuges devem acordar na regulação dos alimentos a prestar-lhes, estando a regulação sujeita a homologação, nos termos do artigo 1905º. Devem ainda regular as responsabilidades parentais, em conformidade com o que dispõe o artigo 1906º.

Não existindo coabitação dos cônjuges, cessa a presunção de paternidade, conforme dispõe o artigo 1829º, nº 1, se o nascimento do filho ocorrer passados trezentos dias depois de finda a coabitação dos cônjuges.

Nos termos do nº 2 deste mesmo preceito, considera-se finda a coabitação na data da conferência, tratando-se de separação de pessoas e bens por mútuo consentimento, ou na data da citação do réu, tratando-se de separação sem o consentimento de um dos cônjuges.

D) Termo da separação

A separação judicial de pessoas e bens termina pela reconciliação dos cônjuges ou pela dissolução do casamento – artigo 1795º-B.

Existem, portanto, duas formas de pôr cobro à separação de pessoas e bens. Uma delas consiste em os cônjuges recuarem no passo que deram e voltarem à situação anterior, reconciliando-se. A outra significa avançar mais um passo para a quebra total do vínculo, passando à situação de divorciados.

A situação de separação de pessoas e bens pode ser considerada como a ponte entre o casamento e o divórcio. Desta situação os cônjuges podem retroceder para a situação de casados anterior à crise matrimonial ou avançar para o rompimento da relação concretizando o divórcio.

À reconciliação se refere especificamente o artigo 1795º-C que, no seu nº 1, diz que os cônjuges podem a todo o tempo restabelecer a vida em comum e o exercício pleno dos direitos e deveres conjugais.

Ao contrário do que acontece com a simples separação de bens que, depois de decretada, é irrevogável (artigo 1771º), a separação judicial de pessoas e bens é revogável a todo o tempo, se os cônjuges decidirem restabelecer a vida em comum.

O restabelecimento da vida em comum significa que voltaram a adotar residência comum, nos termos do artigo 1673º, e a exercer a plenitude dos direitos e deveres conjugais. A partir da reconciliação, os cônjuges ficam de novo reciprocamente vinculados a todos os deveres referidos no artigo 1672º. Significa que ressurgem os deveres de coabitação e de assistência, este na vertente que diz respeito à obrigação de contribuir para os encargos da vida familiar, visto que a obrigação de prestar alimentos não havia sido afastada.

No que respeita às relações patrimoniais, o artigo 1776º, na sua primitiva redação considerava os cônjuges separados que depois se reconciliassem como casados segundo o regime de separação de bens. O atual artigo 1795º-C nenhuma referência faz a tal respeito. Por isso, há quem entenda que "a sociedade conjugal renasce com a reconciliação sobre o pano de fundo do regime de bens anterior".

Não é, porém, válida a reconciliação tácita, consubstanciada no simples restabelecimento da coabitação. O nº 2 do mesmo artigo 1795º-C ocupa-se da forma a que deve obedecer. Segundo este preceito, a reconciliação tem de ser feita por termo no processo de separação ou por escritura pública, e está sujeita a homologação judicial, devendo a sentença ser oficiosamente registada.

O termo é tomado pela secretaria a simples pedido verbal dos interessados, conforme dispõe o artigo 290º, nº 2 do Código de Processo Civil.

No caso de preferirem a escritura pública, terão de requerer ao notário a respetiva certidão, que apresentarão no tribunal onde correu o processo para ser junta ao mesmo.

Quando tenha corrido os seus termos na conservatória do registo civil, a reconciliação faz-se por termo no processo de separação e está sujeita a homologação do conservador respetivo, devendo a decisão ser oficiosamente registada – artigo 1795º-C, nº 3.

Em suma, o termo é lavrado no processo onde decorreu a separação, ou seja, na conservatória do registo civil ou no tribunal e, conforme o caso, a homologação cabe ao conservador do registo civil ou ao juiz.

A decisão da homologação deve ser registada, nos termos do artigo 70º, nº 1, alínea *f)* do Código do Registo Civil.

A homologação do acordo da reconciliação só se torna eficaz a partir do registo.

Conforme dispõe o nº 4 do mesmo artigo 1795º-C, os efeitos da reconciliação produzem-se a partir da homologação desta, sem prejuízo da aplicação, com as necessárias adaptações, do disposto nos artigos 1669º e 1670º.

Outro modo de pôr termo à separação judicial de pessoas e bens consiste na sua conversão em divórcio. A este propósito, determina o artigo 1795º-D, que, decorrido um ano sobre o trânsito em julgado da sentença que tiver decretado a separação judicial de pessoas e bens sem consentimento do outro cônjuge ou por mútuo consentimento, sem que os cônjuges se tenham reconciliado, qualquer deles pode requerer que a separação seja convertida em divórcio.

Se a conversão for requerida por ambos os cônjuges, não é necessário o decurso do prazo referido.

O legislador acalenta a esperança de que a crise conjugal, que motivou a separação de pessoas e bens, termine pela reconciliação. E estabeleceu um prazo, agora reduzido a um ano, para essa reconciliação. Se o decurso desse prazo não desencadeou no espírito dos cônjuges o desejo de efetivarem a reconciliação, estiolou a esperança de que a mesma possa vir a ocorrer.

Em suma, a separação surgiu a partir da ideia de que será uma situação provisória. A lei parece preferir um estado com maior estabilidade: ou a reconciliação ou o divórcio. Não se tendo operado a reconciliação, no período de um ano a partir do trânsito em julgado da sentença que tiver decretado a separação, passa a ser permitido a qualquer dos cônjuges requerer a conversão da separação em divórcio.

Se a conversão for requerida por ambos os cônjuges, a lei prescinde de qualquer prazo. Pode ser requerida imediatamente.

67. Efeitos patrimoniais do divórcio

A) Consequências da eliminação da culpa

Antes da alteração introduzida pela Lei nº 61/2008, quando os fundamentos do divórcio ou da separação de pessoas e bens, na forma litigiosa, tinham como fundamento o comportamento censurável de um dos cônjuges, o tribunal devia declarar o cônjuge único culpado ou o principal culpado. Tinha-se em vista punir, em termos patrimoniais entendidos como adequados, o cônjuge que deu azo ao divórcio ou à separação de pessoas e bens.

O cônjuge declarado único ou principal culpado não podia, na *partilha*, receber mais do que receberia se o casamento tivesse sido celebrado segundo o regime de comunhão de adquiridos.

Com a eliminação do divórcio com fundamento na culpa, deixou de ser exigido ao tribunal, como se compreende, a declaração do cônjuge culpado. Isto implica consequências não só na forma da partilha, como também quanto aos *benefícios que haviam sido recebidos em vista do casamento* ou *em consideração do estado de casado*, como veremos.

Por outro lado, não tendo de ser declarado o cônjuge "culpado", deixou também de existir o dever de reparar os *danos não patrimoniais ocasionados ao outro pela dissolução do casamento* e ainda o de *prestar alimentos ao cônjuge "inocente"*, se deles carecesse.

B) A partilha

Atualmente, por força do disposto no artigo 1790º, em caso de divórcio, nenhum dos cônjuges pode na partilha receber mais do que receberia se o casamento tivesse sido celebrado segundo o regime de comunhão de adquiridos.

Tendo desaparecido a referência à culpa, a ideia que está na base de tal imposição, não pode ser a de castigar o cônjuge culpado. Aliás, como resulta da "exposição dos motivos" do projeto inicial, pretende-se evitar que o divórcio "se torne um modo de adquirir bens, para além da justa partilha do que se adquiriu pelo esforço comum na constância do matrimónio". No entanto, isto significa que agora o regime de bens na partilha será diferente consoante a dissolução do casamento seja devida ao divórcio ou seja devida à morte de um dos cônjuges.

Quer dizer, no caso de os cônjuges terem casado segundo o regime da comunhão geral de bens, a partilha após a dissolução do casamento depende da forma dessa dissolução: a morte ou o divórcio. No caso da dissolução por divórcio, a partilha terá de ser efetuada de acordo com o regime de comunhão de adquiridos.

Por outro lado, o divórcio também ocasiona a *perda de benefícios*.

Nos termos do artigo 1791º, nº 1, cada cônjuge perde todos os benefícios recebidos ou que haja de receber do outro cônjuge ou de terceiro, em vista do casamento ou em consideração do estado de casado, quer a estipulação seja anterior quer posterior à celebração do casamento.

Trata-se dos benefícios que o cônjuge tenha recebido, antes ou depois do casamento, provindos do outro cônjuge ou de terceiro, se tais benefícios foram concedidos com vista ao casamento ou em consideração do estado de casado. Pode ser uma doação de um ao outro enquanto nubentes ou já depois de casados, ou uma doação ou liberalidade feita por terceiro.

Neste caso, os benefícios tiveram lugar por ocasião do casamento e por causa da comunhão de vida dos cônjuges. Compreende-se que, tendo sido posto fim a essa comunhão, os benefícios perderam a sua razão de existir.

O autor da liberalidade (o outro cônjuge ou terceiro) pode determinar que o benefício reverta para os filhos do casamento – cfr. artigo 1791º, nº 2.

C) Reparação dos danos causados pelo divórcio

Na própria ação de divórcio apenas pode ser requerida a reparação dos *danos não patrimoniais* sofridos pela dissolução do casamento, no caso de divórcio com fundamento na alteração das faculdades mentais do outro cônjuge.

É o que resulta do disposto no nº 2 do artigo 1792º, ao determinar que o cônjuge que pediu o divórcio com o fundamento da alínea *b)* do artigo 1781º deve reparar os danos não patrimoniais causados ao outro cônjuge pela dissolução do casamento; este pedido deve ser deduzido na própria ação de divórcio.

A reparação dos *danos patrimoniais* não pode ser requerida na ação de divórcio.

Conforme dispõe o nº 1 do mesmo artigo 1792º, o cônjuge lesado tem o direito de pedir a reparação dos danos causados pelo outro cônjuge, nos termos gerais da responsabilidade civil e nos tribunais comuns.

Assim, o cônjuge que se sinta lesado e pretenda pedir o pagamento da respetiva indemnização terá de alegar e provar os pressupostos da responsabilidade civil previstos nos artigos 483º e seguintes. E terá de fazê-lo, não na própria ação de divórcio, mas em ação autónoma intentada para esse fim, o que significa uma duplicação de ações e maior dificuldade de prova.

Foi com o propósito de chamar a atenção para estes inconvenientes que o Presidente da República se pronunciou, no comunicado sobre a promulgação do diploma, referindo que, em vez "de diminuir a litigiosidade, o novo diploma a fará aumentar, transferindo-a para uma fase ulterior, subsequente à dissolução do casamento, com consequências gravosas para as partes envolvidas, sobretudo a que se encontra numa posição mais fragilizada, incluindo os filhos menores".

D) Dever de prestar alimentos após o divórcio

A obrigação alimentícia surge quando o carecente fica sem condições que lhe permitam satisfazer as necessidades primárias da sua existência como ser humano.

O artigo 2009º estabelece a lista das pessoas vinculadas à prestação de alimentos. À cabeça vem o cônjuge ou ex-cônjuge.

Significa que, apesar de a sociedade conjugal se ter dissolvido e de ter cessado, por conseguinte, o dever de contribuir para os encargos da vida familiar, se mantém ainda para o ex-cônjuge o dever de prestar alimentos.

Antes da alteração legislativa operada pela Lei nº 61/2008, tinha direito a alimentos, em caso de divórcio, em princípio, o cônjuge não considerado culpado ou, pelo menos, o não principal culpado. Excecionalmente, por motivos de equidade, o direito podia estender-se ao ex-cônjuge que a eles não teria direito.

Eliminada a declaração do cônjuge culpado do divórcio, o direito a alimentos pode ser atribuído a qualquer dos ex-cônjuges, independentemente da modalidade de divórcio.

Neste sentido, dispõe expressamente o artigo 2016º, nº 2, que qualquer dos cônjuges tem direito a alimentos, independentemente do tipo de divórcio.

Na exposição dos motivos do projeto de lei, *afirma-se o princípio de que cada ex-cônjuge deve prover à sua subsistência, e de que a obrigação de alimentos tem um caráter temporário, embora possa ser renovada periodicamente.*

Esta orientação passou para o artigo 2016º, nº 1, que passou a determinar que cada cônjuge deve prover à sua subsistência, depois do divórcio.

O cônjuge só não tem possibilidades de angariar, pelo seu próprio esforço, os meios de que necessita para viver, nos casos em que, por exemplo, sofre de alguma limitação que o impede de trabalhar ou já revela incapacidade para o trabalho devido à avançada idade ou à falta de habilitações. Estes e outros casos semelhantes fazem surgir o direito a receber alimentos.

A ideia de igualdade entre os cônjuges, que deve existir no casamento, não deve ser alterada após o divórcio. Cada um dos ex-cônjuges deve angariar o próprio sustento pelo seu trabalho remunerado. O casamento não pode ser considerado como uma forma de enriquecimento.

O direito a alimentos não tem caráter indemnizatório e não pode alguém ter o encargo de sustentar para toda a vida o ex-cônjuge.

O artigo 2016º, nº 3 prevê inclusivamente a possibilidade de o direito a alimentos poder ser negado por razões de equidade.

Na exposição sobre os motivos do projeto de lei afirmava-se a previsão de *que, em casos especiais que os julgadores facilmente identificarão, o direito de alimentos seja negado ao ex-cônjuge necessitado, por ser chocante onerar o outro com a obrigação correspondente.*

Quererá certamente a lei aludir a situações que se prendem com a conduta do necessitado. Será o caso em que o credor dos alimentos viole gravemente os seus deveres para com o obrigado – artigo 2013º, nº 1, alínea *c)*.

Será igualmente o caso de o alimentando ter contraído novo casamento, iniciar união de facto ou de se ter tornado indigno do benefício pelo seu comportamento moral – artigo 2019º.

A atribuição do direito a alimentos e a medida dos mesmos fica apenas dependente da necessidade de quem os recebe e da possibilidade de quem os presta.

Quanto à medida dos alimentos dispõe o artigo 2016º-A, nº 1, o seguinte: Na fixação do montante dos alimentos deve o tribunal tomar em conta a duração do casamento, a colaboração prestada à economia do casal, a idade e estado de saúde dos cônjuges, as suas qualificações profissionais e possibilidades de emprego, o tempo que terão de dedicar, eventualmente, à criação dos filhos comuns, os seus rendimentos e proventos, um novo casamento ou união de facto e, de um modo geral, todas as circunstâncias que influam sobre as necessidades do cônjuge que recebe os alimentos e as possibilidades do que os presta.

Antes da alteração legislativa, a duração do casamento e a colaboração prestada à economia do casal eram já elementos a ponderar pelo artigo 2016º, nº 2, nos casos em que, excecionalmente, era atribuído o direito a alimentos ao cônjuge declarado culpado ou principal culpado do divórcio.

Considerações do mesmo teor são atualmente tidas em conta na atribuição da *compensação* a um dos cônjuges, em virtude de a sua contribuição para os encargos da vida familiar ter sido consideravelmente superior à que lhe seria exigível, em conformidade com o que dispõe o artigo 1676º, nº 2.

Para fixar o montante dos alimentos devido ao ex-cônjuge, o tribunal deve, portanto, atender ainda à idade e estado de saúde do necessitado, às suas qualificações profissionais e possibilidades de emprego e também ao tempo que eventualmente tenha de dedicar à criação dos filhos comuns.

Durante algum tempo foi, por alguns, acolhida a ideia de que o montante dos alimentos a prestar ao necessitado devia ser calculado em função do padrão de vida que a este o casamento tinha proporcionado.

Em completa oposição a tal orientação, atualmente o nº 3 do artigo 2016º-A dispõe que o cônjuge credor não tem o direito de exigir a manutenção do padrão de vida de que beneficiou na constância do matrimónio.

Conforme se escreveu na exposição dos motivos do projeto de lei, *o casamento que não durar para sempre não pode garantir um certo nível de vida para sempre.*

Nos termos do disposto no artigo 2016º-A, nº 2, o tribunal deve dar prevalência a qualquer obrigação de alimentos relativamente a um filho do cônjuge devedor sobre a obrigação emergente do divórcio em favor do ex-cônjuge.

Entre a obrigação de prestar alimentos ao filho e qualquer outra obrigação para com o ex-cônjuge, derivada do divórcio, a lei dá preferência ao cumprimento da primeira.

E) Crédito compensatório

Um dos deveres a que os cônjuges estão reciprocamente vinculados é, como sabemos, o de assistência. Este dever compreende a obrigação de prestar alimentos e a de contribuir para os encargos da vida familiar – cfr. artigos 1672º e 1675º, nº 1.

A primeira vertente deste dever, ou seja, a obrigação de prestar alimentos só se autonomiza a partir do momento em que os cônjuges passam a viver separados de facto ou de direito. Enquanto existe comunhão de vida, o dever de prestação de alimentos está englobado no dever de contribuir para os encargos da vida familiar previsto no artigo 1676º.

Nos termos do nº 1 deste preceito, o dever de contribuir para os encargos da vida familiar incumbe a ambos os cônjuges, de harmonia com as possibilidades de cada um, e pode ser cumprido, por qualquer deles, pela afetação dos seus recursos àqueles encargos e pelo trabalho despendido no lar ou na manutenção e educação dos filhos.

A contribuição individual de cada cônjuge afere-se, não por um critério de igualdade, mas sim por um princípio de proporcionalidade em que são tidas em conta as possibilidades concretas de cada um. Para o seu apuramento são contabilizadas não só as possibilidades económicas que ao cônjuge advêm dos seus rendimentos ou das remunerações do trabalho, mas é também contabilizado o próprio trabalho que cada um despende no lar com vista à manutenção e educação dos filhos.

Procura-se, deste modo, encontrar um certo equilíbrio no que respeita à obrigação que cabe a cada um dos cônjuges de contribuir para os encargos familiares. O trabalho desenvolvido no lar ou com a criação e educação dos filhos do casal é equiparado ao trabalho remunerado fora de casa. Tendo subjacente a ideia de igualdade de direitos e deveres entre os elementos que formam o casal, procurou-se pôr fim à tradicional repartição de tarefas entre o homem e a mulher.

Pode acontecer que um dos cônjuges contribua com mais do que lhe era devido para os encargos da vida familiar. No domínio da lei anterior, presumia-se a renúncia à compensação por parte do cônjuge cuja contribuição foi superior à devida, partindo do pressuposto de que entre eles haveria algum acordo quanto à situação vivida.

Atualmente, já assim não acontece. Nos termos do nº 2 do artigo 1676º, se a contribuição de um dos cônjuges para os encargos da vida familiar for consideravelmente superior ao previsto no número anterior, porque renunciou de forma excessiva à satisfação dos seus interesses em favor da vida comum, designadamente à sua vida profissional, com prejuízos patrimoniais importantes, esse cônjuge tem direito de exigir do outro a correspondente compensação.

Trata-se, como resulta da exposição sobre os motivos, de *"o reconhecimento da importância decisiva para as condições de vida e equilíbrio da vida familiar dos cuidados com os filhos e do trabalho doméstico..."*. E mais adiante, *"É por ter em consideração esta falta de reconhecimento e as assimetrias que lhe estão implícitas que o projeto de lei apresentado estabelece, nas consequências do divórcio, a possibilidade de atribuição de "créditos de compensação", sempre que se verificar assimetria entre os cônjuges nos contributos para os encargos da vida familiar. Com efeito, sabe-se que as carreiras profissionais femininas são muitas vezes penalizadas na sua progressão porque as mulheres, para atender aos compromissos familiares, renunciam por vezes a desenvolver outras atividades no plano profissional que possam pôr em causa esses compromissos."*

A compensação pode ter lugar nos casos em que a contribuição efetiva de um dos cônjuges para os encargos da vida familiar foi consideravelmente superior à que lhe cabia em conformidade com o critério da proporcionalidade de meios. Esta situação acontece com frequência quando a mulher, além de contribuir para tais encargos com o vencimento que aufere pelo seu trabalho fora do lar, ainda se dedica, sem a cooperação do cônjuge, aos trabalhos domésticos e ao cuidado dos filhos do casal. A situação da mulher ainda se agrava nos casos em que renuncia à vida profissional para se entregar à vida do lar ou aos cuidados dos filhos.

Não se trata apenas de atribuir uma compensação pelo que o cônjuge tenha prestado a mais para os encargos da vida familiar, mas procura-se evitar que o divórcio ocasione uma situação de disparidade entre os cônjuges. Na verdade, se um deles se dedicou ao trabalho doméstico de forma exclusiva, ou mesmo em simultâneo com a atividade profissional, de forma a prejudicar a sua carreira, pode sentir a repercussão da sua atitude traduzida em diminuição dos rendimentos de que pode dispor após o divórcio. Com a compensação, visa a lei afastar, na medida do possível, as assimetrias entre os cônjuges.

O artigo em análise recorre a conceitos indeterminados que dificultam a sua interpretação e aplicação pelos tribunais. Assim, não será fácil determinar quando a contribuição de um dos cônjuges é *consideravelmente superior* à do outro. E o auxílio que o legislador pretende fornecer ao julgador adiantando que será considerada como tal a situação do cônjuge que *renunciou de forma excessiva à satisfação dos seus interesses em favor da vida comum, designadamente à sua vida profissional*, também não adianta muito. Torna-se ainda necessário que a renúncia a favor da vida em comum tenha provocado *prejuízos patrimoniais importantes.*

Sabemos, no entanto, que o legislador teve em vista acautelar a situação do cônjuge que, por se ter dedicado excessivamente ao trabalho do lar e da família, se colocou numa situação de desvantagem que não lhe permite ingressar no mercado do trabalho ou não lhe permitiu progredir na carreira e, tendo ocorrido o divórcio, vê-se agora em desvantagem em comparação com a situação daquele que foi o seu consorte.

A compensação justifica-se principalmente quando estiveram casados segundo o regime de separação de bens. Nos regimes de comunhão sempre se poderá dizer que a dedicação ao trabalho doméstico terá contribuído para o que ambos adquiriram durante a comunhão de vida. No regime de separação, o valor da compensação terá de ser mais elevado, visto que não pertence a ambos os cônjuges o património adquirido pelo esforço comum.

Pretende-se, deste modo, evitar o empobrecimento de um dos cônjuges à custa do trabalho não remunerado do outro.

F) Momento de exigir o crédito compensatório

O crédito compensatório só é exigível no momento da partilha dos bens do casal, a não ser que vigore o regime de separação – artigo 1676º, nº 3.

O equilíbrio entre as contribuições dos cônjuges pode ser reposto ao longo da existência da relação matrimonial. Por isso, não seria razoável exigir o crédito compensatório na constância do matrimónio. Por outro lado, também não se compreenderia que o crédito compensatório pudesse ser exigido no caso de a dissolução do casamento se ter devido à morte de um dos cônjuges, visto que o cônjuge sobrevivo será seu herdeiro legitimário. Assim, só no momento da partilha após o divórcio pode ser exigido.

O regime de separação de bens não constitui justificação para uma solução diferente. Por isso, a ressalva feita pelo preceito ao regime de separação não significa que o crédito compensatório possa ser exigido, neste caso, na constância do matrimónio, visto que, como dissemos, só poderá ser exigido, em qualquer caso, depois do divórcio. Porém, no regime de separação não existem bens comuns a partilhar. Se existirem situações de compropriedade de bens, terão os cônjuges de propor ação de divisão coisa comum, nos termos do disposto nos artigos 925º e seguintes do Código de Processo Civil. Será esta a razão da ressalva.

CAPÍTULO XIV
A Filiação

68. Noção de filiação

A filiação é a relação de parentesco que liga os descendentes aos respetivos progenitores. A filiação assenta essencialmente na procriação e nos laços de sangue.

Dizemos essencialmente, porque não nos podemos esquecer de que, além da filiação biológica ou natural, também existe a que tem origem na adoção, a que já fizemos referência (v. nº 6). O artigo 60º a ela se refere sob o título de filiação adotiva. Por sua vez o artigo 1586º define a adoção como sendo um vínculo que, à semelhança da filiação natural, mas independentemente dos laços de sangue, se estabelece entre duas pessoas.

A filiação adotiva, embora sendo diferente da filiação biológica por não ter origem no fenómeno da procriação, produz idênticos efeitos jurídicos. Quer dizer, quanto aos efeitos, praticamente não existe distinção entre a adoção e a filiação biológica.

A Lei nº 2/2016, de 29 de Fevereiro, veio eliminar as discriminações no acesso à adoção.

Por agora iremos ocupar-nos apenas da filiação natural, ou seja, a que tem por base os laços de sangue.

Começaremos pelo estabelecimento da filiação relativamente à mãe, a que seguirá o estabelecimento da filiação relativamente ao pai.

69. Estabelecimento da maternidade

A) Declaração da maternidade

Conforme dispõe o artigo 1796º, nº 1, relativamente à mãe, a filiação resulta do facto do nascimento e estabelece-se nos termos dos artigos 1803º a 1825º.

Pode, portanto, falar-se no princípio da coincidência entre a mãe legal e a mãe natural. É mãe a mulher que deu a criança à luz, se abstrairmos das questões que podem suscitar-se nos casos de inseminação artificial ou de fecundação *in vitro*.

A Constituição de 1976, no seu artigo 36º, nº 4, acabou com a discriminação, que até então se fazia, entre filhos nascidos do casamento e filhos nascidos fora do casamento e proibiu mesmo, em relação a estes, que "a lei ou as repartições oficiais" usem "designações discriminatórias relativas à filiação". Foi assim abolida a distinção entre *filhos legítimos* e *filhos ilegítimos*.

Da referência aos artigos 1803º a 1825º concluímos que o estabelecimento da maternidade só pode resultar da *declaração de maternidade* ou do *reconhecimento judicial*. É certo que estes preceitos também dizem respeito à averiguação oficiosa, mas esta significa apenas a atividade desenvolvida com vista ao estabelecimento da maternidade. Quando essa atividade tem êxito, conduz ao estabelecimento da maternidade por uma das vias já assinaladas: a *declaração de maternidade* ou o *reconhecimento judicial*.

O artigo 1803º sob a designação de menção de maternidade, determina no seu nº 1, que aquele que declarar o nascimento deve, sempre que possa, identificar a mãe do registando. E acrescenta no nº 2 que a maternidade indicada é mencionada no registo.

A declaração de maternidade é feita, portanto, por menção no registo.

De teor idêntico é o artigo 112º, nº 1 do Código do Registo Civil. Na verdade, o nascimento é um facto obrigatoriamente sujeito a registo, conforme determina o artigo 1º, nº 1, alínea *a)* do mesmo diploma legal.

O nascimento ocorrido em território português deve ser declarado verbalmente, dentro dos 20 dias imediatos, em qualquer conservatória do registo civil ou, se o nascimento ocorrer em unidade de saúde onde seja possível declarar o nascimento, até ao momento em que a parturiente receba alta da unidade de saúde – artigo 96º, nº 1 do Código de Registo Civil.

Por sua vez, o artigo 97º do mesmo diploma determina a quem compete obrigatoriamente a declaração do nascimento.

Quer a criança tenha nascido na constância do matrimónio, quer tenha nascido fora do casamento, é imposto ao declarante do nascimento o dever de identificar a mãe do registando, sempre que possível, qualquer que seja a idade deste.

Há, no entanto, uma diferença prevista no artigo 1804º, nº 1, que diz respeito à idade do registando: no caso de declaração de nascimento ocorrido há menos de um ano, a maternidade *indicada* considera-se estabelecida.

No mesmo sentido dispõe o artigo 113º, nº 1 do Código do Registo Civil que a maternidade mencionada no assento, se o nascimento declarado tiver ocorrido há menos de um ano, considera-se estabelecida.

No caso de declaração de nascimento ocorrido há um ano ou mais, a maternidade indicada considera-se estabelecida se a mãe for o declarante, estiver presente no ato ou nele se achar representada por procurador com poderes especiais – artigo 1805º, nº 1 (cfr. artigo 114º do Código do Registo Civil).

Quer dizer, a maternidade considera-se estabelecida nas circunstâncias seguintes: 1 – quando a indicação da maternidade foi feita na declaração de nascimento da criança com menos de um ano de idade; 2 – quando a indicação da maternidade, depois de decorrido um ano ou mais após o nascimento, é feita pela própria mãe, ou com ela presente no ato, ou estando nele representada por procurador com poderes especiais.

A declaração voluntária de nascimento ocorrido há mais de um ano só pode ser recebida quando prestada por qualquer dos pais, por quem tiver o registando a seu cargo ou pelo próprio interessado se for maior de 14 anos, devendo, porém, sempre que possível, ser ouvidos os pais do registando quando não sejam declarantes – artigo 99º, nº 1 do Código do Registo Civil.

Por sua vez, o nº 2 do artigo 1805º determina que, fora dos casos previstos no número anterior, a pessoa indicada como mãe será notificada pessoalmente para, no prazo de quinze dias, vir declarar se confirma a maternidade, sob a cominação de o filho ser havido como seu; o facto da notificação e confirmação são averbados ao registo do nascimento.

O estabelecimento da filiação tem eficácia retroativa – artigo 1797º, nº 2. Significa que produz efeitos desde a data do nascimento do filho.

B) Registo omisso quanto à maternidade

A omissão da maternidade no registo de nascimento será um caso muito raro, mas pode acontecer, nomeadamente, nos casos em que a pessoa que declarou o nascimento da criança não tinha possibilidade de identificar a mãe. Pode verificar-se igualmente nos casos de declaração de nascimento ocorrido há mais de um ano em que a pessoa indicada como mãe não foi possível ser notificada ou, tendo-o sido, negou a maternidade que lhe é atribuída (artigo 1805º, nºs 2 e 3). Acontece ainda sempre que resultar infrutífera a averiguação oficiosa para a identificar (artigo 1808º).

Como se compreende, quando a declaração de maternidade é feita pela mãe, pessoalmente, ou por representante legal, a maternidade considera-se estabelecida.

Se a declaração é feita por qualquer das pessoas a tal obrigadas pelo artigo 97º do Código do Registo Civil, é aplicável o disposto nos artigos 1803º a 1805º, o que significa que tudo depende do tempo de atraso do assento.

Nos termos do artigo 1826º, nº 1, presume-se que o filho nascido ou concebido na constância do matrimónio da mãe tem como pai o marido da mãe.

Conforme resulta do disposto no artigo 1832º, a mulher casada pode fazer a declaração do nascimento com a indicação de que o filho não é do marido. Esta declaração faz cessar a presunção de paternidade prevista no referido artigo 1826º, nº 1.

De acordo com o disposto no artigo 1806º, nº 1, a mãe pode fazer a declaração de maternidade se o registo for omisso quanto a esta, salvo se se tratar de filho nascido ou concebido na constância do matrimónio e existir perfilhação por pessoa diferente do marido.

Como se verifica, quando se trata de assento de uma criança nascida ou concebida na constância do matrimónio da mãe, não é aceite a declaração de maternidade feita por esta se, entretanto, a criança tiver sido perfilhada por pessoa diferente do seu marido.

Cessando a presunção de paternidade, pode, desde logo, ser aceite o reconhecimento voluntário da paternidade.

Quando o presumido progenitor confirme a maternidade ou a paternidade, é imediatamente lavrado termo de perfilhação, na presença do Ministério Público, conforme determina o artigo 64º do Regime Geral do Processo Tutelar Cível (R.G.P.T.C.).

O suprimento da omissão de maternidade pode ter lugar a todo o tempo. E não é exigido o consentimento do filho quando este já tenha atingido a maioridade, ao contrário do que acontece no caso de perfilhação previsto no artigo 1857º.

C) Impugnação da maternidade

Se a maternidade estabelecida nos termos dos artigos anteriores não for verdadeira, pode a todo o tempo ser impugnada em juízo pela pessoa declarada como mãe, pelo registado, por quem tiver interesse moral ou patrimonial na procedência da ação ou pelo Ministério Público – artigo 1807º.

Como se depreende do preceito, a possibilidade de impugnação abrange todos os casos de maternidade estabelecida nos termos dos artigos 1803º a 1806º.

Assim, aplica-se aos casos em que a indicação de maternidade teve lugar em assento de nascimento ocorrido há menos de um ano qualquer que tenha sido a pessoa com legitimidade para o fazer, incluindo a própria mãe.

Aplica-se ainda aos casos em que a indicação de maternidade teve lugar em declaração de nascimento ocorrido há um ano ou mais, quando a indicação tenha sido efetuada pela mãe, na sua presença ou por procurador com poderes especiais, ou ainda por qualquer pessoa com legitimidade para o efeito.

A impugnação de maternidade abrange todos os casos em que a maternidade inscrita no registo não coincide, por qualquer motivo, com a realidade biológica da procriação.

A ação de impugnação pode ser intentada a todo o tempo, tendo legitimidade para a sua propositura a pessoa declarada como mãe, ainda que a declaração tenha partido dela, o registado e qualquer outra pessoa com interesse moral ou patrimonial, o que alarga grandemente o leque das pessoas com legitimidade para o efeito. Há ainda que naturalmente acrescentar o Ministério Público, cuja legitimidade sempre se justifica atendendo ao interesse em apurar o verdadeiro estado de cada cidadão.

D) Averiguação oficiosa da maternidade

Sempre que a maternidade não esteja mencionada no registo do nascimento deve o funcionário remeter ao tribunal certidão integral do registo e cópia do auto de declarações, se as houver, a fim de se averiguar oficiosamente a maternidade – artigo 1808º, nº 1. (cfr. artigos 115º e 116º do Código do Registo Civil).

Um dos casos em que se verifica a necessidade de instaurar a averiguação oficiosa de maternidade é o que se encontra previsto no nº 3 do artigo 1805º, ou seja, aquele em que a mãe indicada no assento, tendo sido notificada, nega a maternidade, ou o caso em que não foi possível a sua notificação. Em qualquer destas situações a menção de maternidade fica sem efeito, como se compreende, e surge então a necessidade de proceder à averiguação oficiosa.

O tribunal deve proceder às diligências necessárias para identificar a mãe e, se chegar ao seu conhecimento a identidade da pretensa mãe, deve ouvi-la em declarações que serão reduzidas a auto – nº 2 do artigo 1808º.

Desta audição da pretensa mãe da criança pode surgir um de três resultados.

A pretensa mãe pode *confirmar* a maternidade da criança e, neste caso, sob o comando do nº 3 do mesmo preceito, será lavrado termo e remetida certidão para averbamento à repartição competente para o registo.

Como resulta do artigo 64º do Regime Geral do Processo Tutelar Cível (R.G.P.T.C.), já acima referido, se a resumida mãe confirmar a maternidade é logo lavrado termo de perfilhação na presença do Ministério Público.

A confirmação da maternidade é averbada oficiosamente ao assento de nascimento – artigo 114º, nº 4 do Código do Registo Civil.

Nos termos do nº 4 ainda do artigo 1808º, se a pretensa mãe não confirmar a maternidade, mas o tribunal concluir pela existência de *provas seguras que abonem a viabilidade da ação de investigação*, ordenará a remessa do processo ao Ministério Público junto do tribunal competente, a fim de a ação ser proposta.

Neste caso, a menção da maternidade fica sem efeito – artigo 114º, nº 3 do Código do Registo Civil.

Nos termos do disposto no artigo 60º do R.G.P.T.C., a instrução dos processos de averiguação oficiosa para investigação de maternidade ou paternidade ou para a sua impugnação incumbe ao Ministério Público, que pode usar de qualquer meio de prova legalmente admitido.

A instrução do processo é secreta e será conduzida por forma a evitar ofensa ao pudor ou dignidade das pessoas – artigo 1812º.

No mesmo sentido dispõe o nº 1 do artigo 61º do R.G.P.T.C., o qual acrescenta nos nºs 2 e 3 que não há lugar à intervenção de mandatários judiciais, salvo na fase de recurso, mas as pessoas podem ser assistidas por advogado nas diligências para que foram convocadas.

Finda a instrução – dispõe o artigo 62º deste mesmo diploma – o Ministério Público emite decisão sobre a inviabilidade ou viabilidade da ação. Se decidir que se mostra viável, proporá a ação de investigação de maternidade.

A improcedência da ação oficiosa não obsta a que seja intentada nova ação de investigação de maternidade, ainda que fundada nos mesmos factos – artigo 1813º.

Como se verifica, não é respeitada a força do caso julgado a que aludem os artigos 579º e 580º do Código de Processo Civil. Para justificar a derrogação da força vinculativa do caso julgado, adianta-se a explicação de que o Ministério Público não tem suficiente conhecimento do meio social e familiar em que ocorreu o nascimento do filho em causa. Estando subjacente à ação de investigação oficiosa o interesse público da descoberta da verdade acerca da maternidade de cada cidadão, o respeito pela força do caso julgado podia prejudicar esse mesmo interesse.

Nas ações relativas à filiação são admitidos como meios de prova os exames de sangue e outros métodos cientificamente comprovados – artigo 1801º.

Procura-se aproveitar os progressos científicos com vista à descoberta da mulher que realmente concebeu e deu à luz a criança. Estes exames podem, com grande segurança, afastar a maternidade que é imputada a determinada mulher. Porém, os processos de procriação medicamente assistida vêm lançar algumas dúvidas, devido à maternidade de substituição e à utilização de óvulos ou embriões que podem fazer com que a mãe biológica seja distinta da mãe de gestação.

Por força do disposto no artigo 1809º, a ação de averiguação oficiosa de maternidade não pode ser intentada:

a) Se, existindo perfilhação, a pretensa mãe e o perfilhante forem parentes ou afins em linha reta ou parentes no segundo grau da linha colateral;

b) Se tiverem decorrido dois anos sobre a data do nascimento.

No que diz respeito à alínea *a)*, se a pretensa mãe, ligada ao perfilhante pelos referidos laços de parentesco ou afinidade, vier confirmar, quando ouvida em declarações, que é a mãe da criança, deverão ser reduzidas a auto as suas declarações com vista a tornar conhecido o motivo por que não foi dada continuidade ao processo. É claro que não será lavrado o termo a que alude o nº 3 do artigo 1808º nem será remetida à conservatória do registo civil a certidão a que se refere o artigo 117º do Código do Registo Civil.

O curto prazo extintivo de dois anos previsto na alínea *b)* justifica-se pelas maiores dificuldades de averiguação quando feita tardiamente. Deixa-se, no entanto, ao próprio filho a possibilidade de propor a ação, sendo o respetivo prazo bem mais dilatado – cfr. artigo 1817º.

E) Investigação da maternidade pelo próprio filho

Quando não resulte de declaração, a maternidade pode ser reconhecida em ação especialmente intentada pelo filho para esse efeito – artigo 1814º.

Quer dizer, na falta de declaração espontânea da maternidade por quem tenha legitimidade para o fazer no assento de nascimento, ou na falta do seu reconhecimento oficioso, no caso da averiguação oficiosa a que se refere o artigo 1808º, a maternidade pode ser reconhecida judicialmente em ação intentada pelo filho com esse objetivo.

Não é admissível o reconhecimento de maternidade em contrário da que consta do registo de nascimento – artigo 1815º. Quer dizer, não é permitida a instauração de ação de investigação de maternidade sem a prévia retificação, declaração de nulidade ou cancelamento do assento, através dos meios próprios.

O prazo para a propositura da ação é o previsto no artigo 1817º. Nos termos do nº 1, a ação de investigação de maternidade só pode ser proposta durante a menoridade do investigante ou nos dez anos posteriores à sua maioridade ou emancipação.

Este prazo é alargado por força do nº 2 do mesmo preceito, segundo o qual, se não for possível estabelecer a maternidade em consequência do disposto no artigo 1815º, a ação pode ser proposta nos três anos seguintes à retificação, declaração de nulidade ou cancelamento do registo inibitório.

A ação pode ainda ser proposta nos três anos posteriores à ocorrência de algum dos factos mencionados no nº 3 do mesmo artigo 1817º.

A ação deve ser proposta contra a pretensa mãe, ou se esta tiver falecido, contra o cônjuge sobrevivo não separado judicialmente de pessoas e bens e também, sucessivamente, contra os descendentes, ascendentes ou irmãos; na falta destas pessoas, será nomeado curador especial – artigo 1819º, nº 1.

A primeira pessoa com legitimidade passiva é a mulher que o autor aponta como tendo sido a sua *progenitora*. Se a pretensa mãe já tiver falecido, a ação deve ser proposta contra o *cônjuge sobrevivo* e ainda, sob pena de ilegitimidade passiva (trata-se de *litisconsórcio necessário* previsto no artigo 33º do Código de Processo Civil) sucessiva, e não simultaneamente, contra os *descendentes, ascendentes* ou *irmãos*. Quer dizer, se existirem parentes da mãe nessas três categorias, só os primeiros devem ser obrigatoriamente demandados.

Não sendo chamados os herdeiros, mas somente os *parentes*, parece que foi intenção do legislador conceder-lhes a possibilidade de se defenderem da intromissão de uma pessoa estranha à família.

Na falta de qualquer destes parentes, intervirá como réu, ao lado do cônjuge sobrevivo, *o curador especial nomeado pelo juiz*. Por outras palavras, quando a pretensa mãe tenha falecido e não haja descendentes, ascendentes ou irmãos que possam tomar o seu lugar, intervirá o curador especial juntamente com o cônjuge sobrevivo ou, na falta deste, como único réu.

Quando existam *herdeiros* ou *legatários* cujos direitos sejam atingidos pela procedência da ação, esta não produzirá efeitos contra eles se não tiverem sido também demandados – artigo 1819º, nº 2.

Agora trata-se de *litisconsórcio voluntário passivo* previsto no artigo 32º do Código de Processo Civil. A ação não produzirá efeitos contra os herdeiros ou legatários que não tiverem sido demandados. Se o investigante quiser estender os efeitos do reconhecimento da maternidade a estes sucessores tem de propor a ação também contra eles.

É permitida a *coligação de investigantes* em relação ao mesmo pretenso progenitor – artigo 1820º.

O filho menor e o maior acompanhado têm direito a *alimentos provisórios* desde a proposição da ação, contanto que o tribunal considere provável o reconhecimento da maternidade – artigo 1821º.

Geralmente os *alimentos provisórios*, por força do disposto no artigo 386º, nº 1 do Código de Processo Civil, são devidos a partir do 1º dia do mês subsequente à data da dedução do respetivo pedido. No caso dos alimentos provisórios de que ora nos ocupamos, são devidos imediatamente desde a propositura da ação. Por outro lado, sabe-se que não há lugar, em caso algum, à restituição dos alimentos provisórios recebidos, conforme disposição do artigo 2007º, nº 2. Estes factos devem constituir razões suficientes para que o tribunal pondere devidamente a probabilidade de ser reconhecida a maternidade de que a lei faz depender a atribuição de alimentos provisórios.

Se se tratar de filho nascido ou concebido na constância do matrimónio da pretensa mãe, a ação de investigação deve ser intentada também contra o marido e, se existir perfilhação, ainda contra o perfilhante – artigo 1822º, nº 1.

Procura-se, deste modo, congregar numa única ação, todos os interessados, com vista à descoberta da verdade, através da figura do *litisconsórcio necessário*. Tratando-se de ação de investigação de maternidade, nos casos em que o filho nasceu ou foi concebido na constância do matrimónio da pretensa mãe, o legislador pretende que fique igualmente esclarecida a paternidade do filho. Acaba por ser possível acumular na mesma ação várias averiguações: a *investigação da maternidade*, a *investigação sobre a paternidade* presumida e a verdade sobre a *perfilhação*.

Durante a menoridade do filho a ação pode ser intentada pelo marido da pretensa mãe; neste caso deverá sê-lo contra a pretensa mãe e contra o filho e, se existir perfilhação, também contra o perfilhante – artigo 1822º, nº 2.

Na ação de investigação de maternidade pode ser *impugnada a presunção de paternidade do marido da mãe*. Se o filho tiver sido perfilhado por pessoa diferente do marido da mãe, a perfilhação só prevalecerá se for afastada, a presunção de paternidade – cfr. artigo 1823º, nº 1 e 2.

Trata-se de um complemento do litisconsórcio necessário passivo, previsto na ação de investigação de maternidade, quando a pretensa mãe era casada ao tempo em que o filho nasceu ou foi concebido. Tendo sido demandado o marido da pretensa mãe na ação de investigação de maternidade, é-lhe concedida a oportunidade de, na mesma ação, impugnar a presunção de paternidade que sobre si recairia, por força do disposto no artigo 1826º, se tiver êxito a investigação de maternidade. Constitui, em suma, uma oportunidade para esclarecer a paternidade do filho que não considera seu e cuja paternidade sempre lhe seria atribuída em virtude da presunção legal acima referida.

Conforme dispõe o artigo 1825º, em caso de falecimento do autor ou dos réus nas ações a que se referem os artigos 1822º a 1824º, é aplicável, com as necessárias adaptações, o disposto nos artigos 1818º e 1819º.

Assim, por força da primeira destas referências, no caso de o marido falecer na pendência da ação, os seus descendentes podem prosseguir nela. Se, porém, falecer antes de ter proposto a ação, os descendentes poderão instaurá-la apenas dentro do prazo que o ascendente, se fosse vivo, tinha para o efeito.

No caso da ação de investigação de maternidade proposta pelo filho contra a pretensa mãe, o marido desta e o perfilhante, tendo falecido qualquer destes dois últimos, a ação deve ser proposta contra o cônjuge sobrevivo ou contra as restantes pessoas mencionadas no artigo 1819º.

70. Momento da conceção do filho

O momento da conceção do filho é fixado, para os efeitos legais, dentro dos primeiros cento e vinte dias dos trezentos que precederem o seu nascimento, salvas as exceções dos artigos seguintes – artigo 1798º.

Já o Código Civil de 1867, no seu artigo 101º, dispunha o seguinte: São havidos por legítimos os filhos nascidos de matrimónio legitimamente contraído, passados 180 dias depois da celebração dele, ou dentro dos 300 dias subsequentes à sua dissolução ou à separação dos cônjuges, judicialmente decretada.

Segundo Cunha Gonçalves, [25] " há milhares de anos, Hipócrates ensinara que as gestações mais curtas não podiam durar menos de 180 dias e as mais longas não podiam exceder o termo de 300 dias. Esta regra foi adotada pelos romanos, Digesto, Lei 3, § 11º."

A fixação do período legal da conceção que anteriormente tinha interesse para a determinação da filiação legítima, tem atualmente igual interesse para averiguar a paternidade. Pode-se, deste modo, concluir pela paternidade do filho nascido dentro do período legal da conceção previsto no artigo, embora existam hoje meios científicos para a determinar com elevadíssimo grau de certeza.

Entende-se que é de 300 dias, salvo raros casos excecionais, o período máximo de gestação uterina, antes de o feto deixar o ventre materno. Toda a gente sabe que a duração da gravidez se situa à volta de 9 meses, ou seja, 270 dias. Os peritos fixaram os limites entre 186 dias e 300 dias. À cautela, arredondaram o período mínimo da gestação para 180 e o máximo para 300 dias.

Presume-se que a conceção teve lugar dentro destes parâmetros.

Se a duração mínima da gravidez que chega a bom termo é de 180 dias, o período da conceção tem de situar-se dentro dos primeiros 120 dias dos 300 que precederam o nascimento.

Estas presunções são ilidíveis. Conforme dispõe o artigo 1800º, nº 1, é admitida ação judicial destinada a fixar a data provável da conceção dentro do período referido no artigo 1798º, ou a provar que o período de gestação do filho foi inferior a cento e oitenta dias ou superior a trezentos.

Por outro lado, se dentro dos trezentos dias anteriores ao nascimento tiver sido interrompida ou completada outra gravidez, não são considerados para a determinação do momento da conceção os dias que tiverem decorrido até à interrupção da gravidez ou ao parto – artigo 1799º, nº 1.

A mulher não podia ter concebido uma segunda vez antes de ter abortado ou de ter dado à luz o filho que trazia no ventre. A conceção dum

[25] Cunha Gonçalves, Tratado de Direito Civil, II, página 157.

segundo filho só podia ter acontecido depois de qualquer destes factos. Assim, para determinar o momento da conceção deverá ser inutilizado, no período dos primeiros 120 dias (dos 300 que precederam o nascimento) todo o tempo decorrido até à data do aborto ou do parto, considerando que é de 180 dias o período mínimo de gestação intrauterina. Em suma, o encurtamento do tempo, por força da gravidez anterior, deve ser tido em conta na duração do período legal da conceção e do período de gestação.

No cômputo destes prazos, como em quaisquer outros, não se conta o *dies a quo*, em obediência ao que dispõe o artigo 279º, alínea *b)*.

71. Estabelecimento da paternidade

A) Modos de estabelecimento da paternidade

Nos termos do artigo 1796º, nº 2, a paternidade presume-se em relação ao marido da mãe e, nos casos de filiação fora do casamento, estabelece-se pelo reconhecimento.

Por sua vez, o artigo 1847º, ao definir as formas de reconhecimento da paternidade, determina que o reconhecimento do filho nascido ou concebido fora do matrimónio efetua-se por perfilhação ou decisão judicial em ação de investigação.

A perfilhação constitui uma forma de *reconhecimento voluntário*, enquanto o *reconhecimento judicial* tem subjacente a proposição de ação com essa finalidade.

A averiguação oficiosa não significa um modo de estabelecer a paternidade, exatamente como também não é modo de estabelecer a maternidade, reafirmando aqui o que se disse no lugar próprio. Apenas evidencia a atividade desenvolvida com a finalidade de estabelecer a paternidade por uma das vias possíveis: *a perfilhação* ou o *reconhecimento judicial*.

Resumindo o que fica explanado, podemos dizer que há três modos de estabelecer a paternidade: a *presunção de paternidade*, a *perfilhação* e o *reconhecimento judicial*. Estudaremos a seguir cada um destes modos, que complementaremos com a averiguação oficiosa.

B) Presunção da paternidade

Nos termos do disposto no nº 1 do artigo 1826º, presume-se que o filho nascido ou concebido na constância do matrimónio da mãe tem como pai o marido da mãe.

Daqui resulta que a presunção abrange os casos em que o filho *foi concebido e nasceu* na constância do casamento da mãe, mas também os casos em que *foi concebido antes* do casamento, mas nasceu durante ele, e ainda os casos em que o filho foi *concebido durante* o casamento, mas nasceu depois de o mesmo estar dissolvido.

Em qualquer destes casos, existe um elevado grau de probabilidade de o filho ser do marido da mãe. Mesmo quando a conceção do filho se situa num momento anterior ao casamento inferior a 180 dias, o compromisso de casar evidencia de certo modo a probabilidade de a paternidade do filho pertencer ao marido.

O termo da duração do casamento está previsto no nº 2 do mesmo artigo 1826º. O momento da dissolução do casamento por divórcio ou da sua anulação é o do trânsito em julgado da respetiva sentença; o casamento católico, porém, só se considera nulo ou dissolvido por dispensa a partir do registo da sentença proferida pelas autoridades eclesiásticas.

No caso da dissolução do casamento por divórcio ocorrido na conservatória do registo civil, conta-se a partir do respetivo despacho.

O casamento católico não produz quaisquer efeitos enquanto não for transcrito no registo civil.

Tanto a anulação do casamento civil como a declaração de nulidade do casamento católico, transcrito no registo civil, não excluem a presunção de paternidade, conforme dispõe o artigo 1827º. Quer dizer, o desaparecimento do casamento não faz desaparecer a presunção da paternidade.

Cessa, porém, a presunção de paternidade nas circunstâncias previstas nos artigos 1828º, 1829º e 1835º.

Por força do disposto no primeiro destes preceitos, relativamente ao filho nascido dentro dos cento e oitenta dias posteriores à celebração do casamento, cessa a presunção estabelecida no artigo 1826º se a mãe ou o marido declararem no ato do registo de nascimento que o marido não é o pai.

A declaração de negação da paternidade do marido, como se verifica, pode partir de qualquer dos cônjuges. Mas o artigo 119º do Código do Registo Civil apenas faz alusão à da mulher. Se a mulher casada fizer a declaração do nascimento com a indicação de que o filho não é do marido, não é efetuada a menção de paternidade presumida, podendo, desde logo, ser aceite o reconhecimento voluntário da paternidade.

A referida declaração faz cessar, de modo imediato, a presunção de paternidade e força a sua não inclusão no assento de nascimento. Por isso, não haverá lugar à impugnação de paternidade.

Quando não é feita esta declaração de negação da paternidade do marido da mãe, a paternidade presumida é obrigatoriamente mencionada no assento de nascimento – artigo 1835º, nº 1, e artigo 118º, nº 1, sendo este do Código do Registo Civil.

Por sua vez o artigo 1829º – outro caso em que cessa a presunção de paternidade – determina, no seu nº 1, que a cessação acontece se o nascimento do filho ocorrer passados trezentos dias depois de finda a coabitação dos cônjuges. É no nº 2 deste mesmo preceito que encontramos definidas as situações em que se considera finda a coabitação dos cônjuges. Na alínea *a)*, a referência feita à primeira conferência deve entender-se como feita à conferência, visto que agora é uma única – cfr. artigo 1776º.

A enumeração das situações em que se considera finda a coabitação, não deve entender-se como sendo taxativa. Basta ter em atenção que a morte do marido também extingue a coabitação.

A presunção de paternidade que cessou por força do disposto no artigo 1829º pode ter o seu *reinício*, nos termos do artigo 1830º, ou o seu *renascimento* nos termos do artigo 1831º. No primeiro caso (reinício), a presunção recupera os seus efeitos. No caso do renascimento, a presunção é restabelecida por força de decisão judicial no sentido de que, no período legal da conceção, existiram relações entre os cônjuges, que tornam verosímil a paternidade do marido ou que o filho, na ocasião do nascimento, beneficiou da posse de estado relativamente a ambos os cônjuges – cfr. artigo 1831º, nº 1.

De acordo com a definição constante do nº 2 do mesmo artigo 1831º, existe *posse de estado* relativamente a ambos os cônjuges, quando a pessoa é tratada como filho por ambos os cônjuges e também é reputada como tal nas relações sociais, especialmente nas respetivas famílias.

Se o filho nasceu depois de a mãe ter contraído novo casamento sem que o primeiro se achasse dissolvido ou dentro dos trezentos dias após a sua dissolução, presume-se que o pai é o segundo marido – artigo 1834º, nº 1.

Trata-se de casos em que a mãe praticou um ato de *bigamia*. A lei optou pela presunção de paternidade referente ao segundo marido, com base num critério de maior probabilidade. Porém, se houver impugnação da paternidade, renasce a presunção relativa ao primeiro marido – cfr. artigo 1834º, nº 2.

Como se sabe, atualmente, devido ao avanço tecnológico, existem formas de saber com facilidade e certeza qual é o pai da criança.

C) A perfilhação

A perfilhação é uma das formas de reconhecimento da paternidade do filho nascido ou concebido fora do matrimónio – cfr. artigo 1847º.

Sendo um *ato pessoal*, tem de ser praticado pelo pai, embora a lei consinta que o possa fazer por intermédio de procurador munido de procuração com poderes especiais para o efeito – cfr. artigo 1849º.

Sendo um *ato livre*, significa que pode ser judicialmente anulável por erro ou coação moral, a requerimento do perfilhante – cfr. artigo 1860º, nº 1.

A ação de anulação caduca no prazo de um ano a contar do momento em que o perfilhante teve conhecimento do erro ou em que cessou a coação – artigo 1860º, nº 3.

Se o perfilhante for menor não emancipado ou maior acompanhado com restrições ao exercício de direitos pessoais, a ação não caduca sem ter decorrido um ano sobre a maioridade, emancipação, cessação ou modificação bastante do acompanhamento – 1860º, nº 4.

A perfilhação é *anulável por incapacidade do perfilhante* a requerimento deste ou dos seus pais, tutor ou acompanhante, se assim resultar de medidas de acompanhamento judicialmente decretadas – artigo 1861º, nº 1.

Nos termos do nº 2 do artigo 1861º, a ação pode ser intentada dentro de um ano, contado:

a) Da data da perfilhação, quando intentada pelos pais, tutor ou acompanhante com poderes de representação;
b) Da maioridade ou emancipação, quando intentada pelo que perfilhou antes da idade exigida por lei;
c) Do termo da limitação, quando intentada por quem perfilhou estando em situação de acompanhamento ou se encontre afetado por perturbação mental notória.

No que diz respeito à forma, a perfilhação pode fazer-se: *a)* por declaração prestada perante o funcionário do registo civil; *b)* por testamento; *c)* por escritura pública; *d)* por termo lavrado em juízo – artigo 1853º.

Quanto a esta última forma de perfilhação, dispõe o artigo 64º do R.G.P.T.C. que o termo será lavrado na presença do Ministério Público, como já é do nosso conhecimento.

A noção de testamento consta do nº 1 do artigo 2179º. Trata-se de um ato unilateral e revogável pelo qual uma pessoa dispõe, para depois da morte, de todos os seus bens ou de parte deles.

Tem, portanto, essencialmente, caráter patrimonial. Porém, a perfilhação, apesar de ser uma disposição de caráter não patrimonial, pode ser feita em testamento. Como acima dissemos – ao referir o artigo 1853º, alínea *b)* – uma das formas de perfilhação é o testamento.

A este respeito determina o nº 2 do artigo 2179º que as disposições de caráter não patrimonial que a lei permite inserir no testamento são válidas se fizerem parte de um ato revestido de forma testamentária, ainda que nele não figurem disposições de caráter patrimonial.

Quer dizer, o artigo 1853º, alínea *b)* permite que a perfilhação por meio de testamento seja válida ainda que do testamento não constem outras disposições de caráter patrimonial, como é próprio do mesmo.

Para o perfilhante o testamento pode ter a vantagem de manter a perfilhação em segredo até ao momento da sua morte.

O reconhecimento da perfilhação pode mesmo prolongar-se para além da morte do perfilhante, visto que, por força do que dispõe o nº 1 do artigo 1848º, não é admitido o reconhecimento em contrário da filiação que conste do registo de nascimento enquanto este não for retificado, declarado nulo ou cancelado. Ora, a retificação do registo, a sua declaração de nulidade ou o seu cancelamento podem levar algum tempo.

É claro, porém, que o estabelecimento da filiação tem *eficácia retroativa*, nos termos do nº 2 do artigo 1797º.

Conforme dispõe o artigo 2189º, são incapazes de testar os menores de 16 ou 17 anos não emancipados – alínea *a)* – e os maiores acompanhados, apenas nos casos em que a sentença de acompanhamento assim o determine – alínea *b)*.

O artigo 1853º prevê ainda, além da perfilhação por declaração prestada perante o funcionário do registo civil e por escritura pública, a perfilhação por *termo lavrado em juízo*. Esta forma de perfilhação ocorrerá normalmente nos casos em que, no decurso da averiguação oficiosa da paternidade, o investigado reconheça voluntariamente a paternidade que lhe é atribuída – cfr. artigo 1865º, nº 3.

A mesma forma de perfilhação pode ocorrer nos casos de investigação de paternidade a que aludem os artigos 1869º e seguintes.

Uma vez concretizada a perfilhação, torna-se irrevogável. É irrevogável, mesmo quando feita em testamento, apesar da possibilidade de revogação deste – cfr.artigo1858º.

A perfilhação deve corresponder à verdade. Se tal não acontecer, é impugnável em juízo, mesmo depois da morte do perfilhado. A ação pode ser intentada a todo o tempo pelas pessoas referidas no artigo 1859º.

Têm capacidade para perfilhar os indivíduos com mais de dezasseis anos, se não forem maiores acompanhados com restrições ao exercício de direitos pessoais nem forem afetados por perturbação mental notória no momento da perfilhação – artigo 1850º, nº 1.

Os menores não necessitam, para perfilhar, de autorização dos pais ou tutor – artigo 1850º, nº 2.

Como se verifica, têm capacidade para perfilhar os que atingiram a idade núbil prevista no artigo 1601º, alínea *a)*. Só não podem perfilhar se forem maiores acompanhados com restrições de direitos pessoais ou com perturbação mental notória.

O ato de perfilhação não comporta cláusulas que limitem ou modifiquem os efeitos que lhe são atribuídos por lei, nem admite condição ou termo – artigo 1852º, nº 1.

Não são admitidas, portanto, limitações à titularidade do exercício do poder paternal ou às responsabilidades parentais, por exemplo, assim como quaisquer modificações respeitantes aos direitos pessoais ou sucessórios atribuídos por lei ao perfilhado. Igualmente está vedado ao perfilhante acrescentar qualquer cláusula no sentido de que a perfilhação só produzirá os efeitos em determinadas circunstâncias ou durante certo período de tempo.

Se, apesar de tudo, as cláusulas ou declarações proibidas constarem do ato de perfilhação, não a invalidam, mas são consideradas como não escritas, por força do disposto no nº 2 do mesmo artigo 1852º.

No que toca ao perfilhando, o artigo 1854º determina que a perfilhação pode ser feita a todo o tempo, antes ou depois do nascimento do filho ou depois da morte deste.

A perfilhação do nascituro só é válida se for posterior à conceção e o perfilhante identificar a mãe – artigo 1855º.

No mesmo sentido dispõe o artigo 132º, nº 1 do Código do Registo Civil. E o nº 3 deste mesmo preceito acrescenta que, se pela data do nascimento se verificar ser a conceção posterior à perfilhação, deve o conservador comunicar o facto ao Ministério Público para, se for caso disso, requerer a declaração de nulidade do ato.

A perfilhação posterior à morte do filho só produz efeitos em favor dos seus descendentes – artigo 1856º.

Significa que a perfilhação *post mortem*, apesar da eficácia retroativa concedida pelo artigo 1797º, nº 2, não aproveita ao perfilhante. Procurou-se, deste modo, afastar a possibilidade de o perfilhante se servir deste ato para se habilitar à herança do perfilhado. A perfilhação do filho depois da morte deste só pode aproveitar aos descendentes que eventualmente tenha deixado. Mas a perfilhação neste caso ainda se justifica em face dos interesses morais que lhe estão subjacentes.

Há, no entanto, de ter em conta o disposto no artigo 1857º sobre a perfilhação de maiores. Nos termos do seu nº 1, a perfilhação de filho maior ou emancipado, ou de filho predefunto de quem vivam descendentes maiores ou emancipados, só produz efeitos se aquele ou estes ou, tratando-se de maiores acompanhados com restrições ao exercício de direitos pessoais, o acompanhante, precedendo autorização judicial, derem o seu assentimento.

O assentimento pode ser dado antes ou depois da perfilhação, ainda que o perfilhante tenha falecido, sendo o registo da perfilhação considerado secreto até ser prestado o assentimento necessário. No entanto, qualquer interessado tem o direito de requerer judicialmente a notificação pessoal do perfilhando, dos seus descendentes ou dos seus representantes legais, para declararem, no prazo de trinta dias, se dão o seu assentimento à perfilhação, considerando-se esta aceite no caso de falta de resposta e sendo cancelado o registo no caso de recusa – artigo 1857º, nºs 2, 3 e 4.

Acerca do assento de perfilhação que deve considerar-se secreto dispõe o artigo 133º do Código do Registo Civil.

Não obsta à perfilhação o facto de a maternidade do perfilhando não se encontrar declarada no registo – artigo 1851º.

Trata-se do que já foi designado por princípio da divisibilidade do estado do filho nascido fora do casamento dos progenitores, em que a falta do registo da maternidade não deve prejudicar a identificação do pai do perfilhado.

Também não existem obstáculos à perfilhação de filhos incestuosos. Só não pode ser intentada a averiguação oficiosa da maternidade (artigo 1809º) ou da paternidade (artigo 1866º) de filhos incestuosos.

D) Reconhecimento judicial

O reconhecimento judicial da paternidade é, como dissemos, um outro modo de estabelecer a paternidade do filho nascido fora do casamento.

Quando o estabelecimento da filiação não é conseguido pelo reconhecimento voluntário por parte do progenitor ou através da conclusão do processo administrativo ou judicial de averiguação oficiosa, poderá ser obtido por meio de ação especialmente proposta pelo filho.

Conforme, a tal respeito, dispõe o artigo 1869º, a paternidade pode ser reconhecida em ação especialmente intentada pelo filho se a maternidade já se achar estabelecida ou for pedido conjuntamente o reconhecimento de uma e outra.

Como se verifica, a ação de investigação de paternidade, em princípio, tem de ser intentada depois de a maternidade já se encontrar estabelecida, mas permite-se que seja pedido o reconhecimento de uma e de outra conjuntamente. Diferentemente, nos termos do artigo 1851º, não obsta à perfilhação o facto de a maternidade não se encontrar declarada no registo.

Nos termos do disposto no artigo 78º do Código do Registo Civil, o tribunal deve comunicar a qualquer conservatória do registo civil as decisões proferidas em ações respeitantes a factos sujeitos a registo que devam ser averbados.

A ação deve ser proposta pelo filho contra o pretenso pai, durante a menoridade do investigante ou nos dez anos posteriores à sua maioridade ou emancipação e, em caso de falecimento deste na pendência da ação, podem prosseguir nesta o cônjuge não separado judicialmente de pessoas e bens ou os seus descendentes, conforme resulta da conjugação do disposto nos artigos 1873º, 1817º a 1819º.

Na ação de investigação de paternidade é permitida a coligação de investigantes filhos da mesma mãe, em relação ao mesmo pretenso progenitor – artigo 1872º.

Como dispõe o artigo 123º, salvo disposição em contrário, os menores carecem de capacidade para o exercício de direitos.

Os menores e os maiores acompanhados sujeitos a representação só podem estar em juízo por intermédio dos seus representantes, exceto quanto aos atos que possam exercer pessoal e livremente – artigo 16º do Código de Processo Civil.

Porém, a mãe menor tem legitimidade para intentar a ação em representação do filho sem necessidade de autorização dos pais, mas é sempre representada na causa por curador especial nomeado pelo tribunal – artigo 1870º.

Trata-se, portanto, de uma exceção que se justifica por ser a mãe, ainda que menor, quem está em melhores condições para identificar o pai do seu filho. Por outro lado, tendo o menor com 16 anos capacidade para perfilhar, compreende-se que a mãe com igual idade também possa propor ação de investigação de paternidade contra o pretenso pai. E mesmo que a sua idade seja inferior a 16 anos, se é reconhecida como mãe, justifica-se que possa intentar ação de investigação de paternidade sem necessidade de para tal ser autorizada pelos seus pais. Com a nomeação do curador especial procura-se colmatar a natural falta de preparação da mãe para defender os interesses do seu filho.

A nomeação do curador é requerida nos termos do artigo 17º do Código de Processo Civil.

Tal como acontece na ação de investigação de maternidade, o filho menor e o maior acompanhado têm direito a alimentos provisórios desde a proposição da ação de investigação de paternidade, contanto que o tribunal considere provável o reconhecimento da paternidade, como se depreende da conjugação dos artigos 1873º e 1821º.

Com base no disposto no artigo 1884º, nº 1, o pai não unido pelo matrimónio à mãe do filho é obrigado, desde a data do estabelecimento da paternidade, a prestar-lhe alimentos relativos ao período da gravidez e ao primeiro ano de vida do filho, sem prejuízo das indemnizações a que por lei ela tenha direito.

A mãe pode pedir os alimentos na ação de investigação de paternidade e tem direito a alimentos provisórios se a ação foi proposta antes de decorrido o prazo a que se refere o número anterior, desde que o tribunal considere provável o reconhecimento – artigo 1884º, nº 2.

Se a ação de investigação de paternidade for julgada improcedente, não haverá lugar à restituição das importâncias recebidas, a título de alimentos provisórios, pelo filho ou pela mãe, conforme resulta do disposto no artigo 2007º, nº 2.

Como é do conhecimento comum, não é normalmente viável a prova direta do facto biológico da procriação. Só poderá ser alcançada através de presunções judiciais ou naturais que têm por base as lições da experiência da vida. O próprio artigo 349º define as presunções como sendo as ilações que a lei ou o julgador tira de um facto conhecido para firmar um facto desconhecido.

Embora atualmente o artigo 1801º permita que, nas ações de investigação de paternidade, a prova possa ser feita através de exames de sangue ou outros métodos científicos, isso não impediu que a lei enumerasse diversas presunções nesse sentido, certamente com o objetivo de ultrapassar certa resistência aos referidos exames e métodos científicos.

Assim, o artigo 1871º alude a cinco situações de facto que, quando se verificam, constituem fundamento de presunções legais de paternidade. São elas, em síntese, as seguintes: posse de estado do filho; declaração escrita do pretenso pai em que assume a paternidade; união de facto ou concubinato entre a mãe e o pretenso pai; sedução da mãe pelo pretenso progenitor; relações sexuais havidas entre a mãe e o pretenso pai no período legal da conceção.

Por força do disposto no nº 2 deste mesmo preceito legal, a presunção considera-se ilidida quando existam dúvidas sérias sobre a paternidade do investigado.

E) Averiguação oficiosa da paternidade

Através da averiguação oficiosa de paternidade, quando coroada de êxito, pode ser conseguido o pretendido estabelecimento da paternidade por um dos modos já referidos: a perfilhação ou o reconhecimento judicial.

A averiguação oficiosa impõe-se nos casos em que a paternidade é desconhecida, com o fundamento de que todo o filho tem o direito de conhecer o seu pai. Para o efeito, deve o Estado, quando necessário, tomar a iniciativa de averiguar oficiosamente a paternidade.

Assim, nos termos do artigo 1864º, sempre que seja lavrado registo de nascimento de menor apenas com a maternidade estabelecida, deve o funcionário remeter ao tribunal certidão integral do registo, a fim de se averiguar oficiosamente a identidade do pai.

No mesmo sentido o artigo 121º do Código de Registo Civil impõe ao conservador o dever de remeter ao tribunal certidão de cópia integral do registo a fim de se averiguar, oficiosamente, a identidade do pai, quando o registo de nascimento do menor tenha sido lavrado apenas com a maternidade estabelecida.

Contudo, nos termos do nº 3 deste mesmo artigo 121º, a remessa da certidão não tem lugar se, conhecido o nome do pretenso pai, o conservador verificar que este e a mãe são parentes ou afins na linha reta ou parentes no segundo grau da linha colateral.

Na verdade, por força do disposto no artigo 1866º, a averiguação oficiosa de paternidade não pode ser intentada:

a) Se a mãe e o pretenso pai forem parentes ou afins em linha reta ou parentes no segundo grau da linha colateral;

b) Se tiverem decorrido dois anos sobre a data do nascimento.

Na primeira destas alíneas não é admitida a averiguação oficiosa de paternidade nos casos em que o laço de parentesco ou o vínculo de afinidade que ligam os progenitores conduziria ao reconhecimento judicial de um filho incestuoso.

Diz-se incestuoso o filho que provém da relação sexual entre duas pessoas ligadas pelos laços do parentesco ou da afinidade na linha reta, ou pelo vínculo do parentesco no segundo grau da linha colateral, isto é, o filho a cujos pais estaria vedado contrair casamento entre si, em virtude dos impedimentos dirimentes a que se referem as alíneas *a)*, *c)* e *d)* do artigo 1602º.

O incesto sempre repugnou à consciência social dos povos civilizados. Já o Código Civil de 1867, no seu artigo 122º, proibia que fossem perfilhados os filhos incestuosos. Aliás, estendia mesmo a proibição aos filhos adulterinos.

O prazo de caducidade previsto na alínea *b)* do artigo 1866º, visa essencialmente fazer com que a instrução do processo de averiguação oficiosa se desenvolva dentro dum período de tempo o mais próximo possível do nascimento da criança, por oferecer maiores garantias para a descoberta da verdade.

Nos termos do artigo 1865º, sempre que possível, o tribunal ouvirá a mãe acerca da paternidade que atribui ao filho. Conhecida a identidade do pretenso pai, este será igualmente ouvido. Nas suas declarações, o presumido pai confirmará ou negará a paternidade do filho. Se a confirmar, será lavrado termo de perfilhação e remetida certidão para averbamento à repartição competente para o registo (cfr. artigo 129º *in fine* do Código de Registo Civil).

Do termo de perfilhação também se ocupa o artigo 64º do R.G.P.T.C.

Se o pretenso progenitor não assumir a paternidade proceder-se-á à averiguação oficiosa da paternidade. Finda a instrução do processo, que tem caráter secreto para evitar ofensa à reserva e à dignidade das pessoas, cabe ao Ministério Público emitir decisão sobre a viabilidade ou inviabilidade e, se decidir pela viabilidade, deve propor a ação, em conformidade com o que consta do artigo 62º do R.G.P.T.C. e do artigo 1812º *ex vi* artigo 1868º.

Pelo Acórdão nº 346/2015, D.R. nº 147/2015, Série II de 2015-07-30, não foram julgadas inconstitucionais as normas constantes dos artigos 1865º, nº 5, e 1869º, na interpretação de que é possível proceder ao reconhecimento judicial da paternidade contra a vontade do pretenso progenitor.

Um dos fundamentos consistiu em que "o direito de constituir família, se não pode garantir a inserção numa autêntica comunidade de afetos – coisa que nenhuma ordem jurídica pode assegurar – implica necessariamente a possibilidade de assunção plena de todos os direitos e deveres decorrentes de uma ligação familiar suscetível de ser juridicamente reconhecida".

Por iniciativa do Ministério Público pode ainda ter lugar investigação com base em processo crime. Nos termos do artigo 1867º, quando em processo crime se considere provada a cópula em termos de constituir fundamento para a investigação da paternidade e se mostre que a ofendida teve um filho em condições de o período legal da conceção abranger a época do crime, deve o Ministério Público instaurar a correspondente ação de investigação, independentemente do prazo estabelecido na alínea *b)* do artigo 1866º.

Por razões perfeitamente compreensíveis, a ação não é precedida das diligências do conservador ou do tribunal no sentido de indagar da viabilidade da ação, a que se faz referência no artigo 1865º.

Por outro lado, a instauração da ação pelo Ministério Público não está subordinada ao prazo de caducidade de dois anos após a data do nascimento previsto na alínea *b)* do artigo 1866º.

Isso não significa, porém, que não esteja sujeita ao prazo geral de caducidade previsto no artigo 1873º, em virtude da remissão que este preceito faz para o artigo 1817º.

Terminado o processo crime, se não houver reconhecimento voluntário da paternidade, deve ser instaurada a ação cível de investigação de paternidade. A demonstração de que a prática do crime ocorreu durante o período da conceção do filho não é suficiente para provar que o condenado pela cópula é o pai. Na ação cível o demandado pode defender-se invocando a *exceptio plurium* ou requerendo exames de sangue, consentidos pelo artigo 1801º, com vista a afastar a paternidade que lhe é imputada.

Se a averiguação oficiosa de paternidade for julgada improcedente, isso não constituirá obstáculo a que seja intentada nova ação de investigação de paternidade, ainda que fundada nos mesmos factos – artigo 1813º ex vi artigo 1868º.

É, assim, retirada a força do caso julgado à decisão proferida na averiguação oficiosa, com o fundamento de que o filho ou os seus representantes legais estão em melhores condições para conhecer os factos capazes de influir no êxito da ação do que o Ministério Público.

CAPÍTULO XV
Efeitos da Filiação

72. Deveres de pais e filhos

Depois de nos termos ocupado do estabelecimento da filiação, chegou o momento de fazer uma breve referência aos efeitos da filiação.

O artigo 1874º, o primeiro do capítulo que trata dos efeitos da filiação, versa precisamente sobre os deveres de pais e filhos. Do seu conteúdo sobressai claramente que os respetivos sujeitos destes deveres são colocados num plano de igualdade. Na verdade, dispõe o seu nº 1 que pais e filhos se devem mutuamente respeito, auxílio e assistência. O artigo correspondente que foi revogado, limitava-se a enunciar que os filhos deviam honrar e respeitar os pais.

Quando nos entranhamos no campo destes deveres, verificamos que também os cônjuges estão reciprocamente vinculados pelos deveres de respeito e assistência, além de outros referidos no artigo 1672º.

Certamente que o dever de respeito necessariamente existente entre pais e filhos é diferente do dever de respeito que vincula os cônjuges. Por sua vez, o dever de respeito que os pais devem ter para com os filhos também é diferente do dever de respeito que os filhos devem ter para com os pais.

Estes deveres de que ora nos ocupamos perduram durante toda a relação e não apenas até à maioridade ou emancipação dos filhos. Porém, como facilmente se compreenderá, os deveres de respeito, auxílio e assistência vão variando também em conformidade com a idade dos filhos e depois com a idade dos pais.

O dever de respeito e assistência dos pais para com os filhos começa por ter a ver com a sua integridade física, a sua educação e, de um modo geral, a sua preparação para a autonomização gradual, ou seja, a sua preparação para a vida, confundindo-se, durante a menoridade do filho, com as responsabilidades parentais.

No domínio das responsabilidades parentais, cujo conteúdo consta do artigo 1878º, compete aos pais, no interesse dos filhos, velar pela sua segurança e saúde e prover ao seu sustento, dirigir a sua educação, representá-los, ainda que nascituros, e administrar os seus bens.

O dever dos pais não cessa no momento em que o filho atinge a maioridade ou a emancipação. Se o filho entretanto não houver completado a sua formação profissional, manter-se-á, na medida em que seja razoável, a obrigação dos pais de prover ao seu sustento e de assumir as despesas relativas à sua saúde e educação – cfr. artigos 1879º e 1880º.

Como veremos adiante, quando tratarmos do exercício das responsabilidades parentais, nos termos do disposto no artigo 1905º, nº 2, para efeitos do disposto no artigo 1880º, entende-se que se mantém para depois da maioridade, e até que o filho complete 25 anos de idade, a pensão fixada em seu benefício durante a menoridade, salvo algumas exceções referidas.

O dever dos pais para com o filho sofre alteração com a saída do filho da casa paterna e a organização da sua própria vida.

Igualmente os deveres do filho para com os pais também vão variando com a idade destes, nomeadamente quando chegam a encontrar-se na situação de necessidade do auxílio doutrem.

O nº 2 do mesmo artigo 1874º caracteriza o dever de assistência dizendo que compreende a obrigação de prestar alimentos e a de contribuir, durante a vida em comum, de acordo com os recursos próprios, para os encargos da vida familiar.

São os pais quem tem de prover ao sustento dos filhos enquanto se preparam para obter uma profissão e alcançar um modo de vida. A direção da agulha só poderá virar quando os pais estão velhos e doentes, se tiverem necessidade do apoio dos filhos e estes tiverem possibilidade de lho prestar.

O artigo 2009º determina as pessoas vinculadas à prestação de alimentos e a respetiva ordem, nela estando incluídos os descendentes e os ascendentes.

A ordem prevista na lei é a que está em consonância com a ordem natural.

73. Nome do filho

O assento de nascimento deve conter o nome próprio e os apelidos – artigo 102º, nº 1, alínea *a)* do Código do Registo Civil.

O nome do registando é indicado pelo declarante ou, quando este o não faça, pelo funcionário perante quem foi apresentada a declaração.

O nome completo deve compor-se, no máximo, de seis vocábulos gramaticais, simples ou compostos, dos quais só dois podem corresponder ao nome próprio e quatro a apelidos.

Os apelidos são escolhidos entre os que pertençam a ambos ou só a um dos pais do registando ou a cujo uso qualquer deles tenha direito, podendo, na sua falta, escolher-se um dos nomes por que sejam conhecidos.

A irmãos não pode ser dado o mesmo nome próprio, salvo se um deles for falecido.

São estas, em síntese, as disposições constantes do artigo 103º, nº 1, e nº 2 e respetivas alíneas *e)* e *d)* do Código do Registo Civil.

Em conformidade, dispõe o artigo 1875º, nºs 1 e 2, que o filho usará apelidos do pai e da mãe ou só de um deles. A escolha do nome próprio e dos apelidos do filho menor pertence aos pais; na falta de acordo, decidirá o juiz, de harmonia com o interesse do filho.

Na falta de acordo dos progenitores, a escolha do nome próprio e dos apelidos será feita pelo tribunal, devendo ser requerida em processo tutelar cível, nos termos do artigo 44º do Regime Geral do Processo Tutelar Cível (R.G.P.T.C.).

Considerando o interesse do filho a que a lei manda atender, o juiz deve escolher a composição do nome por forma a afastar os vocábulos que possam ser tidos como desonrosos ou humilhantes para o menor.

Nos termos do artigo 104º, nº 1 do Código do Registo Civil, o nome fixado no assento de nascimento só pode ser modificado mediante autorização do conservador dos Registos Centrais.

Porém, o nº 2 deste preceito prevê algumas exceções, entre as quais a que consta da alínea *a)*: a alteração fundada em estabelecimento da filiação, adoção, sua revisão ou revogação e casamento posterior ao assento.

Também o artigo 1876º contempla o caso em que é possível a atribuição dos apelidos do marido da mãe e o caso em que é permitido eliminá-los.

Nos termos do nº 1 deste artigo, quando a paternidade se não encontre estabelecida, poderão ser atribuídos ao filho menor apelidos do marido da mãe se esta e o marido declararem, perante o funcionário do registo civil, ser essa a sua vontade.

Com a atribuição de apelidos do marido da mãe ao filho dela tem-se em vista, não criar a aparência de que a criança é filha do padrasto, mas antes permitir que o filho adquira os apelidos que a mãe também acrescentou ao seu nome quando contraiu casamento. Por isso, parece que esta faculdade só deve ser consentida no caso de a mãe, na verdade, ter adotado um ou dois apelidos do marido, nos termos do artigo 1677º.

Nos dois anos posteriores à maioridade ou à emancipação o filho pode requerer que sejam eliminados do seu nome os apelidos do marido da mãe – nº 2 do mesmo artigo 1876º.

A alteração do nome também ocorre nos casos de adoção. Por força do artigo 1988º, nº 1, o adotado perde os apelidos de origem, sendo o seu novo nome constituído, com as necessárias adaptações, nos termos do artigo 1875º.

A integração do adotado na família do adotante (artigo 1986º) constitui razão justificativa para que este procure apagar, na medida do possível, os vestígios da sua ligação à família de onde proveio. Atualmente até o nome próprio do adotado pode ser excecionalmente modificado, a pedido do adotante, nos termos do artigo 1988º, nº 2.

74. As responsabilidades parentais

A) Conteúdo

Todo o ser humano pode tornar-se sujeito de direitos e obrigações. Essa capacidade de adquirir direitos denomina-se *capacidade de gozo*. Em princípio, toda a pessoa física tem plena capacidade de gozo de direitos. No entanto, por vezes, a lei impõe algumas restrições a essa capacidade de gozo. Assim, nos termos do artigo 2194º, é nula a disposição a favor do médico ou enfermeiro que tratar do testador, ou do sacerdote que lhe prestar assistência espiritual, se o testamento foi feito durante a doença e o seu autor vier a falecer dela.

Além das restrições à capacidade de gozo de direitos, a lei impõe igualmente limitações à capacidade de exercício de direitos. Quer dizer, embora a pessoa tenha plena capacidade de gozo dos seus direitos, a lei, visando protegê-la contra a sua inexperiência (no caso de menoridade) ou contra o seu deficiente estado de saúde mental (no caso de maior acompanhado), determina que não poderá exercer por si os direitos de que é titular, apenas o podendo fazer por intermédio do seu representante legal.

À incapacidade de exercício de direitos se referem os artigos 123º (incapacidade dos menores)e 139ºe seguintes (acompanhamento de maior).

A incapacidade dos menores é suprida pelo poder paternal e, subsidiariamente, pela tutela – artigo 124º.

Nos termos do artigo 1878º, nº 1, compete aos pais, no interesse dos filhos, velar pela segurança e saúde destes, prover ao seu sustento, dirigir a sua educação, representá-los, ainda que nascituros, e administrar os seus bens.

No que toca à educação, o Estado dispõe-se a cooperar com os progenitores determinando, no artigo 68º, nº 1 da Constituição da República, que os pais e as mães têm direito à proteção da sociedade e do Estado na realização da sua insubstituível ação em relação aos filhos, nomeadamente quanto à sua educação, com garantia de realização profissional e de participação na vida cívica do país. Pelo lado dos menores, no artigo 69º, nº 1 afirma o direito das crianças à proteção da sociedade e do Estado, com vista ao seu desenvolvimento integral, especialmente contra todas as formas de abandono, discriminação e de opressão e contra o exercício abusivo da autoridade na família e nas demais instituições.

Antes da alteração introduzida pela Lei nº 61/2008, o artigo 1878º tinha como título "conteúdo do poder paternal". O poder paternal, tal como agora as responsabilidades parentais, sempre foi entendido segundo uma conceção filiocêntrica. O fulcro das finalidades visadas situa-se na pessoa do filho.

O menor não é objeto do direito dos pais, sendo ele próprio o titular dos direitos em causa. Como é natural, os pais sentir-se-ão realizados sempre que, de acordo com as suas capacidades, proporcionarem aos filhos um desenvolvimento harmonioso e a melhor preparação para a vida. Pode dizer-se que o interesse dos filhos coincide com o interesse dos pais. Nestas circunstâncias, o poder dos pais é simultaneamente considerado um dever. Trata-se de um poder funcional, podendo designar-se um *poder- dever.*

A Lei nº 61/2008, tendo substituído a expressão "poder paternal" por "*responsabilidades parentais*", procurou melhor adequar a designação ao seu conteúdo.

Como já se constatou, as responsabilidades parentais vão muito para além do poder de representação previsto no artigo 1881º.

As responsabilidades parentais podem ser definidas como um "conjunto de poderes e deveres destinados a assegurar o bem-estar moral e material do filho, designadamente, tomando conta da pessoa do filho, mantendo relações pessoais com ele, assegurando a sua educação, o seu sustento, a sua representação legal e administração dos seus bens".

Como também já vimos, as responsabilidades parentais têm um conteúdo em que o interesse dos pais se traduz na satisfação dos interesses dos filhos.

O conteúdo dos direitos e deveres que moldam as responsabilidades parentais não é suscetível de alteração na convenção antenupcial, como ressalta do disposto no artigo 1699º, nº 1, alínea *b)*.

Com a Lei nº 61/2008 foram introduzidas algumas alterações, mas apenas no que concerne ao respetivo exercício. Assim, por exemplo, o exercício das responsabilidades parentais passou a ser atribuído, como regra, a ambos os progenitores e não apenas àquele que tem a guarda do filho.

B) Duração das responsabilidades parentais

Nos termos do disposto no artigo 1877º, os filhos estão sujeitos às responsabilidades parentais até à maioridade ou emancipação.

Isso, porém, não significa que o conteúdo das responsabilidades parentais despareça totalmente com a maioridade ou emancipação do filho. Basta ter em conta o disposto no artigo 1880º que prorroga a obrigação dos pais enquanto o filho não tiver completado a sua formação profissional.

No que toca aos alimentos devidos ao filho em caso de divórcio, separação judicial de pessoas e bens, declaração de nulidade ou anulação do casamento, devem ser regulados por acordo dos pais sujeito a homologação, que será recusada se o acordo não corresponder ao interesse do menor – cfr. artigo 1905º, nº 1.

A despesa com os filhos maiores ou emancipados continua a ser obrigação dos pais até que o filho complete 25 anos de idade, mantendo-se a pensão fixada em seu benefício durante a menoridade, salvo se o respetivo processo de educação ou formação profissional estiver concluído antes daquela data, se tiver sido livremente interrompido ou ainda se, em qualquer caso, o obrigado à prestação de alimentos fizer prova da irrazoabilidade da sua exigência – artigo 1905º, nº 2.

A relação de filiação é, por natureza, perpétua.

A maioridade adquire-se no momento em que se completam 18 anos de idade. Aquele que perfizer 18 anos de idade adquire plena capacidade de exercício de direitos, ficando habilitado a reger a sua pessoa e a dispor dos seus bens – artigos 122º e 130º.

Estando, porém, pendente contra o menor, ao atingir a maioridade, ação de acompanhamento, mantêm-se as responsabilidades parentais ou a tutela até ao trânsito em julgado da respetiva sentença – artigo 131º.

O menor é, de pleno direito, emancipado pelo casamento – artigo 132º.

C) Irrenunciabilidade

Conforme preceitua o artigo 1882º, os pais não podem renunciar às responsabilidades parentais nem a qualquer dos direitos que especialmente por essa via lhes são conferidos, sem prejuízo do que neste código se dispõe acerca da adoção.

A proibição abrange não só as responsabilidades parentais consideradas no seu conjunto, mas também qualquer dos poderes-deveres em que se podem decompor.

A proibição justifica-se por se tratar de normas de interesse e ordem pública.

A adoção não significa propriamente uma transmissão do poder paternal, como antes se designava, mas antes a extinção das responsabilidades parentais, como hoje se denominam, que detinham os pais biológicos e uma atribuição das mesmas *ex novo* aos adotantes.

A própria Constituição da República, no seu artigo 36º, nº 5, atribui aos pais o direito e o dever de educação e manutenção dos filhos. E no artigo 67º, nº 2, alínea *c)*, o mesmo diploma impõe ao Estado a cooperação com os pais na educação dos filhos.

Por outro lado, nos termos do artigo 1887º, os menores não podem abandonar a casa paterna ou aquela que os pais lhe destinarem, nem dela ser retirados. Se a abandonarem ou dela forem retirados, qualquer dos pais e, em caso de urgência, as pessoas a quem eles tenham confiado o filho podem reclamá-lo, recorrendo, se for necessário, ao tribunal ou à autoridade competente.

A casa paterna é, em princípio, a residência da família a que se refere o artigo 1673º. Sendo aí também a residência do filho, este não pode abandonar essa residência, nem terceiros o podem dela retirar e também os pais o não podem afastar da mesma.

A subtração de menor constitui um crime contra a família previsto e punido pelo artigo 249º do Código Penal.

D) Evolução histórica do exercício das responsabilidades parentais

O exercício do poder paternal, como anteriormente era designado, tem sofrido uma grande evolução, que referiremos em traços muito gerais.

O Código Civil de 1867, partindo da incapacidade relativa da mulher casada, atribuía apenas ao pai a titularidade plena do exercício do poder paternal, reservando para a mãe o papel de mera colaboradora do marido. As mães, como dizia a lei, participavam do poder paternal e deviam ser ouvidas em tudo o que tivesse a ver com os interesses dos filhos.

Com a publicação do Código Civil de 1966, a titularidade do exercício do poder paternal passou a pertencer a ambos os progenitores, embora fossem diferentes as funções específicas de cada um.

Através da Reforma de 1977, foi proclamada a regra de que o exercício do poder paternal pertence a ambos os cônjuges. Porém, em caso de divórcio, separação judicial de pessoas e bens, declaração de nulidade ou anulação de casamento, nos termos do artigo 1906º, o poder paternal era exercido pelo progenitor a quem o filho havia sido confiado.

Depois da alteração operada pela Lei nº 61/2008, além de ter sido substituída a expressão "poder paternal" pela expressão "responsabilidades parentais", foi introduzida, como regra, o exercício em comum das responsabilidades parentais, quer nos casos em que os progenitores nunca tenham vivido juntos, quer naqueles em que vivam em união de facto, mas não tenham declarado que o poder paternal devia ser exercido em comum. Foi posto termo à presunção de que o poder paternal cabia ao cônjuge que tivesse a guarda do filho, presumindo-se que seria a mãe.

Foi também estabelecida a distinção entre questões de particular importância para a vida do filho, que são exercidas em comum por ambos os progenitores, nos termos que vigoravam para os casos da constância do matrimónio, e as questões relativas a atos da vida corrente do filho, que cabem ao progenitor com quem ele resida habitualmente.

E) Exercício das responsabilidades parentais

Anteriormente à Reforma introduzida pela Lei nº 61/2008, o exercício do poder paternal cabia a ambos os progenitores nas seguintes situações:

- Na constância do matrimónio – artigo 1901º, nº 1;
- Se, tendo cessado a vida em comum, tivessem os progenitores chegado a acordo, homologado por sentença, sobre o exercício conjunto do poder paternal – artigos 1905º, nº 1, 1906º, nº 2, 1909º
- Nos casos em que os progenitores viviam em união de facto, se tivessem declarado, perante o funcionário do registo civil, a sua vontade de que o poder paternal fosse exercido por ambos – artigo 1911º, nº 3.

Cabia ao progenitor a quem o filho tinha sido confiado, em todos os outros casos, ou seja, nos casos em que os progenitores não tivessem casado nem vivido em união de facto; nos casos em que, embora vivendo em união de facto, não tivessem declarado perante o funcionário do registo civil, a vontade de exercer em conjunto o poder paternal; nos casos de divórcio ou separação de facto ou de direito, se não houvesse acordo entre os progenitores, homologado por sentença, sobre o exercício conjunto do poder paternal.

A lei nº 61/2008, de 31/10, introduziu a regra segundo a qual as responsabilidades parentais relativas às questões de particular importância para a vida do filho devem ser exercidas conjuntamente por ambos os progenitores. É o que resulta do disposto nomeadamente nos artigos 1901º, 1906º, 1911º e 1912º.

Quando o exercício das responsabilidades parentais seja exercido em comum por ambos os pais, mas estes não estejam de acordo em alguma questão de particular importância, pode qualquer deles requerer ao tribunal a resolução do diferendo, nos termos do artigo 44º do R.G.P.T.C..

Existem, porém, excepções, ou seja, casos em que as responsabilidades parentais são exercidas por apenas um dos progenitores. É o caso em que se verifica impedimento de um dos pais, previsto no artigo1903º; é igualmente o caso em que ocorreu a morte de um dos progenitores, conforme dispõe o artigo 1904º; é também o caso em que a filiação se encontra estabelecida apenas quanto a um dos progenitores; no caso de divórcio, separação judicial de pessoas e bens, declaração de nulidade ou anulação do casamento, o tribunal pode decidir, de harmonia com o interesse do menor, promovendo e aceitando acordos ou tomando decisões que favoreçam amplas oportunidades de contacto e de partilha de responsabilidade entre eles – artigo 1906º, nº 7.

Conforme dispõe o artigo 1913º, nº 1, consideram-se de pleno direito inibidos das responsabilidades parentais:

a) Os condenados definitivamente por crime a que a lei atribua esse efeito;
b) Os maiores acompanhados, apenas nos casos em que a sentença de acompanhamento assim o declare;
c) Os ausentes desde a nomeação do curador provisório.

Os menores não emancipados consideram-se de pleno direito inibidos de representar o filho e administrar os seus bens – nº 2 do mesmo artigo.

A inibição de pleno direito do exercício das responsabilidades parentais cessa com o termo do acompanhamento ou com a revisão, nesse sentido, da sentença que o tenha decretado – artigo 1914º.

Nos casos contemplados no artigo 1918º, pode o tribunal, ao regular o exercício das responsabilidades parentais, decidir que se falecer o progenitor a quem o menor for entregue, a guarda não passe para o sobrevivo. Neste caso, o tribunal designará a pessoa a quem, provisoriamente, o menor será confiado.

O exercício das responsabilidades parentais encontra-se presentemente regulado nos artigos 34º e seguintes do R.G.P.T.C..

F) Exercício conjunto das responsabilidades parentais

Quando os progenitores coabitam, quer sejam casados quer vivam em união de facto, devem exercer conjuntamente as responsabilidades parentais. Significa que devem decidir, de comum acordo, todas as questões que dizem respeito à vida do filho, não só as de particular importância (artigos 1901º, 1902º e 1911, nº 1) mas também as demais.

Se faltar o acordo quanto a alguma questão de particular importância, pode qualquer dos progenitores, nos termos do artigo 44º do R.G.P.T.C., requerer ao tribunal a resolução do diferendo.

De acordo com o disposto no artigo 1901º, nº 3, se não for possível alcançar a conciliação necessária, o tribunal ouvirá o filho antes de decidir, salvo quando circunstâncias ponderosas o desaconselhem.

A criança tem direito a ser ouvida, sendo a sua opinião tida em consideração pelas autoridades judiciárias na determinação do seu superior interesse – artigo 5º, nº 1 do R.G.P.T.C..

Antes da última alteração legislativa, o menor seria ouvido quando já tivesse atingido a idade de 14 anos. Agora a lei não faz qualquer referência à idade do menor.

Se um dos pais praticar ato que integre o exercício das responsabilidades parentais, presume-se que age de acordo com o outro, salvo quando a lei expressamente exija o consentimento de ambos os progenitores ou se trate de ato de particular importância; a falta de acordo não é oponível a terceiro de boa fé – artigos 1902º, nº 1 e 1911º, nº 1.

Na verdade, os pais, embora devam acordar sistematicamente sobre os numerosos atos da vida do filho, não podem estar constantemente a reunir com a finalidade de encontrar o acordo. Por isso, o preceito parte da presunção de que o acordo existe.

Mas a presunção não se estende a todos os atos que integram o exercício das responsabilidades parentais. O preceito ressalva, em primeiro lugar, os casos em que a lei exija expressamente o consentimento de ambos os progenitores. Como exemplo podemos referir o disposto no nº 2 do artigo 16º do Código de Processo Civil em que os menores, cujo exercício das responsabilidades parentais compete a ambos os pais, são por estes representados em juízo e é necessário o acordo de ambos para a propositura de ações. Também, nos termos do artigo 18º do mesmo diploma, o caso em que se verifica desacordo dos pais na representação do menor acerca da conveniência de intentar ação.

A segunda exceção diz respeito aos atos de particular importância. Trata-se de um conceito indeterminado. Porém, para a qualificação de qualquer ato como sendo de particular importância deve optar-se por um critério objetivo em vez de lhe dar a importância subjetiva que lhe é atribuída por um dos progenitores.

Costumam apontar-se como exemplos de questões de particular importância, entre muitos outros, a intervenção cirúrgica ou a simples necessidade de tratamento médico do filho e os atos de natureza patrimonial que necessitem de autorização do Ministério Público. São, como também se diz na exposição dos motivos dos trabalhos preparatórios do projeto da Lei nº 61/2008, as questões que "pertencem ao núcleo essencial dos direitos que são reconhecidos às crianças".

O preceito acautela ainda a posição do terceiro, desde que esteja de boa fé, quando contrata apenas com um dos progenitores, no exercício das responsabilidades parentais.

Mas, por força do disposto no nº 2 do mesmo artigo 1902º, o terceiro deve recusar-se a intervir no ato praticado por um dos progenitores quando, nos termos do número anterior, não se presuma o acordo do outro ou quando conheça a oposição deste.

Se os progenitores estão divorciados, nunca viveram juntos ou deixaram de viver juntos, o exercício das responsabilidades parentais relativas a atos da vida corrente do filho cabe ao progenitor com quem ele resida habitualmente, ou ao progenitor com quem ele se encontra temporariamente; porém, este último, ao exercer as suas responsabilidades, não deve contrariar as orientações educativas mais relevantes, tal como elas são definidas pelo progenitor com quem o filho reside habitualmente – artigos 1906º, nº 3, 1911º, nº 2 e 1912º, nº 1.

É claro que, em caso de urgência manifesta, qualquer dos progenitores pode agir sozinho, devendo prestar informações ao outro logo que possível, conforme é consentido pelo artigo 1906º, nº 1, *in fine.*

Do exposto parece resultar claro que o *exercício conjunto* das responsabilidades parentais diz respeito tão somente à questão de saber a quem compete tomar as decisões relativas aos assuntos de particular importância para a vida do filho, nomeadamente no que concerne à sua saúde e educação. Não se pode confundir com o convívio da criança com cada um dos progenitores, ou seja, com a *guarda conjunta* ou a *guarda alternada.* Nada impede que a criança resida com um dos progenitores e seja estabelecido um regime de visitas relativamente ao outro progenitor. O exercício conjunto das responsabilidades parentais permanece em qualquer caso.

G) Regulação das responsabilidades parentais por mútuo acordo

1. Acordo dos progenitores que vivem separadamente

A Lei nº 5/2017, de 2 de Março, veio estabelecer o regime de regulação das responsabilidades parentais por mútuo acordo junto das Conservatórias do Registo Civil, em caso de separação de facto e de dissolução de união de facto, bem como entre pais não casados nem unidos de facto.

Com essa finalidade, a mesma Lei determina a alteração dos artigos 1909º, 1911º e 1912º do Código Civil e o aditamento dos artigos 274º-A a 274º-C ao Código do Registo Civil.

Conforme dispõe agora o nº 2 deste artigo 1909º, quando os progenitores pretendam regular por mútuo acordo o exercício das responsabilidades parentais de filhos menores ou proceder à alteração de acordo já homologado, podem requerê-lo a todo o tempo junto de qualquer Conservatória do Registo Civil, nos termos previstos nos artigos 274º-A a 274º-C do Código do Registo Civil, ou requerer a homologação judicial de acordo de regulação das responsabilidades parentais, nos termos previstos no Regime Geral do Processo Tutelar Cível.

Sempre que cesse a convivência entre os progenitores, ou seja, no caso de separação de facto, no caso de dissolução da união de facto e também no caso de os progenitores não serem casados nem viverem em união de facto, podem requerer a regulação do exercício das responsabilidades parentais dos filhos de ambos numa qualquer Conservatória do Registo Civil, desde que exista acordo entre si. A mesma necessidade de acordo entre os progenitores é exigida no caso de divórcio, separação judicial de pessoas e bens, declaração de nulidade ou anulação do casamento – cfr. artigos 1905º e 1906º.

2. Regulação das responsabilidades parentais na Conservatória

Nos termos do disposto nos artigos 274º-A a 274º-C do Código do Registo Civil, os progenitores podem requerer, a todo o tempo, junto de qualquer Conservatória do Registo Civil, a regulação do exercício das responsabilidades parentais dos filhos menores de ambos, por mútuo acordo.

Podem igualmente requerer a alteração de acordo já homologado. Na verdade, estamos no domínio de um processo de jurisdição voluntária, o que significa que, nos termos do disposto no artigo 998º, nº 1, do Código do Processo Civil, as resoluções podem ser alteradas, sem prejuízo dos efeitos já produzidos, com fundamento em circunstâncias supervenientes que justifiquem a sua alteração. Quer dizer, as decisões proferidas em processo de jurisdição voluntária não ganham força de *caso julgado* e, por isso, podem ser modificadas desde que se alterem as circunstâncias que determinaram essas decisões.

O requerimento é assinado pelos próprios ou pelos seus procuradores. Com o requerimento devem juntar o acordo sobre as responsabilidades parentais e sobre os alimentos devidos ao filho ou filhos.

O Conservador aprecia o requerimento e, convida os progenitores a alterá-lo no caso de este não acautelar os interesses dos filhos.

Após apreciação do acordo sobre o exercício das responsabilidades parentais, o processo é enviado ao Ministério Público junto do tribunal judicial de 1ª instância competente em razão da matéria no âmbito da circunscrição da residência do menor. O Ministério Público dispõe de 30 dias para se pronunciar sobre o acordo.

Se o Ministério Público nada tiver a opor, o processo é remetido ao conservador do Registo Civil para homologação.

Esta homologação produz os mesmos efeitos das sentenças judiciais sobre a matéria. Quer dizer, a homologação feita pelo conservador produz os mesmos efeitos que a homologação do juiz.

3. Apreciação pelo Ministério Público

O Ministério Público pode considerar que o acordo acautela devidamente os interesses dos menores e emite parecer nesse sentido, enviando de seguida o processo para a Conservatória do Registo Civil, para homologação.

Mas o Ministério Público pode detetar algumas deficiências e, sendo assim, terá de indicar aos progenitores as alterações que devem ser introduzidas. No caso de as indicações serem acatadas pelos progenitores, será emitido parecer e seguidamente o processo será enviado ao Conservador, para a respetiva homologação.

Porém, se o Ministério Público considerar que o acordo não acautela devidamente os interesses dos menores, podem os progenitores proceder à sua alteração em conformidade ou apresentar novo acordo. Se apresentarem novo acordo, este terá de ser submetido à apreciação do Ministério Público, a não ser que este opte por convocar os progenitores com vista a suprir as falhas identificadas nos acordos.

Sempre que os progenitores não se conformem com as alterações sugeridas pelo Ministério Público e mantenham o propósito constante dos acordos, a decisão compete ao tribunal.

4. Remessa do processo ao tribunal

Com as alterações introduzidas pela legislação ora em análise pretendeu-se abreviar e simplificar o processo de regulação do exercício das responsabilidades parentais, correndo o mesmo em qualquer Conservatória do Registo Civil. Nos casos em que os acordos apresentados não acautelarem suficientemente os interesses dos menores a homologação é recusada pelo conservador e o processo é integralmente remetido ao tribunal competente da residência do menor no momento da instauração do processo.

O Ministério Público promoverá a audição do menor para a recolha dos elementos que assegurem a salvaguarda do superior interesse da criança.

Depois de ouvir o menor e de recolher outros elementos que lhe permitem identificar o superior interesse da criança, o juiz aprecia os acordos apresentados pelos requerentes e convida-os a alterá-los, se os mesmos não acautelarem os interesses dos filhos, decretando por fim os termos da regulação do exercício das responsabilidades parentais.

A recolha dos elementos indispensáveis à decisão judicial, nomeadamente a audição da criança e o depoimento dos pais, familiares e outras pessoas deve ter em conta o estatuído nos artigos 4º e 5º do Regime Geral Tutelar Cível aprovado pela Lei nº 141/2015, de 8 de Setembro.

H) Exercício das responsabilidades parentais por terceiro. O apadrinhamento

Nos termos do artigo 1903º, quando um dos pais não puder exercer as responsabilidades parentais por ausência, incapacidade ou outro impedimento decretado pelo tribunal, caberá esse exercício unicamente ao outro progenitor ou, no impedimento deste, a alguém da família de qualquer deles, desde que haja um acordo prévio e com validação legal.

Um dos casos com validação legal é o do *apadrinhamento civil*, cujo regime jurídico foi aprovado pela Lei nº 103/2009, de 11 de Setembro, alterada pela Lei nº 141/2015, de 8 de Setembro (R.G.P.T.C.).

O apadrinhamento civil é definido pelo artigo 2º da Lei nº 103/2009 como sendo uma relação jurídica, tendencialmente de caráter permanente, entre uma criança ou jovem e uma pessoa singular ou uma família que exerça os poderes e deveres próprios dos pais e que com eles estabeleçam vínculos afetivos que permitam o seu bem-estar e desenvolvimento, constituída por homologação ou decisão judicial e sujeita a registo civil.

Têm capacidade para apadrinhar pessoas maiores de 25 anos, previamente habilitadas para o efeito – artigo 4º deste mesmo diploma.

Por sua vez o seu artigo 5º dispõe que pode ser apadrinhada qualquer criança ou jovem, menor de 18 anos, que esteja a beneficiar de uma medida de acolhimento em instituição, que esteja a beneficiar de outra medida de promoção e proteção ou que se encontre numa situação de perigo, desde que o apadrinhamento apresente reais vantagens para a criança ou jovem e desde que não se verifiquem os pressupostos da confiança com vista à adoção.

Os padrinhos exercem as responsabilidades parentais, ressalvadas as limitações previstas no compromisso do apadrinhamento civil ou na decisão judicial – artigo 7º, nº 1 da mesma Lei.

Por força do seu artigo 13º, o apadrinhamento constitui-se por decisão judicial ou por compromisso homologado pelo tribunal.

Para o apadrinhamento, exige-se o consentimento da criança ou do jovem maior de 12 anos – artigo 14º, nº 1, alínea *a)*.

No que concerne à obrigação alimentar, nos termos do seu artigo 21º, os padrinhos consideram-se ascendentes em 1º grau do afilhado para efeitos da obrigação de lhe prestar alimentos, mas são precedidos pelos pais deste em condições de satisfazer esse encargo. O afilhado considera-se descendente em 1º grau dos padrinhos para o efeito da obrigação de lhes prestar alimentos, mas é precedido pelos filhos destes em condições de satisfazer este encargo.

Embora o apadrinhamento seja considerado um vínculo permanente, pode ser revogado – cfr. artigos 24ºe 25º da Lei nº 103/2009.

A constituição do apadrinhamento civil e a sua revogação estão sujeitas a registo civil obrigatório, conforme determinação do artigo 28º desta mesma Lei. Cfr. artigos 1º, nº 1, alínea *i)*, 69º, nº 1, alínea *h)* e 78º, nº 2 do Código do Registo Civil.

A Lei nº 2/2016, de 29 de Fevereiro, veio eliminar a discriminação no acesso ao apadrinhamento. Todas as disposições legais relativas ao casamento, adoção e apadrinhamento e outras relações jurídicas familiares devem ser interpretadas à luz desta lei, independentemente do sexo dos cônjuges.

Por sua vez, o artigo 1918º determina que quando a segurança, a saúde, a formação moral ou a educação de um menor se encontrem em perigo e não seja caso de inibição do exercício das responsabilidades parentais, pode o tribunal, a requerimento do Ministério Público ou de qualquer das pessoas indicadas no nº 1 do artigo 1915º, decretar as providências adequadas, designadamente confiá-lo a terceira pessoa ou a estabelecimento de educação ou assistência.

Trata-se dos casos em que a conduta do progenitor põe em risco a saúde, a formação moral ou a educação do filho, embora se não justifique a inibição do exercício das responsabilidades parentais. Nestes casos, a requerimento do Ministério Público ou de qualquer parente do menor ou de pessoa a cuja guarda ele esteja confiado, de facto ou de direito, devem ser impostas pelo tribunal as providências adequadas, entre as quais, a título exemplificativo, a entrega do menor a terceira pessoa ou a estabelecimento de educação ou assistência

Quando o filho seja confiado a terceira pessoa cabem a esta os poderes e deveres dos pais que forem exigidos pelo adequado desempenho das suas funções – artigo 1907º, nº 2.

I) Incumprimento da regulação do exercício das responsabilidades parentais

As formas mais comuns de incumprimento do exercício das responsabilidades parentais verificam-se no que respeita ao pagamento da pensão de alimentos e ao regime de convívio do progenitor com o menor. Acontece com frequência que estas duas formas de incumprimento se entrecruzam. Um dos progenitores não paga a pensão de alimentos devida ao filho e o outro, como represália, coloca-lhe entraves ao regime de visitas. Temos, então, em vez do incumprimento de um dos pais, o incumprimento de ambos, sendo o filho o principal prejudicado.

Quando um dos pais ou a terceira pessoa a quem a criança foi confiada não cumprir com o que tiver sido acordado ou decidido, pode o tribunal, oficiosamente, ou a requerimento do Ministério Público ou do outro progenitor, ordenar as diligências necessárias para o cumprimento coercivo e a condenação do remisso em multa até vinte unidades de conta e, verificando-se os respetivos pressupostos, em indemnização a favor da criança, do progenitor requerente ou de ambos – artigo 41º, nº1 do R.G.P.T.C..

Atendendo à frequência com que a pensão de alimentos não é satisfeita e considerando a necessidade de minimizar as consequências resultantes do incumprimento, foi criado pela Lei nº 75/98, de 19/11, o Fundo de Garantia dos Alimentos Devidos a Menores.

Nos termos do artigo 1º deste diploma, quando a pessoa judicialmente obrigada a prestar alimentos a menor residente em território nacional não satisfizer as quantias em dívida em conformidade com o previsto no artigo 48º do R.G.P.T.C. e o alimentado não tenha rendimento ilíquido superior ao valor do indexante dos apoios sociais (IAS) nem beneficie nessa medida de rendimentos de outrem a cuja guarda se encontre, o Estado assegura as prestações previstas na presente lei até ao início do efetivo cumprimento da obrigação.

A decisão do tribunal que determinar que o pagamento da prestação de alimentos deve ser suportado pelo Fundo de Garantia de Alimentos Devidos a Menores "não pode fixar um montante superior ao da prestação de alimentos a que está vinculado o devedor originário". Foi a decisão proferida pelo Acórdão do S.T.J., em recurso interposto pelo Ministério Público para uniformização de jurisprudência publicado em D.R. nº 85/2015, Série I, de 2015-05-04.

Quanto aos alimentos não pode o obrigado livrar-se da dívida por meio de compensação com um crédito que detenha sobre o outro progenitor com quem o filho habitualmente reside, porque a isso se opõe o artigo 2008º, nº 2.

Porém, o progenitor também não pode tentar forçar o pagamento por meio de uma atitude que se traduza no seu próprio incumprimento, como se ambos fossem partes em um contrato sinalagmático, cujo objeto é o próprio filho de ambos.

Por outro lado, o tribunal não pode forçar o pai a conviver com o filho contra a sua vontade, visto que *nemo ad factum cogi potest.*

No caso do incumprimento da pensão de alimentos, torna-se relativamente fácil conseguir o cumprimento coercivo, quando o devedor trabalha por conta doutrem ou recebe de outrem uma determinada importância a qualquer título. Basta, neste caso, que o tribunal ordene a quem deve pagar aquela importância que envie o valor dos alimentos ao credor dos mesmos, a expensas do devedor. É o que se encontra estabelecido no artigo 933º do Código de Processo Civil, quanto à execução especial por alimentos, e também no acima referido artigo 48º do R.G.P.T.C. sob a epígrafe "meios de tornar efetiva a prestação de alimentos".

Ainda no que respeita ao incumprimento do dever de prestar alimentos, o artigo 250º, nº 3 do Código Penal pune com pena de prisão até 2 anos ou com multa até 240 dias quem, estando legalmente obrigado a prestar alimentos e em condições de o fazer, não cumprir a obrigação, pondo em perigo a satisfação, sem auxílio de terceiro, das necessidades fundamentais de quem a eles tem direito.

Porém, nos termos do nº 6 deste preceito penal, se a obrigação vier a ser cumprida, pode o tribunal dispensar de pena ou declarar extinta, no todo ou em parte, a pena ainda não cumprida.

Merece o nosso aplauso esta última disposição legal, pois sabemos pela experiência própria que colhemos durante vários anos, que a vontade de escapar ao cumprimento da pena de prisão, constituirá um grande incentivo ao pagamento dos alimentos em atraso, o que é duplamente salutar.

Ainda o Código Penal, no seu artigo 249º, também pune com pena de prisão até 2 anos ou com pena de multa até 240 dias, quem subtrair menor, quem determinar o menor a fugir, por meio de violência ou de ameaça com mal importante, ou quem se recusar, atrasar ou dificultar significativamente a sua entrega ou acolhimento.

Como já tivemos ocasião de referir, a pensão de alimentos atribuída ao menor pode estender-se até aos seus 25 anos de idade. Por força do nº 2 do artigo 1905º, para efeitos do disposto no artigo 1880º, entende-se que se mantém para depois da maioridade, e até que o filho complete 25 anos de idade, a pensão fixada em seu benefício durante a menoridade, salvo se o respetivo processo de educação ou formação profissional estiver concluído antes daquela data, se tiver sido livremente interrompido ou ainda se, em qualquer caso, o obrigado à prestação de alimentos fizer a prova da irrazoabilidade da sua exigência.

Relacionado com os preceitos que acabámos de mencionar, dispõe o artigo 989º, nº 1 do Código de Processo Civil que, quando se pretenda providenciar sobre alimentos a filhos maiores ou emancipados, nos termos dos artigos 1880º e 1905º, segue-se, com as necessárias adaptações, o regime revisto para os menores.

O juiz pode decidir, ou os pais acordarem, que a contribuição seja entregue ao filho de maioridade, no todo ou em parte, conforme determina o nº 4 do mesmo artigo 989º do Código de Processo Civil.

A decisão sobre a regulação do exercício das responsabilidades parentais, quer tenha sido decretada por sentença sem o acordo dos progenitores, quer resulte da homologação por sentença do acordo a que os progenitores chegaram, é suscetível de modificação quando houve alteração das circunstâncias em que foi produzida.

Segundo o disposto no artigo 42º do R.G.P.T.C., a alteração do regime é possível quando o acordo ou a decisão final não sejam cumpridos por ambos os pais ou pela terceira pessoa a quem a criança foi confiada, ou quando circunstâncias supervenientes tornem necessário alterar o que estiver estabelecido.

Se o incumprimento provém de ambos os progenitores, isso poderá significar que o acordo ou a decisão não é exequível, o que faz surgir a necessidade da sua alteração. Igual necessidade se faz sentir quando circunstâncias supervenientes impõem a modificação do que se encontra estabelecido.

No que concerne aos alimentos, determina o artigo 2012º que, se depois de fixados os alimentos pelo tribunal ou por acordo dos interessados, as circunstâncias determinantes da sua fixação se modificarem, podem os alimentos taxados ser reduzidos ou aumentados, conforme os casos, ou podem outras pessoas serem obrigadas a prestá-los.

Na verdade, trata-se de processos de jurisdição voluntária, conforme expressamente são classificados pelo artigo 12º do R.G.P.T.C., pelo que as decisões proferidas não ganham a força de caso julgado. Por isso, nos termos do disposto no artigo 988º, nº 1 do Código de Processo Civil, as resoluções podem ser alteradas, sem prejuízo dos efeitos já produzidos, com fundamento em circunstâncias supervenientes que justifiquem a sua alteração.

Este mesmo preceito nos elucida sobre o que deve entender-se por circunstâncias supervenientes. São, não só as circunstâncias que ocorreram posteriormente à decisão, como também as anteriores, que não tenham sido alegadas por ignorância ou outro motivo ponderoso.

75. Limitações e inibição do exercício das responsabilidades parentais

A) Enunciado

Se os pais não cumprirem os seus deveres para com os filhos, estes podem ser-lhes retirados. Segundo o artigo 36º, nº 6 da Constituição da República, os filhos não podem ser separados dos pais, salvo quando estes não cumpram os seus deveres fundamentais para com eles e sempre mediante decisão judicial.

Embora se compreenda que, em princípio, os filhos devem ser educados na família, ninguém deixará de reconhecer legitimidade à intervenção do Estado, através dos tribunais, sempre que há necessidade de corrigir as violações mais graves do exercício das responsabilidades parentais.

Os poderes-deveres que constituem o conteúdo das responsabilidades parentais não são direitos que o titular possa exercer como e quando quiser. Não só é obrigado a exercer os direitos, como tem de o fazer por forma a salvaguardar os interesses da pessoa do seu destinatário, que é o filho.

O exercício das responsabilidades parentais deve ser controlado pelos tribunais, que o poderão limitar, ou até retirar, sempre que os interesses do menor o exijam.

O interesse da criança, sendo um conceito indeterminado, tem como objetivo a defesa dos seus direitos e a prossecução dos seu bem-estar, não só de ordem física, mas também de natureza psíquica.

B) Limitações do exercício das responsabilidades parentais

É possível retirar ao progenitor parte das atribuições próprias do exercício das responsabilidades parentais quando o seu comportamento revele especial inaptidão para o desempenho das mesmas.

Tanto pode estar em causa a proteção da pessoa do filho como do seu património e, em qualquer dos casos, será decretada uma medida de proteção que fica aquém da medida mais drástica que é a inibição do exercício das responsabilidades parentais.

Por outras palavras, embora a situação não seja de molde a justificar a inibição do exercício das responsabilidades parentais, o Estado não pode ficar indiferente à atuação perniciosa dos progenitores e, pela via dos tribunais, deve decretar as providências que no caso se imponham.

"A inibição só deve ter lugar nos casos mais graves de desrespeito pelo cumprimento dos aludidos deveres porque a sua carga negativa envolve o perigo de danos afetivos e morais graves".

"É sabido que a criança tem um poder de recuperação da imagem parental que parece ser, quase sempre, essencial a uma autoestima que estruture uma personalidade tão normal e feliz quanto possível".

"Sendo assim, afigura-se-nos que essa imagem não deve ser facilmente prejudicada por uma sentença inibitória atestando que o pai ou a mãe (ou ambos) não prestam".[26]

Nos termos do já referido artigo 1918º, quando se encontrem em perigo a segurança, a saúde, a formação moral ou a educação de um menor e não seja caso de inibição do exercício das responsabilidades parentais, pode o tribunal, confiá-lo a terceira pessoa ou a estabelecimento de educação ou assistência.

Em complemento, preceitua o artigo 1919º que os pais conservam o exercício das responsabilidades parentais em tudo o que se não mostrar inconciliável com a providência decretada. E, se o menor tiver sido confiado a terceira pessoa ou a estabelecimento de educação ou assistência, deve ser estabelecido um regime de visitas aos pais.

Quando está em perigo o património do filho, a proteção está prevista no artigo 1920º. Conforme dispõe o nº 1 deste preceito, quando a má administração ponha em perigo o património do filho e não seja caso de inibição do exercício das responsabilidades parentais, pode o tribunal decretar as providências que julgue mais adequadas.

[26] Armando Leandro, Poder Paternal: Natureza, Conteúdo, Exercício e Limitações, pág. 134.

O nº 2 do mesmo preceito aponta as possíveis providências. Atendendo em especial ao valor dos bens, pode nomeadamente o tribunal exigir a prestação de contas e de informações sobre a administração e estado do património do filho e, quando estas providências não sejam suficientes, a prestação de caução.

Em regra todo aquele que administra bens alheios está obrigado à prestação de contas. No entanto, por força do disposto no artigo 1899º, os pais não são obrigados a prestar contas, mas existe a ressalva prevista no nº 2 do artigo 1920º. Como aqui vemos, excecionalmente, podem ser obrigados a fazê-lo, quando a administração ponha em perigo o património do filho.

Em suma, o progenitor que administra bens do filho pode excecionalmente ser obrigado a prestar contas ou a prestar informações sobre a administração e estado do património do filho. E quando tais providências se mostrem insuficientes o progenitor pode ser obrigado a prestar caução.

A inibição e as limitações ao exercício das responsabilidades parentais estão previstas nos artigo 52º e seguintes do R.G.P.T.C..

As decisões que decretem as providências limitativas do exercício das responsabilidades parentais podem ser revogadas ou alteradas pelo tribunal, a todo o tempo, a requerimento do Ministério Público ou de qualquer dos pais – artigo 1920º-A.

Serão oficiosamente comunicadas à repartição do registo civil competente, a fim de serem registadas, as decisões que estabeleçam providências limitativas do exercício das responsabilidades parentais – artigo 1920º-B, alínea *d) in fine*.

C) Inibição do exercício das responsabilidades parentais

A lei distingue entre os casos de inibição de pleno direito, que resultam diretamente da lei – artigo 1913º – e os casos de inibição por decisão judicial – artigo 1915º.

A *inibição de pleno direito* abrange as situações de condenação criminal, de incapacidade civil ou de ausência. Diz respeito a circunstâncias que tornam desaconselhável ou impossível ao progenitor o exercício das suas responsabilidades parentais. Assim, como já tivemos ocasião de referir, nos termos do artigo 1913º, nº 1, consideram-se de pleno direito inibidos do exercício das responsabilidades parentais os condenados definitivamente por crime a que a lei atribua esse efeito, os maiores acompanhados nos casos em que a sentença de acompanhamento assim o declare e os ausentes desde a nomeação do curador provisório.

Considera-se de pleno direito inibido do exercício das responsabilidades parentais quem for condenado por crime previsto nos artigos 163º a 176º, nos casos em que, atenta a concreta gravidade do facto e a sua conexão com a função exercida pelo agente tal se justifique – cfr. artigo 179º, alínea *a)* do Código Penal. Os referidos artigos 163º a 176º do Código Penal dizem respeito aos casos de crimes de *violência doméstica* e crimes *contra a liberdade sexual* ou *contra a autodeterminação sexual*.

Igualmente quem for condenado pelo crime de violência doméstica previsto no artigo 152º do Código Penal pode, atenta a concreta gravidade do facto e a sua conexão com a função exercida pelo agente, ser inibido do exercício das responsabilidades parentais, por foça do nº 6 deste mesmo artigo.

Ainda nos termos do nº 2 do artigo 1913º, consideram-se *de pleno direito inibidos de representar o filho e administrar os seus bens* os menores não emancipados.

Quanto à extensão dos efeitos da inibição, determina o nº 2 do artigo 1915º que a mesma pode ser total ou limitar-se à representação e administração dos bens dos filhos; pode abranger ambos os progenitores ou apenas um deles e referir-se a todos os filhos ou apenas a algum ou alguns.

Salvo decisão em contrário, os efeitos da inibição que abranja todos os filhos estendem-se aos que nascerem depois de decretada – nº 3 do mesmo artigo 1915º.

A extensão da inibição aos filhos nascidos depois de ser decretada, pode considerar-se uma norma interpretativa, que assenta na ideia de que o progenitor que não está à altura de exercer as responsabilidades parentais em relação a qualquer dos filhos já existentes, também o não estará em relação aos filhos que nascerem depois. A não ser que haja *decisão em contrário*, a qual tanto pode constar da própria decisão inibitória, como de outra decisão posterior, pois nada impede que seja proferida, visto tratar-se de processo de jurisdição voluntária.

A inibição do exercício das responsabilidades parentais em nenhum caso isenta os pais do dever de alimentarem o filho – artigo 1917º.

Aliás, a obrigação de o progenitor contribuir para as despesas com o sustento, a segurança, a saúde e a educação do filho prolonga-se, em determinadas circunstâncias, para além do termo da menoridade, por força do disposto no artigo 1880º.

E, como já tivemos ocasião de referir, a pensão de alimentos fixada nos termos do artigo 1880º pode mesmo, em certos casos, prolongar-se até aos 25 anos do filho, por força do artigo 1905º, nº 2.

Serão oficiosamente comunicadas à repartição do registo civil competente, a fim de serem registadas, as decisões que importem a inibição do exercício das responsabilidades parentais ou o suspendam provisoriamente – artigo 1920º-B, alínea *d)*, primeira parte.

D) Cessação e levantamento da inibição

Sobre o levantamento da inibição ou da medida limitativa do exercício das responsabilidades parentais trata o artigo 59º do R.G.P.T.C..

A inibição de pleno direito do exercício das responsabilidades parentais cessa com o termo do acompanhamento ou com a revisão, nesse sentido, da sentença que o tenha decretado – artigo 1914º.

Por não estar incluído nos motivos de cessação, somos levados a concluir que o cumprimento das penas determinantes da inibição não faz por si só cessar a inibição aplicada ao condenado por tais crimes.

A inibição do exercício das responsabilidades parentais decretada pelo tribunal será levantada quando cessem as causas que lhe deram origem – artigo 1916º, nº 1.

Mas a inibição das responsabilidades parentais decretada pelo tribunal não é levantada de modo imediato e automático, sendo-o pelo tribunal que a tiver decretado.

Conforme dispõe o nº 2 do mesmo preceito, o levantamento pode ser pedido pelo Ministério Público, a todo o tempo, ou por qualquer dos pais, passado um ano sobre o trânsito em julgado da sentença de inibição ou da que houver desatendido outro pedido de levantamento.

Têm legitimidade para requerer o levantamento da inibição o Ministério Público ou qualquer dos progenitores. O Ministério Público pode requerer o levantamento a todo o tempo, isto é, sempre que se convença de que cessaram as razões que determinaram a inibição. Os pais podem requerer o levantamento após o decurso de um ano sobre o trânsito em julgado da sentença que a decretou ou decorrido um ano sobre o pedido de levantamento que foi indeferido.

Pretende-se conceder ao progenitor o tempo de reflexão suficiente para se convencer de que se sente capaz de voltar a assumir o exercício das suas responsabilidades parentais.

O levantamento pode ser requerido por qualquer dos progenitores, mesmo por aquele que não foi atingido pela inibição.

76. Meios de suprir o poder paternal

A) Enunciado

Os meios de suprir o poder paternal são a tutela e a administração de bens, previstos nos artigos 1921º e 1922º, respetivamente.

O artigo 1921º enumera os casos em que o menor está obrigatoriamente sujeito a tutela. São aqueles em que faltam os pais, porque já morreram, porque são incógnitos, porque estão inibidos de exercer o poder paternal quanto à pessoa do filho ou porque há mais de seis meses estão impedidos de facto de exercer o poder paternal.

Tratando-se de inibição do exercício do poder paternal (ou melhor, do exercício das responsabilidades parentais, como passou a designar-se), quer seja de pleno direito, quer seja decretada pelo tribunal, quando apenas incida sobre a representação e administração dos bens do filho (como nos casos previstos nos artigos 1913º, nº 2 e 1915º, nº 2), não há necessidade de instaurar a tutela. Basta instituir o regime de administração de bens do menor, sendo certo que deste modo não se desperdiça tudo o que a relação entre pais e filhos pode ter de benéfico, se aos pais apenas falta a aptidão para administrar os bens.

Do mesmo modo, a mera impossibilidade de facto de os pais exercerem o poder paternal, não constitui motivo para a sua exclusão. Conforme determina o nº 2 do mesmo artigo 1921º, o Ministério Público deve tomar outras providências necessárias à defesa dos interesses do menor.

Resulta do disposto no nº 3 do mesmo preceito que não haverá lugar à instituição da tutela prevista no nº 1, quando se constituir o apadrinhamento. Neste caso, o menor já tem alguém em condições de defender os seus interesses.

Ao *apadrinhamento*, que foi criado pela Lei nº 103/2009, de 11 de Setembro, e alterado pela Lei nº 141/2015, de 8 de Setembro, já acima fizemos referência no nº 74 – H).

B) A tutela

A tutela é exercida por um tutor e pelo conselho de família – artigo 1924º, nº 1.

Tanto a tutela como a administração de bens são exercidas sob a vigilância do tribunal de menores – artigo 1925º, nº 1.

Significa que o tribunal deve permanecer atento sempre que esteja em causa o exercício de qualquer dos meios de suprir o poder paternal.

Os cargos de tutor, administrador de bens e vogal do conselho de família são obrigatórios, não podendo ninguém ser deles escusado senão nos casos expressos na lei – artigo 1926º.

Já o artigo 186º do Código Civil de 1867 determinava que a tutela era um encargo de que ninguém podia ser escuso, senão nos casos expressos na lei.

O artigo 1933º determina quem não pode ser tutor.

Atualmente o artigo 1934º, nº 1, determina quem pode pedir a escusa da tutela. E logo o nº 2 do mesmo artigo dispõe que o escusado pode ser compelido a aceitá-la desde que cesse o motivo da escusa.

Compreende-se a obrigatoriedade do encargo, visto que está em causa a preparação do menor para a vida e as funções tutelares recaem sobre pessoas próximas do menor.

No entanto, o tutor tem direito a ser remunerado e a ser indemnizado pelas despesas que legalmente haja feito, nos termos previstos nos artigos 1942º e 1946º, respetivamente.

Da designação do tutor tratam os artigos 1927º a 1934º e do conselho de família os artigos 1951º a 1960º.

O tutor tem os mesmos direitos e obrigações dos pais, com as modificações e restrições constantes dos artigos seguintes – artigo 1935º, nº 1.

As principais restrições que distinguem a tutela do poder paternal situam-se na proibição da prática de certos atos (artigo 1937º), nos atos cuja prática depende da autorização do tribunal (artigo 1938º), na fiscalização das funções do tutor operada pelo conselho de família e pelo protutor (artigos 1954º e 1955º).

O tutor deve exercer a tutela com a diligência de um bom pai de família – artigo 1935º, nº 2. Significa que o grau de diligência que é exigível ao tutor no desempenho da sua função deve ser avaliado segundo um critério objetivo e não subjetivo.

Diferentemente, aos pais exige-se que administrem os bens dos filhos com o mesmo cuidado com que administram os seus – artigo 1897º.

O conselho de família é constituído por dois vogais, escolhidos entre os parentes ou afins do menor, e pelo agente do Ministério Público, que preside – artigos 1951º e 1952º.

Pertence ao conselho de família vigiar o modo por que são desempenhadas as funções do tutor – artigo 1954º.

A um dos vogais do conselho de família, denominado protutor, compete a fiscalização, com caráter permanente, da ação do tutor – artigo 1955º, nº 1.

Quando não exista pessoa em condições de exercer a tutela, o menor é confiado à assistência pública, nos termos da respetiva legislação, exercendo as funções de tutor o diretor do estabelecimento público ou particular onde tenha sido internado. Neste caso não existe conselho de família nem é nomeado protutor – artigo 1962º, nºs 1 e 2.

C) Administração de bens

Nos termos do artigo 1922º, será constituído o regime de administração de bens do menor previsto nos artigos 1967º e seguintes:

a) Quando os pais tenham sido apenas excluídos, inibidos ou suspensos da administração de todos os bens do incapaz ou de algum deles, se por outro título se não encontrar designado o administrador;
b) Quando a entidade competente para designar o tutor confie a outrem, no todo ou em parte, a administração dos bens do menor.

Ao autor de doação ou deixa em benefício de menor é lícita a designação de administrador, mas só em relação aos bens compreendidos na liberalidade – artigo 1968º.

A administração não ocorre de forma isolada, sempre coexistindo com o poder paternal ou com a tutela.

São aplicáveis à designação do administrador as disposições relativas ao tutor, salvo o preceituado nos artigos seguintes – artigo 1967º.

Por sua vez, são aplicáveis ao administrador, com as necessárias adaptações, as disposições relativas à remoção e exoneração do tutor e ao termo da tutela – artigo 1972º.

O final da administração de bens, assim como o da tutela, está previsto no artigo 1961º.

O artigo 1971º dispõe acerca dos direitos e deveres do administrador nos termos seguintes:

1. No âmbito da sua administração, o administrador tem os direitos e deveres do tutor.
2. O administrador é o representante legal do menor nos atos relativos aos bens cuja administração lhe pertença.

3. O administrador deve abonar aos pais ou tutor, por força dos rendimentos dos bens, as importâncias necessárias aos alimentos do menor.
4. As divergências entre o administrador e os pais ou tutor são decididas pelo tribunal de menores, ouvido o conselho de família, se o houver.

Como já se disse, a administração coexiste com o poder paternal ou com a tutela. Em qualquer dos casos, é do rendimento dos bens do menor que deve sair o montante necessário ao seu sustento e educação. Sendo o administrador o representante legal do menor nos atos relativos aos bens cuja administração lhe pertence, a ele compete abonar aos pais ou ao tutor as quantias necessárias para tal efeito. A dualidade de poderes entre o administrador e os pais ou o tutor pode ocasionar divergências quanto à medida das necessidades do menor. Essas divergências serão decididas pelo tribunal de menores, mas sendo previamente ouvido o conselho de família, se o houver.

Como já acima se deixou referido, não existe conselho de família no caso previsto no artigo 1962º, nºs 1 e 2.

Além das pessoas que a lei impede de serem tutores, não podem ser administradores: *a)* os insolventes e, bem assim, os inibidos ou suspensos das responsabilidades parentais ou removidos da tutela, quanto à administração de bens – artigo 1970º.

II PARTE
DIREITO DAS SUCESSÕES

CAPÍTULO XVI
Noções Fundamentais

77. Breve resenha histórica da evolução do instituto das sucessões
Desde tempos muito recuados o instituto das sucessões constituiu motivo de preocupação dos povos.

Segundo Cunha Gonçalves, que acompanharemos a seguir, [27]o instituto das sucessões já se encontrava regulado no Código de Hamurabi, rei da Babilónia, assim como no direito dos Hindus, dos Egípcios, etc. Mas a maioria dos povos antigos só conheciam a sucessão legítima.

Pelo contrário, os Romanos, desde antes da *Lei das XII Tábuas*, conheciam a sucessão testamentária; e, o que é mais, esta sucessão prevalecia sobre a legítima ou intestada, a qual só era admitida na ausência absoluta de testamento. Havendo testamento, os bens não mencionados neste ficavam pertencendo, como os mencionados, ao herdeiro instituído. Somente quando o testamento faltasse ou fosse nulo é que se abria a sucessão *ab intestato*.

Por uma espécie de ficção, os herdeiros, quer instituídos, quer legítimos, quando fossem parentes próximos, adquiriam os respetivos bens por direito próprio, isto é, independente da aceitação da herança.

O direito à *legítima* foi estabelecido em tempos do Imperador Trajano, como reação contra o abuso de testadores que deserdavam parentes próximos, muitas vezes em proveito de *turpis persona*. Assim surgiu a *querela inofficiosi testamenti*, concedida a herdeiros legitimários, que, no tempo de Ulpiano, eram os descendentes, os ascendentes e os irmãos germanos.

[27] Ob. cit., vol. IX, páginas 472 e seguintes

A quota legitimária, ao princípio não era certa; os juízes é que a fixavam. Mais tarde foi fixada na quarta parte da herança; mas Justiniano alterou esta quota quanto aos descendentes ou filhos, fixando-a na terça parte, se estes fossem em número não superior a quatro, e em metade, se fossem mais de quatro.

As regras do direito romano, modificadas pelo Código Visigótico, foram as que ficaram regulando as sucessões em Portugal durante muito tempo. Esse direito foi levemente alterado pelas *Ordenações*, quer a respeito da sucessão *testamentária*, quer da *legítima* e da *legitimária*.

Com efeito, as *Ordenações Filipinas*, concedendo a faculdade de testar, não admitiam a plena liberdade de dispor em testamento. Pelo contrário, estabeleciam a sucessão legitimária, fixando na terça parte dos bens a quota disponível dos pais, ou dos avós, quando existissem só netos em vez dos filhos predefuntos; e bem assim a quota disponível do testador quando só tivesse pais ou outros ascendentes. É interessante salientar que as mesmas *Ordenações* consideravam a quota legitimária como *tacitamente testada*.

Os irmãos eram excluídos da classe dos herdeiros legitimários, ao contrário do direito romano, que os equiparava aos ascendentes, quando fossem germanos.

O Código Civil (de 1867), porém, foi mais radical excluindo completamente os irmãos da classe de herdeiros legitimários, que ficou restrita aos descendentes e ascendentes.

Quanto à sucessão legítima, durante alguns séculos, fora em Portugal regulada pela Novela 118 de Justiniano, conforme se achava reproduzida pelo *Código Visigótico*. As *Ordenações Filipinas*, porém, na falta de descendentes, conferiam a sucessão as ascendentes e, na falta destes, aos irmãos e a seguir a todos os outros parentes até ao décimo grau. Só não havendo estes parentes é que podia suceder o cônjuge sobrevivo. Esta ordem de precedência foi, porém, assaz alterada pelo Código Civil de 1867.

Em resumo, as três espécies de sucessão têm longa tradição histórica e nunca houve necessidade de que elas fossem justificadas com argumentos doutrinários. Necessidades práticas, princípios de justiça e usos antiquíssimos foram as bases das normas legais.

78. Conceito de sucessão

A palavra sucessão, considerada no seu sentido comum, significa uma sequência de fenómenos diversos. A um segue-se o outro, ou seja, um sucede ao outro.

Restringindo o conceito, podemos dizer que existe sucessão quando uma pessoa passa a ocupar a posição que anteriormente era ocupada por outra. E, reduzindo o conceito à dimensão que no caso mais nos interessa, conceberemos a sucessão como sendo o fenómeno em que a posição de sujeito de um relação jurídica, que se mantém idêntica, passa de um para outro titular diferente. É o fenómeno pelo qual uma pessoa se substitui a outra, tomando o seu lugar.

A substituição do titular tanto pode verificar-se no lado ativo (sucessão nos direitos) como no lado passivo (sucessão nas obrigações). O direito mantém a sua identidade, apesar da mudança resultante da substituição dos sujeitos.

Há, porém, quem defenda que todo o direito pressupõe um determinado sujeito e que, portanto, se extingue quando esse sujeito muda. Em seu entender, não é o direito que se transmite, mas somente o seu objeto. Por isso, é novo o direito que passou do transmitente para o transmissário.

Tudo muda de figura, porém, se concebermos o direito subjetivo como um poder jurídico, sendo o direito considerado como uma figura abstrata e independente da pessoa do seu titular, em determinado momento. É claro que não nos podemos esquecer dos casos em que a ligação entre o direito e o respetivo titular é incindível. Nestes casos não é possível a sucessão.

O conceito de sucessão pressupõe que o direito que existia na esfera jurídica do transmitente e o que passou para a esfera jurídica do sucessor deve manter a sua identidade, apesar da mudança de sujeito.

Em suma, tem a maior importância saber se o direito do novo titular é o mesmo direito ou se, pelo contrário, se trata de um direito novo.

Na *aquisição originária* não se verifica qualquer sucessão. Ou o direito adquirido não existia, como no caso da *ocupação* da *res nullius* previsto no artigo 1318º e seguintes, ou o direito existia, mas foi completamente alheio à aquisição, a qual se concretizou apesar dele, visto que se extinguiu o direito do anterior titular, como no caso da *usucapião* previsto no artigo 1287º e seguintes. A usucapião é um modo de aquisição originária, visto que o direito resultou da transformação de uma situação de facto. O direito do adquirente é um direito novo, que não depende do anterior titular, sendo apenas dependente do facto aquisitivo.

Também não existe sucessão nos casos de *aquisição derivada constitutiva* ou *restitutiva*.

Na *aquisição derivada constitutiva*, como seja o caso da constituição de uma *servidão*, existe a correspondente limitação do direito do dono do prédio onerado. O direito de servidão adquirido não existia na esfera jurídica do dono do prédio serviente. O titular do direito de propriedade continua a manter o direito de passagem. Só não poderá opor-se à passagem do titular do direito de servidão do prédio encravado. Falta pois a identidade entre o direito do sucessor e o direito do anterior titular.

Na *aquisição derivada restitutiva*, tendo-se extinguido um direito real menor, verifica-se depois a expansão do direito real onerado, devido à elasticidade própria dos direitos reais. É o que se passa quando o titular do direito de servidão renuncia a este direito, ficando o direito do dono do prédio onerado restituído à plenitude dos seus poderes sobre o prédio. Não se pode dizer que o dono do prédio serviente tenha adquirido o direito de servidão. O que aconteceu foi a dilatação do seu direito real sobre o prédio. É ainda o caso de aquisição do direito de usufruto pelo proprietário da coisa. Falta, como dissemos para o caso anterior, a identidade entre o direito do sucessor e o direito do titular anterior.

Em suma, não se pode falar de sucessão nos casos de aquisição originária, de aquisição derivada constitutiva e de aquisição derivada restitutiva. Só é possível fazê-lo no caso de *aquisição derivada translativa.*

Na *aquisição derivada translativa* o direito adquirido pelo transmissário é o mesmo que existia na titularidade do transmitente.

O direito desliga-se da titularidade de **A** e entra na titularidade de **B**, sendo o direito deste tratado como se fosse o direito daquele. É o direito que se transmite passando da esfera jurídica de **A** para a esfera jurídica de **B**. Vistas as coisas por este prisma, *o direito é dinâmico* enquanto os sujeitos permanecem estáticos. É o que se passa nos atos translativos *inter vivos* em que os direitos se deslocam de um titular para outro.

Podemos, no entanto, ver as coisas por um ângulo diferente, em que *o direito aparece como estático.* Os direitos e obrigações não se transferem, sendo antes o sucessor que vem assumir a posição do transmitente, isto é, que o vem substituir na titularidade dos referidos direitos e obrigações. Não é o direito que se transmite de **A** para **B**, mas é **B** que vai ocupar a posição que antes era ocupada por **A**.

Quando nos referimos à sucessão parece ser esta a ideia que mais se coaduna com o modo como deve ser encarada.

A diferença entre as duas perspetivas serve-nos para melhor compreender a distinção entre *herdeiro* e *legatário*. O *legatário* é um adquirente e corresponde à primeira perspetiva. O *herdeiro* é um sucessor e ajusta-se à segunda. Adiante faremos uma referência com maior desenvolvimento.

79. Modalidades de sucessão

A) Enunciado

A sucessão pode ser classificada de acordo com diversos critérios. Uma das classificações é a que distingue entre *sucessão por ato inter vivos* e *sucessão mortis causa*.

A sucessão diz-se *inter vivos* quando resulta de um negócio jurídico, um negócio translativo do respetivo direito. A sucessão depende de um ato de disposição por parte do titular do direito a que corresponde um ato de vontade do adquirente. Nos atos translativos *inter vivos* existe uma verdadeira transmissão, sendo os direitos que se deslocam de uma pessoa para a outra.

A sucessão *inter vivos* é normalmente *voluntária*, mas também pode ser forçada ou coativa. É voluntária no caso de sucessão numa compra e venda, numa doação, numa cessão de créditos. São exemplos de sucessão *inter vivos forçada* os casos de expropriação por utilidade pública ou a venda judicial em processo executivo.

A *sucessão mortis causa* tem como pressuposto a morte do titular do respetivo direito. As relações jurídicas de que a pessoa era titular, em geral, não se extinguem e passam para a titularidade de outra pessoa. Ou melhor, os direitos e as obrigações da pessoa falecida não se transferem. O sucessor é que vem assumir a posição daquele, isto é, vem substituí-lo na titularidade dos referidos direitos e obrigações.

Existem, porém, direitos de natureza pessoal cuja extinção se impõe por virtude da morte do seu titular. Sendo direitos inerentes à pessoa, não podem sobreviver-lhe e têm de morrer com ela.

De um modo geral, quando se faz referência à sucessão tem-se em vista a sucessão *mortis causa*.

B) Critério legal da sucessão mortis causa

O artigo 2024º consagra a sucessão como sendo um fenómeno de transmissão de direitos e obrigações, o que faz nos seguintes termos: diz-se sucessão o chamamento de uma ou mais pessoas à titularidade das relações jurídicas patrimoniais de uma pessoa falecida e a consequente devolução dos bens que a esta pertenciam.

Esta disposição legal mereceu algumas observações, uma das quais no sentido de que aparece como um fenómeno de transmissão de direitos e obrigações, quando, em rigor, na sucessão por morte os direitos e as obrigações do *de cujus* não se transferem, sendo o sucessor que vem assumir a posição daquele, isto é, que o vem substituir na titularidade dos direitos e obrigações.

C) Justificação do fenómeno da sucessão **mortis causa**

A legislação de vários países, desde tempos muito remotos, sempre se preocupou com as diversas relações jurídicas que não devem extinguir-se com a morte do respetivo titular. Com efeito, se todas as relações jurídicas se extinguissem devido ao falecimento do seu titular, essa extinção muitos prejuízos acarretaria para as pessoas que lhe sobrevivessem e seria difícil que alguém se quisesse comprometer em qualquer contrato.

Os devedores do *de cujus*[28] ficariam liberados após o falecimento do seu credor. Por sua vez, os credores veriam frustrada a possibilidade de receber os seus créditos, ao mesmo tempo que veriam desaparecer a garantia que o património do falecido constituía. Por outro lado, os adquirentes dos bens do falecido seriam injustificadamente libertados das vinculações que sobre os mesmos recaíam.

Se se considerassem extintos os direitos sobre os bens de que o *de cujus* era titular, estes volveriam *res nullius* e ficariam à mercê do primeiro ocupante, o que poderia originar diversos tumultos.

São diversas as razões, entre elas a preservação da paz social, que impõem que a lei preveja que a morte de uma pessoa dê lugar à sucessão nos direitos e obrigações de que ela era titular. Assim, as relações jurídicas que o legislador entender que não se devem extinguir pela morte do seu titular terão a continuidade assegurada através de um sucessor.

O fenómeno sucessório dentro do quadro familiar é o geralmente seguido pelas diversas legislações. Os elementos da família mais próxima do autor da sucessão, nomeadamente os filhos, habituaram-se a usufruir de certo património e acalentam a expetativa de que o mesmo lhe seja

[28] *De cujus* é a primeira parte de uma locução jurídica latina "de cujus sucessione agitur", que significa aquele de cuja herança se trata. Para maior simplificação passou a usar-se apenas a expressão *de cujus*.

transmitido. Por outro lado, esta devolução corresponderá à vontade do autor da sucessão.

A transmissão da propriedade privada, em vida e por morte, constitui o meio de assegurar o seu aproveitamento para a criação de riqueza. Por isso, a sucessão subsistiu sempre, embora a favor dos familiares mais próximos e dentro de certos limites, mesmos nos Estados sociais.

D) Espécies de sucessão mortis causa

Começaremos por distinguir entre sucessão *voluntária* e sucessão *legal.*

A sucessão voluntária pode revestir as formas de sucessão *testamentária* ou de sucessão *contratual.*

Por sua vez, a sucessão legal pode ser *legítima* ou *legitimária.*

80. Espécies de sucessores

A) Desenvolvimento histórico da sucessão

É da maior importância para se compreender a distinção entre *herança* e *legado* que rememoremos o direito romano clássico.

É conhecido o poder de que o *pater familias* dispunha em relação à família, que era um organismo social de natureza política e religiosa. Os seus amplos poderes incidiam não só sobre as pessoas, mas também sobre as coisas que constituíam o seu *dominium.*

A transmissão dos poderes do *pater familias* era operada pela nomeação do sucessor. A designação do sucessor tinha lugar através da atribuição formal do título de herdeiro feita no testamento. O herdeiro assumia o lugar do *pater familias* com todos os poderes inerentes. A designação de herdeiro era feita através de uma atribuição formal: *heres esto.* Uma vez designado o herdeiro, passava a ser o sucessor do *de cujus* na soberania familiar e, deste modo, em todas as relações jurídicas que integravam a herança.

Ao ser investido numa qualidade pessoal passava a dispor também de todo o património inerente. Quer dizer, assumia a titularidade de todas as relações patrimoniais do seu antecessor (com exceção das que se extinguem com a morte) pelo facto de ter sido designado seu herdeiro. Embora a *hereditas* tivesse caráter extrapatrimonial, a aquisição dos bens do *de cujus* constituía uma consequência.

No domínio de todo o direito romano clássico, a herança foi considerada como o assumir da posição jurídica do defunto pelo herdeiro e, em consequência, a aquisição do património e das respetivas dívidas.

Esta *sucessio in ius* foi, durante muito tempo, considerada a única sucessão. A palavra sucessão era aplicada apenas à sucessão universal. O conceito de sucessão particular só mais tarde se ficou a dever ao direito justinianeu.

Do que fica exposto se conclui que, no domínio do direito romano clássico, era fácil estabelecer a distinção entre herança e legado. O *herdeiro* era a pessoa que tomava a posição do *de cujus* dentro da unidade familiar e, como consequência de tal posição, assumia igualmente o domínio dos bens patrimoniais. Apenas determinadas pessoas podiam ser designadas como herdeiros, sendo indispensável essa designação. Diferentemente, o *legatário* era aquele a quem eram transmitidos bens, mas isso não lhe conferia a posição de sucessor.

B) Herdeiros e legatários

Nos termos do disposto no nº 1 do artigo 2030º, os sucessores são herdeiros ou legatários.

Por sua vez, o nº 2 do mesmo preceito estabelece o critério de distinção entre herdeiro e legatário o que faz nos termos seguintes: diz-se herdeiro o que sucede na totalidade ou numa quota do património do falecido e legatário o que sucede em bens ou valores determinados.

Podemos desde logo afirmar que o critério legal de distinção entre *herdeiro* e *legatário* assenta na *determinação* (legatário) ou *indeterminação* (herdeiro) dos bens deixados.

Há, no entanto, necessidade de melhor precisar o critério legal. Segundo este, herdeiro é o que sucede na *totalidade* ou numa *quota* do património do falecido.

Quando o herdeiro sucede na *totalidade* nenhuma dúvida se levanta, visto que é único e, portanto, não existe necessidade de qualquer critério para o distinguir de quem quer que seja. Ele é o herdeiro universal. Aliás, o herdeiro é chamado a suceder não em bens determinados, pois que o seu direito estende-se, se não de forma real, pelo menos virtualmente, à totalidade da herança. É um sucessor a título universal.

Se apenas sucede numa *quota*, impõe-se conhecer o verdadeiro alcance do termo. Quota da herança significa uma fração desta, uma fração aritmética, ainda que não alíquota, isto é, mesmo que não se contenha no todo um número exato de vezes. Pode traduzir-se, por exemplo, em expressões como metade, um quarto, ou então numa qualquer percentagem, como seja 30%, 50%.

O herdeiro pode vir a receber uma parte muito pequena em relação ao legatário ou legatários, mas continua a ser considerado sucessor a título universal, porque virtualmente o seu direito se estende a toda a herança.

O herdeiro goza do direito de acrescer, se algum outro herdeiro ou legatário não quiser ou não puder aceitar a herança ou o legado e não houver substituto nem direito de representação – artigos 2301º e 2302º.

Tal como no direito romano clássico, o herdeiro é a pessoa que é chamada a ocupar a posição jurídica do *de cujus* no que respeita ao conjunto das suas relações jurídicas. Estas podem ser mais ou menos comprimidas pelos legados, mas o herdeiro é potencialmente chamado à totalidade da herança.

O legatário é um sucessor a título singular ou particular. Só sucede nos bens para que foi chamado. A seu favor o testador dispôs de *bens determinados*. Determinados não é o mesmo que especificados, designados, individualizados ou concretamente designados. O artigo 2253º, sob o título "legado de coisa genérica", considera válido o legado de coisa indeterminada de certo género.

Por outro lado, determinado não quer dizer que seja uma coisa única. Podem ser várias coisas (os livros) ou uma coisa composta de diversos elementos (universalidade de facto).

Constitui legado o recheio de uma casa (artigo 2263º), os móveis existentes na casa, o prédio situado na rua tal, uma manada. Em qualquer destes casos trata-se de bens determinados, ainda que não especificados.

Conforme dispõe o nº 3 do mesmo artigo 2030º, é havido como herdeiro o que sucede no remanescente dos bens do falecido, não havendo especificação destes.

Não tem qualquer influência na qualificação o valor do remanescente relativamente ao valor do legado ou dos legados. O legado é, como já foi dito, limitado a certos bens, ao passo que o herdeiro é potencialmente sucessor universal. Só no momento da morte e por meio da partilha se poderá apurar o valor. Diferentemente, no legado, é intenção do testador atribuir ao legatário bens determinados.

Porém, tem a qualidade de legatário quem sucede no remanescente se existir designação concreta dos bens que abrange. É o caso em que o testador deixa o remanescente dos seus bens móveis ou dos seus bens imóveis.

Nos termos do nº 4 ainda do mesmo artigo 2030º, o usufrutuário, ainda que o seu direito incida sobre a totalidade do património, é havido como legatário.

Sendo o usufruto um direito essencialmente temporário, pode incidir sobre a totalidade ou apenas sobre uma parte do património. Em qualquer dos casos o usufrutuário é considerado como legatário.

Por último, o nº 5 também do artigo 2030º determina que a qualificação dada pelo testador aos seus sucessores não lhes confere o título de herdeiro ou legatário em contravenção do disposto nos números anteriores.

A qualificação legal é, portanto, imperativa. O sucessor do remanescente será sempre herdeiro, assim como o usufrutuário será sempre legatário.

Pode, porém, acontecer que o testador indique concretamente os bens que irão preencher a quota do herdeiro. Exemplificando, pode **A** deixar a **B** todos os bens móveis e a **C** todos os bens imóveis. Neste caso, **B** e **C** serão herdeiros ou legatários?

A deixa de todos os móveis assim como a de todos os imóveis constitui um legado, porque **B** e **C** sucedem em bens determinados. No entanto, **A** pode ter querido atribuir-lhes estes bens como quota da herança e, neste caso, seriam herdeiros.

O julgador deverá limitar-se a aceitar o critério estabelecido na lei e aplicá-lo automaticamente ou, por outro lado, deverá procurar conhecer a intenção do testador servindo-se dos elementos ao seu alcance?

No exemplo acima referido **A**, embora deixe a **B** e a **C** bens determinados, pode apenas querer com eles preencher uma quota abstrata, como forma de fazer antecipadamente a partilha.

Trata-se da figura denominada pela doutrina como *herança ex re certa* (herança de bens determinados) em que o beneficiário teria uma dupla qualidade: a de herdeiro por receber uma quota e a de legatário por lhe serem atribuídos bens para preencherem essa quota.

Impõe-se saber qual o regime aplicável. A qualificação legal é, como dissemos, imperativa. No entanto, a intenção do testador não vai além do objeto da deixa, embora daí decorra a qualificação legal e, consequentemente, o regime aplicável, conforme se trate de herdeiros ou de legatários. Parece que nada impedirá que o testador possa afastar os aspetos não imperativos, desde que a sua vontade seja claramente expressa. Na verdade, nos termos do disposto no artigo 2187º, a vontade real do testador é decisiva na interpretação do testamento.

81. Interesse prático da distinção entre herdeiros e legatários

A) Regras que os definem

O conhecimento dos critérios de distinção entre herança e legado não é suficiente para o seu completo esclarecimento. É da maior importância ir mais longe no sentido de indagar as diferenças de regime da sucessão relativas à qualidade de herdeiro e de legatário.

Nesta matéria o autor da sucessão dispõe de uma certa autonomia, podendo afastar o regime instituído pela lei a título supletivo, em contraste com o que se verifica com as normas relativas à qualificação de sucessores, que têm caráter injuntivo.

As diferenças mais significativas que definem o regime dos herdeiros e dos legatários dizem respeito ao direito de exigir a partilha, à responsabilidade pelos encargos da herança, ao direito de acrescer, à inaponibilidade de termo inicial à instituição de herdeiro, à distinção em matéria de inventário e ao direito de preferência na venda da herança.

A cada uma destas matérias que integram o fenómeno do regime sucessório faremos seguidamente uma breve referência.

B) Direito de exigir a partilha

Qualquer co-herdeiro ou o cônjuge meeiro tem o direito de exigir partilha quando lhe aprouver – artigo 2101º, nº 1.

Não pode renunciar-se ao direito de partilhar, mas pode convencionar-se que o património se conserve indiviso por certo prazo, que não exceda cinco anos; é lícito renovar este prazo, uma ou mais vezes, por nova convenção – artigo 2101º, nº 2.

O direito de exigir a partilha é considerado como sendo de ordem pública e, por isso, o preceito enuncia um princípio imperativo, impedindo o *de cujus* e também os co-herdeiros de imporem a indivisão, ainda que por acordo. Porém, é permitido que os co-herdeiros convencionem a suspensão da partilha por certo prazo, que pode ser várias vezes renovável.

Esta convenção pode revelar-se útil quando se pretende evitar a venda dos bens em ocasião desfavorável, nomeadamente nos casos em que iria interromper uma exploração em curso.

A partilha constitui um ato pelo qual são atribuídos a cada um dos herdeiros os bens que concretamente irão integrar a sua quota.

A partilha tem justificação quando existem vários herdeiros a concorrer a toda a herança ou a uma quota da mesma. Se existir apenas um herdeiro, não tem de haver partilha. Porém, pode proceder-se a inventário, mesmo no caso de haver um único interessado quando se pretende relacionar os bens e, eventualmente, para servir de base à liquidação da herança – cfr. artigo 2103º.

O direito de exigir a partilha quando lhe aprouver cabe apenas aos herdeiros e não aos legatários, porque estes sabem quais os bens (que são determinados) que irão receber. Na verdade, a instituição de legatário, referindo-se a bens determinados dispensa a partilha, a não ser que haja necessidade de efetuar a escolha dos bens específicos.

Não se deve confundir a situação em que existe o concurso de vários herdeiros com o caso que resulta de a mesma coisa ser atribuída conjuntamente a vários legatários. Este caso constitui uma situação de contitularidade que pode ser resolvido através da divisão de coisa comum, em conformidade com os artigos 1412º e seguinte.

A partilha pode ser feita por via extrajudicial, nos cartórios notariais, de acordo com o que dispõe o artigo 1083º do Código de Processo Civil.

Pode mesmo escolher-se a opção do procedimento simplificado da partilha nos termos previstos nos artigos 210º-A a 210º-R do Código do Registo Civil.

É claro que também se pode seguir a via judicial. Nos termos do artigo 1082º do Código de Processo Civil, o processo de inventário cumpre, entre outras, as seguintes funções:

a) Fazer cessar a comunhão hereditária e proceder à partilha de bens;
b) Relacionar os bens que constituem objeto de sucessão e a servir de base à eventual liquidação da herança, sempre que não haja que realizar a partilha da herança;
c) Partilhar bens em consequência da justificação da ausência;
d) Partilhar bens comuns do casal.

Procede-se à partilha por inventário nos casos previstos nas várias alíneas do nº 2 do artigo 2102º.

O Estado, quando chamado à herança, tem os mesmos direitos e obrigações de qualquer outro herdeiro – artigo 2153º.

C) Responsabilidade pelos encargos da herança

A herança, ou seja, o conjunto de bens deixados pelo autor da sucessão, constitui uma universalidade de direito da qual fazem parte não só elementos ativos mas também elementos passivos. Por sua vez, a morte do *de cujus* e o desenvolvimento do fenómeno sucessório também ocasionam despesas que terão de ser suportadas pela herança.

Conforme dispõe o artigo 2068º, a herança responde pelas despesas com o funeral e sufrágio do seu autor, pelos encargos com a testamentaria, administração e liquidação do património hereditário, pelo pagamento das dívidas do falecido e pelo cumprimento dos legados.

Em princípio, pelos encargos da herança respondem os herdeiros e não os legatários. No entanto, a sua responsabilidade não vai além das forças da herança (artigo 2069º), conforme resulta do artigo 2071º.

Entre os encargos da herança conta-se o cumprimento dos legados, conforme dispõe o artigo 2265º, nº 1.

Como é natural, os credores hereditários só podiam razoavelmente contar com o valor do património do *de cujus*. No entanto, o herdeiro pode pretender pagar as dívidas com os seus bens. Sendo a herança aceita pura e simplesmente, a responsabilidade pelos encargos não excede o valor dos bens herdados, mas incumbe ao herdeiro provar que na herança não existiam valores suficientes para o cumprimento dos encargos (artigo 2071º, nº 2). Sendo a herança aceita a benefício de inventário, só respondem pelos encargos os bens inventariados, salvo se os credores ou legatários provarem a existência de outros bens (artigo 2071º, nº 1).

Como se vê, a aceitação da herança a benefício de inventário faz inverter o ónus da prova, incumbindo aos credores da herança provar a existência de outros bens, para além dos inventariados, que devam responder pelo passivo.

Os legatários só respondem, em regra, pelos encargos do próprio legado, nos termos do artigo 2276º.

A responsabilidade do legatário também não pode ir além do valor da coisa legada, como se compreende. Nos termos do artigo 2276º, o legatário responde pelo cumprimento dos legados e dos outros encargos que lhe sejam impostos, mas só dentro dos limites do valor da coisa legada.

Em princípio, o legatário nem responde pelos encargos da herança. Mas se a herança for toda distribuída em legado, os encargos têm de ser suportados por todos os legatários na proporção dos seus legados, exceto se o testador houver disposto outra coisa – cfr. artigo 2277º.

No caso a que acabamos de fazer referência, a justificação para a responsabilidade do legatário é facilmente compreensível. Não havendo herdeiro, a responsabilidade pelos encargos tem de caber a outrem que tenha recebido os bens do autor da sucessão.

Além disso, o legatário também é excecionalmente responsável pelos encargos da herança. Esta responsabilidade, meramente eventual e subsidiária, verifica-se no caso de os bens da herança (*stricto sensu*, ou seja, com exclusão dos legados) não serem suficientes para cobrir os encargos hereditários, conforme resulta do disposto nos artigos 2070º, nº 1 e 2278º. Este último preceito ressalva, como se compreende, os legados remuneratórios.

Cabe-nos ainda acrescentar que tanto a instituição de herdeiro como a nomeação de legatário podem ser sujeitas a encargos – artigo 2244º.

O testador que instituiu três herdeiros pode fazer incidir apenas sobre um deles os encargos da herança. Isso não impede, porém, que os credores da herança se dirijam aos herdeiros nos termos do disposto no artigo 2091º, e que, no plano das relações internas entre os sucessores, os herdeiros não onerados exerçam o direito de regresso contra o encarregado do pagamento.

D) Direito de acrescer

Na distinção entre herdeiro e legatário tem também interesse o direito de acrescer.

Conforme dispõe o artigo 2301º, nº 1, se dois ou mais herdeiros forem instituídos em partes iguais na totalidade ou numa quota dos bens, seja ou não conjunta a instituição, e algum deles não puder ou não quiser aceitar a herança, acrescerá a sua parte à dos outros herdeiros instituídos na totalidade ou na quota.

Como se verifica só haverá direito de acrescer se forem instituídos vários herdeiros na universalidade da herança ou numa quota da mesma. Trata-se, portanto, de uma *vocação plural*. Acontecerá no caso de um dos herdeiros, por qualquer razão, *não poder ou não querer aceitar a herança*. A parte deste que não aceitou a herança acrescerá à dos restantes.

Em que proporção acrescerá quando são diferentes as quotas? A esta questão responde o nº 2 do mesmo preceito nos seguintes termos: se forem desiguais as quotas dos herdeiros, a parte do que não pôde ou não quis aceitar é dividida pelos outros, respeitando-se a proporção entre eles.

Em regra, o direito de acrescer é atribuído aos herdeiros, independentemente da fonte da sua vocação, a qual pode ser legal ou testamentária. Forçoso é que a vocação tenha sido plural.

A parte do herdeiro que não aceitou a herança irá acrescer à dos restantes que, assim, verão aumentada a sua quota em conformidade com a proporção que lhes pertencia.

O artigo 2302º, nº 1 reconhece o direito de acrescer entre os legatários que tenham sido nomeados em relação ao mesmo objeto, seja ou não conjunta a nomeação.

Embora o direito de acrescer seja conferido aos herdeiros e aos legatários, existe entre os dois casos a diferença que diz respeito aos bens sobre que incide o direito.

O direito de acrescer do herdeiro resulta de a sua posição não se restringir a bens determinados e, por isso, ser passível de ser dilatada dentro da herança.

Diferentemente, o legatário apenas tem direito a determinado bem ou bens, pelo que o direito de acrescer não significa que lhe possam ser atribuídos outros bens. É no âmbito desse determinado bem (o legado) que a sua posição se expande em relação à dos outros legatários.

No domínio da sucessão testamentária, por força do artigo 2304º, o testador pode retirar o direito de acrescer.

E) Inaponibilidade de termo inicial à instituição de herdeiro

Entre a instituição de herdeiro e a nomeação de legatário existe divergência quanto à possibilidade de lhe ser aposto termo.

O testador não pode sujeitar a instituição de herdeiro a termo inicial. É, no entanto, permitido em relação à nomeação de legatário, conforme resulta do disposto no artigo 2243º, nº 2, e nº 1, respetivamente.

A aposição de termo inicial à nomeação de legatário não prejudica a imediata titularidade do direito que este tem sobre os bens que constituem o legado. Apenas suspende a execução da disposição testamentária.

Por força do nº 2 do mesmo preceito, a declaração de termo final (ou resolutivo) tanto na instituição de herdeiro como na nomeação de legatário tem-se por não escrita. Porém, se a disposição versar sobre direito temporário, a aposição do termo final só não é possível quanto à instituição de herdeiro, mas é-o quanto à nomeação de legatário.

F) Distinção em matéria de inventário

Para além do que ficou acima dito na alínea *B)* deste mesmo número acerca do direito de exigir a partilha, a distinção entre herdeiro e legatário manifesta-se ao longo do processo de inventário.

De uma forma muito sucinta, podemos dizer que, ao contrário do herdeiro, o legatário não pode requerer o inventário, não pode acusar a falta de descrição dos bens, não pode reclamar contra o valor atribuído aos bens, não é admitido à licitação, não pode requerer a remoção do cabeça de casal, etc.

G) Direito de preferência na venda da herança

Podemos dizer, por último, que a distinção entre herdeiros e legatários revela-se igualmente em relação à venda da herança.

Quando seja vendido ou dado em cumprimento a estranhos um quinhão hereditário, os co-herdeiros gozam do direito de preferência nos termos em que este direito assiste aos comproprietários – artigo 2130º, nº 1.

Depreende-se do preceito, *a contrario sensu*, que o direito de preferência atribuído aos herdeiros não é estendido aos legatários.

O direito de preferência dos co-herdeiros é equiparado ao que assiste aos comproprietários. Porém, os direitos não se identificam totalmente sob o ponto de vista da natureza do seu objeto. Não se trata de um caso de compropriedade no sentido de participação na propriedade de bens determinados. O direito à herança é um direito a uma quota ideal e não a cada um dos bens que fazem parte da herança.

Quando se diz que **A** tem direito a um terço da herança, isso significa que lhe caberá a terça parte da herança como um todo. Não significa que tenha direito à terça parte de qualquer dos bens que compõem a herança. Só depois de efetuada a partilha se ficarão a conhecer os bens sobre os quais recaiu o seu direito.

A titularidade do direito de referência concedida pelo preceito deve ser aferida em relação à data em que o direito é exercido. Assim, não poderá ser reconhecido a co-herdeiros que já haviam vendido os seus quinhões hereditários na data da venda em que se questiona o direito de preferência.

82. Função da herança e do legado

O património tem a função de garantia dos credores e também a de suporte das despesas da vida do seu titular.

Após a morte do titular, o património continua a desempenhar, agora enquanto herança, as mesmas funções em relação aos credores. O património do *de cujus* não se confunde com o património dos herdeiros. Isso explica que a responsabilidade dos herdeiros não se estenda *ultra vires here-*

ditatis, ou seja, que não vá além das forças da herança, conforme dispõe o já referido artigo 2071º. E explica igualmente que, após a morte do titular, os credores não passem a ter melhor garantia, isto é, que não possam exigir que o pagamento dos seus créditos seja feito à custa do património dos herdeiros.

A função da herança vai muito para além da referida garantia. A morte suscita a necessidade de dar continuidade à função plena do património e essa tarefa é atribuída por lei principalmente aos herdeiros. As diversas relações jurídicas que tinham como sujeito o agora autor da sucessão devem perdurar para além da sua morte. Existe um interesse social que impõe essa continuidade.

Como é já do nosso conhecimento, os legatários não respondem, em geral, pelo passivo do autor da sucessão, a não ser quando toda a herança é repartida em legados (cfr. artigos 2277º e 2276º).

Porém, pode o autor da sucessão, utilizando o legado, fazer a atribuição de bens a quem, na sua opinião, fica em melhor posição para assegurar a continuidade da sua imagem. O legado constitui assim um meio de satisfazer os interesses do autor da sucessão, quer beneficiando um terceiro, como forma de agradecer os benefícios recebidos, quer instituindo um legado como meio de garantir a continuidade da sua obra e perpetuar o seu nome.

CAPÍTULO XVII

83. A morte como pressuposto da sucessão

A sucessão *mortis causa* é determinada pela morte de uma pessoa, como as próprias palavras sugerem. Por isso, teremos de começar pelo estudo da morte como pressuposto da sucessão. Sendo pressuposto, não faz parte do fenómeno sucessório, antes o precede. A pessoa, enquanto viva, não dá lugar à sucessão, conforme a expressão latina: *viventes non datur hereditas.*

Trata-se da morte natural, qualquer que seja a sua causa, que nada tem a ver com a morte civil, no sentido de privação da personalidade jurídica de pessoa viva, que vinha referida no Código Civil de Seabra, nos artigos 1764º e 1779º, antes da Reforma de 1930. Da personalidade ou capacidade jurídica também podiam ficar privados certos religiosos em virtude de votos monásticos que faziam. Em suma, a morte civil, admitida em legislações antigas, era uma consequência de condenação penal ou de profissão religiosa.

Atualmente a personalidade, que se adquire no momento do nascimento completo e com vida, cessa com a morte – cfr. artigos 66º e 68º.

Conforme dispõe o artigo 2031º, a sucessão abre-se no momento da morte do seu autor e no lugar do último domicílio dele.

A morte como pressuposto da sucessão é um facto jurídico involuntário, ou seja, a vontade humana não intervém na morte, e se teve intervenção, a vontade é irrelevante para efeitos de sucessão.

A morte é um facto jurídico que produz *diversos efeitos.* Extingue todas as relações jurídicas de caráter pessoal que não sobrevivem ao seu titular.

Por outro lado, origina novas relações jurídicas fora do regime sucessório. É o que acontece quando a pessoa fez um *seguro de vida.* O beneficiário, que não é o tomador, recebe da Seguradora o valor contratado. Esta importância nunca fez parte do património do segurado, pelo que o seu recebimento está fora do regime sucessório, ainda que o beneficiário seja herdeiro.

Porém, o prémio do seguro é considerado pela doutrina como uma doação indireta ao beneficiário, pelo que, se este concorrer à sucessão, fica sujeito à colação o respetivo valor.

Também no caso de *usufruto simultâneo e sucessivo*, a morte de um dos usufrutuários produz efeitos que, tendo como consequência o direito de acrescer dos restantes usufrutuários, se repercute na esfera jurídica destes, sendo a causa jurídica o título constitutivo e não o efeito sucessório, conforme resulta dos artigos 1441º e seguinte.

Resulta dos exemplos apontados que *quando os direitos não existiam na esfera jurídica da pessoa que morreu ou se se extinguiram com a morte, não está em causa qualquer fenómeno sucessório.*

A morte de que aqui nos ocupamos é a morte de pessoas singulares, como se depreende do disposto no artigo 2024º. Acerca da extinção das pessoas coletivas (associações, fundações, sociedades, etc.) podemos dizer que essa extinção gera um fenómeno semelhante ao ocasionado pela morte das pessoas singulares, sendo também colocada a questão do destino do seu património, mas esse não se rege pelas normas que integram o Direito das Sucessões.

84. Morte presumida

A morte em sentido físico constitui, como dissemos, um pressuposto da sucessão. Pode, porém, acontecer uma situação que a lei procura aproximar da morte natural atribuindo-lhe os mesmos efeitos. Trata-se da morte presumida.

Nos termos do artigo 115º, a declaração da morte presumida produz os mesmos efeitos que a morte...

Antes, porém, da declaração da morte presumida, suscita-se por vezes a necessidade de o tribunal nomear curador provisório a fim de prover acerca da administração dos bens de quem desapareceu sem que dele se saiba parte e sem ter deixado representante legal ou procurador – cfr. artigo 89º.

O desaparecimento sem notícias, sendo anterior a qualquer presunção de que o ausente morreu, constitui justificação para a curadoria provisória pela impossibilidade de com ele contactar e a necessidade de administrar os seus bens.

A curadoria provisória pode também ser requerida se o procurador deixado pelo ausente não puder ou não quiser exercer as suas funções – cfr. artigo 89º, nº 2.

A curadoria provisória dos bens do ausente pode ser requerida pelo Ministério Público ou por qualquer interessado (artigo 91º), nos termos do disposto no artigo 1021º do Código de Processo Civil.

O curador provisório é escolhido de entre as pessoas mencionadas no artigo 92º e tem os direitos e obrigações referidos nos artigos 94º e seguintes.

Decorridos dois anos sem se saber do ausente, se este não tiver deixado representante legal nem procurador bastante, ou cinco anos, no caso contrário, pode o Ministério Público ou algum dos interessados requerer a justificação da ausência e a instauração da curadoria definitiva – cfr. artigos 99º a 113º.

A justificação da ausência constitui a primeira fase do processo que irá terminar, normalmente, na partilha dos bens do ausente. No entanto, independentemente da partilha, logo que a ausência esteja justificada, os legatários, como todos aqueles que por morte do ausente teriam direito a bens determinados, podem requerer que esses bens lhes sejam entregues – cfr. artigo 102º.

A partilha só interessa aos herdeiros. Para a entrega dos bens aos legatários e às outras pessoas que teriam direito a determinados bens não há necessidade de esperar pela partilha.

São representados por curador especial nomeado pelo tribunal os ausentes em parte incerta, sempre que não esteja instituída a curadoria – artigo 1086º, nº 1, alínea *b)* do Código de Processo Civil.

Por força do nº 2 do mesmo preceito, os bens adjudicados ao ausente que careçam de administração são entregues ao curador especial nomeado, com os direitos e deveres do curador provisório até que seja deferida a curadoria.

Quem se julgue com direito à entrega de bens, independentemente da partilha, pode requerer a sua entrega imediata e a decisão que a ordene nomeia os interessados curadores definitivos quanto a esses bens.

São interessados na justificação da ausência o cônjuge não separado judicialmente de pessoas e bens, os herdeiros do ausente e todos os que tiverem sobre os bens do ausente direito dependente da condição da sua morte – artigo 100º.

A entrega dos bens aos herdeiros do ausente à data das últimas notícias, ou aos herdeiros dos que depois tiverem falecido, só tem lugar depois da partilha. Entretanto, a administração desses bens pertence ao cabeça de casal, designado nos termos dos artigos 2080º e seguintes, como determina o artigo 103º.

Neste momento ainda não existe a presunção de morte, mas tudo está preparado para a sucessão. Os curadores definitivos são simples administradores de bens alheios e, por isso, não podem dispor desses bens. Têm os poderes limitados próprios do curador provisório, por força das disposições conjugadas dos artigos 110º e 94º.

Decorridos dez anos sobre a data das últimas notícias, ou passados cinco anos, se entretanto o ausente houver completado oitenta anos de idade, podem os interessados a que se refere no artigo 100º requerer a declaração de morte presumida – artigo 114º, nº 1.

Como já sabemos, por força do disposto no artigo 115º, a declaração de morte presumida produz os mesmos efeitos que a morte.

Não só dá lugar à abertura da sucessão, como permite que o cônjuge casado civilmente possa contrair novo casamento. Se, entretanto, o ausente regressar ou houver notícias de que era vivo quando foram celebradas as novas núpcias, o anterior casamento é considerado dissolvido por divórcio – cfr. artigo 116º.

Nos termos do artigo 117º, os bens do ausente são entregues aos seus sucessores, que já os administravam como curadores definitivos. Agora podem dispor livremente desses bens, pois lhes pertencem como se houvesse a certeza de o ausente ter morrido.

Embora a morte presumida seja, quanto aos efeitos jurídicos, equiparada à morte certa, pode acontecer que o ausente regresse ou pode dele haver notícias. Então, por determinação do artigo 119º, nº1, o património ser-lhe-á devolvido no estado em que se encontrar, com o preço dos bens alienados ou com os bens diretamente sub-rogados, e bem assim com os bens adquiridos mediante o preço dos alienados, quando no título de aquisição se declare expressamente a proveniência do dinheiro.

Em suma, consideram-se integrados no património do ausente que regressou ou de quem houve notícias os bens que ainda existam; os bens provenientes de troca (sub-rogação direta – cfr. artigo 1723º); o preço dos bens alienados; os bens adquiridos com o valor proveniente dos bens alienados, se houver declaração expressa dessa proveniência.

O ausente pode exigir aos sucessores uma indemnização pelos danos sofridos, se eles tiverem agido de má fé – artigo 119º, nº 2.

85. A importância da prova do momento da morte

A morte prova-se por certidão de registo do óbito lavrado nos termos dos artigos 200º e seguintes do Código do Registo Civil.

Tem-se por falecida a pessoa cujo cadáver não foi encontrado ou reconhecido, quando o desaparecimento se tiver dado em circunstâncias que não permitam duvidar da morte dela – artigo 68º, nº 3.

Trata-se de uma presunção de morte. A prova do falecimento ocorrido nestas circunstâncias não dispensa a justificação judicial.

Cabe ao Ministério Público promover, por intermédio de qualquer conservatória do registo civil, a justificação judicial do óbito nos casos a que alude o artigo 207º, nº 1, do Código do Registo Civil.

Julgada a justificação, o conservador deve lavrar o assento de óbito, com base nos elementos fornecidos pela sentença e servindo-se de todas as informações complementares recolhidas – artigo 207º, nº 3 do Código do Registo Civil.

Por força do disposto no nº 4 do mesmo artigo 207º do Código do Registo Civil, o assento de óbito referido no número anterior produz os mesmos efeitos que a morte.

Além da prova da morte, há necessidade de conhecer o momento exato em que ela ocorreu. O conhecimento do momento da morte é de extrema importância para determinar a ordem dos sucessores. Na verdade, só pode ser chamado à sucessão uma pessoa que existia, ou seja, que ainda vivia, no momento da morte do *de cujus*. Por outras palavras, o falecimento do sucessor tem necessariamente de ser posterior ao do autor da sucessão.

Em suma, há necessidade de provar a morte do *de cujus* para que se abra a sucessão e conhecer o momento da morte para determinar a ordem dos sucessores.

No caso de o sucessível e o autor da sucessão terem falecido no mesmo acidente, por vezes faz com que se levantem dificuldades quanto a saber se um sobreviveu ao outro. Suponhamos que pai e filho viajavam no mesmo automóvel que sofreu um acidente no qual ambos faleceram. Há necessidade de indagar qual deles faleceu em primeiro lugar, porque a resposta a esta questão é decisiva para efeitos de direitos sucessórios.

Se foi o pai quem primeiro morreu, o filho é chamado a suceder-lhe ainda que tenha falecido uns segundos depois. Seguidamente são chamados os sucessores deste, por exemplo, os seus filhos. Se, pelo contrário, foi o filho o primeiro a falecer já não será chamado a suceder ao pai.

Quando duas pessoas morrem em momentos muito próximos, existe interesse em provar a ordem por que ocorreram os falecimentos. A prova pode ser feita por qualquer meio. Quando não é possível fazer a prova, presume-se, em caso de dúvida, que uma e outra pessoa faleceram ao mesmo tempo, conforme determina o artigo 68º, nº 2. Trata-se da designada *comoriência.*

Da *comoriência* resulta que entre eles não haverá transmissão de herança ou legado. Na verdade, se o autor da herança e os seus herdeiros ou legatários faleceram ao mesmo tempo, entre eles não poderá haver transmissão de herança ou legado, pois só há sucessão no caso de o autor da mesma sucessão ter falecido antes dos sucessores. O caso de comoriência entre pai e filho tem como consequência que à herança do pai são chamados os seus herdeiros, com exclusão do filho acidentado. Por sua vez, à herança do filho serão chamados os seus herdeiros, com exclusão do pai.

As consequências são as mesmas a que se chegaria no caso de se ter provado a pré-morte do herdeiro ou legatário em relação ao *de cujus.*

A questão da *comoriência* não interessa apenas para o caso da sucessão legítima, mas também no caso de sucessão testamentária, visto que, nos termos do artigo 2317º, alínea *a),* as disposições testamentárias caducam, se o instituído ou nomeado falecer antes do testador, salvo havendo representação sucessória.

CAPÍTULO XVIII

86. Abertura da sucessão

Nos termos do disposto no artigo 2031º, a sucessão abre-se no momento da morte do seu autor e no lugar do último domicílio dele.

Este preceito leva-nos a dirigir a atenção para os vários momentos distintos do fenómeno sucessório: a abertura, o momento da abertura e o lugar da abertura.

Já nos debruçámos sobre a morte que considerámos como um pressuposto da sucessão. Se a pessoa que morreu era titular de relações jurídicas que não se extinguem com a morte do titular, essas relações terão de passar para a titularidade de outra pessoa. A morte faz com que as relações jurídicas de caráter patrimonial se desenlacem do respetivo sujeito e fiquem aptas a passar para o património de outrem, que lhe sucede.

O complexo fenómeno sucessório inicia-se, é claro, pela abertura da sucessão e termina quando a aquisição sucessória se tornou definitiva.

87. Momento da abertura da sucessão

A abertura da sucessão constitui um efeito jurídico que se produz no momento da morte do autor da sucessão, como já sabemos. Este momento é particularmente relevante. É a este momento que, em geral, se reportam os efeitos da sucessão, mesmo quando os fenómenos sucessórios têm lugar em momento muito posterior.

Os sucessíveis serão chamados, mas, enquanto não houver aceitação, a herança mantém-se jacente, isto é, as situações jurídicas patrimoniais que integram a herança permanecem à espera de um novo titular – cfr. artigo 2046º.

Aberta a sucessão, são chamados à titularidade das relações jurídicas do falecido aqueles que gozam de prioridade na hierarquia dos sucessíveis. Se os primeiros não quiserem ou não puderem aceitar, serão chamados os subsequentes, e assim sucessivamente. Os efeitos da aceitação do último retrotraem-se ao momento da abertura da sucessão, conforme resulta do disposto nos artigos 2032º, nº 2 e 2050º, nº 2.

Do primeiro destes preceitos ressalta ainda que a vocação sucessória se faz no momento da abertura da sucessão e a subsequente ou sucessiva retroage a esse mesmo momento.

É, portanto, no momento da abertura da sucessão que se fixa o elenco dos sucessíveis do autor da sucessão. Antes desse momento há apenas expetativas de sucessão, mas a designação é ainda flutuante.

Se os efeitos da aceitação da herança se retrotraem ao momento da abertura da sucessão, o mesmo acontece com os efeitos do seu repúdio – cfr. artigo 2050º, nº 2 com o artigo 2062º.

A aceitação e o repúdio da herança são juridicamente considerados como tendo ocorrido no momento da abertura da sucessão. Deste último preceito resulta ainda que se considera como não chamado o sucessível que a repudiou, salvo para efeitos de representação.

Feita a partilha, cada um dos herdeiros é considerado, desde a abertura da herança, o sucessor único dos bens que lhe foram atribuídos, sem prejuízo do disposto quanto aos frutos – artigo 2119º.

Assim, o momento da aquisição coincide com o momento da abertura da sucessão e não com o momento da aceitação da herança.

O testador pode sujeitar a instituição de herdeiro ou a nomeação de legatário a condição suspensiva ou resolutiva cuja verificação se retrotrai à data da morte do testador – cfr. artigos 2229º e 2242º.

Para além de tudo isso, o momento da abertura da sucessão releva ainda para apurar o valor dos bens doados (artigo 2109º), para o cálculo da legítima (artigo 2162º, nº 1) e, consequentemente, para a redução por inoficiosidade.

Em suma, o fenómeno jurídico sucessório, apesar do dinamismo verificado na sua evolução, é constantemente referido a um momento estático, que é o da abertura da sucessão.

88. O lugar da abertura da sucessão

Conforme estatui o artigo 2031º, o lugar de abertura da sucessão é o da última residência do *de cujus.*

Por sua vez, o artigo 82º dá-nos a noção de domicílio. A pessoa tem domicílio no lugar da sua residência habitual; se reside alternadamente em vários lugares, tem-se por domiciliada em qualquer deles. Na falta de residência habitual, considera-se domiciliada no lugar da sua residência ocasional ou, se esta não puder ser determinada, no lugar onde se encontrar.

O conhecimento do lugar da abertura tem importância para muitos efeitos, embora se possa dizer que essa importância fica aquém da que é atribuída ao momento da abertura da sucessão.

Desde logo, a fixação do lugar de abertura da sucessão tem relevância para determinar o tribunal competente para o processo de inventário e para o chamado processo cominatório de declaração de aceitação e de repúdio que o artigo 2049º coloca à disposição dos sucessíveis.

A este respeito dispõe o artigo 72º-A do Código de Processo Civil o seguinte:

1. Em matéria sucessória é competente o tribunal do lugar da abertura da sucessão.
2. Se, no momento da sua morte, o autor da sucessão não tiver residência habitual em território português, é competente o tribunal em cuja circunscrição esse autor teve a sua última residência habitual em território nacional.
3. Se o tribunal competente não puder ser determinado com base no disposto nos números anteriores, mas o autor da sucessão tiver nacionalidade portuguesa ou houver bens situados em Portugal, o tribunal competente é:
   a) Havendo imóveis, o tribunal da situação dos bens, ou, situando-se os imóveis em circunscrições diferentes, o tribunal da situação do maior número; ou
   b) Não havendo imóveis, o tribunal de Lisboa.

O requerimento em que se peça a notificação do herdeiro para aceitar ou repudiar a herança segue os trâmites previstos nos artigos 1039º e seguinte do Código de Processo Civil.

Nos termos do disposto no artigo 2270º, *in fine*, a entrega do legado em dinheiro ou em coisa genérica que não exista na herança deve ser feita no lugar de abertura da sucessão.

CAPÍTULO XIX

89. Designação sucessória

A) Noção

A designação sucessória consiste na indicação, feita em vida do autor da sucessão, das pessoas que podem vir a suceder-lhe após a sua morte.

As pessoas designadas, ou seja, os sucessíveis ficam na posição de poderem ser chamados como sucessores no momento próprio, o momento da morte do autor da sucessão. Por outras palavras, só no momento da morte tem lugar a vocação sucessória (o chamamento à sucessão), todavia o autor da sucessão pode previamente indicar as pessoas que lhe hão de suceder. Pode dizer-se que a designação é uma vocação virtual em face da vocação efetiva. Na verdade, até ao momento da morte do autor da sucessão, o quadro dos sucessíveis é naturalmente instável, visto que o testamento pode ser alterado, o cônjuge pode divorciar-se, o herdeiro legitimário pode falecer.

B) Títulos de vocação sucessória

Nos termos do artigo 2026º, os títulos de vocação sucessória são a lei, o testamento e o contrato. Podemos, pois, dizer que as fontes da sucessão ou derivam diretamente da *lei* ou da *vontade* do *de cujus*.

Para haver vocação é necessário que o chamado sobreviva ao autor da sucessão. Dito de outro modo, não podem ser chamados os que já não estejam vivos no momento da abertura da sucessão. Por outro lado, exige-se que, pelo menos, já estejam concebidos. Só excecionalmente podem ser chamados os não concebidos.

A sucessão que decorre diretamente da lei diz-se *legal* e pode ser *legítima* ou *legitimária*.

Por sua vez, a sucessão que tem por fonte a vontade do autor da sucessão denomina-se *voluntária*. Esta também admite duas modalidades: se depende de um negócio unilateral (o testamento), denomina-se *sucessão testamentária*, mas se o negócio for bilateral, se constituir um verdadeiro contrato, recebe a designação de *pacto sucessório*, podendo dizer-se que se trata de *sucessão contratual* ou *pactícia*.

A sucessão *legal*, como se disse, resulta diretamente de certas normas jurídicas, independentemente da vontade do autor da sucessão. São essas normas jurídicas que determinam a vocação (o chamamento) das pessoas que devem suceder ao *de cujus*.

As situações jurídicas às quais a lei atribui relevância para deferir a sucessão são nomeadamente relações de caráter familiar como a filiação, o casamento, a adoção.

Por força do que dispõe o artigo 2027º, a sucessão legal é legítima ou legitimária, conforme possa ou não ser afastada pela vontade do autor.

Podem ser várias as designações sucessórias. É o que acontece se uma pessoa, sendo casada e com filhos, fizer testamento no qual designa para lhe suceder certos herdeiros ou legatários. Além destes sucessíveis designados pela vontade do autor da sucessão, também o são, por força da lei, a mulher, os filhos, outros familiares e até o próprio Estado – cfr. artigo 2133º.

Destas várias designações, apenas uma se converterá em vocação efetiva, no momento da morte do autor da sucessão. Isso não significa que a mesma pessoa não possa ser chamada a vários títulos. Assim, o filho do autor da sucessão, sucessível legítimo e legitimário por via legal, pode igualmente ser sucessível testamentário, por ter sido contemplado no testamento que o pai deixou.

No que diz respeito a uma relação jurídica não pode ser chamado mais do que uma pessoa designada. Sê-lo-á o titular da designação que prevalece no momento da abertura da sucessão. Estabelecer-se-á então entre as várias designações sucessórias uma hierarquia, como veremos seguidamente.

C) Hierarquia dos sucessíveis

Depois da morte do autor da sucessão, é fixado o elenco dos sucessíveis em função da relevância que é atribuída aos factos designativos. Estabelece-se assim uma hierarquia de designações que podemos esquematizar do modo seguinte:

O 1º lugar cabe aos sucessíveis legitimários, quanto à parcela da herança que lhes está reservada. Facilmente se deteta essa relevância na possibilidade de redução, por inoficiosidade, das disposições sucessórias voluntárias que, nos termos do artigo 2168º, ofendam a legítima dos herdeiros legitimários. No que diz respeito aos pactos sucessórios a redução por inoficiosidade vem referida nos artigos 1705º, nº 3 *in fine*, e 1759º.

Em 2º lugar vem o pacto sucessório nos casos em que é validamente admitido, sendo irrevogável.

Em 3º lugar vêm o testamento e os pactos sucessórios revogáveis.

Em último lugar situam-se os sucessíveis legítimos referidos no artigo 2133º.

90. Vocação sucessória

A) Enunciado

Se a palavra vocação significa a ação de chamar, a expressão vocação sucessória só pode significar o chamamento dos sucessíveis à sucessão.

Conforme a definição constante do artigo 2024º, a sucessão é o chamamento de uma ou mais pessoas à titularidade das relações jurídicas patrimoniais de uma pessoa falecida e a consequente devolução dos bens que a esta pertenciam.

Esse chamamento ocorre, como já sabemos, no momento da abertura da sucessão, que é o momento da morte do autor da mesma sucessão. São chamados os sucessíveis prioritários, em conformidade com a hierarquia dos títulos de vocação.

Nos termos do que dispõe o artigo 2032º, nº 1, aberta a sucessão, serão chamados à titularidade das relações jurídicas do falecido aqueles que gozam de prioridade na hierarquia dos sucessíveis, desde que tenham a necessária capacidade.

Esta é a vocação originária.

A partir da vocação sucessória, os bens da herança estão à disposição dos sucessíveis chamados e podem por eles ser adquiridos, bastando para isso que manifestem a sua vontade no sentido da aceitação. Verificar-se-á então a devolução dos bens que pertenciam à pessoa falecida.

O domínio e posse dos bens da herança adquirem-se pela aceitação, independentemente da sua apreensão material – artigo 2050º, nº 1.

Sendo assim, a aceitação tem especial importância, visto que é a partir dela que ao chamado é atribuída a titularidade dos bens ou direitos hereditários.

Se os primeiros sucessíveis não quiserem ou não puderem aceitar, serão chamados os subsequentes, e assim sucessivamente – artigo 2032º, nº 2, 1ª parte.

Quer dizer que, além da vocação originária, pode existir ainda a vocação subsequente.

Como já sabemos, a devolução a favor dos sucessíveis subsequentes retrotrai-se ao momento da abertura da sucessão – artigo 2032º, nº 2 *in fine.*

B) Direito de aceitar ou de repudiar

Como resulta do já exposto, o sucessível tem o direito de aceitar ou de repudiar a herança. Trata-se de um direito potestativo que se dirige à produção de certos efeitos jurídicos. Exercendo esse direito no sentido da aceitação da herança, o chamado adquire a titularidade das relações jurídicas de que a pessoa falecida era titular.

Através da vocação sucessória, os bens hereditários são postos à disposição do chamado, como já foi dito. A ele compete agora aceitar ou repudiar a herança. Se a aceitar, processa-se a devolução dos bens que se encontravam na titularidade do *de cujus.*

A posição jurídica do chamado pode, portanto, ser qualificada de *originária*, *provisória*, *instrumental* e *atual.*

Originária porque o direito que a vocação sucessória atribuiu ao sucessível não existia, como se compreende, na esfera jurídica da pessoa falecida.

Provisória, porque a posição jurídica do chamado não pode ser duradoura. Só se manterá enquanto não for exercido o seu direito no sentido da aceitação ou no sentido do repúdio da herança, e logo se extinguirá.

Instrumental porque não passa de um meio colocado ao serviço da aquisição definitiva por parte do sucessível a quem vier a ser atribuída a herança.

Atual, porque não é uma mera expetativa de um direito eventual, mas antes de um direito real. O chamado passa a ser titular do direito logo após a aceitação da herança.

C) Poderes da administração

Nos termos do disposto no artigo 2047º, nº 1, o sucessível chamado à herança, se ainda não tiver aceitado nem repudiado, não está inibido de providenciar acerca da administração dos bens, se do retardamento das providências puderem resultar prejuízos.

Quando se torne necessário, para evitar a perda ou deterioração dos bens, por não haver quem legalmente os administre, o tribunal nomeará curador à herança jacente, a requerimento do Ministério Público ou de qualquer interessado – artigo 2048º, nº 1,

A curadoria termina logo que cessem as razões que a determinaram, conforme resulta do estatuído no nº 3 do mesmo artigo 2048º.

91. Objeto da devolução sucessória

A) Enunciado

Depois da aceitação da herança são devolvidos ao sucessor os direitos e obrigações que estavam na titularidade do autor da sucessão. Importa, no entanto, conhecer quais os direitos transmissíveis e aqueles que não são objeto de devolução sucessória.

Segundo dispõe o artigo 2025º, nº 1, não constituem objeto de sucessão as relações jurídicas que devam extinguir-se por morte do respetivo titular, em razão da sua natureza ou por força da lei.

Acrescenta o nº 2 do mesmo preceito que podem também extinguir-se à morte do titular, por vontade deste, direitos renunciáveis.

Daqui se conclui que são três as causas da intransmissibilidade: podem ser de ordem *natural*, *legal* ou *negocial*.

B) Intransmissibilidade natural

São naturalmente intransmissíveis os direitos pessoais, visto que estão intimamente ligados à pessoa do titular e, por isso, não é possível virem a ser adquiridos por outrem. A própria lei admite que se torna desnecessário considerá-los expressamente intransmissíveis.

Entre eles podemos referir os direitos de personalidade e os direitos familiares pessoais.

Embora a personalidade cesse com a morte, conforme dispõe o artigo 68º, nº 1, a lei continua a proteger a honra, o bom nome e a reputação da pessoa falecida.

Assim, os direitos de personalidade gozam de proteção depois da morte do respetivo titular, tendo legitimidade para requerer as providências necessárias à sua tutela o cônjuge sobrevivo ou qualquer descendente, ascendente, irmão, sobrinho ou herdeiro do falecido, nos termos previstos no artigo 71º, nºs 1 e 2.

C) *Intransmissibilidade legal*

A intransmissibilidade pode resultar diretamente da lei. Trata-se de direitos criados em atenção à pessoa do seu titular e que devem, por isso, extinguir-se com a sua morte.

Podemos dar como exemplo, entre outros, o direito a alimentos (e a obrigação de os prestar) – artigo 2013º, nº 1, alínea *a)*; o usufruto – artigo 1476º, nº 1, alínea *a)*; o direito de uso e habitação – artigos 1485º e 1490º; o cargo de cabeça de casal – artigo 2095º; a testamentaria – artigo 2334º; o direito e a obrigação de preferência convencional – artigo 420º.

D) *Intransmissibilidade negocial*

A lei admite a inereditabilidade negocial por vontade do autor da sucessão, permitindo-lhe dispor que determinados direitos de que é titular venham a extinguir-se com a sua morte. A lei apenas exige que sejam respeitados os requisitos de renunciabilidade desses direitos.

A vontade do titular pode ser manifestada em negócio jurídico *inter vivos* ou em testamento. É o caso, por exemplo, da renúncia ao direito de servidão – artigo 1569º, nº 1, alínea *d)*.

E) *Hereditabilidade do direito de indemnização*

Não se trata do direito que os próprios herdeiros se arrogam de pedir uma indemnização pelos danos que a morte do *de cujus* lhes ocasionou. A este respeito não se levanta qualquer dúvida. Os herdeiros agem em nome próprio invocando um direito que nunca existiu na esfera jurídica do *de cujus*, visto que só surgiu após a morte deste.

Diferente é o caso do direito de indemnização pelos danos causados ao próprio autor da sucessão e da sua transmissão por morte aos seus sucessores.

Quanto ao direito à indemnização pelos danos patrimoniais diretos ou indiretos de que o *de cujus* era titular, entende-se que esse direito se transmite aos seus herdeiros.

As dúvidas surgem quando está em causa o direito pelos danos não patrimoniais. Há quem ponha em ênfase o aspeto pessoal da relação jurídica para concluir que o ofendido é que foi a vítima do facto ilícito e que o seu sofrimento é puramente pessoal. Com tais fundamentos entende que o direito se não transmite.

Outros, porém, atribuindo maior destaque ao aspeto patrimonial, entendem que o direito à indemnização por danos não patrimoniais é um direito de crédito de natureza patrimonial que entrou na esfera jurídica do *de cujus*. Por isso é transmissível aos sucessores.

Com base no disposto no artigo 496º, nºs 2 e 3, somos levados à conclusão de que o direito à indemnização pelos danos não patrimoniais é transmissível *mortis causa*. Esta solução não terá, no entanto, aplicação quando se possa concluir que o *de cujus* havia renunciado ao direito.

92. Pressupostos da vocação sucessória

Os pressupostos da vocação sucessória constam do disposto no artigo 2032º, que já acima referimos. Segundo o nº 1 deste preceito, aberta a sucessão, serão chamados à titularidade das relações jurídicas do falecido aqueles que gozam de prioridade na hierarquia dos sucessíveis, desde que tenham a necessária capacidade.

Daqui facilmente se infere que os pressupostos do chamamento ou vocação sucessória são os seguintes: a *prioridade na hierarquia* dos sucessíveis, a necessária *capacidade* e, no limiar destes dois, a *existência* do chamado.

O chamado não só *ainda deve existir no momento da morte do autor da sucessão*, mas também *já deve existir* nesse momento. Por outras palavras, o chamado, já deve ter personalidade jurídica no momento da abertura da sucessão e deve sobreviver ao autor da sucessão.

93. Prevalência da designação sucessória

Como primeiro pressuposto da vocação sucessória, faremos imediatamente referência à *prevalência* da designação sucessória.

Já conhecemos os critérios com base nos quais se estabelece a prevalência de uma designação sobre as demais. Só a designação prevalente, à data da morte do autor da sucessão, se converte em vocação sucessória. É claro que, sendo diversas as relações jurídicas, é possível que sejam várias as designações que se convertem em vocações.

A lei é suficientemente clara para que não se possa acolher a orientação doutrinária segundo a qual seria chamado o destinatário da designação preferente e ao mesmo tempo os das restantes designações sucessórias, sendo, portanto, originais todas as vocações, mas também todas condicionais. Só no caso de falhar a 1ª é que avançaria a 2ª e assim sucessivamente.

Os sucessíveis que não ocupam os lugares prioritários na escala das designações, apenas têm a expetativa de vir a ser chamados e, por conseguinte, de vir a suceder. Nada mais do que isso.

94. A existência do chamado

A) Enunciado

Passaremos a referir o segundo pressuposto da vocação sucessória, que trataremos nas duas vertentes que já referimos, isto é, a *sobrevivência* do chamado ao autor da sucessão, e a *existência* do chamado que já deve verificar-se no momento da morte do autor da sucessão. Referiremos depois a sucessão dos *nascituros* e *conceturos* e ainda a das *pessoas coletivas não reconhecidas*.

B) O chamado ainda deve existir no momento da abertura da sucessão

A exigência do pressuposto da *existência* do chamado é intuitiva. Na verdade, uma pessoa já falecida não pode ser chamada a suceder a outrem. Só poderá suceder quem sobreviver ao autor da sucessão, como implicitamente resulta do nº 1 do artigo 2032º. No que concerne à sucessão testamentária, essa exigência resulta claramente da alínea *a)* do artigo 2317º, ao determinar que as disposições testamentárias caducam se o instituído ou nomeado falecer antes do testador.

Assim, no momento da morte do autor da sucessão, o chamado ainda deve existir juridicamente, isto é, ainda deve ter personalidade jurídica.

Como sabemos, a personalidade jurídica cessa com a morte, relativamente às pessoas singulares (artigo 68º, nº 1) e, relativamente às pessoas coletivas, com a sua extinção. Quer dizer, no momento da abertura da sucessão, a pessoa (singular) tem de estar viva e a pessoa coletiva não pode estar extinta. A pessoa do sucessor tem, portanto, de sobreviver ao autor da sucessão nem que seja por um breve instante.

Se o sucessível designado estiver ausente no momento da abertura da sucessão não é caso para se concluir que não existe. O ausente só não poderá ser chamado a partir do momento em que for declarada a *morte presumida*, pois deixa de existir juridicamente. Como já sabemos, a declaração da morte presumida produz os mesmos efeitos que a morte – artigo 115º.

Por força do disposto nos artigos 120º e 121º, a partir do momento em que foi deferida a curadoria definitiva, o ausente não será chamado à sucessão, mas sim aqueles que seriam chamados à titularidade dos direitos se o ausente fosse falecido. Significa que a presunção de morte já funciona a partir do momento em que foi instaurada a curadoria definitiva.

A vocação feita a favor dos sucessíveis imediatos é uma vocação resolúvel, pois no momento em que o ausente regresse ou haja notícias da sua existência, os bens ser-lhe-ão entregues logo que ele o requeira – artigo 113º, nº 1.

Na verdade, aqueles sucessíveis são havidos como curadores definitivos para todos os efeitos legais – artigo 121º, nº 2.

C) O chamado já deve existir no momento da abertura da sucessão

O artigo 2032º, nº 1, ao exigir que os sucessíveis tenham a necessária capacidade, implicitamente exige que tenham personalidade jurídica, visto que não se pode atribuir capacidade a quem não seja pessoa jurídica. Assim, a personalidade jurídica constitui um requisito da vocação sucessória. O chamado *já deve existir juridicamente*, já deve ter personalidade jurídica no momento da abertura da sucessão.

A personalidade jurídica adquire-se no momento do nascimento completo e com vida (artigo 66º, nº 1) em relação às pessoas singulares. Quanto às pessoas coletivas a partir do respetivo reconhecimento. Sendo assim, no momento da abertura da sucessão, *a pessoa (singular) já deve existir* e *a pessoa coletiva já deve estar reconhecida*.

Deparamos, no entanto, com *exceções* que fogem a esta regra, ou seja, com casos em que são chamados à sucessão pessoas que ainda não têm existência no momento da abertura da sucessão. É o caso da sucessão de *nascituros já concebidos*, na sucessão legítima, testamentária e contratual; é o caso de *nascituros ainda não concebidos*, na sucessão testamentária e contratual; é ainda o caso de *pessoas coletivas ainda não reconhecidas*, na sucessão testamentária.

Seguidamente abordaremos cada um dos três casos acabados de referir.

I. Sucessão de nascituros já concebidos

Nos termos do artigo 2033º, nº 1, têm capacidade sucessória, além do Estado, todas as pessoas nascidas ou concebidas ao tempo da abertura da sucessão, não excetuadas por lei.

É claro que os direitos que a lei reconhece aos nascituros dependem do seu nascimento, conforme estatui o artigo 66º, nº 2.

Para saber quais os nascituros já concebidos no momento da abertura da sucessão devemos ter em atenção o disposto no artigo 1798º. O momento da conceção é fixado, para os efeitos legais, dentro dos primeiros 120 dias dos 300 que precederam o nascimento.

Difícil é a explicação para o facto de ser atribuída capacidade sucessória a um nascituro quando é certo que o mesmo só adquire personalidade no momento do seu nascimento.

Várias orientações doutrinárias tentam a explicação: para alguns autores haverá uma antecipação da personalidade; para outros, a personalidade do nascituro só teria valor para certos efeitos previstos na lei; para outros ainda, os direitos à sucessão "radicar-se-iam" logo no nascituro, embora condicionados ao nascimento com vida; finalmente para outros, não existe qualquer vocação sucessória a favor dos nascituros, pois só com o nascimento ela se concretizaria, ficando entretanto suspensa.

É esta última a que mais se harmoniza com o que dispõe o nº 2 do artigo 66º, fazendo depender do seu nascimento os direitos que a lei reconhece aos nascituros.

A sucessão a favor de *nascituros em sentido lato* (*nascituros* e *conceturos*) levanta sérios problemas quanto à administração dos bens.

Por força do disposto no artigo 2240º a herança ou legado a favor de nascituro está sujeita a um regime de administração dos bens em causa.

Se o herdeiro ou legatário já estiver concebido (nascituro *stricto sensu*), a administração da herança ou legado compete a quem administraria os seus bens se ele já tivesse nascido – cfr. artigo 2240º, nº 2.

Para saber a quem incumbirá a administração é necessário recorrer às disposições legais que versam sobre as responsabilidades parentais e o modo do seu suprimento, em conformidade com as situações concretas.

A partir da morte do autor da sucessão, os direitos de que era titular ficaram sem sujeito que os possa encabeçar. Esta situação será temporária e irá durar até que o nascituro adquira personalidade e se torne o titular desses direitos. Pode, porém, acontecer que o nascituro não chegue a ser pessoa jurídica e, por conseguinte, os bens que lhe estavam destinados serão atribuídos a outra pessoa, aquela a quem o devam ser, segundo as regras da sucessão com aplicação no caso concreto.

Neste intervalo temporal, a consistência dos direitos encontra-se assegurada pelo regime de administração a que aludimos.

A vocação está dependente de um facto posterior ao momento da abertura da sucessão, que é o nascimento, que tem como efeito a aquisição da personalidade e, com esta, a necessária capacidade exigida para a sucessão nas relações jurídicas do falecido.

II. Sucessão de nascituros ainda não concebidos

A lei admite ainda a sucessão de nascituros não concebidos, ou seja, de *conceturos*.

Nos termos do artigo 2033º, nº 2, alínea *a)*, na sucessão testamentária ou contratual têm ainda capacidade os nascituros não concebidos, que sejam filhos de pessoa determinada, viva ao tempo da abertura da sucessão.

Não se exige que a pessoa determinada já exista no momento em que o testador fez o testamento. Basta que esteja viva no momento da abertura da sucessão, ou seja, no momento da morte do testador.

São várias as razões que podem adiantar-se como justificativas da atribuição de capacidade sucessória a um nascituro, que nem sequer ainda está concebido, para suceder ao *de cujus*.

Uma delas pode encontrar-se no facto de o testador não ter confiança em determinada pessoa, mas, apesar disso, pretender beneficiar os filhos que esta pessoa vier a ter. Se a pessoa em causa ainda não casou ou, tendo casado, ainda não tem filhos, deste modo poderá beneficiar os filhos que eventualmente venham a nascer.

Também pode verificar-se o caso de a pessoa já ter filhos, mas prevendo-se ainda a possibilidade de ter mais. O testador, que contempla no seu testamento os filhos já existentes, não quer deixar de fora os que porventura venham ainda a nascer, a fim de evitar diferenças de tratamento entre eles. Se não fosse permitido a instituição dos não concebidos, não poderia o testador favorecer por igual todos os filhos de determinada pessoa.

No que diz respeito à administração dos bens, já vimos que o artigo 2240º, nº 2 determina a quem a mesma compete, no caso de o herdeiro ou legatário já estar concebido.

O nº 1 do mesmo preceito, quanto aos *conceturos*, remetendo para os artigos 2237º a 2239º, equipara a situação à do herdeiro instituído sob condição suspensiva, mas com a seguinte particularidade. À pessoa viva de quem o *conceturo* vier a nascer ou ao seu representante legal, se ela for incapaz, pertence a representação do *conceturo* em tudo o que não seja inerente à administração da herança ou legado.

Nos termos do artigo 2239º, os administradores da herança ou legado estão sujeitos às regras aplicáveis ao curador provisório dos bens do ausente. São, pois, aplicáveis, as normas constantes dos artigos 89º e seguintes. Os poderes do administrador limitam-se a atos de administração ordinária, conforme resulta das disposições conjugadas dos artigos 94º e 1159º, nº 1.

O curador provisório deve prestar contas do seu mandato perante o tribunal, anualmente ou quando este o exigir – artigo 95º, nº 1.

Conforme resulta do estatuído no artigo 2238º, o administrador é o co-herdeiro testamentário, se o houver e entre ele e o conceturo puder verificar-se o direito de acrescer. No caso de não haver co-herdeiro testamentário ou se, havendo-o, ele não gozar do direito de acrescer, o administrador da herança será o herdeiro legítimo presumido.

Está, pois, prevista a entrega da administração dos bens a adquirir pelos conceturos às pessoas que virão a recebê-los na hipótese de não ocorrer o nascimento. A administração dos bens será, portanto, confiada a quem tem todo o interesse na conservação dos bens.

A administração dos bens caberá, em princípio, ao co-herdeiro testamentário, pois ele receberá sempre uma parte da herança e poderá receber a totalidade, no caso de o nascimento não se verificar.

Na falta de co-herdeiro testamentário, a administração caberá ao herdeiro legítimo presumido. O interesse deste reside no facto de vir a receber os bens se o conceturo não chegar a nascer.

Quanto à partilha dos bens podem suscitar-se algumas questões. Se, por exemplo, **A** instituiu como herdeiros os filhos de **B**, nascidos ou que venham a nascer, põe-se o problema de saber quando deve proceder-se à partilha, após a morte do autor da sucessão.

Segundo alguns autores, a partilha só é possível depois de se ter a certeza de que não nascem mais filhos. Esta certeza só é fácil de alcançar quando morre o progenitor instituído. Noutras circunstâncias pode ser muito difícil e até moroso chegar à conclusão de que não haverá mais nascimentos. Esta espera será certamente muito prejudicial para os herdeiros já existentes. Pode ser invocado contra esta demora o direito de exigir a divisão previsto no artigo 1412º.

Segundo outros, deve proceder-se à partilha entre os filhos já nascidos, mas também tomando em conta os que provavelmente virão a nascer, considerando a idade do progenitor e outras circunstâncias relevantes. É compreensível a dificuldade em prever o número de filhos que podem vir a nascer. Por isso, não se aceita esta orientação.

Defendem outros que se proceda à partilha sob condição resolutiva. À morte do testador, proceder-se-ia à partilha pelos herdeiros já existentes, mas sujeita à condição resolutiva se posteriormente nascerem mais filhos.

Esta parece ser a solução mais aceitável, desde que estejam salvaguardados os interesses dos filhos que eventualmente venham a nascer. Os interesses dos conceturos estarão garantidos, de forma a poderem inclusivamente reivindicar os bens que lhes pertencerem, mesmo que já estejam na esfera jurídica de terceiro. Esta solução tem o inconveniente de exigir uma partilha de cada vez que nasce mais um filho.

III. Sucessão de pessoas coletivas ainda não reconhecidas

Nos termos do artigo 2033º, nº 2, alínea *b)*, na sucessão testamentária ou contratual têm ainda capacidade as pessoas coletivas e as sociedades.

As pessoas coletivas ainda não reconhecidas são consideradas inexistentes.

É, porém, válida a disposição testamentária ou contratual, a título de herança ou legado, a favor de pessoa coletiva a constituir.

A sucessão de pessoas coletivas ainda não reconhecidas é, para a generalidade da doutrina, comparável à situação que se verifica com a sucessão dos conceturos e, por isso, devem ser aplicadas, por analogia, as normas previstas nos artigos 2237º a 2239º.

95. Capacidade sucessória

O terceiro e último dos pressupostos da vocação sucessória é a capacidade. Para ser chamado, o titular da designação sucessória prevalecente tem de gozar de capacidade perante o autor da sucessão.

A capacidade sucessória pode entender-se como a aptidão para suceder a uma pessoa na qualidade de herdeiro ou legatário.

Não se deve confundir a capacidade sucessória, ou seja, a capacidade para suceder, com a capacidade para a prática dos atos jurídicos que integram o processo sucessório. Os incapazes (menores, maiores acompanhados) têm capacidade sucessória, embora não tenham capacidade de exercício.

A capacidade sucessória é, pois, uma *capacidade de gozo*. Podemos mesmo adiantar que é uma capacidade de gozo passiva – a capacidade para receber bens patrimoniais.

O chamamento à sucessão não implica quaisquer encargos ou obrigações, que só surgem com a aceitação. Por isso, os menores não podem, por exemplo, repudiar a herança ou legado nem podem aceitar herança, doação ou legado com encargos, porque a tal se opõem as disposições das alíneas *j)* e *l)* do artigo 1889º, nº 1. Esta é uma incapacidade de exercício. Para tais atos, exige-se a intervenção do representante legal. Como se sabe, a falta de capacidade de exercício é suprida pelo poder paternal, pela tutela ou pelo acompanhamento – cfr. artigos 124º e 138º.

O artigo 2032º, nº 1 faz depender a vocação da "necessária capacidade" sucessória. Se esta faltar não pode haver chamamento. A capacidade sucessória tem de verificar-se no momento da abertura da sucessão. Porém, como já sabemos, quanto aos nascituros e conceturos e ainda quanto às pessoas coletivas não reconhecidas, a verificação da sua capacidade sucessória é diferida para um momento posterior à abertura da sucessão, assim como a própria vocação sucessória. Esta fica suspensa e só se concretizará após a verificação dos requisitos legalmente exigidos.

No caso de a instituição de herdeiro ou legatário se encontrar dependente de condição suspensiva, a capacidade sucessória deverá verificar-se não só no momento da abertura da sucessão, como também no momento da verificação da condição – cfr. artigo 2035º, nº 2.

Na verdade, a vocação já existe no momento da morte do autor da sucessão, mas essa vocação é condicional e só virá a consolidar-se no momento da verificação da condição.

Existem determinadas causas de incapacidade sucessória que podem surgir em momento posterior à abertura da sucessão. É o caso de incapacidade por indignidade previsto no artigo no artigo 2034º, alínea *d)*.

Em regra, todas as pessoas têm capacidade jurídica para suceder. A incapacidade é, portanto, uma exceção.

96. Incapacidade sucessória

A) Incapacidade por indignidade

O artigo 2034º faz referência aos diversos casos de incapacidade sucessória por motivo de indignidade.

Com base neste preceito, as causas que geram a indignidade, e têm como efeito a incapacidade sucessória, podem resumir-se do seguinte modo: alínea *a)* – atentado contra a vida do autor da sucessão ou de seus familiares próximos; alínea *b)* – atentado contra a honra das mesmas pessoas; alínea *c)* – atentado contra a liberdade de testar; alínea *d)* – atentado contra o próprio testamento.

Pode dizer-se que os casos de indignidade referidos na lei constituem como que uma pena aplicada ao sucessível pelas faltas graves por si cometidas contra o autor da sucessão.

No caso referido em último lugar, apesar de se tratar de atos ilícitos que se prendem com a vocação testamentária, geram uma incapacidade geral, ou seja, incapacidade para suceder por qualquer outro título.

A indignidade referida no artigo é tratada como uma incapacidade, mas enquanto a incapacidade em geral tem um fundamento alheio à atividade do sucessor, a indignidade tem como causas atos por este praticados.

Já no nosso antigo direito era afastado da sucessão por indignidade todo aquele que "por força ou fraude estorvasse o defunto de dispor de seus bens ou de revogar, ou de alterar a disposição já feita" e "aquele que fosse condenado por ter morto ou concorrido para a morte do defunto, ou da pessoa que lhe devia suceder".

Dos atos que geram a indignidade alguns têm necessariamente de ser anteriores à abertura da sucessão. É o caso do homicídio consumado contra o autor da sucessão e o dos atos que atentaram contra a liberdade de testar previstos na alínea *c)*.

Porém, alguns dos atos referidos na alínea *d)* podem ser posteriores à abertura da sucessão.

Podendo os factos terem sido praticados em momento anterior ou em momento posterior à abertura da sucessão, convém averiguar se têm igual relevância como causas de indignidade.

A este respeito, determina o artigo 2035º, nº 1 que a condenação a que se referem as alíneas *a)* e *b)* do artigo anterior pode ser posterior à abertura da sucessão, mas só o crime anterior releva para o efeito.

A esta regra o nº 2 do mesmo preceito adita uma exceção para o caso de a instituição de herança ou a nomeação de legatário estar dependente de condição suspensiva. Neste caso, é relevante o crime cometido até à verificação da condição.

Podemos deduzir a respeito das restantes causas que geram a indignidade que tanto relevam no caso de terem ocorrido antes como depois da abertura da sucessão.

É claro que a condenação a que se refere o nº 1 do artigo 2035º pode ser posterior à abertura da sucessão, embora só relevem os atos criminosos anteriormente praticados.

Se o autor do crime faleceu antes de ter sido condenado, o preceito não é aplicável. E também o não é se a ação penal prescreveu ou o facto foi amnistiado antes do julgamento.

B) Declaração da indignidade

A incapacidade por indignidade parece que deveria funcionar de modo automático. A condenação pelos crimes previstos nas alíneas *a)* e *b)* do artigo 2034º ou a prática dos atos ilícitos referidos nas restantes alíneas ditariam automaticamente a incapacidade por indignidade.

Mas não é assim, como se depreende do disposto no artigo 2036º. Por força deste preceito, há necessidade de propor uma ação destinada à declaração de indignidade. A ação é distinta da de condenação pelos crimes previstos nas alíneas *a)* e *b)* do artigo 2034º. Esta não é, porém, uma orientação que tenha obtido aceitação generalizada.

A ação de declaração de indignidade pode ser proposta em vida do autor da sucessão ou depois da sua morte. Conforme resulta do artigo 2036º, pode ser proposta dentro do prazo de dois anos a contar da abertura da sucessão ou dentro de um ano a contar, quer da condenação pelos crimes previstos nas alíneas *a)* e *b)* do artigo 2034º, quer do conhecimento das causas de indignidade previstas nas alíneas *c)* e *d)* do mesmo artigo.

Quanto à legitimidade para propor a ação, entende-se que a lei não estabelece um regime especial, pelo que devem ser aplicadas as regras gerais.

Se as causas da indignidade forem anteriores à abertura da sucessão, a ação pode ser proposta por aquele que virá a ser o autor da sucessão. Por outro lado, considerando que os seus efeitos se projetam no domínio da sucessão legitimária, os sucessores também têm legitimidade para a propor em vida do autor da sucessão, visto que gozam de expetativa jurídica.

Se os factos ocorrerem após a morte do autor da sucessão, a ação pode ser proposta por qualquer interessado, ou seja, por qualquer sucessível que possa vir a beneficiar das consequências advenientes da declaração de indignidade.

C) Efeitos da declaração de indignidade

Os efeitos da indignidade encontram-se previstos no artigo 2037º. Conforme dispõe o nº1, declarada a indignidade, a devolução da sucessão ao indigno é havida como inexistente, sendo ele considerado, para todos os efeitos, possuidor de má fé dos respetivos bens.

Daqui resulta que, se a vocação do indigno é tida por inexistente, haverá lugar ao chamamento dos sucessíveis subsequentes. Porém, o nº 2 do mesmo preceito determina que, na sucessão legal, a incapacidade do indigno não prejudica o direito de representação dos seus descendentes.

Se esta disposição apenas diz respeito à *sucessão legal*, isso significa, *a contrario sensu*, que na *sucessão testamentária* a indignidade afasta o chamamento de sucessíveis por direito de representação (v. artigo 2041º, nº 1).

Um outro efeito da declaração de indignidade emana do disposto no nº 1 do mesmo artigo 2037º: a posse dos bens hereditários que o indigno tiver é considerada de má fé, com todas as consequências daí advenientes.

Assim, tem de restituir os bens que lhe tenham sido entregues e, como é considerado possuidor de má fé, além dos bens terá de entregar também os respetivos frutos (cfr. artigo 1271º). Por outro lado, responde pela perda dos bens, ainda que a perda tenha resultado de um caso fortuito.

No caso da sucessão legal, uma vez que a incapacidade do indigno não prejudica o direito de representação dos seus descendentes (nº 2 do artigo 2037º), estes serão chamados a ocupar a sua posição, nos termos preceituados pelo artigo 2039º.

D) Reabilitação do indigno

O autor da sucessão pode perdoar ao indigno, reabilitando-o. Este perdão pode ser manifestado de forma expressa ou tácita.

Nos termos do disposto no artigo 2038º, nº 1, o que tiver incorrido em indignidade, mesmo que esta já tenha sido judicialmente declarada, readquire a capacidade sucessória, se o autor da sucessão expressamente o reabilitar em testamento ou escritura pública.

A reabilitação do indigno pelo perdão é, portanto, um negócio jurídico formal que pode ter lugar em testamento ou em escritura pública. Presume-se que o autor da sucessão, ao tempo da outorga do testamento ou quando assinou a escritura pública, tinha conhecimento da causa de indignidade do sucessor e, apesar disso, lhe perdoou expressamente, reabilitando-o.

Porém, como já dissemos, o perdão também pode ser concedido de forma tácita. Nos termos do nº 2 do mesmo artigo 2038º, não havendo reabilitação expressa, mas sendo o indigno contemplado em testamento quando o testador já conhecia a causa da indignidade, pode ele suceder dentro dos limites da disposição testamentária.

Neste caso, como se verifica, o indigno é admitido a suceder apenas dentro dos limites da disposição testamentária. Não fica habilitado a suceder a qualquer outro título. Podemos dizer que se trata de uma reabilitação tácita parcial. O indigno está reabilitado para poder beneficiar apenas da deixa testamentária nos termos aí estipulados. Em suma, o legislador respeita a vontade do testador que, embora conhecendo as causas de indignidade do sucessor, lhe quer deixar certos bens.

E) Deserdação

A deserdação consiste na privação absoluta da legítima em consequência de certas causas. Enquanto a indignidade "afeta mais a ordem social, as causas que motivam a deserdação repercutem mais diretamente na ordem familiar".

Só em casos excecionais e muito restritos os herdeiros legitimários podem ser privados da legítima, estando a decisão nas mãos do autor da sucessão.

A deserdação só faz sentido na sucessão legitimária em função do seu regime específico. Por um ato da sua vontade, o autor da sucessão priva da sua legítima o herdeiro legitimário, nos casos previstos no artigo 2166º.

Pode, em testamento, com expressa declaração da causa, deserdar o herdeiro legitimário, privando-o da sua legítima, quando se verifique alguma das seguintes ocorrências:

a) A condenação pela prática de um crime doloso contra a pessoa, os bens ou a honra do autor da sucessão e de certos familiares (cônjuge, descendente, ascendente, adotante, adotado);

b) A condenação por denúncia caluniosa ou falso testemunho contra as mesmas pessoas;

c) A recusa injustificada de alimentos ao autor da sucessão ou ao seu cônjuge.

A deserdação não opera automaticamente, estando dependente de uma manifestação da vontade do autor da sucessão nesse sentido, feita em testamento, na qual deve indicar expressamente a causa que a determinou.

A deserdação consiste na privação *total* da legítima, pois, face à intangibilidade da legítima, defendida no artigo 2163º, não parece admissível a deserdação parcial.

Pode colocar-se a questão de saber se a deserdação atinge apenas a legítima ou se os seus efeitos se estendem até à parte que ao legitimário cabe na quota disponível. Parece que a solução deve ir no sentido do afastamento do sucessível quanto à sucessão legítima, por ser a que mais se harmoniza com a previsível vontade do testador.

A deserdação pode ser impugnada com fundamento na inexistência da causa invocada pelo testador. O prazo de impugnação é de dois anos a contar da abertura do testamento – cfr. artigo 2167º.

A ação deve ser proposta contra os herdeiros que sairão beneficiados com a deserdação, pois são eles que têm interesse direto em contradizer e, portanto, em fazer a prova da veracidade do facto ou dos factos invocados pelo testador.

O deserdado é equiparado ao indigno para todos os efeitos legais – artigo 2166º, nº 2.

A deserdação produz, portanto, os mesmos efeitos que a indignidade. Sendo admitida a reabilitação do indigno é igualmente admissível a reabilitação do deserdado. Aliás, neste caso, basta perdoar e não deserdar o sucessível.

CAPÍTULO XX

97. Modos de vocação

A) Enunciado

A vocação sucessória pode operar-se por formas diferentes: de modo originário ou de modo subsequente; de modo puro e simples ou de modo condicional; de modo direto ou de modo indireto.

Seguidamente faremos uma breve referência a cada um desses modos por que pode operar-se a vocação de qualquer sucessível.

B) Vocação originária ou subsequente

A vocação diz-se *originária* quando se verifica no próprio momento da abertura da sucessão. Por força do disposto no artigo 2032º, nº 1, aberta a sucessão, são chamados à titularidade das relações jurídicas do falecido os sucessíveis prioritários. A aceitação, prevista nos artigos 2050º e seguintes, servirá para que se concretize a transmissão para o sucessível chamado.

A vocação *subsequente* é a que vem a concretizar-se em momento posterior ao da abertura da sucessão. Apesar de ser subsequente, os efeitos da vocação produzem-se igualmente desde a data da abertura da herança.

Nos termos do nº 2 do acima referido artigo 2032º, se os primeiros sucessíveis não puderem ou não quiserem aceitar, serão chamados os *subsequentes*, e assim sucessivamente; a devolução a favor dos últimos retrotrai-se ao momento da abertura da sucessão.

No caso dos nascituros, a vocação sucessória só se concretiza a partir do momento em que nascem, visto que, nos termos do disposto no artigo 66º, nº 2, os direitos que a lei reconhece aos nascituros dependem do seu nascimento.

C) Vocação pura e simples ou condicional

A vocação *condicional* está dependente de uma condição suspensiva ou resolutiva. Não estando submetida a qualquer condição, a vocação diz-se *pura e simples.*

A sucessão legitimária não é passível de ser submetida a condição, só o podendo ser a sucessão testamentária.

Nos termos do artigo 2229º, o testador pode sujeitar a instituição de herdeiro ou a nomeação de legatário a condição suspensiva ou resolutiva, com as limitações dos artigos seguintes.

Por sua vez o artigo 2236º, no seu nº 1 refere-se a disposição testamentária sujeita a condição resolutiva, enquanto no seu nº 2 contempla o caso de legado dependente de condição suspensiva ou termo inicial.

No caso de herança ou legado sob condição, a vocação é originária, mas os efeitos do preenchimento da condição retrotraem-se à data da morte do testador, por força do disposto no artigo 2242º.

Entretanto, até que a condição se cumpra ou haja a certeza de não poder cumprir-se, a herança ou legado é posta em administração, conforme prevê o artigo 2237º.

Tratando-se de condição resolutiva, o tribunal pode impor ao herdeiro ou legatário a obrigação de prestar caução no interesse daqueles a favor de quem a herança ou legado será deferido no caso de a condição se verificar – artigo 2236º, nº 1.

No caso de legado dependente de condição suspensiva ou termo inicial, o tribunal pode impor àquele que deva satisfazer o legado a obrigação de prestar caução no interesse do legatário – artigo 2236º, nº 2.

D) Vocação direta ou indireta

A vocação *direta* constitui a regra.

Podemos dizer que existe vocação *indireta* sempre que uma pessoa sucede em vez de outra que não chegou a suceder. Não se trata de um fenómeno de dupla vocação, porque a vocação do sucessível prioritário não chegou a concretizar-se.

Na vocação *indireta* é chamado o sucessível subsequente, mas a vocação deste não é autónoma, pois tem como ponto de referência aquele que não pôde ou não quis aceitar. Quer dizer, o que não chega a entrar na sucessão, serve, no entanto, de referência para a devolução, visto que é a sua posição que passa a ser ocupada por outro.

É o que se passa no *direito de representação* previsto no artigo 2039º. Para ocupar a posição daquele que não pôde ou não quis aceitar a herança ou legado, são chamados os seus descendentes.

É igualmente o que acontece no *direito de acrescer entre herdeiros* referido no artigo 2301º. Se dois ou mais herdeiros forem instituídos em partes iguais na totalidade ou numa quota dos bens, seja ou não conjunta a instituição, e algum deles não puder ou não quiser aceitar a herança, acrescerá a sua parte à dos outros herdeiros instituídos na totalidade ou na quota.

É ainda o caso da *substituição direta*, cuja noção nos é dada pelo artigo 2281º. O testador pode substituir outra pessoa ao herdeiro instituído para o caso de este não poder ou não querer aceitar a herança.

Pode dizer-se que o herdeiro *não quis aceitar* quando repudiou a herança ou legado. Será caso de se dizer que *não pôde aceitar* quando não sobreviveu ao autor da sucessão, quando foi declarada a indignidade ou deserdação e ainda nos casos de ausência (artigo 120º).

98. Direito de representação

A) Noção

Conforme dispõe o já referido artigo 2039º, dá-se a representação sucessória, quando a lei chama os descendentes de um herdeiro ou legatário a ocupar a posição daquele que não pôde ou não quis aceitar a herança ou legado.

O preceito vai além da definição, pois descreve o próprio fenómeno da representação sucessória. Devido ao facto de uma determinada pessoa não ter querido ou não ter podido aceitar a herança ou legado, são chamados os seus descendentes a ocupar a sua posição. Em suma, uma pessoa adquire a posição de herdeiro ou legatário que caberia a outra pessoa que não a quis ou não a pôde aceitar.

Das duas pessoas em causa, uma é o "representante", ou seja, o que sucede por representação, e a outra é o "representado", ou seja, aquele que foi afastado. O representado serve de referência para saber quanto cabe ao seu representante. Pode dizer-se que a vocação do representado plasma a do representante, mas fica fora do fenómeno sucessório. Por isso, o representante sucede por direito próprio e não por direito transmitido pelo representado.

Trata-se de uma modalidade de vocação indireta, como já sabemos. O chamado por direito de representação toma a posição de um sucessível que foi afastado.

Sendo o representante quem sucede, porque é ele o chamado, tem, portanto, de ser capaz e digno em relação ao autor da sucessão, mas nada releva que o não seja em relação ao representado. Por outro lado, o seu direito de representação não é afetado pelo facto de haver renunciado à herança do representado. É o que resulta do disposto no artigo 2043º.

Podemos exemplificar do modo seguinte: suponhamos que **A** teve um filho **B** e, filho deste, um neto **C**. Quando **A** morrer, se o seu herdeiro **B** já tiver falecido, em representação deste será chamado à sucessão, por direito de representação, o seu neto **C**, mesmo que este tenha repudiado a herança de seu pai **B**.

O legislador, através do direito de representação com origem legal, teve em vista proteger a família mais próxima, por forma a que os bens se transmitam entre os parentes na linha reta descendente (artigo 1580º). Quando circunstâncias imprevistas tornem impossível que ao *de cujus* suceda o familiar que, segundo a ordem natural, devia ser chamado à sucessão, a lei entende que não deve, por isso, ser alterada a ordem. Aquele que devia ser chamado mais tarde é chamado antes.

Quanto ao direito de representação na sucessão testamentária, pode falar-se de uma substituição tácita. Presume-se que era vontade do testador contemplar os descendentes do sucessível que nomeou, se soubesse que este não lhe poderia suceder. Esta parece ser a ideia que resulta do estatuído nas alíneas *a)* e *e)* do artigo 2317º. As disposições testamentárias caducam no caso de o instituído ou nomeado falecer antes do testador ou no caso de o chamado à sucessão repudiar a herança ou legado, ressalvando em qualquer dos casos a existência de representação sucessória.

Os *adotados* são equiparados aos descendentes, visto que, nos termos do artigo 1986º, nº 1, pela adoção o adotado adquire a situação de filho do adotante e integra-se com os seus descendentes na família deste.

B) Distinção entre direito de representação e representação em atos jurídicos

O direito de representação não deve ser confundido com outras figuras jurídicas, nomeadamente com a representação.

Como já sabemos, no direito de representação o chamado sucede na posição de um sucessível que foi afastado. Ao suceder, atua em nome próprio e não em nome daquele que não quis ou não pôde suceder. Qualquer ato jurídico por si praticado como seja, por exemplo, a aceitação da herança, a sua intervenção na partilha, etc., repercute-se na sua própria esfera jurídica. Quer dizer, o representante não atua em nome do representado.

Por último diremos que o direito de representação, como já vimos, só pode ser atribuído aos descendentes do sucessível afastado.

Tudo é diferente na *representação em atos jurídicos.* A representação significa o exercício de um direito em nome de outrem. O representante atua em nome e por conta do representado, sendo na esfera jurídica deste que se produzem os efeitos da sua atuação.

C) Direito de representação e direito de transmissão

O direito de representação também não se identifica com o *direito de transmissão.*

O direito de representação pressupõe que um sucessível, o representado, não pôde ou não quis aceitar a herança ou legado.

Diferentemente, nos termos do artigo 2058º, o *direito de transmissão* pressupõe que o chamado à sucessão faleceu antes de exercer o direito de aceitar ou de repudiar a herança. O direito transmitir-se-á então aos seus herdeiros, como qualquer outro direito que não seja de caráter pessoal. Pelo exercício do direito, os herdeiros vêm a adquirir os bens que pertenciam ao autor da sucessão, se não quiserem repudiar a herança.

Delineada deste modo, é fácil de verificar que estamos perante uma dupla transmissão. Do autor da sucessão para a pessoa que não chegou a exercer o direito de aceitar ou repudiar a herança e desta para os seus herdeiros.

Os bens do *de cujus* não entraram na constituição do património do transmitente que não chegou a aceitar. Os bens passaram diretamente do património do *de cujus* para o património do transmissário, a partir da aceitação deste. Por isso, os transmissários *têm de ser capazes* não só *em relação ao transmitente*, de quem são herdeiros, como também *em relação ao autor da sucessão*, de quem recebem os bens.

Enfim, enquanto no *direito de representação* se verifica um único fenómeno sucessório, no *direito de transmissão* operam-se dois fenómenos sucessórios.

O transmissário obtém o poder de aceitar a herança a que tinha sido chamado o falecido, se tiver adquirido o direito à herança deste.

Diremos ainda que o *direito de representação*, na sucessão legal, cabe exclusivamente aos descendentes dos filhos ou dos irmãos do *de cujus* (artigo 2042º), ao passo que o *direito de transmissão* é genericamente atribuído aos herdeiros da pessoa que não chegou a aceitar ou repudiar a herança (artigo 2058º).

99. Pressupostos do direito de representação na sucessão legal

O direito de representação encontra o seu principal campo de aplicação no domínio da sucessão legal.

Na sucessão legal, a representação tem sempre lugar, na linha reta, em benefício dos descendentes de filho do autor da sucessão e, na linha colateral, em benefício dos descendentes de irmão do falecido, qualquer que seja, num caso e noutro, o grau de parentesco – artigo 2042º.

Nesta modalidade de sucessão, o direito de representação *tem sempre lugar*, como refere o preceito, mas não é extensível a todas as classes de sucessíveis previstas no artigo 2133º. O representado só pode ser um filho ou um irmão do *de cujus*.

Daqui resulta como primeiro pressuposto a verificação da *falta* de um parente da 1ª ou 3ª classe de sucessíveis, sendo o segundo pressuposto a *existência de descendentes do parente excluído* da sucessão.

Quanto ao primeiro pressuposto a *falta* do parente (da 1ª ou da 3ª classe de sucessíveis) pode resultar de situações muito diversas, com sejam: a *pré-morte* ou a *não sobrevivência ao autor da sucessão* (que é o caso mais vulgar), a *incapacidade por indignidade*, a *deserdação*, a *ausência* e o *repúdio da herança* ou legado. Pode dizer-se, em qualquer destas circunstâncias, que o chamado *faltou* à sucessão.

100. Pressupostos do direito de representação na sucessão testamentária

Embora os pressupostos da representação na sucessão testamentária sejam fundamentalmente os mesmos que acabámos de referir para a sucessão legal, existem, no entanto, algumas diferenças que iremos pôr em destaque.

Nos termos do disposto no artigo 2041º, o direito de representação tem lugar, na sucessão testamentária, nos casos de *pré-morte* em relação ao autor da sucessão, no caso de *repúdio* e ainda no caso de *ausência* prevista no artigo 120º.

Porém, no caso de *indignidade* deve considerar-se afastado o direito de representação, por força do disposto no artigo 2037º. Na verdade, determina o nº 2 deste preceito que na sucessão legal, a incapacidade do indigno não prejudica o direito de representação dos seus descendentes. Esta referência exclusiva à sucessão legal, leva-nos a concluir, *a contrario sensu*, que a incapacidade por indignidade constitui obstáculo à existência do direito de representação no domínio da sucessão testamentária. Parte-se da presunção de que seria a vontade do testador não admitir o direito de representação a favor dos descendentes do incapaz por indignidade.

Ao contrário do que se verifica na sucessão legal, o direito de representação não é admitido na sucessão testamentária, por força do artigo 2041º, nº 2, nos seguintes casos:

a) Se tiver sido designado substituto ao herdeiro ou legatário.

Neste caso, a vontade do testador, através da substituição, faz com que a representação se não verifique.

b) Em relação ao fideicomissário, nos termos do nº 2 do artigo 2293º.

Conforme se encontra definido pelo artigo 2286º, diz-se substituição fideicomissária, ou fideicomisso, a disposição pela qual o testador impõe ao herdeiro instituído o encargo de conservar a herança, para que ela reverta, por sua morte, a favor de outrem; o herdeiro gravado com o encargo chama-se fiduciário, e fideicomissário o beneficiário da substituição.

Nos termos do referido nº 2 do artigo 2293º, se o fideicomissário não quiser ou não puder aceitar a herança, fica sem efeito a substituição, e a titularidade dos bens hereditários considera-se adquirida definitivamente pelo fiduciário desde a morte do testador.

Como resulta do preceito, o direito do fiduciário, que se encontrava limitado no tempo pelo fideicomisso (obrigação de transferir os bens), readquire a sua plenitude no caso de falta do fideicomissário. Assim, se, por exemplo, o fideicomissário não sobreviver ao fiduciário, ainda que tenha descendentes não haverá representação a favor destes. O fiduciário adquire definitivamente os bens.

Na verdade, o fiduciário é o proprietário dos bens fideicomitidos, embora os seus direitos se encontrem limitados no tempo. A partir do momento em que o fideicomissário não pode ou não quer aceitar a herança, os direitos do fiduciário expandem-se retomando a sua natural plenitude.

c) No legado de usufruto ou de outro direito pessoal.

Compreende-se que, tendo sido intenção do testador beneficiar pessoalmente o instituído, o direito de representação não se harmoniza com essa intenção.

A natureza vitalícia e pessoal do legado de usufruto ou de outro direito pessoal, como, por exemplo, o legado de alimentos ou pensão vitalícia (v. artigo 2073º), não se harmoniza com a transmissão da posição a um representante.

Entende-se que a enumeração contida no nº 2 do artigo 2041º não se deve considerar taxativa. Por isso, além dos casos aí referidos, são de admitir aqueles em que o testador manifeste expressamente uma vontade contrária à representação.

101. Extensão do direito de representação

A) Enunciado

A representação sucessória verifica-se em todas as modalidades de sucessão ainda que com algumas diferenças de regime. No que respeita à sucessão legal e testamentária, é expressamente admitida pelo artigo 2040º. Mas também se verifica na sucessão contratual, conforme dispõe o artigo 1703º, nº 2.

Como já sabemos, por força do disposto no artigo 2042º, a representação verifica-se, na linha reta, a favor dos descendentes do autor da sucessão e, na linha colateral, a favor dos descendentes de irmãos do falecido.

Nos termos do artigo 2045º, a representação tem lugar, ainda que todos os membros das várias estirpes estejam, relativamente ao autor da sucessão, no mesmo grau de parentesco, ou exista uma só estirpe.

Na sucessão por direito de representação o princípio "gradualístico" dá lugar à chamada por "estirpe". O legislador entende que a devolução do património de que o *de cujus* era titular deve ser distribuído, por cada ramo, de forma igual. Tudo se passa como se os filhos do *de cujus* lhe tivessem sobrevivido, presumindo-se que a vontade do falecido era distribuir o seu património em partes iguais pelos filhos, ou melhor, por cada uma das famílias que os filhos constituíram.

Sendo a distribuição do património feita por estirpes é possível que o direito de representação dê lugar a várias hipóteses que podemos esquematizar do modo seguinte: desigualdade de graus sucessórios; igualdade de graus sucessórios com pluralidade de estirpes; uma única estirpe.

Passaremos a analisar cada um destes possíveis casos.

B) Desigualdade de graus sucessórios

Tudo será mais facilmente compreensível se urdirmos alguns exemplos.

Suponhamos que **A,** autor da sucessão, teve dois filhos **B** e **C**. Destes, **B** morreu antes do pai, mas deixou dois filhos **D** e **E**.

Os netos **D** e **E** do autor da sucessão vão encabeçar a posição jurídica do pai, **B**, sendo-lhes atribuídos os mesmos direitos e obrigações que a este caberiam, se tivesse sido chamado a suceder a **A**. Assim, metade da herança caberá ao filho **C** e a outra metade, que seria a de **B**, fica para os netos, **D** e **E**, sendo repartida por ambos em partes iguais, por forma a que cada um fique com um quarto (um meio da metade).

O direito de representação faz com que sejam chamadas a suceder pessoas que, de outro modo, não seriam chamadas. Pelo direito de representação são igualados os diversos graus de sucessíveis, possibilitando que sejam *chamados à sucessão parentes afastados*. Se não fosse por direito de representação, **D** e **E** seriam excluídos da sucessão, atendendo ao princípio por que se rege a sucessão legítima, segundo o qual *o parente mais próximo exclui o mais afastado* (cfr. artigos 2135º e 2138º).

C) Igualdade de graus sucessórios, mas desigualdade do número de membros de cada estirpe

Suponhamos que **A**, autor da sucessão, teve dois filhos, **B** e **C**, que faleceram antes dele. **B** deixou dois filhos, **D** e **E**. Por sua vez **C** deixou três filhos, **F**, **G** e **H**.

Agora não está em causa igualar o grau dos sucessíveis, porque todos estão englobados no mesmo grau de parentesco. Agora pelo direito de representação iremos conseguir que *a partilha se faça por estirpe e não por cabeça*.

Supondo que o valor da herança era de € 900.000, caberá a cada estirpe metade desse valor, ou seja, € 450.000. Os netos **D** e **E**, terão direito a metade, em representação de **B**, ou seja, € 225.000 cada um. Por sua vez, os netos **F**, **G** e **H**, terão direito à outra metade, em representação de **C**. Sendo esta dividida pelos três caberá € 150.000 a cada um.

É o que resulta do disposto no nº 1 do artigo 2044º, segundo o qual cabe a cada estirpe aquilo em que sucederia o ascendente respetivo.

O artigo faz aplicação do princípio constante do artigo 2039º. Os descendentes, qualquer que seja o seu número, tomam a posição que caberia ao ascendente que não pôde ou não quis aceitar a herança ou legado.

Se não existisse direito de representação, sucedendo os netos por direito próprio, cada um receberia € 180.000, ou seja, a totalidade da herança (€ 900.000) seria dividida pelos 5 netos em partes iguais.

D) Igualdade de graus sucessórios e igualdade do número de membros de cada estirpe

Suponhamos agora que **A**, autor da sucessão, teve dois filhos, **B** e **C**, que faleceram antes dele. Cada um destes teve três filhos, ou seja, **B**, teve os filhos **D**, **E** e **F**, enquanto **C** teve os filhos **G**, **H** e **I**.

Os sucessíveis, todos netos do autor da sucessão, encontrando-se todos no mesmo grau sucessório, parece, à primeira vista, que seria indiferente que a partilha se fizesse por estirpe ou por cabeça, pois o resultado seria o mesmo. No exemplo acima apontado, em que o valor da herança é de € 900.000, caberia sempre a importância de € 150.000 a cada neto (900.000: 6 = 150.000).

No entanto, por força das disposições combinadas dos artigos 2044º e 2045º, a representação tem lugar, ainda que todos os membros das várias estirpes estejam no mesmo grau de parentesco relativamente ao autor da sucessão. Portanto, caberá a cada estirpe aquilo em que sucederia o ascendente respetivo.

O direito de representação tem interesse para efeitos do *direito de acrescer*. Se, por exemplo, **D** tiver repudiado a herança, a parte que lhe caberia irá acrescer, não a todos os outros herdeiros, mas apenas aos da sua estirpe.

Se a partilha se fizesse por cabeça, a parte do que repudiou iria acrescer não só aos seus irmãos, **E** e **F**, mas também aos seus primos **G**, **H** e **I**. Porém, porque os netos sucedem por direito de representação e, por isso, a partilha se faz por estipes, a quota vaga acresce apenas aos irmãos.

Em suma, o direito de representação tem interesse neste caso, porque *limita o direito de acrescer aos membros da estirpe daquele que não pôde ou não quis aceitar a herança* (cfr. artigos 2137º e 2138º).

E) Uma única estirpe com pluralidade de membros

Imaginemos agora que **A** teve um filho, **B**, que, por sua vez, teve dois filhos, **C** e **D**.

No caso de **B** falecer antes de **A**, existindo uma só estirpe, coloca-se a questão de saber se os netos devem suceder ao avô por direito de representação.

Na vigência do Código Civil anterior era duvidoso que os netos sucedessem ao avô por direito de representação. Essa dúvida encontra-se agora resolvida na parte final do artigo 2045º. Segundo este preceito, a representação tem lugar ainda que exista uma só estirpe.

À primeira vista parece que a norma é completamente despicienda, visto que os herdeiros se situam no mesmo grau sucessório e, havendo uma única estirpe, não se levanta a questão sobre se a partilha deve ser feita por estirpe ou por cabeça. No entanto, mesmo em casos como o que aqui delineamos, não deixa de ter interesse o direito de representação para *efeitos de colação*.

Suponhamos que **A**, em vida, sendo vivo também o filho **B**, doou a importância de € 50.000 ao seu neto **C**. Entretanto faleceu **B** e depois faleceu **A**.

Ao proceder-se à partilha do património do avô, o neto **C** será obrigado a trazer à colação a importância recebida no valor de € 50.000?

A resposta é negativa por força do disposto no artigo 2105º, segundo o qual só estão sujeitos à colação os descendentes que eram à data da doação presuntivos herdeiros legitimários do doador.

É a partir da referência de **B**, o representado, que saberemos quais os direitos e obrigações de **C** e **D**, os representantes. Sendo assim, **C** não é obrigado a trazer os € 50.000 à colação, porque não fazem parte da posição jurídica de **B**.

A posição de **C** é a mesma que teria **B** como sucessível, se não tivesse falecido antes do autor da sucessão. O representante **C** só seria obrigado a trazer à colação os bens doados ao representado **B**. Conforme determina o artigo 2106º, a obrigação de conferir recai sobre o donatário, se vier a suceder ao doador, ou sobre os seus representantes. **C** não é obrigado a restituir os bens que lhe foram doados. Não se pode dizer que o avô, ao fazer a doação ao neto, pretendeu adiantar a legítima deste, visto que ao tempo da doação ainda não era herdeiro legitimário do avô. O avô quis beneficiar o neto **C**, em face do irmão **D**, pelo que se pode dizer que o fez por espírito de liberalidade.

F) Unidade de estirpe com um único membro

Vamos, por último, imaginar o caso em que **A** teve um filho, **B**, e este teve também um único filho, **C**.

À data da morte de **A**, só era vivo o seu neto **C**. Poder-se-á pensar que não existe direito de representação, porque não se antevê qualquer dos fundamentos que até aqui nos nortearam. Vejamos se outros podem existir.

Suponhamos que **A**, à data da sua morte, deixou bens no valor de € 100.000 e que, em vida fez uma doação a **B**, seu filho ainda vivo também, no valor de € 200.000 e outra a um terceiro, **D**, no valor de € 300.000.

Tendo **B** falecido antes de **A** e tendo **C** sido chamado à sucessão, como herdeiro legitimário de **A**, levanta-se a questão de saber se **C** poderá revogar, por inoficiosidade, a doação feita a **D**.

A resposta depende de saber a que parte da herança deve ser imputada a doação de € 200.000 feita a **B**. Se for entendido que deve ser imputada na legítima, a doação feita a **D** não será inoficiosa. Mas se for entendido que deve ser imputada na quota disponível, teremos de concluir que a doação feita a **D** deve ser revogada por inoficiosidade, porque o autor da sucessão só podia dispor de metade da herança, ou seja, de € 300.000, por força do disposto no artigo 2159º, nº 2, quando é certo que dispôs de € 500.000.

A solução depende de saber se **C** sucede ou não por direito de representação. Na verdade, se **C** sucede por direito de representação, ou seja, como representante, isso significa que deve ser tido como ponto de referência o representado, **B**. Sendo assim, tudo se passa como se a doação feita a **B** tivesse sido feita a **C**, no preenchimento da sua quota legitimária. Neste caso a doação feita a **D** não será inoficiosa.

Pelo contrário, se entendermos que **C** sucede por direito próprio, a doação feita a **B** será alheia ao herdeiro **C** e, portanto, os bens doados a **B** não serão imputados na legítima de **C**, o que equivalerá a dizer que a doação feita a **D** deve ser considerada inoficiosa.

A resposta à suscitada questão é-nos fornecida pelo disposto na parte final do artigo 2045º que determina que *a representação tem lugar, mesmo que exista uma só estirpe*. Considerando que o preceito não distingue os casos em que a estirpe tem um ou mais elementos, não exclui, portanto, o caso de esta *ter um único membro*.

O legislador teve em vista proteger os interesses das pessoas a quem o autor da sucessão tenha feito liberalidades *inter vivos* ou *mortis causa* por conta da quota disponível.

Havendo direito de representação, os bens doados ao representado devem ser imputados na sua legítima, libertando deste modo a quota disponível.

102. Substituição direta ou vulgar

Uma das formas de vocação indireta é também a que se verifica na substituição direta ou vulgar, a que já aludimos superficialmente no nº 97 – D).

A noção de substituição direta é-nos fornecida pelo artigo 2281º. Nos termos do nº 1 deste preceito, o testador pode substituir outra pessoa ao herdeiro instituído para o caso de este não poder ou não querer aceitar a herança.

Embora seja feita uma referência expressa ao herdeiro, a substituição também se aplica aos legatários, por força do disposto no artigo 2285º.

A substituição denomina-se direta, porque o substituto sucede diretamente ao autor da sucessão e não ao substituído.

O substituto é um sucessível instituído sob condição suspensiva. A sua vocação depende sempre da vocação do substituído, pois só ocorrerá se este *não puder* ou *não quiser* aceitar a herança.

No nº 2 do mesmo artigo 2281º, prevenindo a hipótese de o testador apenas ter referido a circunstância de o instituído *não poder* ou somente a de *não querer* aceitar a herança, é feita uma interpretação extensiva ao disposto no nº 1 no sentido de que o testador pretendeu a substituição num e noutro caso, a não ser que tenha feito declaração em contrário. Assim, o testador pode substituir outra pessoa ao herdeiro instituído para o caso de este *não poder* (por morte, indignidade, incapacidade, ausência ou deserdação) ou de *não querer* (por renúncia) aceitar a herança. Mesmo que apenas faça referência a um dos casos, deve entender-se que quis abranger qualquer deles.

A *declaração em contrário* a que o preceito faz alusão pode ser, portanto, no sentido de que a substituição só terá lugar no caso de o substituído repudiar (não querer) a herança.

Como se deixa ver, os requisitos da substituição direta são os mesmos que são comuns a qualquer vocação indireta: a pré-morte, o repúdio, a indignidade, a ausência e a deserdação.

Os substitutos sucedem nos direitos e obrigações em que sucederiam os substituídos – artigo 2284º.

É claro que os direitos e obrigações de caráter puramente pessoal não são abrangidos pela substituição, tal como se verifica no direito de representação – v. artigo 2041º, nº 2, alínea *c)* – e no direito de acrescer – v. artigo 2307º.

Pode substituir-se uma única pessoa a outra pessoa ou a várias, assim como podem ser diversos os substitutos de uma só pessoa ou de várias, conforme resulta do disposto no artigo 2282º.

Conforme dispõe o artigo 2283º, a substituição direta pode ser recíproca. Se os co-herdeiros tiverem sido instituídos em partes desiguais, respeitar-se-á a mesma proporção na substituição, a não ser que o testador tenha ditado outra regra diferente. Mas, se à substituição não forem chamados todos os restantes instituídos, ou o for outra pessoa além deles, o quinhão vago será repartido em partes iguais pelos substitutos, se o testador nada disser sobre a proporção respetiva.

Pela substituição direta afasta-se o direito de representação – v. artigo 2041º, nº 2, alínea *a)* – e o direito de acrescer – v. artigo 2304º.

103. Direito de acrescer

A) Noção

O direito de acrescer é mais uma das formas de vocação indireta. Embora conste dos artigos 2301º a 2307º, inseridos no Título que diz respeito à sucessão *testamentária*, é aplicável à sucessão *legítima*, conforme resulta do disposto nos artigos 2137º, nº 2 e 2143º, e também à sucessão *legitimária* pela remissão genérica que é feita pelo artigo 2157º às regras estabelecidas para a sucessão legítima.

Como é já do nosso conhecimento, o artigo 2301º dá-nos uma noção do direito de acrescer entre herdeiros, explicitando no seu nº 1 que, se dois ou mais herdeiros forem instituídos em partes iguais na totalidade ou numa quota dos bens, seja ou não conjunta a instituição, e algum deles não puder ou não quiser aceitar a herança, acrescerá a sua parte à dos outros herdeiros instituídos na totalidade ou na quota.

Por sua vez, o artigo 2302º, nº 1 admite igualmente o direito de acrescer entre os legatários que tenham sido nomeados em relação ao mesmo objeto, seja ou não conjunta a nomeação.

O direito de acrescer entre os legatários não era admitido pelo Código Civil anterior.

O direito de acrescer é, portanto, o direito que têm os herdeiros de receber, proporcionalmente à sua parte na herança, a parte que os outros herdeiros ou legatários não puderam ou não quiseram receber. A parte que devia caber ao sucessível que foi afastado vai aumentar a posição sucessória do beneficiário.

O artigo 2304º identifica os casos em que o *direito de acrescer não tem lugar*. Assim, não tem lugar o direito de acrescer *se o testador tiver disposto outra coisa*. Na verdade, o testador pode determinar que, no caso de o beneficiário não poder ou não querer aceitar a disposição, a mesma fique sem efeito. Então, os bens em causa reverterão para os herdeiros legítimos, não por efeito do direito de acrescer, mas por abertura da sucessão legítima prevista no artigo 2131º. É claro que o testador também pode predestinar a substituição direta prevista no artigo 2281º.[29]

Segundo ainda dispõe o referido artigo 2304º, o direito de acrescer também não tem lugar se o legado tiver natureza puramente pessoal ou se houver direito de representação.

O mesmo regime se aplica à sucessão legítima ou legitimária (artigos 2138º e 2157º). Como já sabemos, o direito de representação faz com que os bens que caberiam ao sucessível afastado passem para a respetiva estirpe.[30]

Quanto ao usufruto, o artigo 2305º estatui um regime especial. Conforme determina este preceito, é aplicável ao direito de acrescer entre usufrutuários o disposto nos artigos 1442º e 2302º, o que significa que existe o direito de acrescer entre os usufrutuários enquanto legatários.

B) Direito de acrescer e direito de não decrescer

Tem sido discutida na doutrina a verdadeira natureza do direito de acrescer, tanto na sucessão testamentária como na sucessão legal. Defendem uns que se trata de um verdadeiro *direito de acrescer* enquanto para outros é um *direito de não decrescer.*

Os defensores desta última posição partem da conhecida elasticidade dos direitos reais. O direito de propriedade, quando comprimido por um direito menor, expande-se e volta à posição inicial logo que este direito menor se extingue. Se o direito de propriedade se encontra comprimido pelo direito de usufruto, por exemplo, a extinção deste direito de usufruto faz com que o direito de propriedade adquira a sua natural dimensão anterior.

Passando ao direito sucessório, verificamos que o herdeiro, na sucessão legal ou testamentária é chamado à totalidade da herança ou a uma quota da mesma. É a presença dos demais herdeiros que provoca a compressão do seu direito. Se estes desaparecerem, o seu direito expande-se naturalmente até à totalidade da herança ou da quota. A sua posição não depende de um novo chamamento sucessório, sendo antes uma consequência da vocação já existente. Por outras palavras, o beneficiário da parte acrescida adquire por força do próprio título e não de um novo título. Em suma, não existem duas, mas apenas uma vocação.

[29] Ver substituição direta já tratada no nº 102.

[30] Ver, quanto ao direito de representação, os nºs 98 e seguintes.

Encontra-se em harmonia com este entendimento, o disposto no artigo 2306º, segundo o qual a aquisição da parte acrescida dá-se por força da lei sem necessidade de aceitação do beneficiário, que não pode repudiar separadamente essa parte, exceto quando sobre ela recaiam encargos especiais impostos pelo testador.

Só concebendo um novo título de vocação é que se compreenderia uma nova aceitação. Verificando-se a aquisição dos bens acrescidos sem necessidade de aceitação, isso significa que a vocação e a aceitação anteriores produzem os seus efeitos em relação à totalidade da herança ou da quota, nessa totalidade se incluindo a parte que seria atribuída ao sucessível que foi afastado. A aquisição do acrescido dá-se por força da lei, sem necessidade de aceitação e sem possibilidade de repúdio por parte do sucessível.

O título de vocação sucessória do herdeiro já o habilitava virtualmente a receber a totalidade da herança, o que só não acontecia devido à existência de outros herdeiros ou legatários.

Por outro lado, nos termos do disposto no artigo 2307º, os herdeiros ou legatários que houverem o acrescido sucedem nos mesmos direitos e obrigações, de natureza não puramente pessoal, que caberiam àquele que não pôde ou não quis receber a deixa.

Este preceito conduz-nos a uma construção mais própria do direito de acrescer.

Conforme resulta do disposto no artigo 2301º, nº 1, o herdeiro instituído só não tem o direito à totalidade da herança, ou a toda a quota da mesma, se se verificar o concurso de outro ou outros herdeiros. O mesmo acontece no caso dos legatários que tenham sido nomeados em relação ao mesmo objeto, por força do disposto no artigo 2302º, nº 1. Sendo assim, não existe qualquer obstáculo para não conceber um verdadeiro direito de não decrescer.

Enfim, na generalidade das situações em que a lei se refere ao direito de acrescer, pode afirmar-se que se trata de um *direito de não decrescer.*

Verificam-se, porém, exceções em relação à deixa sobre a qual recaiam encargos especiais impostos pelo testador, podendo esta ser objeto de repúdio. Trata-se de casos de *direito de acrescer* em que se verifica uma vocação indireta.

104. Substituição fideicomissária

A) Noção

Conforme já tivemos ocasião de referir sumariamente, segundo a noção contida no artigo 2286º, a substituição fideicomissária, ou fideicomisso, consiste em uma disposição pela qual o testador impõe ao herdeiro instituído o encargo de conservar a herança, para que ela reverta, por sua morte, a favor de outrem; o herdeiro gravado com o encargo chama-se fiduciário, e fideicomissário o beneficiário da substituição.

Urdindo um exemplo muito simples, podemos dizer que **A** institui como seu herdeiro **B**, impondo a este que, após a sua morte, os bens revertam para **C.** Neste caso **B** é o fiduciário e **C** o fideicomissário.

O *fiduciário* tem o encargo de conservar os bens que serão depois transmitidos ao *fideicomissário.* Trata-se de um modo de garantir que os bens sejam conservados na família. Em contrapartida, tem o inconveniente da imobilização dos bens.

Embora o preceito faça referência apenas ao herdeiro, o seu regime estende-se igualmente ao legatário, por força do disposto no artigo 2296º.

No exemplo acima construído, **C** não pode estipular que, por sua morte, os bens passem para **D.** Na verdade, por força do que dispõe o artigo 2288º, são nulas as substituições fideicomissárias em mais de um grau. A nulidade, porém, só atingiria a posição de **D**, mantendo incólumes as disposições a favor de **B** e **C**, conforme resulta do que dispõe o artigo 2289º.

A ressalva referida na parte final deste preceito não pode ser entendida no sentido de que a vontade do testador pode manter a substituição fideicomissária nos dois graus, visto tal ser proibido pelo artigo 2288º. A ressalva significa, isso sim, que a vontade do testador pode ser no sentido de selecionar um dos dois graus.

Como se verifica, a substituição fideicomissária ou fideicomisso produz duas vocações distintas, que são a do *fiduciário* e a do *fideicomissário.* Na verdade, ao contrário do que sucede na substituição vulgar em que existe apenas um sucessor[31], no fideicomisso existem dois sucessores sucessivos. O primeiro é o *fiduciário,* que recebe a herança ou legado do autor da sucessão e fica onerado com o encargo de a conservar para depois, à sua morte, ser transmitida ao segundo, que é o *fideicomissário.*

[31] V. nº 102.

A vocação do fiduciário extinguir-se-á pela sua morte, que é um facto certo, embora incerto quanto ao momento da sua ocorrência. Seguir-se-á a vocação do fideicomissário, se sobreviver ao fiduciário.

Por força do disposto no nº 2 do artigo 2293º, se o fideicomissário não puder ou não quiser aceitar a herança, fica sem efeito a substituição, e a titularidade dos bens hereditários considera-se adquirida definitivamente pelo fiduciário desde a morte do testador.

Em suma, o fiduciário dispõe da titularidade dos bens, embora provisoriamente. Sendo um proprietário provisório pode, porém, tornar-se proprietário definitivo. É um dos casos especiais em que é admitida a propriedade temporária (cfr. artigo 1307º, nº 2).

Se o fideicomissário não puder ou não quiser aceitar a herança, não se verificará o direito de representação, ainda que tenha descendentes, visto que a tal obsta o disposto no artigo 2041º, nº 2, alínea *b)*.

A substituição fideicomissária pode ser singular ou plural, ou seja, pode haver um só ou vários fiduciários, assim como um ou vários fideicomissários, conforme prevê ao artigo 2287º.

O instituto é próprio da sucessão voluntária, verificando-se principalmente na área da sucessão testamentária, sendo no testamento que o autor da sucessão tem a possibilidade de fixar o regime do fideicomisso. A vontade do testador pode mesmo afastar a conversão a que se refere o nº 3 do artigo 2293º. Basta que tome uma atitude diferente da do "silêncio do testamento" a que o preceito expressamente alude, ou seja, basta que disponha expressamente no sentido de afastar a conversão.

Porém, a substituição fideicomissária é também expressamente admitida na sucessão contratual, conforme consta do nº 2 do artigo 1700º.

Além disso, conforme estipula o artigo 962º, nº 1, também são admitidas substituições fideicomissárias nas doações.

B) Posição jurídica do fiduciário

Nos termos do artigo 2290º, nº 1, o fiduciário tem o gozo e a administração dos bens sujeitos ao fideicomisso.

A este regime, por força do nº 2 do mesmo preceito, são aplicáveis as disposições legais relativas ao usufruto em tudo o que se não mostre incompatível com a natureza do fideicomisso.

Assim, pertencem ao fiduciário os frutos dos bens sujeitos ao fideicomisso (cfr. artigos 1446º e seguintes).

A corroborar a titularidade dos direitos do fiduciário, dispõe o artigo 2292º que os credores pessoais do fiduciário têm o direito de se pagar por esses frutos, embora não se possam pagar pelos próprios bens sujeitos ao fideicomisso. Doutro modo, como se compreende, não poderia ser assegurada a concretização do encargo, que impende sobre o fiduciário, de conservação dos bens para serem transmitidos ao fideicomissário.

Quanto à alienação ou oneração dos bens sujeitos ao fideicomisso dispõe o artigo 2291º. Em princípio, é vedado ao fiduciário alienar ou onerar os bens sujeitos ao fideicomisso. Porém, nos termos do nº 1 deste preceito, em caso de evidente necessidade ou utilidade para os bens da substituição, pode o tribunal autorizar, com as devidas cautelas, a alienação ou oneração dos bens sujeitos ao fideicomisso.

O processo de autorização judicial para alienar ou onerar os bens sujeitos ao fideicomisso segue os termos previstos no artigo 1013º do Código de Processo Civil.

Não só o referido nº 1 do artigo 2291º exige expressamente que a decisão judicial se revista das "devidas cautelas", como também o nº 5 do artigo 1013º do Código de Processo Civil determina que, se a autorização judicial for concedida, a sentença fixa as cautelas que devem ser observadas.

Além de todas estas cautelas, a autorização judicial só pode ser concedida em dois casos: quando estão em causa interesses ligados aos próprios bens ou quando é evidente a necessidade ou utilidade para o próprio fiduciário (cfr. nºs 1 e 2 do artigo 2291º).

Poderá verificar-se a utilidade da alienação no caso de os bens estarem sujeitos a deterioração com o decurso do tempo. Por sua vez, a necessidade ou utilidade para o próprio fiduciário pode ocorrer no caso em que este tem necessidade premente dos meios necessários a um tratamento de saúde sem o qual a sua vida correrá perigo. Neste caso, a autorização judicial deve ter em conta que os interesses do fideicomissário não sejam afetados.

C) Posição jurídica do fideicomissário

Conforme se depreende do disposto nos artigos 2293º e 2294º, o fideicomissário é um sucessor do fideicomisso tal como também o é o fiduciário. Dito de outro modo, o fideicomissário não sucede ao fiduciário, embora só por morte deste a herança reverta para ele. Por isso, o fideicomissário não pode aceitar ou repudiar a herança, assim como também não pode dispor dos respetivos bens antes da herança lhe ser devolvida, o que só acontecerá depois da morte do fiduciário.

Em suma, por morte do testador sucede-lhe imediatamente o fiduciário, sendo a vocação do fideicomissário diferida para o momento da morte daquele. Os requisitos da vocação do fideicomissário devem, portanto, verificar-se face ao autor da sucessão e não em relação ao fiduciário.

Enquanto for vivo o fiduciário, o fideicomissário não tem qualquer direito sobre os bens da herança, mas apenas goza de uma expetativa jurídica, tutelada pelas limitações que a lei impõe ao fiduciário.

Como já se deixou referido, se o fideicomissário não puder ou não quiser aceitar a herança fica sem efeito a substituição, ficando o fiduciário com a titularidade definitiva dos bens desde a morte do testador.

105. Fideicomissos irregulares

Sob o título fideicomissos irregulares, o artigo 2295º faz referência a certas disposições de bens em que são observados apenas alguns elementos próprios do fideicomisso. Os fideicomissos irregulares apresentam, portanto, certos *desvios* em relação ao regime dos fideicomissos regulares, como veremos em cada caso particular.

A alínea *a)* do nº 1 do mencionado artigo 2295º qualifica como fideicomissos irregulares as disposições pelas quais o testador proíbe o herdeiro de dispor dos bens hereditários, seja por ato entre vivos, seja por ato de última vontade.

Visa assim impor ao herdeiro a proibição de alienar os bens herdados, quer por ato *inter vivos,* quer por disposição *mortis causa.*

A assinalar como *desvio* em relação ao fideicomisso regular pode apontar-se o facto de não ser indicado o substituto pelo autor da sucessão. Por isso, dispõe o nº 2 do mesmo preceito, que são havidos como fideicomissários os herdeiros legítimos do fiduciário. Quer dizer, o beneficiário ocupa a posição que, no fideicomisso regular, devia ser a do *fiduciário* e, por sua vez, os seus herdeiros legítimos têm a posição do *fideicomissário.*

A alínea *b)* do nº 1 do mesmo artigo 2295º refere também como fideicomissos irregulares as disposições pelas quais o testador chame alguém ao que restar da herança por morte do herdeiro.

Neste caso, o testador elege como beneficiário dos bens uma certa pessoa, que teria a posição equivalente à do *fiduciário* no fideicomisso regular, atribuindo a uma outra pessoa, que terá a posição de *fideicomissário,* o que da herança restar por morte do primeiro.

Trata-se do que é costume designar por "fideicomisso de resíduo", em que o beneficiário primeiramente instituído tem a faculdade de dispor de todos os bens deixados. Sendo assim, só tem aplicação no caso de haver alguma parte restante.

Por força do nº 3 do mesmo artigo, o fiduciário pode dispor dos bens por ato entre vivos, independentemente de autorização judicial, se obtiver consentimento do fideicomissário.

O *desvio* em relação ao fideicomisso regular reside na falta da obrigação de o fiduciário conservar os bens. No entanto, continuam a existir limitações à disponibilidade dos mesmos bens. Embora dispensada a autorização judicial para deles dispor, fica, porém, dependente do consentimento do fideicomissário. Por outro lado, o fiduciário não pode dispor dos bens do fideicomisso de resíduo por meio de negócio *mortis causa*, como se depreende, *a contrario sensu* do estatuído no mesmo nº 3 do artigo 2295º.

Por último, a alínea *c)* do nº 1 do artigo 2295º qualifica de fideicomissos irregulares as disposições pelas quais o testador chame alguém aos bens deixados a uma pessoa coletiva, para o caso de esta se extinguir.

No caso agora em análise, o *fiduciário* é uma pessoa coletiva, sendo a substituição a favor de quem o testador nomear, para o caso de se verificar a extinção da pessoa coletiva, ou seja, do *fiduciário*. Não há atribuição de bens por morte.

Deste modo, é possível assegurar a realização dos fins tidos em vista pelo testador ao atribuir os bens à pessoa coletiva, sem o que ficariam gorados pela sua extinção.

O nº 3 do mesmo artigo 2295º dispõe acerca dos atos de disposição dos bens por meio de negócio *inter vivos*, nos termos já referidos a respeito da alínea anterior.

106. Herança jacente

A) Noção

Segundo dispõe o artigo 2046º, diz-se jacente a herança aberta, mas ainda não aceita nem declarada vaga para o Estado.

Com a abertura da sucessão, dá-se a vocação ou chamamento dos sucessíveis prioritários (artigo 2032º) aos quais é atribuído o direito de aceitar ou de repudiar a herança ou legado. A herança mantém-se jacente enquanto não for exercido este direito potestativo.

O direito de aceitar a herança caduca ao fim de dez anos contados desde que o sucessível tem conhecimento de haver sido a ela chamado – artigo 2059º.

Se os sucessíveis chamados repudiarem a herança e se for reconhecida judicialmente a inexistência de outros sucessíveis legítimos, a herança é declarada vaga para o Estado nos termos da lei do processo (cfr. artigo 2155º).

Herança vaga é, portanto, a que é deferida ao Estado por não haver herdeiros legítimos das classes sucessórias precedentes. A herança jacente situa-se num momento anterior, ou seja, antes de ser declarada vaga para o Estado.

O processo de liquidação da herança vaga em benefício do Estado segue os trâmites previstos nos artigos 938º a 940º do Código de Processo Civil.

A herança jacente não tem personalidade jurídica, mas tem personalidade judiciária, conforme dispõe o artigo 12º, alínea *a)* do Código de Processo Civil.

De acordo com o artigo 11º, nº 1, do mesmo Código de Processo Civil, a personalidade judiciária consiste na suscetibilidade de ser parte.

B) Administração da herança jacente

O período de tempo em que a herança se encontra jacente pode ser mais ou menos longo. Durante esse período os bens estão sujeitos a certos riscos, nomeadamente à deterioração pelo decurso do tempo, se não houver alguém que se ocupe da sua administração.

A administração tem em vista a defesa dos interesses não só da economia em geral como também particularmente dos interesses dos próprios sucessíveis chamados. A estes reconhece a lei a legitimidade para adotarem medidas com vista à administração da herança.

Nos termos do artigo 2047º, nº 1, o sucessível chamado à herança, se ainda não tiver aceitado nem repudiado, não está inibido de providenciar acerca da administração dos bens, se do retardamento das providências puderem resultar prejuízos.

Considerando a finalidade prevista, deve entender-se que apenas são permitidos atos de administração ordinária. Estão excluídos, portanto, os atos de administração extraordinária e os atos de disposição.

Os atos de administração permitidos são aqueles de cujo retardamento possam resultar prejuízos para os bens. É o que se verifica quando um prédio urbano exige prontas obras com vista a evitar infiltrações, nomeadamente no inverno.

Havendo um único herdeiro a ele cabe a legitimidade para providenciar pela administração dos bens. Se forem vários, o nº 2 do mesmo preceito possibilita a qualquer dos herdeiros a prática de atos urgentes de administração. Na hipótese de haver oposição de algum deles, prevalece a vontade da maioria, considerando o número dos chamados.

A urgência dos atos a praticar tem de ser avaliada casuisticamente.

A administração dos bens hereditários pelos sucessíveis chamados não afasta a possibilidade de nomeação de curador à herança, conforme dispõe o nº 3 do mesmo artigo 2047º.

Por força do disposto no artigo 2048º, nº 1, quando se torne necessário, para evitar a perda ou deterioração dos bens, por não haver quem legalmente os administre, o tribunal nomeará curador à herança jacente, a requerimento do Ministério Público ou de qualquer interessado.

O requerimento pode partir de um legatário quando tenha interesse em que seja evitada a deterioração dos bens.

A nomeação de curador à herança jacente, como resulta do preceito, depende da verificação de dois requisitos: da não existência de alguém que legalmente administre os bens e do risco da perda ou deterioração dos mesmos.

Nos termos do nº 2 do mesmo artigo 2048º, à curadoria da herança é aplicável, com as necessárias adaptações, o disposto sobre a curadoria provisória dos bens do ausente (cfr. artigo 94º).

A curadoria termina logo que cessem as razões que a determinaram – nº 3 do ainda artigo 2048º.

Assim, logo que deixem de verificar-se os requisitos acima referidos de que dependeu a nomeação de curador, deixa de haver justificação para continuar a curadoria.

C) Notificação dos herdeiros para aceitação ou repúdio da herança

A situação da herança jacente geralmente tem como causa o facto de o sucessível chamado ainda não ter exercido o direito de a aceitar ou de a repudiar.

Esta situação pode ser prejudicial aos interesses da economia em geral e principalmente aos interesses dos sucessíveis. Por isso, o artigo 2049º estabelece um prazo de espera relativamente curto, um prazo de 15 dias, para que o sucessível chamado exerça o direito de aceitar ou de repudiar a herança. Se o não fizer dentro desse prazo, poderá ser então notificado judicialmente, se for conhecido, para o fazer num prazo que lhe é fixado. Esta notificação é ordenada pelo tribunal a requerimento do Ministério Público ou de qualquer interessado.

O prazo de 15 dias conta-se a partir do momento em que o sucessível é chamado. A sua notificação pessoal tem lugar quando o sucessível é conhecido, conforme dispõe o nº 1 do preceito.

Em conformidade, determina o artigo 1039º, nº 2 do Código de Processo Civil que a notificação se efetua segundo o formalismo prescrito para a citação pessoal, devendo o despacho que a ordenar marcar o prazo para a declaração.

Como se verifica, a lei obriga a que o chamado exerça com certa brevidade o direito de aceitar ou de repudiar a herança. Com essa finalidade concede às pessoas que têm interesse em conhecer a posição adotada pelo chamado a faculdade de a provocar, obrigando-o a abandonar a situação de inércia.

Embora o chamado tenha liberdade absoluta de decidir, a lei estabelece um processo cominatório de aceitação ou de repúdio da herança.

Conforme estatui o nº 2 do mesmo artigo 2049º, na falta de declaração de aceitação, ou não sendo apresentado documento de repúdio dentro do prazo fixado, a herança tem-se por aceite.

No mesmo sentido dispõe do nº 3 do artigo do artigo 1039º do Código de Processo Civil, esclarecendo que, decorrido o prazo marcado sem apresentação de documento de repúdio, julga-se aceita a herança.

Quer dizer, depois de notificado para declarar se aceita ou repudia a herança, no caso de o sucessível nada declarar, considera-se que a aceitou tacitamente. Por outras palavras, o seu silêncio vale como aceitação da herança (cfr. o artigo 218º quanto ao valor do silêncio). Porém, para repudiar a herança, o sucessível terá de apresentar documento em que expressa essa sua intenção.

Por força do disposto no artigo 2063º, o repúdio está sujeito à forma exigida para a alienação da herança.

A alienação da herança ou de quinhão hereditário é feita por escritura pública ou por documento particular autenticado se existirem bens cuja alienação deva ser feita por uma dessas formas – artigo 2126º, nº 1.

Conforme dispõe o nº 3 ainda do artigo 2049º, se o notificado repudiar a herança, serão notificados, sem prejuízo do disposto no artigo 2067º, os herdeiros imediatos, e assim sucessivamente até não haver quem prefira a sucessão do Estado.

No mesmo sentido dispõe o artigo 1040º do Código de Processo Civil: se o primeiro notificado repudiar a herança, a notificação sucessiva dos herdeiros imediatos, até não haver quem prefira ao Estado, é feita no mesmo processo.

O artigo 2067º (a que alude o nº 3 do artigo 2049º) tem como título sub-rogação dos credores. Visa combater situações fraudulentas em que o repúdio do sucessível tem como objetivo lesar os legítimos interesses dos seus credores. Por isso, a faculdade de aceitarem a herança em nome do repudiante só é reconhecida aos seus credores no caso de no património do repudiante não existirem bens suficientes para o pagamento dos seus débitos. Basta que exista um credor do herdeiro que seja prejudicado pelo repúdio. Os legatários não são credores do herdeiro que repudiou.

Por outro lado, apenas os credores existentes ao tempo em que o repúdio se verificou podem exercer o direito previsto no artigo. Os credores posteriores ao repúdio não se podem considerar prejudicados por ele.

Em suma, por força do disposto no artigo 2067º:

1. Os credores do repudiante podem aceitar a herança em nome dele, nos termos do artigo 606º e seguintes.
2. A aceitação deve efetuar-se no prazo de seis meses, a contar do conhecimento do repúdio.
3. Pagos os credores do repudiante, o remanescente da herança não aproveita a este, mas aos herdeiros imediatos.

Embora o preceito se refira a aceitação em nome do repudiante, tudo se passa como se tivesse existido aceitação por parte do herdeiro. No entanto, o repúdio continua a ser válido para este, de tal modo que, depois de pagos os credores, o remanescente que porventura exista não aproveita ao repudiante, mas aos herdeiros imediatos.

D) Aceitação ou rejeição de liberalidades em favor de incapazes

Diferente da notificação referida na alínea anterior é o que se verifica quando está em causa providenciar sobre a aceitação ou repúdio de liberalidades a favor de incapazes.

O Decreto-Lei nº 272/2001, de 13/10, no seu artigo 4º, nº 1, determina que são da competência do Ministério Público as decisões relativas a pedidos de notificação do representante legal para providenciar acerca da aceitação ou rejeição de liberalidades a favor do incapaz.

Nos termos do nº 4 do mesmo artigo, se quiser pedir autorização para aceitar a liberalidade, o notificado formula o pedido no próprio processo de notificação e, obtida a autorização, no mesmo processo declara aceitar a liberalidade.

Se, dentro do prazo fixado, o notificado não pedir a autorização ou não aceitar a liberalidade, o Ministério Público, depois de produzidas as provas necessárias, declara-a aceite ou rejeitada, de harmonia com as conveniências do incapaz.

Pode o requerente ou qualquer interessado que tenha apresentado oposição, requerer a reapreciação da pretensão através da propositura da correspondente ação – cfr. nºs 5 e 6 do mesmo preceito e nºs 6 e 1 do artigo 3º do mesmo diploma.

CAPÍTULO XXI
Aquisição da Herança

107. Aquisição sucessória

A) Enunciado

O direito de suceder é um direito potestativo que atribui ao chamado prioritário uma faculdade que, uma vez exercida, vai produzir repercussões na esfera jurídica dos demais sucessíveis. Na verdade, a sua atitude de aceitação ou de repúdio da herança vai interferir com os interesses dos outros sucessíveis.

Compreende-se, por isso que o fenómeno sucessório tem de ser desenvolvido de uma maneira célere e tem de ter estabilidade.

A aquisição sucessória só se opera pela aceitação, conforme resulta do disposto no artigo 2050º. Mas o direito de aceitar ou repudiar é inteiramente livre. Só assim não é no caso da aquisição da herança pelo Estado. Por força do disposto no artigo 2154º, a aquisição da herança pelo Estado, como sucessor legítimo, opera-se de direito, sem necessidade de aceitação, não podendo o Estado repudiá-la.

O momento da aquisição não coincide com o da aceitação, mas antes com o da abertura da sucessão. Verifica-se, portanto, um efeito retroativo da aceitação e deste modo se afasta qualquer interrupção na titularidade do património.

B) Aspetos comuns à aceitação e ao repúdio

A aceitação e o repúdio constituem negócios jurídicos que partilham um regime comum em diversos aspetos que passaremos a referir.

São ambos *negócios jurídicos unilaterais* por haver uma única parte. Além disso, têm de qualificar-se de *singulares*, pois, ainda que sejam várias as pessoas chamadas à sucessão, cada uma delas deve exprimir, isoladamente, a sua vontade de aceitar ou de repudiar a herança. Por outras palavras, os vários sucessíveis não podem manifestar, de forma conjunta, as suas vontades de aceitar ou de repudiar, mesmo que elas sejam coincidentes.

No caso de o *sucessível ser casado*, é livre de aceitar a herança ou legado, mas o repúdio carece do consentimento de ambos os cônjuges, a não ser que vigore o regime de separação de bens – artigo 1683º.

A aceitação e o repúdio são *negócios não recetícios*, visto que a sua eficácia não está dependente de a declaração ser levada ao conhecimento de um destinatário específico.

A necessidade de o fenómeno sucessório ser célere e de ter estabilidade, faz com que tanto a aceitação como também o repúdio sejam considerados *atos irrevogáveis*.

A irrevogabilidade resulta, para a aceitação, do disposto no artigo 2061º e, quanto ao repúdio, do que dispõe o artigo 2066º.

A mesma necessidade de celeridade e de estabilidade que devem existir no fenómeno sucessório justificam ainda que à aceitação e ao repúdio não possam ser apostas *cláusulas acessórias* que afetem a sua eficácia. Assim, conforme dispõem, respetivamente, o artigo 2054º, º 1, e o artigo 2064º, nº 1, *a herança não pode ser aceita nem pode ser repudiada sob condição ou a termo.*

Outra característica comum à aceitação e ao repúdio é, em princípio, a *indivisibilidade.* Nos termos do artigo 2054º, nº 2, *a herança não pode ser aceita só em parte,* salvo o disposto no artigo seguinte. Por sua vez, o artigo 2064º, nº 2 determina que *a herança não pode ser repudiada só em parte,* salvo o disposto no artigo 2055º.

Como se vê, estes mesmos artigos admitem exceções. Também, no que diz respeito aos legados, dispõe o artigo 2250º, nº 1, que *o legatário não pode aceitar um legado em parte e repudiá-lo noutra parte.* Este mesmo preceito prevê igualmente algumas exceções.

O nº 1 do artigo 2055º respeita aos casos em que alguém é chamado à herança como sucessível legítimo e testamentário, quer simultânea quer sucessivamente. Trata-se, portanto, de vocações por meio de títulos diferentes. O preceito começa por adotar a regra da indivisibilidade, determinando que se o sucessível aceitar ou repudiar a herança que lhe advém por um dos títulos entende-se que igualmente aceita ou repudia a que resulta do outro título.

Afasta-se, porém, desta regra na parte em que determina que o sucessível, se ao tempo em que aceitou ou repudiou a herança, a que foi chamado por lei, ignorava a existência do testamento, pode quanto a este adotar uma posição contrária daquela. O facto de ter repudiado como herdeiro legítimo não o impede de aceitar como herdeiro testamentário, sendo igualmente admitido o inverso.

Como se verifica, mesmo neste caso, a regra da indivisibilidade funciona dentro de cada um dos títulos de vocação.

Nos termos do nº 2 do mesmo artigo 2055º, quando o herdeiro é chamado a título legitimário e a título testamentário, é-lhe permitido que repudie a quota disponível e a aceite a quota indisponível.

No que concerne aos legados, dispõe o artigo 2250º, nº 1 que, quando o legatário é beneficiário de diversos legados, nada impede que aceite uns e repudie outros, contanto que os repudiados não estejam onerados com encargos impostos pelo testador.

Significa que, havendo encargos impostos pelo testador, o beneficiário tem de aceitar ou de repudiar todos os legados.

O nº 2 do mesmo preceito tem em vista os casos em que o sucessível é simultaneamente herdeiro e legatário. Neste caso tem a faculdade de aceitar a herança e repudiar o legado ou de aceitar o legado e repudiar a herança, mas também só no caso de a deixa repudiada não estar sujeita a encargos.

Quanto aos vícios na formação da vontade, a aceitação e o repúdio são anuláveis por dolo ou coação, mas não com fundamento em simples erro – artigos 2060º e 2065º, respetivamente.

O simples erro é, portanto, irrelevante quer para a aceitação quer para o repúdio. A justificação está na exigência de estabilidade e de certeza do processo sucessório.

C) Aspetos particulares da aceitação e do repúdio

Enquanto na alínea anterior tratámos de aspetos comuns à aceitação e ao repúdio, iremos agora focar os aspetos em que divergem.

Em geral uma declaração negocial pode ser expressa ou tácita, conforme dispõe o artigo 217º.

Também a aceitação admite qualquer dessas formas, conforme estatui o artigo 2056º.

Nada se dizendo quanto ao repúdio leva-nos a concluir que tem de ser expresso.

Nos termos do nº 2 do mesmo artigo 2056º, a aceitação é havida como expressa quando nalgum documento escrito o sucessível chamado à herança declara aceitá-la ou assume o título de herdeiro com a intenção de a adquirir.

A aceitação expressa tem, portanto, de revestir a forma escrita e o seu conteúdo deve revelar aceitação da herança ou assunção do título de herdeiro.

Quanto à aceitação tácita, o nº 3 do referido artigo 2056º elucida que os atos de administração praticados pelo sucessível não podem ser entendidos como aceitação tácita da herança.

Mas é o artigo 2057º que trata diretamente da aceitação tácita, conforme consta do próprio título. No seu nº 1 dispõe que não significa aceitação a alienação da herança, quando feita gratuitamente em benefício de todos os outros sucessíveis a quem ela caberia se o alienante a repudiasse.

Entendeu o legislador que os efeitos da alienação são os mesmos que resultariam do repúdio da herança. Sendo a alienação gratuita e em benefício de todos os outros sucessíveis, o comportamento do alienante produz o mesmo efeito que produziria o repúdio da herança. Por outras palavras, tudo se passa como se o chamado não tivesse sido herdeiro, visto que se limita a produzir os efeitos que seriam alcançados pelo repúdio.

Diferentemente, por força do nº 2 do artigo 2057º, entende-se que aceita a herança e a aliena aquele que declare renunciar a ela, se o faz apenas a favor de algum ou alguns dos sucessíveis que seriam chamados na sua falta.

Como se verifica, o sucessível manifestou uma atitude de renúncia, mas apenas em relação a algum ou alguns dos que seriam chamados na sua falta. O legislador considera esta atitude como de aceitação. Há, portanto, uma aceitação da herança seguida da alienação a favor dos beneficiários da renúncia.

Como já referimos a propósito dos aspetos comuns à aceitação e ao repúdio, nos termos do nº 1 do artigo 1683º, os cônjuges não necessitam do consentimento um do outro para aceitar doações, heranças ou legados.

Porém, no que concerne ao repúdio da herança ou legado só pode ser feito com o consentimento de ambos os cônjuges, a menos que vigore o regime de separação de bens – nº 2 do mesmo artigo 1683º.

É compreensível a diferença. A liberalidade só pode favorecer a situação do beneficiário e, consequentemente, do agregado familiar. Mesmo que haja encargos, estes situar-se-ão sempre dentro dos limites da coisa ou direito doado (artigo 963º, nº 2) ou dentro dos limites do valor da herança (artigo 2071º).

Diferentemente, do ato de repúdio resulta uma perda para o casal, mesmo no caso em que os bens doados ou deixados tenham a natureza de bens próprios de um dos cônjuges – cfr. artigo 1722º, nº1, alínea *b)*. Por isso, se exige o consentimento de ambos os cônjuges.

Conforme dispõe o artigo 2063º que já conhecemos, o repúdio está sujeito à forma exigida para a alienação da herança.

Sobre a forma da alienação da herança dispõe o artigo 2126º. Da conjugação deste preceito com o artigo 875º, resulta que o repúdio deve revestir a forma de escritura pública ou documento particular autenticado quando da herança façam parte bens imóveis. Nos outros casos o repúdio deve ser feito por documento particular.

É claro que em determinadas situações em que a lei afasta a possibilidade de o comportamento do sucessível ser entendido como de aceitação da herança, temos de concluir, *a contrario sensu*, que estamos perante um caso de repúdio. É, como já vimos, o que se verifica perante o disposto no artigo 2057º, nº 1.

108. Aceitação pura e simples e aceitação a benefício de inventário

O artigo 2052º, nº 1, contempla duas espécies de aceitação, dispondo que a herança pode ser aceita pura e simplesmente ou a benefício de inventário.

Por sua vez, o nº 2 do mesmo preceito proíbe que ao herdeiro seja imposta qualquer destas modalidades, determinando que se têm por não escritas as cláusulas testamentárias que, direta ou indiretamente, imponham uma ou outra espécie de aceitação.

Em conformidade com o disposto no artigo 2053º, a aceitação a benefício de inventário faz-se requerendo inventário, nos termos previstos no artigo 1082º e seguintes do Código de Processo Civil, ou intervindo em inventário pendente.

Como se verifica, só a aceitação a benefício de inventário está consagrada na lei. Para fazer a aceitação a benefício de inventário o sucessível tem de requerer o inventário ou intervir em processo de inventário já em curso.

Pode, porém, optar pela aceitação pura e simples, que é o mesmo que dizer sem inventário.

A distinção entre uma e outra das espécies de aceitação tem importância em matéria de responsabilidade do sucessível pelo passivo da herança.

Com a aquisição da herança, verificar-se-á naturalmente a confusão entre o património do *de cujus* e o do herdeiro. Existe a possibilidade de surgir um problema quando a herança está onerada com dívidas ou encargos que podem exceder o ativo. É certo que a responsabilidade do herdeiro nunca pode ir além do valor dos bens herdados. O problema que se pode suscitar tem a ver com a prova da suficiência ou insuficiência dos bens herdados para suportar os encargos. Se a herança foi aceite a benefício de inventário, apenas respondem pelos encargos os bens inventariados, a não ser que os credores provem a existência de outros. Quando a herança é aceite pura e simplesmente cabe ao herdeiro a prova de que não existem na herança bens suficientes para satisfazer os respetivos encargos. A responsabilidade do herdeiro está prevista no artigo 2071º.

Conforme resulta do disposto neste artigo 2071º, é mais favorável a situação do sucessível que optou pela aceitação a benefício de inventário no que concerne à prova da existência ou não de bens suficientes para o cumprimento dos encargos da herança.

Atualmente, havendo acordo dos interessados, a partilha é realizada nas conservatórias ou por via notarial, e, em qualquer outro caso, por meio de inventário, nos termos previstos em lei especial – artigo 2102º, nº 1.

O Código do Registo Civil prevê os procedimentos simplificados de sucessão hereditária nos artigos 210º-A e seguintes. Conforme dispõe o artigo 210º-R deste diploma, a partilha realizada no âmbito dos procedimentos simplificados de sucessão hereditária tem os mesmos efeitos previstos na lei para outras formas de partilha.

Atualmente o Código de Processo Civil dispõe sobre o inventário a partir do artigo 1082º.

Em certas circunstâncias impõe-se que a partilha tenha de ser efetuada por meio de inventário.

Assim, nos termos do nº 2 do referido artigo 2102º, procede-se à partilha por inventário:

a) Quando não houver acordo de todos os interessados na partilha.

Na verdade, existindo acordo de todos os interessados, a partilha poderá ser feita extrajudicialmente, através de procedimentos que não exijam o inventário, sempre mais moroso e dispendioso.

b) Quando o Ministério Público entenda que o interesse do incapaz a quem a herança é deferida implica aceitação beneficiária.

Nos termos do disposto no artigo 1889º, nº 1, alínea *l)*, como representantes do filho, não podem os pais, sem autorização do tribunal, aceitar herança, doação ou legado com encargos, ou convencionar partilha extrajudicial.

Cabe ao Ministério Público decidir acerca desta autorização. A este respeito, determina o artigo 2º, nº 1, do Decreto-Lei nº 272/2001, de 13/10, o seguinte: são da competência do Ministério Público as decisões relativas a pedidos de autorização para a prática de atos pelo representante legal do incapaz, quando legalmente exigida:

a) Suprimento do consentimento, sendo a causa de pedir a menoridade, o acompanhamento ou a ausência da pessoa;
b) Autorização para a prática de atos pelo representante legal do menor ou do acompanhado, quando legalmente exigida.

O disposto no número anterior não se aplica às situações previstas na alínea *b)*, quando esteja em causa autorização para outorgarem na partilha extrajudicial e o representante legal concorra à sucessão com o seu representado, sendo necessário nomear curador especial, bem como nos casos em que o pedido de autorização seja dependente de processo de inventário ou de acompanhamento – artigo 2º, nº 2, alínea *b)* do mesmo diploma legal.

Nestes casos, a competência pertence aos tribunais judiciais.

Conforme dispõe o artigo 1086º do Código de Processo Civil, o incapaz é representado por curador especial quando o representante legal concorra com ele à herança ou a ela concorram vários incapazes representados pelo mesmo representante.

Por último a alínea *c)* do nº 2 do artigo 2102º determina que se procede à partilha por inventário nos casos em que algum dos herdeiros não possa, por motivo de ausência em parte incerta ou de incapacidade de facto permanente, intervir em partilha realizada por acordo.

São da competência do Ministério Público as decisões relativas a pedidos de notificação do representante legal para providenciar acerca da aceitação ou rejeição de liberalidades a favor de incapaz menor ou de maior acompanhado que, nos termos da sentença de acompanhamento, não o possa fazer pessoal e livremente – artigo 4º, nº 1 do acima referido Decreto-Lei nº 272/2001.

Da decisão que nega a autorização a que alude o artigo 1889º, cabe recurso a interpor, no prazo de 10 dias, por qualquer interessado. Se não for interposto recurso ou, tendo sido, for julgado improcedente, aos pais só resta propor inventário.

109. Caducidade do direito de aceitação

O artigo 2059º estipula um prazo para ser exercido o direito de aceitação da sucessão. Esse prazo é, segundo dispõe o nº 1 do preceito, de dez anos, contados desde que o sucessível tem conhecimento de haver sido a ela chamado. O direito de aceitação caduca se não for exercido dentro desse prazo.

Este preceito diz respeito à herança, mas, por força do artigo 2249º, é extensivo aos legados, no que lhes for aplicável.

A contagem do prazo inicia-se a partir do momento em que o sucessível teve conhecimento de que foi chamado à herança e não necessariamente a partir da data da abertura da mesma.

Porém, o início da contagem é, por determinação do nº 2 do mesmo artigo 2059º, diferente no caso de instituição sob condição suspensiva e também no caso de substituição fideicomissária. No caso de vocação sob condição suspensiva, o prazo de caducidade tem o seu início a partir do conhecimento da verificação da condição. Na substituição fideicomissária, o prazo de caducidade conta-se a partir da data em que o fideicomissário teve conhecimento da morte do fiduciário ou da extinção da pessoa coletiva.

O prazo de 10 anos parece muito extenso, tendo em atenção a necessidade de imprimir celeridade ao processo sucessório, a que já fizemos referência. Devemos, porém, ter em conta a obrigatoriedade, que impende sobre os herdeiros, de tomarem posição, num prazo de 15 dias, depois de terem sido notificados nos termos do disposto no artigo 2049º.

110. Sub-rogação dos credores

Quando um dos sucessíveis repudia a herança, significa que afastou a possibilidade de ver aumentar o valor do seu património. Esse repúdio pode, portanto, ocasionar prejuízo aos seus credores, na medida em que impediu o aumento da garantia do crédito concedido ao repudiante.

Para acautelar a situação dos credores, o artigo 606º, nº1 prevê a sub-rogação, estabelecendo que, sempre que o devedor o não faça, tem o credor a faculdade de exercer, contra terceiro, os direitos de conteúdo patrimonial que competem àquele.

Trata-se dos casos em que o devedor por inércia ou outro motivo se desinteressa de ver acrescentado o seu património sabendo que isso apenas iria beneficiar os seus credores. Sendo as consequências da inação do devedor suportadas pelos seus credores, a lei autoriza a que estes se substituam ao devedor.

Em conformidade, dispõe o artigo 2067º, nº 1 que os credores do repudiante podem aceitar a herança em nome dele, nos termos dos artigos 606º e seguintes.

O repudiante pode ser um herdeiro pela via legal ou pela via testamentária, assim como pode ser igualmente um legatário, dado que o artigo 2249º estende o âmbito de aplicação aos legados.

A aceitação por parte do credor deve efetuar-se no prazo de seis meses, a contar do conhecimento do repúdio – nº 2 do mesmo artigo 2067º.

Nos termos do artigo 1041º, nº 1 do Código de Processo Civil, a aceitação da herança por parte dos credores do repudiante faz-se na ação em que, pelos meios próprios, os aceitantes deduzam o pedido dos seus créditos contra o repudiante e contra aqueles para quem os bens passaram por virtude do repúdio.

Obtida sentença favorável, os credores podem executá-la contra a herança – nº 2 do mesmo artigo 1041º do Código de Processo Civil.

Como é já do nosso conhecimento, uma vez pagos os credores do repudiante, o remanescente da herança não aproveita a este, mas aos herdeiros imediatos – nº 3 do artigo 2067º. Na verdade, o repudiante passou a ser estranho à herança.

Porém, o nº 2 do artigo 606º limita a sub-rogação aos casos em que a mesma seja essencial à satisfação ou garantia do direito do credor.

Significa que, em certos casos não é permitida a sub-rogação, porque nada adiantaria quanto à satisfação ou garantia do direito do credor. É frequente deparar com situações em que a sub-rogação não pode aproveitar ao credor.

Para as situar devemos ter em conta o valor do património do repudiante e o da própria herança, o que equivale a dizer que devemos fazer incidir a nossa avaliação em duas vertentes. Por um lado, teremos de ver que o repúdio do sucessível só ocasiona prejuízo ao credor se ele não mantiver no seu património valores suficientes para a satisfação do crédito que lhe foi concedido. Por outro lado, ainda que haja insuficiência patrimonial do devedor, o seu repúdio só ocasiona prejuízo ao credor se as forças da herança puderem satisfazer a dívida. Não nos podemos esquecer que o artigo 2070º, nº 1, ao estabelecer as preferências, determina que os credores da herança e os legatários gozam de preferência sobre os credores pessoais do herdeiro.

Por outro lado, só os credores existentes ao tempo em que se verificou o repúdio podem exercer o direito previsto no artigo 2067º. Os que se constituírem credores posteriormente ao tempo do repúdio não podem considerar-se prejudicados por este.

111. Transmissão do direito de aceitar

Se o sucessível chamado à herança falecer sem a haver aceitado ou repudiado, transmite-se aos seus herdeiros o direito de a aceitar ou repudiar. Mas a transmissão só se verifica se os herdeiros aceitarem a herança do falecido, o que os não impede de repudiar, querendo, a herança a que este fora chamado – artigo 2058º, nºs 1 e 2.

Como já por várias vezes tivemos ocasião de afirmar, pela vocação sucessória é atribuído ao chamado o direito de aceitar ou de repudiar a herança ou legado. Se, entretanto, o chamado falecer antes de ter exercido o direito, este transmitir-se-á aos seus herdeiros, como se verifica com outro qualquer direito de caráter patrimonial. Os herdeiros podem aceitar ou repudiar a herança.

O transmissário adquire o poder de aceitar a herança a que o falecido tinha sido chamado, se tiver adquirido o direito à herança deste.

Ao aceitarem a herança do titular do direito de suceder que não chegou a ser exercido, os herdeiros irão adquirir os bens que pertenciam ao autor da sucessão.

Haverá, portanto, uma dupla transmissão: do *de cujus* para o sucessível que não chegou a exercer o direito de suceder e deste para os seus herdeiros.

Os bens do autor da sucessão não chegaram a integrar o património do seu sucessor, visto que não chegou a exercer o direito de aceitar, tendo passado do património do *de cujus* para o património dos herdeiros que aceitaram a herança. Estes terão, portanto, de ser capazes não só em relação àquele de quem são herdeiros como também em relação ao autor da sucessão.

A transmissão do direito de aceitar não se identifica com o direito de representação. Como facilmente se constata, a transmissão do direito de aceitar, na sucessão legal, verifica-se em relação a qualquer sucessível que não chegou a exercer o direito de suceder, ao passo que o direito de representação só tem lugar na sucessão dos descendentes e dos irmãos do falecido. Por outro lado, a transmissão do direito de aceitar pode dar-se a favor de qualquer herdeiro e não apenas dos descendentes.

O direito de representação pressupõe que o representante não pôde ou não quis aceitar na herança ou legado. Diferentemente, o direito de transmissão pressupõe que o sucessível faleceu antes de ter tido a oportunidade de exercer o seu direito de aceitar ou de repudiar a herança.

Um exemplo muito simples pode ajudar a compreender a transmissão do direito de aceitar: tendo falecido **A** sucede-lhe **B**, que morre sem ter exercido o direito de aceitar ou repudiar a herança. Este direito de **B** suceder a **A** transmite-se então ao seu herdeiro **C**, que é livre de a aceitar ou repudiar.

112. Administração da herança

A) Enunciado

Mesmo que exista acordo entre os diversos interessados, ou seja, entre os herdeiros, os legatários e os credores da herança, as operações referentes à liquidação da partilha exigem certas formalidades que demoram algum tempo mais ou menos longo.

Durante este período de tempo em que já são conhecidos os destinatários dos bens, mas em que a herança ainda permanece indivisa, há necessidade de não descurar a sua administração.

Com tal objetivo, dispõe o artigo 2079º no sentido de atribuir a administração da herança, até à sua integral liquidação e partilha, ao cabeça de casal.

B) Designação do cabeça de casal

Em conformidade com o artigo 2080º, o cargo de cabeça de casal é deferido pela ordem seguinte:

a) Ao cônjuge sobrevivo, não separado judicialmente de pessoas e bens, se for herdeiro ou tiver meação nos bens do casal;
b) Ao testamenteiro, salvo declaração do testador em contrário;
c) Aos parentes que sejam herdeiros legais;
d) Aos herdeiros testamentários.

Esta norma não é imperativa, visto que, nos termos do artigo 2084º, por acordo de todos os interessados, a administração da herança e o exercício das funções de cabeça de casal pode ser confiada a qualquer pessoa.

Atualmente o cônjuge é herdeiro legitimário, por força do disposto no artigo 2157º. Assim, existindo cônjuge, ele será o cabeça de casal.

No entanto, atualmente, por força do disposto no artigo 1700º, nº 1, alínea *c)*, conjugado com o nº 3, é possível a renúncia recíproca à condição de herdeiro legitimário do outro cônjuge, quando o regime é o da separação de bens

Se o cônjuge, o herdeiro ou legatário que tiver preferência for incapaz, exercerá as funções de cabeça de casalo seu representante legal – artigo 2082º, nº 1.

O acompanhante é tido como representante do acompanhado para o efeito do número anterior, quando assim resulte da sentença de acompanhamento ou de decisão judicial ulterior – arteº 2 082º, nº 2.

Se todo o património hereditário tiver sido distribuído em legados, servirá de cabeça de casal o legatário mais beneficiado e, em caso de igualdade de circunstâncias, preferirá o mais velho – cfr. artigo 2081º.

A designação do cabeça de casal pode também ser feita pelo tribunal, nos termos previstos no artigo 2083º.

C) Poderes e deveres do cabeça de casal

Sendo a sua função a administração dos bens da herança, pode o cabeça de casal, com vista ao respetivo exercício, pedir aos herdeiros ou a terceiro a entrega dos bens que deva administrar e que estes tenham em seu poder, e usar contra eles de ações possessórias a fim de ser mantido na posse das coisas sujeitas à sua gestão ou a ela restituído – cfr. artigo 2088º, nº 1.

Se a entrega for necessária para a administração dos bens, este poder prevalece sobre a petição da herança pelos herdeiros, conforme resulta do disposto no nº 2 do artigo 2078º.

Dentro dos seus poderes de administração cabe a *cobrança de dívidas* e a *venda de frutos e de outros bens deterioráveis.*

Assim, nos termos do artigo 2089º, o cabeça de casal pode cobrar as dívidas ativas da herança, quando a cobrança possa perigar com a demora ou o pagamento seja feito espontaneamente.

Com base no disposto no artigo 2090º, nº 1, o cabeça de casal deve vender os frutos ou outros bens deterioráveis, podendo aplicar o produto na satisfação das despesas do funeral e sufrágios, bem como no cumprimento dos encargos da administração.

O cabeça de casal administra todos os bens hereditários. No caso do cônjuge sobrevivo que foi casado segundo um regime de comunhão com o autor da sucessão, ao administrar os bens da herança, fá-lo na situação de cabeça de casal e não como cônjuge, conforme resulta do disposto no artigo 2087º, nº 1.

O cabeça de casal é obrigado a prestar contas anualmente – artigo 2093º.

O cargo de cabeça de casal é gratuito, mas se for exercido pelo testamenteiro, pode o autor da sucessão estipular retribuição – artigos 2094º e 2333, nº 1.

O cabeça de casal tem, porém, direito a ser reembolsado das despesas que resultem do exercício da sua função, incluindo os juros das quantias que tenha adiantado para satisfação dos encargos da administração – artigo 2093º, nº 2.

113. Testamentaria

Como vimos acima, o artigo 2080º, nº 1, alínea *b)*, defere o cargo de cabeça de casal ao testamenteiro, salvo declaração do testador em contrário.

Nos termos do artigo 2320º, o testador pode nomear uma ou mais pessoas que fiquem encarregadas de vigiar o cumprimento do seu testamento ou de o executar, no todo ou em parte: é o que se chama *testamentaria*.

As pessoas que desempenham tais funções denominam-se testamenteiros.

A sua nomeação pode recair sobre *um herdeiro*, sobre *um legatário* ou até sobre *uma pessoa que não seja uma coisa nem outra*. Basta que *tenha plena capacidade jurídica* – artigo 2321º, nºs 1 e 2.

Por força desta norma, não podem ser testamenteiros os menores (artigo 123º). O maior impossibilitado por razões de saúde, deficiência, ou pelo seu comportamento, de exercer, plena, pessoal e conscientemente, os seus direitos ou de, nos mesmos termos, cumprir os seus deveres, beneficia das medidas de acompanhamento previstas no Código – artigo 138º.

Para aferir da sua capacidade deve atender-se ao momento da abertura da sucessão.

O testador pode nomear um ou mais testamenteiros. Se forem vários consideram-se todos *nomeados conjuntamente*, se o testador não dispuser outra coisa. Caducando a testamentaria em relação a qualquer dos nomeados, os restantes continuam no exercício das suas funções. Sendo os testamenteiros *nomeados sucessivamente*, cada um deles só é chamado a aceitar ou recusar o cargo na falta do anterior – cfr. artigos 2320º e 2329º.

Sendo *pessoal* o exercício da testamentaria *não é transmissível, não pode ser delegado,* embora o testamenteiro *se possa servir de auxiliares na execução do cargo,* nos termos em que o pode fazer o procurador – artigo 2334º.

Quanto a esta última parte, ou seja, a possibilidade de o procurador se servir de auxiliares, dispõe o artigo 264º, nº 4.

O testamenteiro tem as atribuições que o testador lhe conferir, dentro dos limites da lei – artigo 2325º.

Na falta de estipulação pelo autor da sucessão, o artigo 2326º atribui-lhe, supletivamente, entre outras funções, a de cuidar do funeral do testador e de pagar as despesas e sufrágios respetivos; a de vigiar a execução das disposições testamentárias; a de exercer as funções de cabeça de casal.

A testamentaria é, em princípio, *gratuita,* mas pode o testador conceder-lhe uma *retribuição,* a qual pode ser atribuída *sob a forma de legado* – artigo 2333º, nºs 1 e 2.

O testamenteiro *é obrigado a prestar contas anualmente* e *é responsável,* em caso de culpa, perante os herdeiros ou legatários *pelos danos a que der causa* – artigo 2332º, nºs 1 e 2.

O nomeado *é livre de aceitar ou recusar a testamentaria.* A *aceitação* pode ser *expressa ou tácita,* mas *não pode ser aceita só em parte,* nem *sob condição* ou *a termo.* Porém, *a recusa faz-se por meio de declaração perante notário* – cfr. artigos 2322º a 2324º.

Depois de ter aceitado o cargo, o testamenteiro que queira *escusar-se* tem de o fazer *pela via judicial.*

Neste sentido, dispõe o artigo 1042º, nº 1 do Código de Processo Civil que o testamenteiro que se quiser escusar da testamentaria, depois de ter aceitado o cargo, deve pedir a escusa, alegando o motivo do pedido e identificando todos os interessados, que são citados para contestar.

Nos termos do disposto no artigo 1044º do mesmo diploma, *o interessado também pode requerer a remoção do testamenteiro,* expondo os factos que fundamentam o pedido e identificando todos os interessados. Porém, só o testamenteiro é citado para contestar.

114. Liquidação da herança

A) Encargos da herança

Se a herança não tivesse encargos e apenas existisse um herdeiro, tudo estaria muito simplificado. O fenómeno sucessório poder-se-ia considerar concluído logo a seguir à aceitação por parte do sucessor.

Na generalidade dos casos, porém, a herança está onerada com encargos e, por isso, deve proceder-se à liquidação.

Pela liquidação procura-se dar satisfação, na medida do possível, às dívidas do autor da sucessão e aos outros encargos que oneram a herança.

Conforme resulta do disposto no artigo 2068º, os encargos vão para além das dívidas do falecido, pois abrangem também as despesas com o seu funeral e sufrágios, com os encargos com a testamentaria, com a administração e liquidação do património hereditário e com o cumprimento dos legados.

Pelo pagamento dos encargos respondem os bens que constituem o âmbito da herança, os quais se encontram mencionados no artigo 2069º.

Como resulta do preceito, o âmbito da herança engloba alguns bens que, embora não tendo constituído o património do autor da sucessão, são provenientes da sua substituição por outros, ou então foram adquiridos com o dinheiro da herança ou com o preço dos bens do falecido que foram alienados, desde que seja devidamente mencionada no documento de aquisição a proveniência do dinheiro ou valores.

O artigo 2070º, nº 2 manda que os encargos da herança sejam satisfeitos pela ordem por que vêm indicados naquele artigo 2068º.

B) Responsabilidade da herança e dos herdeiros

I. No caso da herança indivisa

O capítulo que trata da liquidação da herança começa com o artigo 2097º, subordinado ao título responsabilidade da herança indivisa. Os bens da herança indivisa respondem coletivamente pela satisfação dos respetivos encargos.

Significa que os credores da herança, enquanto a mesma permanecer indivisa, terão de exercer contra ela os seus direitos. Porém, a herança não goza de personalidade jurídica nem de personalidade judiciária. De personalidade judiciária goza apenas a herança jacente, como oportunamente referimos, nos termos do disposto no artigo 12º, alínea *a)* do Código de Processo Civil. Assim, os credores da herança, se não estiver pendente inventário, terão de propor ação contra os outros beneficiários da mesma, ou seja, contra o conjunto dos sucessores (não em separado).

Por força do disposto no artigo 2071º, os herdeiros só respondem pelos encargos da herança na medida do valor dos bens herdados. Quer dizer, não respondem para além das forças da herança (*ultra vires hereditatis*), ou seja, não respondem pelos seus bens pessoais, mas apenas pelos bens que receberam da herança.

No entanto, como já é do nosso conhecimento, este último preceito referido, de acordo com a modalidade de aceitação da herança, assim faz recair sobre os credores ou sobre os devedores o ónus da prova da existência de outros bens. Se a herança foi aceita a benefício de inventário, só respondem pelos encargos os bens inventariados, cabendo aos credores ou legatários a prova da existência de outros bens além daqueles. Se a herança foi aceita pura e simplesmente, a responsabilidade pelos encargos também não excede o valor dos bens herdados, mas incumbe ao herdeiro a prova de que na herança não existem bens suficientes para a satisfação dos encargos.

O disposto no mesmo artigo 2071º deve conjugar-se com o disposto no artigo 744º do Código de Processo Civil que, subordinado ao título bens a penhorar na execução contra o herdeiro, trata exatamente do mesmo ónus da prova, quando o executado vem requerer o levantamento da penhora na parte em que incidiu sobre bens que não recebeu da herança. O ónus da prova varia conforme a herança foi aceita pura e simplesmente ou foi aceita a benefício de inventário.

Os titulares de créditos correspondentes aos encargos da herança gozam de preferência em relação aos credores pessoais do herdeiro. Assim, conforme o estabelecido no artigo 2070º, nº 1, os credores pessoais do herdeiro não poderão ver satisfeitos os seus créditos pelos bens hereditários enquanto o não estiverem os dos credores da herança.

Por força do nº 3 deste mesmo artigo 2070º, as preferências mantêm-se nos cinco anos subsequentes à abertura da sucessão ou à constituição da dívida, se esta for posterior. E mantém-se a preferência ainda que tenha sido partilhada a herança. A preferência dos credores da herança prevalece mesmo quando algum credor pessoal do herdeiro tenha adquirido garantia real sobre os bens hereditários.

O herdeiro conserva, em relação à herança, até à sua integral liquidação e partilha, todos os direitos e obrigações que tinha para com o falecido, à exceção dos que se extinguem por efeito da morte deste – artigo 2074º, nº 1.

Significa que se mantém a separação entre o património do de cujus e o do herdeiro, ainda que este seja credor ou devedor da herança. Esta separação obsta a que não seja possível a confusão a que alude o artigo 872º.

No entanto, conforme dispõe o artigo 2074º, nº 2, são imputadas na quota do herdeiro as quantias em dinheiro de que ele é devedor à herança.

Quer dizer, apesar da referida separação de patrimónios, no caso de o herdeiro ter uma dívida pecuniária para com a herança, nada impede que esta dívida seja imputada na sua quota.

II. No caso da herança partilhada

Efetuada a partilha, cada herdeiro só responde pelos encargos em proporção da quota que lhe tenha cabido na herança – artigo 2098º, nº 1.

Como se verifica, antes da partilha a herança responde coletivamente pela satisfação dos encargos. Efetuada a partilha, pelos mesmos encargos responde agora cada herdeiro. Da mesma maneira que a responsabilidade da herança não pode ir além do valor dos respetivos bens, também a responsabilidade de cada herdeiro não pode ir além do valor da respetiva quota.

Mas os herdeiros podem acordar em que ao pagamento se proceda de certo modo. Conforme estipula o nº 2 do mesmo preceito, os herdeiros podem deliberar que o pagamento se faça à custa de dinheiro ou outros bens separados para esse efeito, ou que fique a cargo de algum ou alguns deles.

Estas deliberações dos herdeiros vinculam os credores e legatários, mas por forma a que não possam sair prejudicados pela insuficiência dos meios de pagamento.

Assim, conforme dispõe o nº 3 do preceito, a deliberação obriga os credores e os legatários; mas, se uns e outros não puderem ser pagos integralmente nos sobreditos termos, têm recurso contra os outros bens ou contra os outros herdeiros, nos termos gerais.

Os herdeiros têm ainda a possibilidade de adotar outras medidas com vista à satisfação dos direitos de terceiros.

A este respeito dispõe o artigo 2099º que, se existirem direitos de terceiro, de natureza remível, sobre determinados bens da herança, e nesta houver dinheiro suficiente para a remição, qualquer dos co-herdeiros ou o cônjuge meeiro pode exigir que, antes da partilha, seja feita a remição.

Se os direitos não forem remidos antes da partilha, os bens sobre que eles incidem vão entrar onerados na partilha, pelo que terá de ser descontado o valor desses mesmos direitos, que terão de ser suportados exclusivamente pelo interessado a quem os mesmos couberem – cfr. artigo 2100º, nº 1.

Se não for feito tal desconto, o interessado que pagar a remição tem direito de regresso contra os outros, na proporção das suas quotas. Em caso de insolvência de algum deles, a sua parte é repartida proporcionalmente entre todos os outros – cfr. artigo 2100º, nº 2.

C) Responsabilidade dos legatários

I. Regime geral

Conforme dispõe o nº 2 do artigo 2070º, que já tivemos ocasião de referenciar, os encargos da herança são satisfeitos segundo a ordem por que vêm indicados no artigo 2068º.

Significa isto que o legatário é considerado como o credor da herança que ocupa a posição mais desfavorável. Tendo de aguardar a satisfação dos credores preferenciais, isso pode ter consequências negativas para o seu crédito.

Assim, se os bens da herança não chegarem para cobrir os legados, são estes pagos rateadamente, a não ser que se trate de legados remuneratórios, os quais são considerados como dívidas da herança – artigo 2278º.

No entanto, como também já sabemos, os credores da herança e os legatários, gozam de preferência sobre os credores pessoais do herdeiro, e os primeiros sobre os segundos – artigo 2070º, nº 1.

O legatário responde pelo cumprimento dos legados e dos outros encargos que lhe sejam impostos, mas só dentro dos limites do valor da coisa legada – artigo 2276º, nº 1.

Estes legados e outros encargos não são encargos da herança. Por isso, o seu valor só é conhecido no momento da liquidação da partilha. O legatário pode não receber todo o legado. Neste caso, o encargo é reduzido proporcionalmente. E pode mesmo o legatário reaver o que tiver pago, se a coisa legada for reivindicada por terceiro – cfr. artigo 2276º, nº 2.

É claro que, se o legatário nada receber, também não tem de cumprir os encargos que lhe tenham sido impostos.

Porém, tudo passa a ser diferente se a herança for toda distribuída em legados. Conforme estatui o artigo 2277º, se a herança for toda distribuída em legado, são os encargos dela suportados por todos os legatários em proporção dos seus legados.

No entanto, a parte final do preceito, concede ao testador a possibilidade de dispor de modo diferente. Poderá, por conseguinte, repartir o pagamento seguindo um critério que não respeite a proporcionalidade dos legados e poderá até impor que o pagamento fique a cargo de algum ou de alguns deles.

Nos termos do artigo 2259º, nº 1, se o testador legar certa coisa ou certa soma como por ele devida ao legatário, é válido o legado, ainda que a soma ou coisa não fosse realmente devida, salvo sendo o legatário incapaz de a haver por sucessão.

Se o legatário for incapaz, o legado é nulo. Porém, se o legatário é capaz de adquirir por testamento, o facto de a quantia invocada pelo testador não ser devida, é considerada uma liberalidade que o legislador respeita.

Se a herança for toda distribuída em legados, é contra os legatários que os credores dos encargos da herança devem fazer valer os seus direitos.

II. Responsabilidade do usufrutuário

O usufrutuário, ainda que o seu direito incida sobre a totalidade do património, é havido como legatário – artigo 2030º, nº 4.

O usufrutuário da totalidade da herança é obrigado a cumprir por inteiro o legado de alimentos ou pensão vitalícia. Se o usufruto incidir sobre uma quota-parte do património, é obrigado a contribuir, na proporção dessa quota, para o cumprimento do legado de alimentos ou pensão vitalícia – artigo 2073º, nºs 1 e 2.

O preceito diz respeito ao usufruto instituído em testamento. Trata-se de encargos que hão de ser cumpridos periodicamente com o rendimento dos bens. O usufrutuário, que recebe o rendimento dos bens, oferece melhores garantias do cumprimento do legado.

Igualmente no artigo 2072º se faz referência à responsabilidade do usufrutuário. Por força do nº 1, o usufrutuário pode, para o pagamento dos encargos, adiantar as somas necessárias, conforme os bens que usufruir. Findo o usufruto, tem o direito de receber dos herdeiros as quantias despendidas, sem juros.

Para evitar a venda dos bens, o usufrutuário pode ver-se compelido a adiantar a importância necessária para a satisfação do passivo. Pelo pagamento efetuado, o usufrutuário tem direito ao reembolso, no final do usufruto, mas sem juros. A partir do momento em que o crédito é exigível, o usufrutuário tem direito aos juros.

Pode, no entanto, nos termos do nº 2, não fazer qualquer adiantamento. Fica, porém, sujeito a que os herdeiros exijam a venda dos bens necessários para o pagamento dos encargos de que ele é responsável, ou os paguem com dinheiro seu. Neste caso, os herdeiros têm o direito de receber do usufrutuário os juros correspondentes.

A justificação é a seguinte: querendo deixar o usufrutuário no gozo dos bens, desde que seja pago o passivo, compreende-se que seja o usufrutuário, que não sofreu nenhuma diminuição nos bens, porque foi o proprietário quem pagou os encargos, seja obrigado a pagar os juros sobre a quantia paga.

Em suma, o usufrutuário tem uma de três opções: ou antecipa o dinheiro necessário ao pagamento dos encargos e perde os juros; ou aceita a venda dos bens usufruídos; ou paga os juros relativos à importância adiantada pelos herdeiros.

115. Partilha da herança

A) Modalidades da partilha

Pela partilha os bens da herança passam a pertencer aos sucessores. Ao herdeiro é atribuída a universalidade da herança ou uma quota da mesma. Ao legatário são atribuídos bens determinados ou determináveis.

Havendo um só herdeiro, todos os bens que constituem a herança, após a liquidação, passam para o património do sucessor. Se houver diversos herdeiros, há necessidade de proceder à divisão, para se ficar a saber quais os bens que lhes cabem.

Conforme resulta do disposto no artigo 2102º, que já tivemos ocasião de referir, a partilha pode revestir uma de duas formas: a partilha extrajudicial, quando existe acordo de todos os interessados, e a partilha judicial.

A *partilha judicial* tem a sua realização em processo de *inventário*. É este o procedimento a seguir quando não existe acordo dos interessados, como já se disse, mas também quando o Ministério Público entenda que o interesse do incapaz a quem a herança é deferida implica a aceitação beneficiária e também no caso de ausência do interessado em parte incerta ou no caso de incapacidade de facto permanente.

Para além de todos estes casos, a partilha judicial pode ter lugar por outras razões. Assim, nos termos do artigo 2103º, havendo um único interessado, o inventário a que haja de proceder-se, nos termos do nº 2 do artigo anterior, tem apenas por fim relacionar os bens e, eventualmente, servir de base à liquidação da herança.

Conforme dispõe o artigo 1082º do Código de Processo Civil, o processo de inventário cumpre, entre outras, as seguintes funções:

a) Fazer cessar a comunhão hereditária e proceder à partilha de bens;
b) Relacionar os bens que constituem objeto de sucessão e servir de base à eventual liquidação da herança, sempre que não haja que realizar a partilha da herança;
c) Partilhar bens em consequência da justificação da ausência;
d) Partilhar bens comuns do casal.

O artigo 1085º do mesmo diploma determina quem tem legitimidade para requerer que se proceda a inventário e para nele intervir, como parte principal, em todos os atos e termos do processo.

Ainda do Código de Processo Civil, o artigo 72º-A determina qual o tribunal competente, em matéria sucessória, e o artigo 1083º refere-se à repartição de competências entre os tribunais judiciais e os cartórios notariais.

Atualmente já não existe o então denominado inventário obrigatório, pois foi alterada a legislação que anteriormente o impunha em determinados casos.

Como também já tivemos ocasião de referir, estão previstos no Código do Registo Civil, nos seus artigos 210º-A e seguintes, procedimentos simplificados de sucessão hereditária.

Para os promover só tem legitimidade o cabeça de casal, seu representante legal ou mandatário, conforme estatui o artigo 210º-B do mesmo diploma.

B) Direito de exigir a partilha

O direito de exigir a partilha está consagrado no artigo 2101º. Nos termos do seu nº 1, qualquer co-herdeiro ou o cônjuge meeiro tem o direito de exigir partilha quando lhe aprouver.

E, segundo dispõe o nº 2, não pode renunciar-se ao direito de partilhar, mas pode convencionar-se que o património se conserve indiviso por certo prazo, que não exceda cinco anos; é lícito renovar este prazo, uma ou mais vezes, por convenção.

Se o autor da sucessão era casado segundo um regime de comunhão de bens, existe a necessidade de partilhar os bens comuns para se poder determinar quais são os bens próprios do falecido, pois só esses integram a herança, visto que os restantes bens do casal constituem a meação do cônjuge sobrevivo, nos termos do artigo 1689º, nº 1.

O direito de exigir a partilha é, portanto, considerado como sendo de ordem pública. Por isso, está vedado aos herdeiros, mesmo de comum acordo, e também ao autor da sucessão, impor a indivisão. No entanto, é permitido aos herdeiros convencionar a suspensão da partilha, por um período de cinco anos. Durante este período de suspensão nenhum dos sucessíveis pode exigir a partilha.

Esta convenção pode ter utilidade em determinadas circunstâncias, como acontecerá nos casos em que se torna necessário que a venda dos bens fique a aguardar uma oportunidade mais vantajosa, ou ainda quando houver necessidade de não interromper uma exploração em curso.

São inválidas por se considerarem contrárias à lei, entre outras, as disposições testamentárias em que o testador impõe a obrigação de não partilhar ou dividir os bens deixados e de não requerer inventário – artigo 2232º.

C) Atribuições preferenciais na partilha

Para o preenchimento da quota de cada um dos herdeiros não é obrigatório que todos recebam bens da mesma espécie e natureza. Pode mesmo acontecer que algum dos herdeiros nem sequer receba bens, sendo a sua quota preenchida com dinheiro, as denominadas tornas, por forma a que os valores atribuídos a cada um sejam equivalentes. Por outro lado, é possível que o mesmo bem seja atribuído a vários herdeiros na proporção da sua quota.

Os artigos 2103º-A e seguinte procuram assegurar ao cônjuge sobrevivo o direito de habitação da casa de morada da família e o direito ao uso do recheio.

O preceito tem aplicação quando a casa de morada da família constitui um dos bens da herança.

Segundo dispõe o nº 1 do artigo 2103º-A, o cônjuge sobrevivo tem direito a ser encabeçado, no momento da partilha, no direito de habitação da casa de morada da família e no direito de uso do respetivo recheio, devendo as tornas aos co-herdeiros se o valor recebido exceder o da sua parte sucessória e meação, se a houver.

Se a casa de morada da família não fizer parte da herança, observar-se-á, com as necessárias adaptações, o disposto no artigo anterior relativamente ao recheio – artigo 2103º-B.

Considera-se recheio o mobiliário e demais objetos ou utensílios destinados ao cómodo, serviço e ornamentação da casa – artigo 2103º-C.

Os direitos reais de uso e habitação atribuídos ao cônjuge sobrevivo regem-se pelas disposições dos artigos 1484º e seguintes.

Sob o título "regime da renúncia à condição de herdeiro", foi acrescentado o artigo 1707º-A que, o seu nº 3, dispõe que, sendo a casa de morada de família propriedade do falecido, o cônjuge sobrevivo pode nela permanecer, pelo prazo de cinco anos, como titular de um direito real de habitação e de um direito de uso do recheio.

Esse prazo pode ser prorrogado, pode permanecer no imóvel na condição de arrendatário, tem direito de preferência no caso de alienação do imóvel durante o tempo em que o habitar a qualquer título, sendo o direito de habitação considerado vitalício se o cônjuge sobrevivo tiver mais de 65 anos de idade à data da abertura da sucessão – cfr. os nºs 4 a 10.

D) *Efeitos da partilha*

Feita a partilha, cada um dos herdeiros é considerado, desde a abertura da sucessão, sucessor único dos bens que lhe foram atribuídos, sem prejuízo do disposto quanto aos frutos – artigo 2119º.

Como resulta do preceito, cada um dos herdeiros é considerado sucessor único dos bens que lhe foram atribuídos. É como se a indivisão tivesse desaparecido retroativamente e o herdeiro tivesse recebido diretamente do autor da sucessão os bens que vieram a constituir a sua quota. Por outras palavras, é como se, desde o momento da abertura da sucessão, o direito do herdeiro sempre tivesse existido em relação aos bens que lhe foram atribuídos. É, portanto, a retroatividade dos efeitos da partilha, conforme consta do próprio título do preceito.

O facto de o herdeiro ser considerado sucessor *único* não impede que possa existir uma situação de contitularidade em relação ao mesmo bem.

Outro efeito da partilha diz respeito à entrega dos documentos prevista no artigo 2120º. O preceito considera o caso dos documentos que dizem respeito a toda a herança e os documentos relativos a bens determinados.

Os *documentos relativos a determinados bens* serão, como se compreende, entregues ao respetivo titular dos bens. Porém, no caso de *um bem ter sido atribuído a dois ou mais herdeiros*, os documentos serão entregues ao que nele tiver a maior parte, com a obrigação de os apresentar aos outros interessados, quando deles necessitarem.

Os *documentos relativos a toda a herança* serão entregues ao co-herdeiro que os interessados escolherem para o efeito. Na falta de acordo, a nomeação cabe ao tribunal. Em qualquer dos casos, o herdeiro que receber os documentos fica com a obrigação de os apresentar aos outros interessados.

E) Impugnação da partilha

A partilha extrajudicial, sendo um negócio jurídico, ou melhor, um contrato patrimonial, está sujeita ao regime de nulidade e anulabilidade próprio dos contratos em geral.

Nos termos do artigo 2121º, a partilha extrajudicial só é impugnável nos casos em que o sejam os contratos.

A partilha, como qualquer outro negócio jurídico, não é imune a vícios. O artigo 2123º aponta, em especial, a possibilidade de a partilha incidir sobre bens não pertencentes à herança. E determina no seu nº 1 que, se tiver recaído sobre bens não pertencentes à herança, a partilha é nula nessa parte, sendo-lhe aplicável, com as necessárias adaptações, o preceituado acerca da venda de bens alheios.

O regime legalmente preceituado para a venda de bens alheios consta essencialmente dos artigos 892º a 904º.

Aquele a quem sejam atribuídos os bens alheios é indemnizado pelos co- herdeiros na proporção dos respetivos quinhões hereditários; se, porém, algum dos herdeiros estiver insolvente, respondem os demais pela sua parte, na mesma proporção – artigo 2123º, nº 2.

O valor dos bens é o que tinham à data da partilha, com a atualização devida.

O próprio herdeiro a quem cabe a indemnização tem de suportar igualmente a redução proporcional da sua quota.

Ainda que a decisão homologatória tenha transitado em julgado, a partilha pode ser emendada no próprio inventário por acordo de todos os interessados, se tiver havido erro de facto na descrição ou qualificação dos bens ou qualquer outro erro suscetível de viciar a vontade das partes – artigo 1126º, nº 1do Código de Processo Civil.

Sem prejuízo dos casos de recurso extraordinário de revisão, a partilha confirmada por sentença homologatória transitada em julgado só pode ser anulada quando tenha havido preterição ou falta de intervenção de algum dos co-herdeiros e se mostre que os outros interessados procederam com dolo ou má-fé, seja quanto à preterição, seja quanto ao modo como a partilha foi preparada. O pedido de anulação constitui incidente do processo de inventário – artigo 1127º, nºs 1 e 2 do mesmo diploma legal.

F) Partilha adicional

Embora a partilha, na generalidade dos casos, seja feita por forma a abranger todos os bens, nada impede que os interessados procedam a partilhas parciais.

Por outro lado, pode acontecer que a partilha, que se pensava abranger a totalidade dos bens, tenha omitido alguns.

Nestes casos, haverá lugar a uma partilha adicional prevista no artigo 1129º do Código de Processo Civil.

A este respeito dispõe o artigo 2122º que a omissão de bens da herança não determina a nulidade da partilha, mas apenas a partilha adicional dos bens omitidos.

Trata-se de uma emenda especial em que a partilha já feita não sofre alteração. A emenda consiste apenas em outra partilha dos bens que estavam em falta.

Diferente é a *sonegação de bens*, isto é, a ocultação dolosa de bens da herança. Existe dolo quando há conhecimento de que os bens pertencem à herança e existe a intenção de manter a sua omissão.

A respeito da sonegação de bens dispõe o artigo 2096º, nº 1 que o herdeiro que sonegar bens da herança, ocultando dolosamente a sua existência, seja ou não cabeça de casal, perde em benefício dos co-herdeiros o direito que possa ter a qualquer parte dos bens sonegados, além de incorrer nas mais sanções que forem aplicáveis.

O que sonegar os bens é considerado mero detentor desses bens – nº 2 do mesmo preceito.

O cabeça de casal pode ser removido, sem prejuízo das demais sanções que ao caso couberem, se dolosamente ocultou a existência de bens pertencentes à herança – artigo 2086º, nº 1, alínea *a)*.

CAPÍTULO XXII
Sucessão Legítima

116. Disposições gerais sobre a sucessão legítima

A) Pressupostos

Se o falecido não tiver disposto válida e eficazmente, no todo ou em parte, dos bens de que podia dispor para depois da morte, são chamados à sucessão desses bens os seus herdeiros legítimos – artigo 2131º.

Como se verifica, a sucessão legítima tem natureza supletiva, pois está condicionada pela sucessão voluntária e pela sucessão legitimária. Quer dizer, só se abre a sucessão legítima se não existir sucessão testamentária ou sucessão legitimária.

Quando existirem sucessíveis legitimários, a sucessão legítima fica limitada à quota disponível, se o autor da sucessão não tiver disposto dela ou de uma parte dela. Se não existem sucessíveis legitimários, a sucessão legítima pode abranger toda a herança, se o autor da sucessão não tiver disposto da mesma em testamento.

Se os sucessíveis chamados, sejam eles legitimários ou voluntários, não quiserem ou não puderem aceitar a herança, nem sempre será caso de desencadear a sucessão legítima, apesar da sua natureza supletiva. Pode acontecer que sejam despoletados institutos próprios da sucessão legítima ou voluntária que afastem a sucessão legítima. É o que se verifica quando existe o direito de acrescer ou o direito de representação.

Conforme resulta do preceito ora em análise, se o testamento for inválido ou ineficaz, é caso para a abertura da sucessão legítima.

O fundamento da sucessão legítima assenta na ideia da conexão afetiva que ligava o autor da sucessão aos seus parentes, e na presunção de que, na falta de testamento, era a eles que pretendia deixar os seus bens. São estes os herdeiros legítimos. Por outras palavras, o legislador devolve os bens do autor da sucessão aos seus parentes mais próximos por presumir que era o que ele teria feito se tivesse lavrado testamento.

Em vida do autor da sucessão, os sucessíveis legítimos nem sequer gozam duma expetativa legítima. Como se compreende, podem entretanto surgir outros sucessíveis com melhor posição hierárquica e, por sua vez, o *de cujus* pode dispor dos seus bens como melhor lhe aprouver.

B) Os sucessíveis legítimos

Os sucessíveis legítimos designados pela lei são o cônjuge sobrevivo, certos parentes próximos do autor da sucessão e o Estado.

Neste sentido dispõe o artigo 2132º que são herdeiros legítimos o cônjuge, os parentes e o Estado, pela ordem e segundo as regras constantes do presente título.

A *ordem* é a que consta do artigo 2133º. Por sua vez, as *regras gerais* da sucessão legítima são essencialmente três: *preferência de classe*; *preferência do grau de parentesco* e *divisão por cabeça*.[32]

I – Quanto à primeira, *a preferência de classe*, o artigo 2133º ordena os sucessíveis por classes, como desde logo resulta do título do preceito. Não sendo todas chamadas a suceder simultaneamente, cada classe chamada afasta o chamamento da seguinte. Dito de outro modo, havendo sucessíveis enquadrados na primeira classe, não são chamados os da segunda, e só serão chamados os da terceira classe se não houver sucessíveis pertencentes à segunda, e assim sucessivamente.

Esta regra encontra-se, aliás, definida no artigo 2134º ao determinar que os herdeiros de cada uma das classes de sucessíveis preferem aos das classes imediatas.

No mesmo sentido dispõe ainda o artigo 2137º, nº 1: se os sucessíveis da mesma classe chamados simultaneamente à herança não puderem ou não quiserem aceitar, são chamados os imediatos sucessores.

Diferente é quando apenas algum ou alguns da classe chamada não podem ou não querem aceitar. Neste caso, por força do disposto no nº 2 do mesmo artigo 2137º, a parte destes *acresce* à dos outros sucessíveis da

[32] Cfr. Carvalho Fernandes, in Lições de Direito das Sucessões, pág. 367.

mesma classe que com eles concorram à herança, sem prejuízo do disposto no artigo 2143º.

Além do *direito de acrescer* também há que ter em conta o *direito de representação*, nos casos em que este tem lugar – cfr. artigo 2138º.

II – A regra da *preferência do grau de parentesco* está consagrada no artigo 2135º. Dentro de cada classe os parentes de grau mais próximo preferem aos de grau mais afastado.

Assim, na primeira classe dos sucessíveis, havendo descendentes de vários graus, os filhos preferem aos netos. O mesmo se passa na segunda classe, pois existindo ascendentes de vários graus, os pais preferem aos avós.

A regra não é absoluta, pois poderia levar a situações consideradas chocantes. Para as evitar, deve ser observado o direito de representação, previsto no artigo 2138º, nos casos em que este tem lugar por força do disposto no artigo 2042º.

Como facilmente se pode intuir, as regras enunciadas não têm aplicação quanto aos sucessíveis para os quais não conta a existência de graus, como é o caso do cônjuge ou do Estado.

III – *Divisão por cabeça*

Nos termos do artigo 2136º, os parentes de cada classe sucedem por cabeça ou em partes iguais, salvas as exceções previstas neste código.

Deste modo, os parentes que concorrem ao mesmo tempo gozam de igualdade de tratamento. É também o que acontece quando o cônjuge sobrevivo concorre com os descendentes, embora o cônjuge não se possa qualificar de parente do autor da sucessão.

As *exceções* a que a lei expressamente alude, podem encontrar-se em certos casos em que o cônjuge sobrevivo concorre com descendentes (artigo 2139º, nº 1) ou com ascendentes (artigo 2142º, nº 1) e ainda nos casos em que, na sucessão de irmãos do autor da sucessão, concorrem irmãos germanos com irmãos uterinos ou consanguíneos (artigo 2146º).

Como já salientámos acerca da regra anteriormente tratada, por força do disposto no artigo 2138º, esta regra não tem aplicação nos casos em que se verifica o *direito de representação*, pois neste caso a sucessão faz-se por estirpes e não por cabeça.

117. Sucessão do cônjuge e descendentes

A sucessão do cônjuge sobrevivo e descentes do autor da sucessão constitui a alínea *a)* na ordem dos sucessíveis, prevista no nº 1 do artigo 2133º.

Quanto ao cônjuge não deve ser confundida a sua posição de *herdeiro* com a sua posição de *meeiro*.

Quando o casamento foi celebrado segundo um regime de comunhão de bens (comunhão de adquiridos ou comunhão geral), é óbvio que o cônjuge é *meeiro*, visto que lhe pertence um *meio*, ou seja, metade dos bens. Estes bens, que são seus, não fazem parte da herança do autor da sucessão, como é óbvio.

Só dos bens de que o autor da sucessão era titular é que o cônjuge sobrevivo passa a ser *herdeiro*.

Aliás, o cônjuge viúvo tem ainda o direito a ser alimentado pelo rendimento dos bens deixados pelo falecido. É o que se designa por *apanágio do cônjuge sobrevivo*, previsto no artigo 2018º.

Como facilmente se compreende, o cônjuge sobrevivo só será chamado à sucessão se o casamento tiver sido validamente celebrado e se mantiver à data da abertura da sucessão.

O cônjuge não é chamado à herança se à data da morte do autor da sucessão se encontrar divorciado ou separado judicialmente de pessoas e bens, por sentença que já tenha transitado ou venha a transitar em julgado, ou ainda se a sentença de divórcio ou separação vier a ser proferida posteriormente àquela data, nos termos do nº 3 do artigo 1785º – artigo 2133º, nº 3.

O nº 3 do artigo 1785º permite que a ação de divórcio seja continuada pelos herdeiros do autor para efeitos patrimoniais, se o autor falecer na pendência da ação. Para os mesmos efeitos, a ação pode também prosseguir contra os herdeiros do réu.

Ao concorrer à herança com os descentes do *de cujus*, a parte que ao cônjuge sobrevivo deve caber depende do número dos descendentes. Na verdade, o artigo 2139º, nº 1, embora comece por dizer que a partilha se faz por cabeça, dividindo-se a herança em tantas partes quantos forem os herdeiros, logo a seguir determina que a quota do cônjuge não pode ser inferior a uma quarta parte da herança.

Sendo assim, a herança divide-se em tantas partes quantos forem os herdeiros somente no caso de o cônjuge concorrer com um número de filhos não superior a três. Nestes casos, a divisão faz-se por cabeça.

Se, porém, o cônjuge concorrer com quatro filhos, por exemplo, o viúvo recebe um quarto (visto que a sua quota não pode ser inferior), ficando para os filhos os ¾, que serão divididos por 4, recebendo cada um 3/16 da herança.

Se não houver filhos e, portanto, também não há outros descendentes, o cônjuge sucede isoladamente (artigo 2141º), a não ser que haja ascendentes e, neste caso, passaremos à segunda classe de sucessíveis, prevista na alínea *b)* do artigo 2133º, da qual nos ocuparemos no número seguinte.

Se os filhos não quiserem ou não puderem aceitar a herança, serão chamados os seus descendentes em sua *representação* – cfr. artigo 2140º.

Na representação, como se sabe, a partilha faz-se por estirpes.

Se o *de cujus* teve 2 filhos, um dos quais faleceu antes do pai, deixando 3 filhos, é devido ao direito de representação que estes também serão herdeiros. Doutro modo, o de grau mais próximo (o filho) afastaria os netos. No entanto, a partilha não se faz por cabeça, mas por estirpe. Assim, metade da herança pertencerá ao filho sobrevivo e a outra metade aos netos, descendentes do filho falecido.

Quando falta qualquer dos chamados (o cônjuge ou algum dos filhos), os restantes sucessíveis têm o *direito de acrescer*. Neste caso, se a quota do cônjuge for diferente da dos filhos (o que acontece quando concorre com mais de 3 filhos do autor da sucessão), a desigualdade é respeitada nos termos do que dispõe o artigo 2301º, nº 2.

No caso de não haver cônjuge sobrevivo ou de ele não poder ou não querer aceitar a herança, esta é dividida pelos filhos em partes iguais – artigo 2139º, nº 2.

118. Sucessão do cônjuge e ascendentes

Esta é a segunda classe de sucessíveis, ou seja, a que vem referida na alínea *b)* do nº 1 do artigo 2133º. Como já sabemos, o seu chamamento só se verifica no caso de não existirem sucessíveis da classe anterior.

Quer dizer, só haverá chamamento do cônjuge e dos ascendentes, quando não existam descendentes.

Nos termos do que dispõe o artigo 2142º, nº 1, se não houver descendentes e o autor da sucessão deixar cônjuge e ascendentes, ao cônjuge pertencerão duas terças partes e aos ascendentes uma terça parte da herança.

Como resulta do preceito, a divisão da herança entre o cônjuge e os ascendentes não é feita de forma igualitária, ou seja, não obedece à regra da divisão por cabeça.

Mas já a partilha entre os ascendentes está sujeita à regra da divisão por cabeça e também à regra da preferência dos graus de parentesco. Respeitar esta última regra significa que serão chamados prioritariamente os pais do autor da sucessão e, só na sua falta, serão chamados os avós e assim sucessivamente.

Estas regras encontram-se definidas nos artigos 2135º e 2136º que o artigo 2142º, nº 3, manda que sejam observadas.

Se algum ou alguns dos ascendentes não puderem ou não quiserem aceitar, a sua parte acresce à dos outros ascendentes que concorram à sucessão; se estes não existirem acrescerá à do cônjuge sobrevivo – artigo 2143º.

Na falta de descendentes e ascendentes, o cônjuge é chamado à totalidade da herança – artigo 2144º.

Na verdade, o cônjuge só será chamado simultaneamente com os ascendentes do autor da sucessão, se não existirem descendentes. E será chamado simultaneamente com os avós se não existirem os pais e assim sucessivamente, como já tivemos ocasião de referir. O cônjuge será chamado à totalidade da herança apenas no caso de não haver descendentes nem ascendentes de qualquer grau.

Aos ascendentes caberá a totalidade da herança se não houver descendentes nem cônjuge – artigo 2142º, nº 2.

119. Sucessão dos irmãos e seus descendentes

A terceira classe dos sucessíveis contemplada na lei é a dos irmãos e seus descendentes – artigo 2133º, nº 1, alínea *c)*.

Por virtude da regra de *preferência de classe*, estes sucessíveis só são chamados quando não existem os das classes anteriores, ou seja, quando não existem cônjuge, nem descendentes nem ascendentes. É exatamente o que dispõe o artigo 2145º ao determinar que, na falta de cônjuge, descendentes e ascendentes, são chamados à sucessão os irmãos e, representativamente, os descendentes destes.

Os *descendentes* dos irmãos são chamados *por direito de representação*, o que significa que a sucessão se faz *por estirpe* e não por cabeça, como se sabe.

A sucessão dos irmãos faz-se por cabeça, a não ser que os seus progenitores não sejam comuns a todos. Na verdade, os irmãos podem ser *germanos* ou ser *unilaterais*.

Os irmãos *germanos* são os irmãos inteiros, genuínos, ou seja, os que procedem de progenitores comuns. Têm, portanto, *o mesmo pai e a mesma mãe*.

Os irmãos *unilaterais*, como a própria palavra sugere, apenas têm um único progenitor comum. Se são *filhos do mesmo pai*, denominam-se irmãos *consanguíneos*. Se são filhos *da mesma mãe*, são irmãos *uterinos*.

Nos termos do disposto no artigo 2146º, concorrendo à sucessão irmãos germanos e irmãos consanguíneos ou uterinos, o quinhão de cada um dos irmãos germanos, ou dos descendentes que os representem, é igual ao dobro do quinhão de cada um dos outros.

120. Sucessão dos colaterais

Segue-se a classe dos colaterais até ao quarto grau prevista na alínea *d)* do nº 1 do artigo 2133º.

Quando tratámos do parentesco, tivemos ocasião de verificar que o artigo 1580º se ocupa das respetivas linhas. A linha diz-se reta, quando um dos parentes descende do outro; diz-se colateral, quando nenhum dos parentes descende do outro, mas ambos procedem de um progenitor comum.

Conforme dispõe o artigo 2147º, na falta de herdeiros das classes anteriores, são chamados à sucessão os restantes colaterais até ao quarto grau, preferindo sempre os mais próximos.

O Código Civil de 1867 limitava ao 6º grau a vocação sucessória dos colaterais. Este limite foi mantido na primeira redação do Código Civil de 1966. Com a reforma de 1977, esse limite passou então para o 4º grau.

O chamamento dos colaterais só se verifica, portanto, se não houver irmãos e sobrinhos do autor da sucessão. São parentes em terceiro grau os tios e em quarto grau os primos. A *regra de preferência de grau* conduz a que sejam chamados os primeiros, não havendo direito de representação.

Ainda que algum sucessível seja parente por mais do que uma linha, isto é, tenha um *duplo parentesco* em relação ao autor da sucessão, essa qualidade é absolutamente irrelevante, como resulta do disposto no artigo 2148º. A partilha continuará a fazer-se por cabeça.

121. Sucessão do Estado

A última posição das classes dos sucessíveis legítimos mencionados no artigo 2133º pertence ao Estado. Significa isto que o Estado só é chamado como herdeiro se não existir outra classe de sucessíveis.

Esta ideia de que é o último da classe dos sucessíveis é reforçada pelo artigo 2152º ao determinar que, na falta de cônjuge e de todos os parentes sucessíveis, é chamado à herança o Estado.

Trata-se de uma necessidade de encontrar destino para os bens por morte do *de cujus*. Considerando esta necessidade, são facilmente compreensíveis os desvios previstos no artigo 2154º relativos à *aceitação* e ao *repúdio*.

Fora disso, o Estado tem, relativamente à herança, os mesmos direitos e obrigações de qualquer outro herdeiro – artigo 2153º.

A diferença prevista no artigo 2154º quanto à aquisição da herança pelo Estado, como sucessor legítimo, traduz-se em que a mesma se opera de direito, sem necessidade de aceitação. Por outro lado, o Estado também não a pode repudiar.

A desnecessidade de aceitação da herança e a impossibilidade de a repudiar, poderia levar a responsabilizar o Estado por heranças deficitárias, se não fossem tomadas previamente certas medidas de ordem processual.

Por força do disposto no artigo 2155º, reconhecida judicialmente a inexistência de outros sucessíveis legítimos, a herança é declarada vaga para o Estado nos termos das leis de processo.

Há, portanto, lugar a um processo de liquidação da herança em benefício do Estado, nos termos dos artigos 938º e seguintes do Código de Processo Civil.

Conforme se depreende do nº 1 do primeiro destes preceitos, o chamamento do Estado verifica-se no caso de herança jacente, por falta de aceitação de qualquer sucessível ou pelo repúdio de todos eles ou ainda por o Ministério Público pretender contestar a legitimidade dos que se apresentarem. Há, então, necessidade de tomar as necessárias providências com vista a assegurar a conservação dos bens. Seguidamente são citados, por éditos, quaisquer interessados incertos para se habilitarem como sucessores dentro de trinta dias depois do prazo fixado nos éditos.

Em conformidade com o disposto no artigo 939º também do Código de Processo Civil, procede-se depois à liquidação da herança, se esta for declarada vaga para o Estado. São cobradas as dívidas ativas, é satisfeito o passivo, vendendo-se para o efeito os bens necessários, e é adjudicado ao Estado o remanescente. Os fundos públicos e os bens imóveis só são vendidos quando o produto dos outros bens não chegue para pagamento das dívidas. O Ministério Público pode ainda requerer que outros bens sejam adjudicados em espécie ao Estado.

CAPÍTULO XXIII
Sucessão Legitimária

122. Noção de legítima

Na época clássica entendia-se que não estava no seu perfeito juízo todo aquele que morria sem deixar em testamento os bens aos seus parentes mais próximos. Com fundamento na sua insanidade mental, aos parentes mais próximos que lhe sobreviviam era possível obter a declaração de nulidade do testamento.

Para evitar esta situação foi fixada a *portio legitima*, ou seja, uma quantidade de bens que o testador teria obrigatoriamente de deixar aos seus parentes.

Essa quota obrigatória que começou por ser uma quarta parte, no tempo de Justiniano, foi sofrendo diversas alterações com o decorrer dos tempos. A quota passou depois a ser designada por legítima.

Entre nós, o Código Civil de 1867, no seu artigo 1784º, definia a legítima como sendo a porção de bens de que o testador não podia dispor, por ser aplicada pela lei aos herdeiros em linha reta descendente ou ascendente.

Esta noção está em conformidade com a que resulta do atual Código Civil. Nos termos do artigo 2156º, entende-se por legítima a porção de bens de que o testador não pode dispor, por ser legalmente destinada aos herdeiros legitimários.

Como se verifica a *legítima* é, para o autor da sucessão, a porção de bens de que não pode dispor, por ser destinada aos *herdeiros legitimários*, ou seja, a *quota indisponível*. Vista pelo lado dos herdeiros legitimários, a *legítima* é a porção de bens que lhe é legalmente destinada.

Por sua vez, o artigo 2163º proclama o princípio da *intangibilidade da legítima* ao determinar que o testador não pode impor encargos sobre a legítima, nem designar os bens que a devem preencher, contra a vontade do herdeiro.

A legítima é, portanto, um direito a uma parte da herança e não um direito de crédito. Apontam neste sentido, não só o princípio da intangibilidade da legítima, mas também o disposto no artigo 2174º ao mandar que a redução das liberalidades inoficiosas se faça, sempre que possível, em espécie e não em valor dos bens.

Na sucessão legitimária, tal como na sucessão legítima, a origem da vocação dos sucessíveis reside na lei. É, porém, diferente, a natureza das leis. Na sucessão legítima, em regra, as normas são de *natureza dispositiva*, visto que o autor da sucessão as pode afastar livremente. Diferentemente, na sucessão legitimária as normas por que se rege são geralmente de *natureza injuntiva.*

123. Herdeiros legitimários

A sucessão legitimária pressupõe a existência de certa categoria de sucessíveis, os *herdeiros legitimários.*

São herdeiros legitimários o cônjuge, os descendentes e os ascendentes, pela ordem e segundo as regras estabelecidas para a sucessão legítima – artigo 2157º.

Pelas Ordenações, os irmãos deixaram de fazer parte do elenco dos herdeiros legitimários, ficando circunscrito aos descendentes e ascendentes, o que se manteve no Código Civil de 1867. O cônjuge só foi incluído no Código Civil atual através da reforma de 1977.

São, portanto, três as categorias de sucessíveis: o *cônjuge* sobrevivo, os *descendentes* e os *ascendentes*, segundo a ordem estabelecida para a sucessão legítima no artigo 2133º.

Atualmente, por força do disposto do nº 1, alínea *c)*, e nº 3 do artigo 1700º, a convenção antenupcial pode conter a renúncia recíproca à condição de herdeiro legitimário do outro cônjuge, mas apenas no caso em que o regime de bens, convencional ou imperativo, é o da separação.

Por sua vez, o artigo 1707º-A dispõe:

1. Que a renúncia pode ser condicionada à sobrevivência ou não de sucessíveis de qualquer classe, bem como de outras pessoas, nos termos do artigo 1713º, não sendo necessário que a condição seja recíproca.

2. A renúncia apenas afeta a posição sucessória do cônjuge, não prejudicando designadamente o direito a alimentos do cônjuge sobrevivo, previsto no artigo 2018º, nem as prestações sociais por morte.
3. Sendo a casa de morada da família propriedade do falecido, o cônjuge sobrevivo pode nela permanecer, pelo prazo de cinco anos, como titular de um direito real de habitação e de um direito de uso do recheio.

Os restantes números do preceito (nºs 4 a 10) dizem respeito à casa de morada da família: possibilidade de prorrogação do prazo previsto no nº 3; caducidade dos mesmos direitos; o direito de permanecer na habitação na qualidade de arrendatário; o direito de preferência no caso de alienação do imóvel; a possibilidade de o direito de habitação se tornar vitalício, caso o cônjuge sobrevivo tenha completado 65 anos de idade à data da abertura da sucessão.

A sujeição às *regras estabelecidas para a sucessão legítima* significa que o preceito remete para o disposto nos artigos 2134º a 2138º, o que equivale a dizer que a sucessão legitimária está igualmente sujeita às regras da *preferência de classe*, da *preferência de grau* e da *divisão por cabeça*, como tivemos ocasião de referir no local próprio.

Para além disso, são ainda aplicáveis à sucessão legitimária as regras que dizem respeito à sucessão do cônjuge, dos descendentes e dos ascendentes previstas para a sucessão legítima nos artigos 2139º a 2144º.

124. Cálculo da legítima

Nos termos do disposto no artigo 2162º, nº 1, para o cálculo da legítima, deve atender-se ao valor dos bens existentes no património do autor da sucessão à data da sua morte, ao valor dos bens doados, às despesas sujeitas a colação e às dívidas da herança.

O cálculo da legítima tem por base o valor dos bens que o autor da sucessão tinha no seu património no momento em que faleceu, o que geralmente é designado por *relictum*, e ainda o valor dos bens de que dispôs em vida, o que genericamente se designa por *donata*. Para além dos valores ativos, são ainda considerados os valores relativos às despesas e os das dívidas da herança.

Não é atendido para o cálculo da legítima o valor dos bens que, nos termos do artigo 2112º, não são objeto de colação – nº 2 do mesmo artigo 2162º.

Da colação, cuja noção consta do artigo 2104º, ocupar-nos-emos no número seguinte.

O valor dos *bens doados que tenham perecido em vida do autor da sucessão* por facto não imputável ao donatário não é, portanto, objeto de colação, conforme preceitua o artigo 2112º.

Há, porém, despesas que estão sujeitas à colação e outras que o não estão, conforme resulta do que dispõe o artigo 2110º. Nos termos do nº 1 deste artigo, está sujeito a colação tudo quanto o falecido tiver despendido gratuitamente em proveito dos descendentes. Não estão sujeitas a colação as despesas previstas no nº 2 do mesmo artigo.

A questão que mais dúvidas suscita é a que diz respeito às dívidas da herança. A doutrina tem mostrado a tendência para incluir todos os encargos previstos no artigo 2068º, com exceção dos legados. O objeto do legado, além de ser um elemento do *relictum*, traduz um ato de disposição gratuita, que pode afetar a legítima.

O modo de efetuar o cálculo do valor da quota indisponível que parece ter merecido melhor acolhimento consiste em subtrair o passivo ao *relictum*, somar-lhe depois o *donatum*[33] e é sobre o resultado obtido que deverá ser calculada a legítima.

A legítima varia não só em função deste resultado, como também em função da qualidade e da quantidade dos sucessíveis em causa. Assim, a legítima pode ser de 1/3, 1/2 ou 2/3, em conformidade com o disposto nos artigos 2158º a 2161º.

A legítima do cônjuge varia conforme concorre com descendentes ou ascendentes do *de cujus*.

A legítima do cônjuge, se não concorrer com descendentes nem ascendentes é de 1/2 da herança – artigo 2158º.

A legítima do cônjuge e dos filhos, em caso de concurso, é de 2/3 da herança. Se não houver cônjuge sobrevivo, a legítima dos filhos é de 1/2 ou de 2/3 da herança, conforme exista um só filho ou existam dois ou mais – artigo 2159º.

A posição do cônjuge sobrevivo, enquanto herdeiro legitimário isolado, é, portanto, equiparada à do filho na mesma situação.

A legítima do cônjuge e dos ascendentes, em caso de concurso, é de 2/3 da herança. Se o autor da herança não deixar descendentes nem côn-

[33] Donatum é o singular de donata.

juge sobrevivo, a legítima dos ascendentes é de 1/2 ou de 1/3 da herança, conforme forem chamados os pais ou os ascendentes do segundo grau e seguintes – artigo 2161º.

125. Colação

A) Noção

Da colação tratam os artigos 2104º a 2118º.

O primeiro destes preceitos, no seu nº 1, como já dissemos, dá-nos a noção de colação. Os descendentes que pretendam entrar na sucessão do ascendente devem restituir à massa da herança, para igualação da partilha, os bens ou valores que lhes foram doados por este: esta restituição tem o nome de colação.

Como se verifica, a colação só tem lugar relativamente à *sucessão dos descendentes*, sendo, portanto, excluídos os outros herdeiros legitimários.

Com a colação pretende-se que seja igualada a partilha entre os descendentes e, para isso, deve o descendente que pretenda entrar na sucessão fazer à herança uma *restituição fictícia* dos bens que lhe foram doados em vida do autor da sucessão. Trata-se de uma operação intelectual que visa possibilitar o cálculo para a igualação dos quinhões e posteriormente a partilha.

Presume-se que ao fazer a doação não houve a intenção de favorecer um descendente em detrimento dos demais. A doação não terá passado de uma antecipação do preenchimento do quinhão hereditário do descendente.

Mas nem sempre existe essa intenção de tratar igualmente os descendentes. Por vezes, o *de cujus* quer mesmo que a liberalidade se junte à parte sucessória do descendente, conservando este intacta a sua parte na legítima. Assim, a liberalidade é imputada na quota disponível do autor da sucessão. Para o efeito, a obrigação da colação pode ser dispensada pelo doador no ato da doação ou posteriormente, conforme é consentido pelo artigo 2113º, nº 1.

Quando a liberalidade feita ao descendente excede a quota disponível do autor da sucessão, a mesma terá de ser reduzida. Como se compreende, embora seja permitido ao *de cujus* dispensar o herdeiro da colação, não pode, porém, ofender a legítima dos herdeiros legitimários. Seria uma liberalidade inoficiosa, por força do disposto no artigo 2168º.

Em suma, não havendo lugar à colação, a doação é imputada na quota disponível, como especifica o artigo 2114º, nº 1. Significa que o descendente ainda pode receber a sua legítima.

A colação faz-se pela imputação do valor da doação ou da importância das despesas na quota hereditária, ou pela restituição dos próprios bens doados, se houver acordo de todos os herdeiros – artigo 2108º, nº 1.

A imputação é uma operação prévia à partilha, com vista ao preenchimento dos quinhões, em que é tido em conta o valor dos bens doados ou são os próprios bens restituídos, se todos os herdeiros estiverem de acordo.

Em regra, o donatário conserva no seu património os bens que lhe foram doados, sendo o valor dos mesmos imputado na quota hereditária. Se, porém, houver acordo de todos os herdeiros, pode operar-se a restituição dos próprios bens doados – artigo 2108º, nº 1.

B) Obrigação de conferir

Só estão sujeitos à colação os descendentes que eram à data da doação presuntivos herdeiros legitimários do doador – artigo 2105º.

Se **A** fizer uma doação a um **neto**, ainda *em vida do progenitor deste*, não existe a obrigação de proceder à colação, visto que não era então presuntivo herdeiro legitimário. Estaria, porém, sujeito à colação *se o seu progenitor já tivesse falecido* à data em que o neto beneficiou da doação.

Como vimos acima – artigo 2113º, nº 1 – o doador pode dispensar a colação no ato da doação ou posteriormente.

Se a doação tiver sido acompanhada de alguma formalidade externa, só pela mesma forma, ou por testamento, pode ser dispensada a colação.

O doador pode, portanto, mudar de opinião quanto à dispensa de colação que tenha concedido. Se a doação for acompanhada de alguma formalidade, a dispensa de colação terá de obedecer a essa mesma formalidade ou ser feita através de testamento. Quando a dispensa constar de testamento, basta que este seja revogado por outro posterior que não contenha tal dispensa, para que a primeiramente concedida fique sem efeito.

Ao dispensar a colação o autor pretendeu que a liberalidade se juntasse à parte sucessória do beneficiado, por forma a que este conservasse intacta a sua legítima.

Não havendo lugar à colação, a doação é imputada na quota disponível – artigo 2114º, nº 1.

Se a liberalidade exceder a quota disponível, será reduzida na medida em que a ultrapassar. Embora ao futuro autor da sucessão seja permitido dispensar o herdeiro da colação, não lhe é permitido, como se compreende, ofender a legítima dos herdeiros legitimários.

O próprio donatário pode livrar-se da colação, se repudiar a herança sem ter descendentes que o representem. Neste caso, a doação é imputada na quota indisponível – cfr. artigo 2114º, nº 2.

Pretende-se deste modo evitar que o repúdio venha a afetar o cálculo da legítima, prejudicando porventura outros donatários que podiam ver a sua doação ser reduzida por inoficiosidade.

Conforme resulta do disposto no artigo 2106º, geralmente a obrigação de colação recai sobre o donatário, se vier a suceder ao doador. Mas também pode ser imposta aos seus representantes, ainda que não hajam tirado benefício da liberalidade.

As doações feitas a pessoas casadas estão sujeitas a um regime especialmente previsto no artigo 2107º. Conforme estatui o seu nº 1, não estão sujeitos a colação os bens ou valores doados ao cônjuge do presuntivo herdeiro legitimário.

Quer dizer, se a doação for feita ao cônjuge que não é o presuntivo herdeiro legitimário, ele não está sujeito à colação.

Se a doação tiver sido feita a ambos os cônjuges, fica sujeita a colação apenas a parte do que for presumido herdeiro – nº 2 do preceito.

A doação não se considera feita a ambos os cônjuges só porque entre eles vigora o regime de comunhão geral – nº 3 ainda do mesmo preceito.

Para que a doação seja considerada feita a ambos os cônjuges tem de haver manifestação de vontade do doador nesse sentido.

Em suma, a aplicação do preceito em causa não depende do regime de bens do casamento do beneficiado. A colação só é obrigatória para o cônjuge que for diretamente beneficiado e na medida em que o for. Não tem qualquer relevância para o efeito o benefício indireto que eventualmente venha a conseguir.

A colação presume-se sempre dispensada nas doações manuais e nas doações remuneratórias – artigo 2113º, nº 3.

Estas doações não estão, portanto, sujeitas a colação, salvo se resultar o contrário do que dispôs o doador, pois a presunção pode ser ilidida.

Os frutos da coisa doada sujeita a colação, percebidos desde a abertura da sucessão, devem ser conferidos – artigo 2111º

Diz-se fruto de uma coisa tudo o que ela produz periodicamente, sem prejuízo da sua substância – artigo 212º, nº 1.

Apenas são obrigatoriamente conferidos os frutos recebidos a partir da abertura da sucessão. Sendo assim, o donatário faz seus os frutos da coisa doada colhidos em vida do doador. A partir da abertura da sucessão é calculado o valor dos frutos realmente recebidos, havendo, porém, de ser descontadas as despesas feitas para a respetiva produção.

O valor a ter em conta é aquele que os bens doados tiverem à data da abertura da sucessão, conforme preceitua o artigo 2109º, nº 1.

Quando se trata de bens doados que foram consumidos, alienados ou onerados, ou que pereceram por culpa do donatário, atende-se ao valor que esses bens teriam à data da abertura da sucessão, se não fossem consumidos, alienados ou onerados, ou não tivessem perecido – artigo 2109º, nº 2.

Se os bens estiverem deteriorados por culpa do donatário ele será o responsável. Se não tiver culpa na deterioração dos bens que lhe foram doados, a deterioração é tida em conta na avaliação.

Nos termos do nº 3 do mesmo preceito, a doação em dinheiro, bem como os encargos em dinheiro que a oneram e foram cumpridos pelo donatário, são atualizados nos termos do artigo 551º. Significa que sofrem a atualização própria das obrigações pecuniárias.

C) Objeto da colação

O artigo 2110º determina quais as despesas sujeitas e não sujeitas a colação. Começa por referir que está sujeito a colação tudo quanto o falecido tiver despendido gratuitamente em proveito dos descendentes. Exceciona, porém, as despesas com o casamento, alimentos, estabelecimento e colocação dos descendentes, na medida em que se harmonizem com os usos e com a condição social e económica do falecido.

Pode dizer-se que não estão sujeitas a colação, as despesas que, segundo um critério objetivo, sejam adequadas aos usos, à situação económica e à condição social das pessoas em causa.

O donatário é equiparado, quanto a benfeitorias, ao possuidor de boa fé, sendo-lhe aplicável, com as necessárias adaptações, o disposto nos artigos 1273º e seguintes – artigo 2115º.

A colação pode ser feita pela imputação de valores, mas também pode ter lugar pela restituição em substância. No caso de imputação de valores, o donatário terá direito a ser indemnizado, para o que serão avaliadas as benfeitorias por si realizadas. Este valor terá de ser descontado na imputação de valores ao operar a colação. Se for possível a restituição em substância, o donatário pode levantar as benfeitorias realizadas, nos termos do artigo 1273º.

Se existir deterioração da coisa doada, a obrigação de colação será objeto de compensação com o direito de ser indemnizado pelas benfeitorias.

Na verdade, nos termos do artigo 2116º, o donatário só responde pelas deteriorações que culposamente tenha causado nos bens doados.

Por outro lado, não é objeto de colação a coisa doada que tiver perecido em vida do autor da sucessão por facto não imputável ao donatário – artigo 2112º.

Quando a doação de bens comuns é feita por ambos os cônjuges, conferir-se-á metade por morte de cada um deles, sendo o valor de cada uma das metades o que tiver ao tempo da abertura da sucessão respetiva – artigo 2117º, nºs 1 e 2.

Sob a epígrafe ónus real, o artigo 2118º, determina que a eventual redução das doações sujeitas a colação constitui um ónus real. Não pode fazer-se o registo da doação de bens imóveis sujeita a colação sem se efetuar, simultaneamente, o registo do ónus.

Em conformidade, o Código do Registo Predial dispõe, no seu artigo 2º, nº 1, alínea q), que está sujeito a registo o ónus de eventual redução das doações sujeitas a colação.

D) Imputação

A imputação é uma operação intelectual que deve preceder a partilha, nos casos em que existem herdeiros legitimários, com vista ao preenchimento dos seus quinhões hereditários, considerando as liberalidades que tiveram como destinatários esses sucessíveis ou terceiros.

Na verdade, as liberalidades feitas pelo *de cujus* na forma de doações ou de legados, suscitam a questão de saber se devem ser enquadradas na quota indisponível ou na quota disponível. A legítima do herdeiro legitimário constitui a quota indisponível e a parte em que a mesma for excedida, se tal acontecer, enquadra-se na quota disponível.

Na falta de qualquer manifestação de vontade por parte do doador entende-se que a doação feita a um descendente deve ser imputada na quota indisponível, pois presume-se que o doador apenas pretendeu antecipar o preenchimento da quota legitimária desse descendente e não avantajá-lo em detrimento dos restantes. Se a doação fosse imputada na quota disponível, isso faria com que o descendente, além de ser beneficiado com a doação ainda recebesse a sua legítima intocada.

Trata-se de uma operação essencial não só para o preenchimento das quotas, mas também para operar a colação e ainda para concluir se as atribuições patrimoniais gratuitas são *inoficiosas*.

Pode acontecer que o herdeiro legitimário tenha recebido doações que preencham totalmente a sua quota hereditária. Embora tenha recebido, em vida do autor da sucessão, bens suficientes para cobrir a sua quota hereditária, é na qualidade de herdeiro e não na de donatário que deve ser encarada a sua situação. No entanto, esta situação não deixa de se refletir no que toca à sua responsabilidade pelas dívidas da herança. Os bens que constituem a sua quota não chegaram a integrar a herança para efeitos da sua responsabilidade pelo passivo da herança. As dívidas serão atribuídas aos herdeiros que receberam o *relictum*. Estes bens entram na partilha pelo seu valor líquido, ou seja, depois de deduzido o valor do respetivo passivo.

126. Intangibilidade da legítima

Já tivemos ocasião de aludir ao artigo 2163º que proíbe que o autor da sucessão possa fazer incidir encargos sobre a legítima ou que possa designar os bens que a devem preencher, contra a vontade do herdeiro.

O preceito consagra deste modo o princípio da *intangibilidade da legítima* não só no aspeto quantitativo, mas também no aspeto qualitativo. Não é possível "tocar" quer no valor da legítima, quer nos próprios bens que a devem integrar. O cálculo da legítima contribui para a preservação da sua intangibilidade no seu aspeto quantitativo.

Igualmente o artigo 2156º preserva do ponto de vista quantitativo a intangibilidade da legítima, assegurando que os herdeiros legitimários não possam receber menos do que aquilo que por lei lhes deve caber.

O sucessível legitimário pode reagir contra as liberalidades feitas em vida pelo futuro autor da sucessão sempre que o seu valor ultrapasse a sua quota disponível e ofenda a legítima cuja integridade estava por lei obrigado a respeitar. Neste caso as liberalidades terão de ser reduzidas por forma a manter "intocada" a quota do sucessível legitimário. Trata-se da *redução por inoficiosidade*.

Aliás, os sucessíveis legitimários, ainda antes da abertura da sucessão, gozam de uma situação de expetativa jurídica em relação à legítima, que se traduz na possibilidade de, nos termos do artigo 242º, nº 2, poderem invocar a nulidade do negócio simulado sempre que pretendam agir em vida do autor da sucessão contra os negócios por ele simuladamente feitos com o intuito de os prejudicar.

127. Cautela sociniana

Apesar do princípio da intangibilidade da legítima, é permitido ao testador onerá-la com encargos, conforme se depreende do disposto no artigo 2164º. Assim, sob a designação de cautela sociniana, o preceito dispõe que, se o testador deixar usufruto ou constituir pensão vitalícia que atinja a legítima, podem os herdeiros legitimários cumprir o legado ou entregar ao legatário tão somente a quota disponível.

Quer dizer, o testador, mesmo quando existem herdeiros legitimários, não está impedido de atribuir a outra pessoa um usufruto ou constituir a seu favor uma pensão vitalícia que ofendam a legítima. Neste caso, a cautela sociniana ou de Socino (nome de um jurista do século XVI) permite-lhe reagir.

O herdeiro legitimário fica com a liberdade de reagir por uma de duas vias: aceitar cumprir o ónus, isto é, admitir o usufruto ou pagar a pensão vitalícia ou, em alternativa, não o aceitar e optar por ficar apenas com a sua legítima, entregando ao legatário a quota disponível.

Em suma, a cautela sociniana traduz-se na faculdade concedida aos herdeiros legitimários de optar pelo cumprimento do legado ou pela entrega ao legatário da quota disponível, nos casos em que o testador deixou usufruto ou constituiu pensão vitalícia que ofende a legítima.

128. Legado em substituição da legítima

Conforme dispõe o artigo 2165º, nº 1, pode o autor da sucessão deixar um legado ao herdeiro legitimário em substituição da legítima.

O autor da sucessão pode, portanto, deixar ao sucessor legitimário determinados bens que substituem a quota a que ele teria direito. O herdeiro legitimário terá de fazer uma opção: ou aceita a legítima e, neste caso perde o direito ao legado, ou aceita o legado repudiando a legítima.

Conforme se verifica, mais uma vez é concedida ao herdeiro legitimário a liberdade de escolher uma de duas vias. Nos termos do nº 2 do mesmo preceito, se aceitar o legado perde o direito à legítima, assim como se enveredar pela aceitação da legítima significa que perde o direito ao legado.

Para que os restantes herdeiros não sejam prejudicados com a eventual demora da decisão, o herdeiro é notificado nos termos do nº 1 do artigo

2049º. Se nada declarar, ter-se-á por aceito o legado – nº 3 do mesmo artigo 2165º.

Trata-se do silêncio como meio declarativo previsto no artigo 218º.

Como estatui o nº 4 ainda do artigo 2165º, o legado deixado em substituição da legítima é imputado na quota indisponível do autor da sucessão; mas, se exceder o valor da legítima do herdeiro, é imputada pelo excesso, na quota disponível.

Como se compreende, a imputação começa por ser feita na quota indisponível do *de cujus* até ao valor da quota do herdeiro legitimário. Na parte em que a exceder, se tal se verificar, a imputação passa a ser feita na quota disponível.

Se a parte excedente for de molde a atingir a legítima dos outros herdeiros legitimários, o legado está sujeito a redução.

Por outro lado, se o legado tiver um valor inferior ao da legítima do sucessor legitimário, mas, apesar disso, este o aceitar, perde o direito à legítima. A parte não recebida cabe aos outros sucessores legitimários, se existirem.

O legado em substituição da legítima *não se confunde com o legado por conta da legítima.* Neste, o sucessor legitimário que aceita o legado, não fica privado de exigir o que falta para integrar a sua legítima, se o legado ficar aquém do respetivo valor.

129. Inoficiosidade

A) Noção

Cabe aqui recordar o que ficou dito quanto ao princípio da intangibilidade da legítima. Se as disposições patrimoniais gratuitas ofenderem a legítima do herdeiro legitimário, haverá necessidade de operar a devida redução. Trata-se de redução por inoficiosidade.

O herdeiro legitimário tem direito à sua quota legitimária e a que esta seja preenchida com bens da herança.

O artigo 2168º ocupa-se das liberalidades inoficiosas. Segundo dispõe no seu nº 1, dizem-se inoficiosas as liberalidades, entre vivos ou por morte, que ofendam a legítima dos herdeiros legitimários.

Porém, o respetivo nº 2 determina que não são inoficiosas as liberalidades a favor do cônjuge sobrevivo que tenha renunciado à herança nos termos da alínea *c)* do nº 1 do artigo 1700º, até à parte da herança correspondente à legítima do cônjuge caso a renúncia não existisse.

A ofensa da legítima, em termos quantitativos, pode resultar de ter sido ultrapassada a quota indisponível do autor da sucessão, como pode acontecer por não ter sido atingido o *quantum* da quota legitimária do herdeiro. São duas formas de encarar a mesma questão.

B) Redução

Constatada a situação de inoficiosidade, é reconhecido aos herdeiros legitimários o direito potestativo de requerer a sua redução.

Neste sentido, determina o artigo 2169º que as liberalidades inoficiosas são redutíveis, a requerimento dos herdeiros legitimários ou dos seus sucessores, em tanto quanto for necessário para que a legítima seja preenchida.

Significa isto que as liberalidades que excedam o valor da quota disponível não são nulas, mas apenas redutíveis. Sendo assim, o herdeiro legitimário pode manter toda a eficácia à liberalidade, a qual pode não desaparecer integralmente.

Não é permitida em vida do autor da sucessão a renúncia ao direito de reduzir as liberalidades – artigo 2170º.

Depois da morte do autor da sucessão, a renúncia é possível, embora só tenha eficácia em relação ao renunciante. Os credores deste poderão contestá-la por meio de ação pauliana, nos termos do artigo 610º, quando constitua fraude aos seus direitos.

O direito de redução deve ser judicialmente exercido dentro do prazo de dois anos.

A ação de redução de liberalidades inoficiosas caduca dentro de dois anos a contar da aceitação da herança pelo herdeiro legitimário – artigo 2178º.

C) Ordem por que se faz a redução

Sempre que exista uma pluralidade de liberalidades e se verifique a necessidade de redução por inoficiosidade, suscita-se a questão de saber qual delas, em abstrato, deve ser reduzida ou, sendo várias afetadas, qual a ordem que deve ser seguida nesta operação.

Conforme se vê do artigo 2171º, a redução abrange em primeiro lugar as disposições testamentárias a título de herança, em segundo lugar os legados, e por último as liberalidades que hajam sido feitas em vida do autor da sucessão.

Para a constituição da legítima atende-se em primeiro lugar aos bens de que o *de cujus* não dispôs, seguidamente aos bens de que dispôs em testamento e por fim às doações feitas em vida. A prioridade que é dada às deixas e aos legados, para efeitos de redução, encontra a sua justificação na irrevogabilidade das doações com exceção dos casos previstos no artigo 970º.

A ordem seguida para a redução, que atende à natureza das liberalidades, deve ainda conservar a proporção originariamente existente. Para o efeito, o artigo 2172º estabelece complementarmente um critério.

Assim, se bastar a redução das disposições testamentárias, será feita proporcionalmente, tanto no caso de deixas a título de herança como a título de legado – artigo 2172º, nº 1.

A redução é proporcional quando, depois de operada, mantém a proporção inicialmente existente entre as disposições sujeitas à redução.

Contudo, por força do nº 2 do mesmo preceito, o autor da sucessão pode afastar o critério da redução proporcional e declarar que determinadas disposições devem produzir efeito de preferência a outras. Neste caso, as primeiras só serão reduzidas se o valor integral das restantes não for suficiente para o preenchimento da legítima.

Quer dizer, só o testador pode derrogar o critério da proporcionalidade que consta do nº 1 do preceito. Porém, nada obsta a que o beneficiário da disposição preferida possa renunciar à preferência.

Também gozam de igual preferência as deixas remuneratórias – nº 3 do mesmo preceito – o que significa que só serão reduzidas depois de todas as outras que o devam ser.

As liberalidades feitas por ato *inter vivos* só poderão ser reduzidas por inoficiosidade quando o valor das testamentárias não seja suficiente para tornar possível o preenchimento da legítima. Neste caso, isto é, se for necessário recorrer à redução das liberalidades feitas em vida deve começar-se – por força do artigo 2173º, nº 1 – pela última, no todo ou em parte, e se isso não bastar, passar-se-á à imediata, e assim sucessivamente.

Neste caso, não é permitido ao *de cujus* estabelecer uma ordem diferente. A justificação está, mais uma vez, na irrevogabilidade das doações.

Se tiverem de ser reduzidas por inoficiosidade liberalidades feitas em vida que constem do mesmo título ou que tenham sido feitas na mesma data, a redução deve abrangê-las a todas na proporção do respetivo valor. No entanto, continuam a gozar de preferência as liberalidades remuneratórias, como já deixámos referido – nº 2 do artigo 2173º em conjugação com o nº 3 do artigo 2172º.

D) Termos em que se efetua a redução

Conforme se depreende do disposto nos artigos 2174º e 2175º, a redução por inoficiosidade faz-se, em princípio, em espécie, mas também pode ser feita em dinheiro.

Quando a redução não abrange a totalidade de um determinado bem e, portanto, implica o seu fracionamento, podemos adiantar, em síntese, o seguinte: se o bem é divisível, será separada a parte que é necessária para completar a legítima. Não sendo divisível, a totalidade do bem deve ser atribuída ao herdeiro legitimário, se exceder a metade do bem a parte necessária ao complemento da legítima. No caso contrário, deve ser atribuída ao donatário ou legatário. É claro, que a parte que ficou sem o bem deverá ser compensada em dinheiro.

Concretizando, por determinação do nº 1 do primeiro dos referidos preceitos, quando os bens doados ou legados são divisíveis, a redução consiste em separar deles a parte necessária para o preenchimento da legítima.

Sendo os bens indivisíveis, se a importância da redução exceder metade do valor dos bens, estes pertencem integralmente ao herdeiro legitimário, e o legatário ou donatário haverá o resto em dinheiro; no caso contrário, os bens pertencem integralmente ao legatário ou donatário, tendo este de pagar em dinheiro ao herdeiro legitimário a importância da redução – nº 2 do artigo 2174º.

É feita em dinheiro a reposição daquilo que se despendeu gratuitamente a favor dos herdeiros legitimários, em consequência da redução – nº 3 do mesmo artigo 2174º.

Neste caso, a insolvência daqueles que, segundo a ordem estabelecida, devem suportar os encargos da redução não determina a responsabilidade dos outros – artigo 2176º.

Se os bens doados tiverem perecido por qualquer causa ou tiverem sido alienados ou onerados, o donatário ou os seus sucessores são responsáveis pelo preenchimento da legítima em dinheiro até ao valor desses bens – artigo 2175º.

O beneficiário da liberalidade entregará em dinheiro o valor correspondente aos bens em falta para o preenchimento da legítima.

A insolvência da pessoa que tem o ónus da redução não implica a responsabilidade dos outros – artigo 2176º.

O donatário é considerado, quanto aos frutos e benfeitorias, possuidor de boa fé até à data do pedido de redução – artigo 2177º.

Significa isto que o donatário faz seus os frutos da coisa que lhe foi doada (cfr. artigo 1270º) e, quanto às benfeitorias, tem os direitos que resultam do disposto nos artigos 1273º a 1275º.

CAPÍTULO XXIV
Sucessão Testamentária

130. Noção de testamento

A palava testamento parece ter origem em duas palavras latinas *testatio mentis*, testemunho da vontade da pessoa enquanto viva, para produzir efeitos jurídicos após a sua morte. O testador pretende que a sua vontade subsista num momento em que já deixou de existir, isto é, em que já cessou a sua personalidade jurídica (artigo 68º).

O artigo 2179º, nº 1 define testamento como sendo o ato unilateral e revogável pelo qual uma pessoa dispõe, para depois da morte, de todos os bens ou de parte deles.

A definição é idêntica à contida no artigo 1739º do Código Civil de 1867. Tratando-se de uma disposição dos bens do testador para depois da sua morte, pode dizer-se que o testamento é um projeto que o próprio pode alterar ou anular.

É havido como disposição da última vontade, apesar de, por vezes, decorrerem muitos anos entre o momento em que a vontade foi declarada e o momento da morte. Por isso, pode acontecer que o testador venha a dispor de bens futuros, isto é, de bens que só foram incluídos no seu património muito tempo depois de ter feito o testamento.

A definição contida no nº 1 do preceito em causa não é absolutamente exata, enquanto ato de disposição de bens, porquanto o testador pode servir-se do testamento com a finalidade única de *revogar* um testamento anterior, sem dispor de quaisquer bens. O testador, até ao fim da sua vida, é inteiramente livre de revogar o testamento e, consequentemente, afastar os sucessíveis que havia designado.

Além disso, a lei consente que o testamento possa conter disposições de caráter não patrimonial, como se verifica do disposto no nº 2 do mesmo artigo 2179º. Esta disposição, de uma forma genérica, permite inserir no testamento *disposições de caráter não patrimonial*, se fizerem parte de um ato revestido de forma testamentária, ainda que nele não figurem disposições de caráter patrimonial.

Assim, o testamento pode servir para os pais designarem *tutor* ao filho ou procederem à sua revogação, conforme resulta do disposto no artigo 1928º, nº 3.

O testamento pode também ser a forma utilizada para a *perfilhação*, conforme consta do artigo 1853º, alínea *b)*.

131. Características do testamento

A) É um negócio unilateral não recetício e singular

É um negócio unilateral *não recetício*, o que significa que a declaração de vontade do testador não necessita de ser dirigida e levada ao conhecimento de determinada pessoa.

Além de ser um negócio *unilateral* é também singular, visto que o testamento não pode conter declarações de vontade de duas ou mais pessoas, quer no mesmo sentido em relação a terceiros, quer em proveito recíproco.

Conforme dispõe o artigo 2181º, não podem testar no mesmo ato duas ou mais pessoas, quer em proveito recíproco, quer em favor de terceiro.

Em suma, a lei *não admite o testamento de mão comum*, conforme resulta do próprio título deste preceito. Assim, os cônjuges não podem no mesmo testamento fazer disposições simultâneas ou recíprocas. Podem, todavia, fazê-lo em testamentos singulares, ainda que lavrados na mesma data. Por outras palavras, os testamentos têm de constituir atos distintos, pretendendo-se, deste modo, evitar não só a influência ou ascendente que um cônjuge possa exercer sobre o outro, mas também assegurar a livre revogabilidade de cada um dos testamentos.

No entanto, a lei permite que, na convenção antenupcial, os esposados façam disposições recíprocas para depois da morte, nos termos do disposto nos artigos 1700º, nº 1, alínea *a)* e 1701º, nº 1.

B) É um negócio pessoal

O caráter pessoal do testamento encontra-se previsto no artigo 2182º, ao dispor no seu nº 1 que é insuscetível de ser feito por meio de representante ou de ficar dependente do arbítrio de outrem, quer pelo que toca à instituição de herdeiros ou nomeação de legatários, quer pelo que respeita ao objeto da herança ou do legado, quer pelo que pertence ao cumprimento ou não cumprimento das suas disposições.

Significa que o testador não pode fazer-se representar na feitura do testamento, exigindo-se que seja ele próprio a manifestar de forma direta a sua vontade. Também não pode ficar dependente de outrem a fixação do objeto do testamento ou a possibilidade de o mesmo ser ou não cumprido.

Porém, nos termos do nº 2, alínea *b)* do mesmo preceito, é permitido ao testador cometer a terceiro a nomeação de legatário de entre as pessoas por ele determinadas. A disposição será nula, conforme dispõe o artigo 2185º, se o testamento não contiver o modo de tornar certa a pessoa a nomear.

O testador tem de conhecer as pessoas beneficiadas ou, pelo menos, deve indicar o modo de tornar certas as pessoas, não podendo deixar a indicação ao arbítrio de terceiro.

Quando o testador instituir ou nomear várias pessoas como beneficiárias, pode encarregar outrem de fazer a repartição da herança ou do legado, nos termos da alínea *a)* do nº 2 do mesmo artigo 2182º.

Conforme dispõe o nº 1 do artigo 2183º, o testador pode deixar a escolha da coisa legada à justa apreciação do onerado, do legatário ou de terceiro. No entanto, a escolha não pode ser feita arbitrariamente. É ao testador que compete indicar não só o fim pretendido com a atribuição do legado, como também o género ou espécie em que a coisa se enquadra.

Como resulta ainda do nº 1 do artigo 2182º, o cumprimento ou incumprimento das disposições testamentárias não pode ficar dependente da vontade de terceiro. A vontade do testador tem de ser cumprida.

Aliás, nos termos do artigo 2320º, o testador pode até nomear uma ou mais pessoas que fiquem encarregadas de vigiar o cumprimento do seu testamento ou de o executar, no todo ou em parte. É o que se chama testamentaria, que já analisámos.

O testamenteiro tem as atribuições que o testador lhe conferir, dentro dos limites da lei, conforme dispõe o artigo 2325º.

C) É um negócio mortis causa

Significa que só produz efeitos após a morte do testador. Por isso, costuma ser designado como "disposição de última vontade".

Não são admitidos testamentos *nuncupativos*, ou seja, testamentos em que o beneficiário é nomeado verbalmente. Dito de outro modo, os testamentos terão de ser feitos por escrito, não podendo ser feitos oralmente.

O testador pode livremente revogá-lo a todo o tempo, como já foi dito. Por outro lado, sendo assim, o herdeiro ou legatário que dele consta não dispõe senão de uma expetativa de facto.

132. Substituição pupilar

A substituição pupilar já vem do direito romano, podendo considerar-se um reflexo do grande poder de que dispunha o *pater famílias*. A substituição pupilar estava ligada ao culto dos antepassados e dela se servia o *pater famílias* quando temia que o seu herdeiro não atingisse a idade dos 14 anos que lhe permitia testar e, deste modo, instituir outro herdeiro que pudesse dar continuidade àquele culto. A substituição pupilar era também utilizada como forma de prevenir possíveis atentados dos sucessores legítimos contra a vida do pupilo, herdeiro direto e único do testador.

No direito hodierno, a substituição pupilar foi suprimida pela legislação de diversos países, porque atualmente não se justifica.

O nosso atual Código Civil manteve-a no seu artigo 2297º. Conforme dispõe o nº 1 deste preceito, o progenitor que não estiver inibido total ou parcialmente do poder parental tem a faculdade de substituir aos filhos os herdeiros ou legatários que bem lhe aprouver, para o caso de os mesmos filhos falecerem antes de perfazer os dezoito anos de idade: é o que se chama substituição pupilar.

Como se verifica, o testador substitui-se ao filho menor, fazendo a atribuição da herança deste, ou seja, o progenitor designa os sucessores do filho, substituindo-se a ele, para o caso de o filho falecer antes de ter atingido a idade de dezoito anos. Em suma, o progenitor substitui-se ao filho na elaboração do testamento deste.

Trata-se, portanto, de um desvio à caraterística de negócio pessoal que assinalámos na alínea *B)* do número anterior.

O progenitor só pode usar desta faculdade em relação aos filhos menores, desde que não esteja inibido, total ou parcialmente, do exercício da responsabilidade parental.

A substituição fica sem efeito logo que o filho atinja a maioridade. O limite da eficácia da substituição pupilar é confirmado pelo nº 2 do artigo em análise. Nele se determina que a substituição fica sem efeito logo que o substituído perfaça os dezoito anos ou se falecer deixando descendentes ou ascendentes.

Esta repetida referência à idade de dezoito anos leva-nos a concluir que a emancipação não produz, neste caso, os mesmos efeitos que a maioridade, previstos no artigo 133º. Sendo assim, o limite da eficácia da substituição pupilar só pode ter lugar quando o filho perfaz dezoito anos, sendo irrelevante para tal efeito a emancipação alcançada pelo casamento, nos termos do artigo 132º.

A substituição pupilar também fica sem efeito, como refere o preceito, se o filho falecer enquanto menor, mas tenha deixado descendentes ou ascendentes.

A ineficácia da substituição encontra a sua justificação no facto de o menor ter deixado descendentes, que são herdeiros legitimários. Esta justificação serve igualmente de fundamento para que se possa concluir, como o fazem alguns autores, que o regime se deve estender aos casos em que o menor deixou cônjuge sobrevivo, pois este é também herdeiro legitimário, por força do artigo 2157º.

Quanto aos bens que a substituição pupilar pode abranger dispõe o artigo 2300º. Só pode abranger os bens que o substituído haja adquirido por via do testador, embora a título de legítima.

Quer dizer, ao substituir-se ao filho menor, o progenitor só pode dispor dos bens que ao filho venham a caber por via do testador.

133. Substituição quase-pupilar

A substituição *quase-pupilar*, também denominada como *exemplar* ou *justineaneia*, tem uma função semelhante à substituição pupilar versada no número anterior. Em qualquer delas o fundamento é o de evitar que o herdeiro faleça sem testamento e que os bens herdados por quem está impedido de testar vão parar às mãos de pessoas que o testador não quer ter como sucessores. Considerando o paralelismo dos respetivos regimes, são facilmente compreensíveis as suas diferenças.

Nos termos do disposto no artigo 2298º, nº 1, a disposição do artigo anterior é aplicável, sem distinção de idade, ao caso de o filho ser incapaz de testar em consequência de uma sentença de acompanhamento: é o que se chama substituição quase-pupilar

Enquanto na substituição pupilar a incapacidade do filho provém da sua menoridade, na substituição quase-pupilar a incapacidade do filho deve-se ao facto de ser incapaz de testar, apesar da sua maioridade.

Como dispõe o artigo 138º, o maior impossibilitado, por razões de saúde, deficiência, ou pelo seu comportamento, de exercer, plena, pessoal e conscientemente, os seus direitos ou de, nos mesmos termos, cumprir os seus deveres, beneficia das medidas de acompanhamento. Estas estão previstas nos artigos 131º e 138º e seguintes.

A substituição pupilar e quase-pupilar só podem abranger os bens que o substituído haja adquirido por via do testador, embora a título de legítima – artigo 2300º.

134. Forma do testamento

A) Modalidades de testamento

Desde o direito romano, o testamento esteve sempre sujeito à observância de certas formalidades. Com elas se pretende que venha a ser convenientemente interpretada e respeitada a vontade do autor da sucessão.

O testamento pode revestir a modalidade *comum* ou seguir uma das diversas formas que se enquadram em modalidades *especiais.*

As formas *comuns* são o testamento *público* e o testamento *cerrado.*

As formas *especiais* são o testamento *militar* (público ou cerrado), o testamento *marítimo,* o testamento *feito a bordo de aeronave,* o testamento *em caso de calamidade pública* e o testamento *feito por português no estrangeiro.*

B) Formas comuns

Como dispõe o artigo 2204º, as formas comuns do testamento são o testamento público e o testamento cerrado.

É *público* o testamento escrito por notário no seu livro de notas – artigo 2205º. É o mais usual e o que exige maior solenidade. É também o que dá maior garantia de segurança, não só quanto à sua conservação, mas também quanto à interpretação da vontade do testador.

O testamento público é, como diz o artigo 2205º, escrito pelo notário no livro de notas. Por sua vez, os artigos 7º, nº 1, alínea *a)* e 140º, ambos do Código do Notariado, mencionam, respetivamente, os livros onde os testamentos públicos são lavrados e o seu registo.

Diferentemente, conforme resulta do artigo 2206º, nº 1, o testamento *cerrado* é escrito e assinado pelo testador ou por outra pessoa a seu rogo, ou escrito por outra pessoa a rogo do testador e por este assinado.

Neste mesmo sentido determina o artigo 106º, nº 1 do Código do Notariado que o testamento cerrado deve ser manuscrito pelo próprio testador ou por outrem a seu rogo.

O artigo 108º do mesmo diploma trata das formalidades exigidas. O nº 4 deste mesmo preceito determina que o notário também faz constar do instrumento o número de páginas completas, e de linhas de alguma página incompleta, ocupadas pelo testamento.

A garantia da autenticidade do testamento *cerrado* obriga a que o mesmo seja aprovado pelo notário, nos termos das leis do notariado, conforme o exige o artigo 2206º, nº 4.

O testador só pode deixar de assinar o testamento cerrado quando não saiba ou não possa fazê-lo, ficando consignada no instrumento de aprovação a razão por que o não assina – artigo 2206º, nº 2.

O instrumento de aprovação deve conter, em especial, a declaração do testador de que está escrito e assinado por si, ou escrito por outrem, a seu rogo, e somente assinado por si, ou que está escrito e assinado por outrem, a seu rogo, visto ele não poder ou não saber assinar – artigo 108º, nº 1 e nº 2, alínea *b)* do Código do Notariado.

Conforme dispõe o artigo 2209º, nº 1, o testador pode conservar o testamento cerrado em seu poder, pode cometê-lo à guarda de terceiro ou depositá-lo em qualquer repartição notarial.

Se o quiser depositar em cartório notarial, deve entregá-lo ao notário, para que seja lavrado o instrumento de depósito. É sempre cosido e lacrado pelo notário, caso ainda o não esteja – cfr. artigo 109º do Código do Notariado.

Por força do nº 2 do mesmo artigo 2209º, quando o testamento é confiado a terceira pessoa, esta fica obrigada a apresentá-lo ao notário em cuja área o documento se encontre no prazo de três dias a contar do conhecimento da morte do testador. Se o não fizer incorre em responsabilidade pelos danos a que der causa e, se for também sucessível do testador, incorre ainda em incapacidade sucessória por motivo de indignidade, nos termos previstos na alínea *d)* do artigo 2034º.

C) Formas especiais

Dentro das formas especiais, a lei refere em primeiro lugar o testamento de *militares* e pessoas equiparadas, no artigo 2210º.

Podem utilizar esta forma de testar não só os militares, mas também os civis que se encontrem ao serviço das forças armadas. No entanto, só o poderão fazer em determinadas circunstâncias. Concretamente, quando se encontrem em campanha ou aquartelados fora do País, quando no País se encontrem em lugares com os quais estejam interrompidas as comunicações e onde não exista notário, e ainda quando se encontrem prisioneiros do inimigo.

No testamento *militar público* o testador emite a declaração de vontade perante o comandante da unidade em que se encontra integrado. No caso de o testador ser o próprio comandante, a declaração é por si feita perante a pessoa que o deva substituir – artigo 2211º, nº 1 e 2.

Se o militar, ou o civil a ele equiparado, souber e puder escrever, pode fazer testamento *militar cerrado*, nos termos do disposto no artigo 2212º.

À semelhança da aprovação notarial exigida para a forma comum, também o testamento militar cerrado está sujeito à aprovação do comandante, na presença de duas testemunhas, conforme determina o nº 2 deste mesmo preceito.

A guarda e o depósito do testamento são assegurados em conformidade com o estabelecido no artigo 2213º.

O testamento *marítimo* é o que é feito a bordo de navio de guerra ou navio mercante, em viagem por mar, nos termos dos artigos 2214º a 2218º.

Pela remissão que é feita pelo artigo 2215º para os artigos 2211 ou 2212º se tem de concluir que também o testamento marítimo pode ser *público* ou *cerrado*.

As funções que num caso cabem ao comandante da unidade militar passam agora para o comandante do navio ou de quem o deva substituir.

Diferentemente, nos termos do artigo 2216º, no caso do testamento marítimo exige-se que seja feito em duplicado, registado no diário de navegação e guardado entre os documentos de bordo.

Logo que possível, o comandante tomará as medidas, previstas no artigo 2217º, com vista à conservação e registo do testamento.

Do testamento *feito a bordo de aeronave* trata o artigo 2219º, sendo-lhe aplicável o que dispõem os artigos 2214º a 2218º. Significa que também admite as formas de testamento *público* e testamento *cerrado*.

O testamento em caso de *calamidade pública* é caracterizado pelas circunstâncias em que é feito. Pelo artigo 2220º é permitido a qualquer pessoa que esteja inibida de se socorrer das formas comuns de testamento, por se encontrar em lugar em que grassa epidemia ou outro motivo de calamidade pública. Pode, nestas circunstâncias, testar perante algum notário, juiz ou sacerdote observando as formalidades prescritas nos artigos 2211º ou 2212º.

Trata-se de situações que não consentem que o testador recorra aos meios normais, devido à existência de uma calamidade, como seja, por exemplo, uma epidemia, uma inundação, um terramoto, etc. Neste caso, a declaração da última vontade do testador é emitida perante pessoa reputada idónea como o notário, o juiz ou o sacerdote. O testamento nestas condições pode ser *público* ou *cerrado*.

Por força do artigo 2222º, o testamento celebrado por alguma das formas especiais a que fizemos referência *fica sem efeito* decorridos dois meses sobre a cessação da causa que impediu o testador de testar segundo as formas comuns.

Justifica-se a perda de eficácia em prazo tão curto, visto que foi uma situação particular que levou o legislador a permitir uma situação diferente de testar. Desaparecida a situação anómala, o testador tem de renovar o testamento seguindo as formas comuns, se estiver interessado em o manter.

Qualquer cidadão português tem a possibilidade de fazer testamento num país estrangeiro em que se encontre. A sua validade depende da observância do disposto no artigo 2223º.

Conforme determina este preceito, *o testamento feito por cidadão português em país estrangeiro* com observância da lei estrangeira competente só produz efeitos em Portugal se tiver sido observada uma forma solene na sua feitura ou aprovação.

Quer dizer, por um lado, o testamento deve seguir *a forma exigida pela lei do país onde foi feito*. Por outro lado, para produzir efeitos em Portugal *tem de ter sido solene a forma observada na sua feitura ou na sua aprovação*. Assim, para além de ser exigível a forma escrita, exige-se ainda a intervenção de entidade dotada de fé pública, como seja um oficial público com funções notariais ou equivalentes, na feitura do testamento ou na sua aprovação.

135. Capacidade testamentária

De um modo geral, pode dizer-se que todas as pessoas gozam da faculdade de dispor do seu património para depois da sua morte.

Neste sentido determina o artigo 2188º que podem testar todos os indivíduos que a lei não declare incapazes de o fazer.

Logo a seguir, o artigo 2189º diz que são incapazes de testar:

a) Os menores não emancipados;

b) Os maiores acompanhados, apenas nos casos em que a sentença de acompanhamento assim o determine.

A sanção imposta ao testamento feito por incapazes, como coerentemente dispõe o artigo 2190º, é a nulidade.

Como entre a data em que o testamento é elaborado e aquela em que é executado, isto é, o momento em que ocorre a morte do testador, pode decorrer um espaço temporal muito prolongado, suscita-se a questão de saber quando é que deve ser apreciada a capacidade do testador.

Responde a esta questão o artigo 2291º decidindo que a capacidade do testador se determina pela data do testamento.

Sendo assim, a incapacidade do testador é apenas a que se verifica ao tempo da outorga do testamento, não relevando o que se passou em momento anterior ou o que aconteceu em momento posterior. Se o testador era incapaz no momento em que fez o testamento, a posterior aquisição da capacidade não torna válido esse mesmo testamento.

É claro que o testador pode encontrar-se, ainda que transitoriamente, incapacitado de entender o sentido da sua declaração ou não tenha, por qualquer causa, o livre exercício da sua vontade. O testamento feito nestas circunstâncias é anulável, conforme o impõe o artigo 2199º.

Trata-se, como resulta do próprio título do preceito, de uma incapacidade acidental. É o que se verifica, por exemplo, no caso em que o testador se encontra incapaz de avaliar o sentido das declarações constantes do seu ato, por efeito de embriaguez ou outra circunstância que lhe tolda o entendimento.

136. Indisponibilidade sucessória relativa

Quem tem capacidade testamentária pode, em princípio, dispor dos seus bens como quiser e a favor das pessoas que bem entender.

Porém, a relação do testador com certas pessoas pode constituir motivo para se recear que a sua liberdade de testar pode ser perturbada. Nestes casos, para prevenir o risco de o testador dispor dos seus bens de modo menos livre e consciente, o legislador determinou quais os casos de indisponibilidade *em relação* a essas pessoas.

Os casos de indisponibilidade *relativa* constam dos artigos 2192º, 2194º e 2197º. A indisponibilidade verifica-se não só quando a disposição dos bens tem como beneficiárias as pessoas referidas nestes artigos, mas também nos casos, a que alude o artigo 2198º, em que o testador procura beneficiá-las servindo-se de interpostas pessoas.

É o nº 2 do mesmo artigo 2198º que define o que deve considerar-se como interposta pessoa, remetendo para o nº 2 do artigo 579º. Como resulta deste preceito, a disposição é feita por interposta pessoa quando é feita ao cônjuge do inibido ou a pessoa de quem este seja herdeiro presumido, ou quando é feita a terceiro, de acordo com o inibido, para o beneficiário transmitir a este a coisa ou o direito que foi objeto da disposição testamentária.

A disposição dos bens feita pelo testador com violação da indisponibilidade relativa, quer feita diretamente quer feita por interposta pessoa, acarreta a nulidade. Resulta, porém, das referidas disposições legais que a nulidade apenas atinge as respetivas disposições testamentárias, sem afetar o restante conteúdo do testamento. Estaremos perante um caso de redução do negócio jurídico, em conformidade com o previsto no artigo 292º.

Sendo o título do artigo 2192º "acompanhante e administrador legal de bens", dispõe no seu nº 1, que é nula a disposição feita por maior acompanhado a favor de acompanhante ou administrador legal de bens do disponente, ainda que estejam aprovadas as contas.

É, porém, válida a disposição a favor das mesmas pessoas, quando se trate de descendentes, ascendentes, colaterais até ao terceiro grau, cônjuge do testador ou pessoa com quem este viva em união de facto – nº 2 do mesmo artigo.

Pode dizer-se que se trata de casos em que o legislador considerou que, em certas circunstâncias especiais, o risco que esteve na base da indisponibilidade relativa não se verifica. Por isso, afastou o regime da nulidade.

A justificação para, nestes casos, não ferir de nulidade a disposição testamentária reside certamente no entendimento de que não foram as funções exercidas por estas pessoas que determinaram a atitude do testador, mas sim a sua ligação a tais pessoas motivada por laços familiares. Trata-se, como se vê, de herdeiros legitimários do testador, com exceção dos colaterais.

A mesma justificação serviu de fundamento para uma das situações em que não é considerada nula a disposição testamentária feita a médicos, enfermeiros e sacerdotes. Sendo, de forma genérica, determinada a sua nulidade nos termos previstos no artigo 2194º, o artigo 2195º exceciona dois casos. O segundo destes casos – a alínea *b)* – remete igualmente para as disposições a favor das pessoas designadas no nº 2 do artigo 2192º, a que acima fizemos referência.

O outro caso referido na alínea *a)* do artigo 2195º diz respeito aos legados remuneratórios de serviços recebidos pelo doente. A justificação para esta exceção é facilmente aceitável. Compreende-se que o testador foi determinado pela intenção de compensar os serviços recebidos e não pela subserviência em relação às pessoas em causa.

Por sua vez, o artigo 2196º declara, no seu nº 1, que é nula a disposição a favor da pessoa com quem o testador casado cometeu adultério.

Também este preceito comporta, no seu nº 2, duas exceções.

Na alínea *a)* afasta a aplicação do preceito nos casos em que o adultério foi cometido quando o casamento do testador já estava dissolvido, os cônjuges já estavam separados judicialmente de pessoas e bens ou separados de facto há mais de seis anos, à data da abertura da sucessão.

Na alínea *b)* do mesmo artigo 2196º, não é nula a disposição em que o testador se limita a assegurar alimentos ao cúmplice no adultério.

Deve ser tido em conta que a Lei nº 7/2001, de 11/5, prevê mesmo a adoção de medidas de proteção das uniões de facto.

Por último, o artigo 2197º declara nula a disposição testamentária a favor das pessoas que, de qualquer modo, foram intervenientes no testamento. É o caso do notário e das entidades que exerceram funções equivalentes, como sejam o comandante da unidade militar, o comandante do navio ou da aeronave, nas formas especiais. É ainda o caso da pessoa que escreveu o testamento, das testemunhas, abonadores e intérpretes, os designados intervenientes acidentais previstos no artigo 65º e seguintes do Código do Notariado, e, de um modo geral, todos os que intervieram no testamento ou na sua aprovação.

137. Interpretação dos testamentos

Nem sempre é fácil reconstituir da maneira mais correta a verdadeira intenção do autor da sucessão expressa no testamento. Acresce que, diferentemente dos negócios *inter vivos* que produzem efeitos de modo imediato, sendo o testamento um negócio *mortis causa*, gerará efeitos apenas sobre o facto designativo em si, ficando para mais tarde, para o momento da abertura da sucessão, a produção dos efeitos sobre o conteúdo da disposição.

Do regime comum quanto à interpretação dos negócios jurídicos tratam os artigos 236º e 237º, ocupando-se o artigo 238º da interpretação dos negócios formais.

Porém, no que toca aos testamentos, a sua interpretação está expressamente consagrada no artigo 2187º.

A interpretação significa, como se sabe, o esclarecimento acerca do conteúdo volitivo da declaração do testador, de modo a determinar os efeitos que serão produzidos em atenção aos fins por ele desejados.

Para alcançar tal desiderato, não podemos perder de vista que se trata de um negócio jurídico unilateral e gratuito, mas principalmente deve ser tido em conta que não envolve um conflito de interesses, havendo unicamente uma relação sucessória entre o *de cujus* e os seus sucessores.

Além do artigo 2187º, que, pelo próprio título, se ocupa especialmente da interpretação dos testamentos, existem outras normas que podem coadjuvar o intérprete nessa mesma tarefa, nomeadamente quando são suscitadas determinadas questões. Assim, para a interpretação do conteúdo do testamento podemos socorrer-nos dos artigos 2225º a 2228º. No caso de o testador legar a totalidade de créditos ou o recheio da casa, pode constituir um precioso auxiliar na interpretação da vontade do autor da sucessão o disposto nos artigos 2262º e 2263º.

Por outro lado, sendo o testamento um negócio jurídico formal, não podemos perder de vista o disposto nos artigos 236º a 239º, que dizem respeito à interpretação e integração dos negócios jurídicos.

De acordo com a primeira parte do nº 1 do artigo 2187º, na interpretação das disposições testamentárias deve observar-se o que parecer mais ajustado com a vontade do testador.

Para fazer o apuramento da vontade real e contemporânea do testador, não deve o intérprete cingir-se ao conteúdo de cada disposição testamentária vista separadamente, mas ter em conta o contexto do testamento, como o impõe a segunda parte deste mesmo preceito.

Tendo em vista obter a melhor interpretação, o nº 2 do mesmo artigo 2187º admite prova complementar. Não sendo especialmente relevante a prova complementar que não seja considerada contemporânea da feitura do testamento, pode, todavia, auxiliar na interpretação do respetivo conteúdo.

Quer dizer, o intérprete não tem de limitar-se unicamente ao texto. Pode servir-se de prova extrínseca utilizando outros documentos, mesmo que não sejam autênticos nem estejam assinados pelo testador.

Todavia, sendo o testamento um ato formal ou solene, para que a vontade apurada pela via interpretativa se possa considerar atendível, é necessário que tenha com o texto testamentário um mínimo de correspondência, ainda que imperfeitamente expressa.

Esta mesma exigência consta da segunda parte do nº 2 do artigo 2187º, pois coloca um limite à liberdade de interpretação ao dizer que não surtirá qualquer efeito a vontade do testador que não tenha no contexto um mínimo de correspondência, ainda que imperfeitamente expressa.

A letra do contexto do testamento é, portanto, o elemento que prevalece na interpretação da vontade do testador. Embora seja permitida a prova complementar, ou seja, o recurso a meios de prova fora do testamento, não é permitido ultrapassar o elemento literal do contexto deste.

Por outras palavras, o nº 2 do artigo 2187º não impede o recurso à prova complementar, apenas proibindo que, com a utilização de tais meios, se ultrapasse o processo de interpretação no apuramento da vontade do testador e se proceda a uma verdadeira modificação informal do próprio testamento.

A importância do elemento literal deve, em princípio, levar o intérprete a atribuir às palavras usadas pelo testador o significado normal ou corrente. No entanto, com base na prova complementar, pode o intérprete ter de concluir que certas palavras por ele utilizadas têm um significado diferente do comum. Quer dizer, o testador costumava dar a certas palavras ou expressões um significado muito pessoal que tem de ser tido em conta para se apurar a sua vontade real.

Quando, porém, o testamento foi redigido pelo oficial público, a sua interpretação e compreensão deve cingir-se ao significado normal das palavras. Não pode o intérprete ter em conta qualquer extravagância linguística do testador, visto que não foi ele quem redigiu o testamento.

CAPÍTULO XXV
Sucessão Contratual

138. Pactos sucessórios

A sucessão é um efeito jurídico *mortis causa*. Significa que a morte de uma pessoa conjugada com factos designativos é o ato gerador da aquisição de bens. A pessoa falecida é substituída na titularidade das suas relações patrimoniais por uma ou mais pessoas vivas a quem são devolvidos os bens.

A extensão do património do *de cujus* só é conhecida no momento da sua morte, pois só nesse momento se torna estável. Enquanto viva, a pessoa deve ter plena liberdade de disposição do seu património.

Em sentido estrito, a expressão *pacto sucessório* serve para designar o pacto ou contrato que tem por objeto a sucessão de um ou de ambos os contraentes.

Em sentido amplo, abrange igualmente qualquer contrato sobre a herança de uma pessoa viva.

Foram os romanistas da baixa Idade Média que pela primeira vez formularam um conceito de pacto sucessório. A construção jurídica do pacto sucessório assentava na sua divisão em três categorias fundamentais: pactos aquisitivos ou "*de sucedendo*"; pactos renunciativos ou de "*non sucedendo*" e pactos sobre a sucessão de um terceiro ou "*de hereditate tertii*".

O direito romano foi francamente adverso à admissibilidade dos pactos sucessórios, por atentarem contra a liberdade de disposição dos bens. No entanto, acabou por admitir algumas exceções.

Em sentido próprio, o pacto sucessório corresponde ao pacto *de sucedendo* da acima referida classificação clássica. Trata-se de um negócio jurídico bilateral *mortis causa* em que é regulada a sucessão de um dos contraentes a favor do outro ou a favor de terceiro.

A sucessão contratual encontra-se definida no artigo 2028º. Conforme preceitua o seu nº 1, há sucessão contratual quando, por contrato, alguém renuncia à sucessão de pessoa viva, ou dispõe da sua própria sucessão ou da sucessão de terceiro ainda não aberta.

Como se verifica, primeiramente é enunciado um *pacto renunciativo* por meio do qual alguém renuncia à sucessão de pessoa viva.

Não se trata da *renúncia* ou *repúdio* da herança a que já anteriormente, no lugar próprio, fizemos referência, ou seja, não se trata da declaração unilateral do sucessível no sentido de não aceitar a herança a que foi chamado, portanto, após a abertura da sucessão.

No *pacto de non sucedendo*, a declaração de não aceitar a herança é feita em vida do *de cujus*, ou seja, antes da abertura da sucessão. Por outro lado, não é pura e simplesmente uma declaração unilateral, visto que está integrada num negócio jurídico bilateral, ou seja, num contrato ou pacto sucessório.

Por contraposição ao *pacto renunciativo* ou de *non sucedendo* é fácil de compreender o *pacto aquisitivo* ou *de sucedendo*. Trata-se de um contrato caracterizado pela aceitação da herança de pessoa viva.

O artigo 2028º, nº 1, além do pacto renunciativo, contempla ainda o *pacto sucessório designativo*, pelo qual a pessoa dispõe da própria sucessão e, finalmente, o *pacto sucessório dispositivo* que implica disposição da sucessão de terceiro ainda não aberta.

Pelas razões já expostas, nomeadamente as que se prendem com a restrição da liberdade de disposição dos bens e a consequente impossibilidade de revogação do testamento, os pactos sucessórios são, de um modo geral, proibidos pelo nº 2 do artigo 2028º. Só são admitidos nos casos previstos na lei, sendo nulos os restantes.

Na verdade, o pacto sucessório envolve a disposição da herança de pessoa viva. Tratando-se de um contrato, o seu caráter bilateral retira ao autor da sucessão a possibilidade de o alterar unilateralmente, o que significa que perdeu a liberdade de dispor dos seus bens para depois da sua morte. Dito de outro modo, o autor da sucessão fica vinculado ao que foi contratado quanto ao destino dos seus bens para quando morrer.

Compreende-se, por isso, que só sejam considerados válidos como pactos sucessórios os que a lei admitir, sendo nulos os outros. O preceito ressalva, porém, o disposto no nº 2 do artigo 946º.

139. Conversão das doações por morte em testamento

Como acabámos de referir, todas as doações por morte são, na generalidade, proibidas. Apenas são admitidos os pactos sucessórios previstos na lei.

As doações não admitidas nos casos previstos na lei são, em princípio, nulas. Neste sentido, dispõe o artigo 946º, nº 1, que é proibida a doação por morte, salvo nos casos especialmente previstos na lei.

Porém, o nº 2 deste mesmo preceito determina que será havida como disposição testamentária a doação que houver de produzir os seus efeitos por morte do doador, se tiverem sido observadas as formalidades dos testamentos.

Trata-se, portanto, da conversão de um negócio jurídico nulo, quando feito em testamento. A conversão é permitida por aplicação da regra geral contida no artigo 293º.

Para que tal conversão se possa operar necessário se torna que na doação tenham sido observadas as formalidades próprias dos testamentos.

É claro que o confronto só pode ter lugar com o testamento público e não com o testamento cerrado. O testamento público deve constar de documento autêntico, que deve ser equiparado à escritura pública, lavrada com intervenção do notário.

Nos termos do artigo 947º, nº 1, a doação de coisas imóveis só é válida se for celebrada por escritura pública ou por documento particular autenticado.

Parece que a conversão é possível quando está em causa a doação de imóveis. No entanto, têm-se levantado algumas dúvidas pelo facto de o artigo 67º do Código do Notariado exigir a intervenção de testemunhas instrumentárias no testamento, não sendo feita igual exigência no que diz respeito às doações.

Considerando, porém, que, nos termos do nº 2 do referido artigo 67º do Código do Notariado, ao notário é permitido dispensar as testemunhas, no caso de haver urgência e dificuldade de as conseguir, a não intervenção de testemunhas nas doações não deve, por si só, ser entendida no sentido de se considerar que não foram seguidas as formalidades previstas para o testamento.

Assim, a doação por morte, que seria nula, pode ser convertida em disposição testamentária, desde que tenha sido celebrada por escritura pública.

A esta mesma conclusão se chega necessariamente por via do artigo 293º, visto determinar que o negócio nulo ou anulado pode converter-se num negócio de tipo ou conteúdo diferente, do qual contenha os requisitos essenciais de substância e de forma.

Como se verifica a exigência legal não vai além dos requisitos essenciais.

140. Partilha em vida

Conforme resulta do artigo 2029º, nº 1, a partilha em vida é um contrato pelo qual alguém faz doação entre vivos de todos os seus bens ou de parte deles a algum ou alguns dos presumíveis herdeiros legitimários com o consentimento dos outros.

Este contrato, como diz o próprio preceito, não é havido como pacto sucessório. Trata-se de uma verdadeira doação sujeita às regras próprias deste negócio jurídico.

Constitui um modo de antecipar a partilha dos bens do doador, visto que no momento da abertura da sucessão, os bens já saíram do seu património hereditário.

Pela partilha antecipada procura-se obter a harmonia entre os presumíveis herdeiros legitimários, visto que tem de existir o consentimento de todos, e será a maneira de eles começarem a usufruir mais cedo da herança.

O doador pode acautelar o seu futuro reservando para si o usufruto dos bens, mas a doação pode ser feita sem tal reserva.

Por outro lado, a doação pode abranger todos os bens do doador ou só uma parte dos mesmos. Os donatários podem receber bens ou, em vez deles, o valor equivalente.

Na partilha em vida pode acontecer, como se compreende, que não tenham tido intervenção todos os presumidos herdeiros legitimários. É o que acontece no caso de superveniência ou posterior conhecimento de mais algum herdeiro legitimário e também no caso de algum ter sido preterido.

Nestes casos, os presumíveis herdeiros que não participaram na partilha têm, por força do nº 2 do mesmo artigo 2029º, o direito de exigir dos outros o valor correspondente à sua parte na herança.

Se o valor da sua parte não lhes for atribuído até ao momento da abertura da sucessão, terão o direito de a ver preenchida pelos bens que existirem à data da morte do autor da sucessão. No caso de estes se mostrarem insuficientes, podem socorrer-se do regime de redução por inoficiosidade, se não tiver sido considerada dispensada a colação.

141. Pactos sucessórios excecionalmente admitidos por lei

A) Enunciado

Os pactos sucessórios que excecionalmente são permitidos pelo Código Civil são apenas dois.

Um deles diz respeito às disposições sucessórias incluídas na convenção antenupcial (cfr. artigos 1700º e seguintes) e o outro tem por objeto as doações para casamento que hajam de produzir os seus efeitos por morte do doador desde que também sejam incluídas na convenção antenupcial (cfr. artigos 1755º, nº 2 e 1756º, nº 1).

A estes dois pactos sucessórios nos referiremos seguidamente com algum desenvolvimento.

B) Disposições entre esposados

O artigo 1699º estabelece a regra geral segundo a qual a convenção antenupcial não pode conter disposições sobre a herança dos cônjuges ou de terceiro. Ressalva, porém, o disposto nos artigos seguintes.

Precisamente no artigo seguinte são enunciadas as disposições *mortis causa*, feitas pelos cônjuges ou por terceiro, que a lei, apesar da proibição generalizada prevista no artigo 2028º, nº 2, excecionalmente consente que sejam inseridas na convenção antenupcial. É um modo de favorecer o casamento.

Assim, o artigo 1700º, nº 1, alínea *a)* admite os pactos sucessórios sob a forma de instituição de herdeiro ou nomeação de legatário. Entre estas instituições deparamos desde logo com as que são feitas entre esposados.

Um dos esposados pode deixar ao outro toda a sua herança ou uma quota dessa mesma herança ou deixar-lhe determinados bens da herança.

Nos termos do artigo 1701º, nº 1, as disposições entre esposados não podem ser unilateralmente revogadas depois da aceitação, como negócios bilaterais que são. Também não é permitido ao doador prejudicar o donatário por atos gratuitos de disposição.

Quando o pacto sucessório tiver por objeto certos e determinados bens, a necessidade de os preservar faz com que ao doador também seja vedado alienar os bens doados, a não ser que haja autorização do donatário prestada por escrito. Só lhe será permitido fazê-lo, desde que autorizado pelo donatário, com fundamento em grave necessidade própria ou dos membros da família a seu cargo (cfr. artigo 1701º, nº 2). A recusa do donatário pode ser substituída pelo respetivo suprimento judicial previsto no artigo 1000º do Código de Processo Civil.

Se for autorizada a alienação dos bens doados, o donatário fica com o direito de receber da herança, como legatário, o valor que os bens doados teriam à data da morte do autor da sucessão. Terá ainda o direito de ser pago com preferência a todos os demais legatários do doador – artigo 1701º, nº 3.

Diferentemente, nos termos do nº 2 do artigo 1702º, se a instituição tiver por objeto a totalidade da herança, pode o doador dispor gratuitamente, em vida ou por morte, de uma terça parte dela. Para o cálculo da herança, o valor dos bens de que o doador dispôs gratuitamente depois da celebração do pacto sucessório deve ser somado aos bens existentes no momento da abertura da sucessão.

Quando a instituição contratual em favor de qualquer dos esposados tiver por objeto uma quota da herança, para o cálculo dessa quota é tido em conta o valor dos bens que o doador haja disposto gratuitamente depois da doação – artigo 1702º, nº 1.

Na convenção antenupcial cada um dos esposados pode fazer disposições a favor do outro, ou seja, disposições *mortis causa* recíprocas, conforme é consentido pelos artigos 1701º, nº 1 e 1754º.

Por força do artigo 1703º, nº 1, as disposições feitas por um dos esposados a favor do outro caducam nos casos previstos no artigo 1760º e ainda no caso de o donatário falecer antes do doador.

C) Disposições dos esposados a favor de terceiros

O artigo 1700º, nº 1, alínea *b)*, permite a qualquer dos esposados, em convenção antenupcial, fazer a instituição de herdeiro ou a nomeação de legatário em favor de terceiro. E podem ambos os esposados fazê-lo simultaneamente.

Se a instituição de herdeiro ou a nomeação de legatário for feita por qualquer dos esposados em favor de pessoa certa e determinada que intervenha como aceitante na convenção antenupcial, o artigo 1705º, nº 1, manda que seja aplicável o disposto nos artigos 1701º e 1702º.

Esta disposição feita por qualquer dos esposados a favor de terceiro assim delineada, com a aceitação do beneficiário, tem natureza contratual. Segue, portanto, o regime geral previsto para as disposições feitas entre esposados.

São, no entanto, referidos alguns desvios. Desde logo o que vem mencionado no nº 2 do mesmo artigo 1705º. O disponente pode, na convenção, reservar-se a faculdade de revogar unilateralmente o pacto sucessório. Se o fizer, a convenção *mortis causa* pode ser, portanto, livremente revogada.

É claro que, se o autor não estipular tal reserva, as disposições são, em princípio, irrevogáveis. Só poderão ser revogadas, como resulta do disposto no nº 3 ainda do artigo 1705º, no caso de se verificar a ingratidão do donatário prevista para as doações – artigos 970º e seguintes – e no caso de se tornar necessária a redução por inoficiosidade.

Estas liberalidades também seguem um regime especial no que toca à sua eficácia. Em conformidade com o disposto nos nºs 1 e 4 do artigo 1705º, tornam-se ineficazes no caso de se verificar a caducidade da convenção antenupcial, nos termos constantes do artigo 1760º, e ainda no caso de o donatário falecer antes do doador.

O que acaba de ser exposto tanto vale para o caso de a disposição a favor de terceiro ter como autor apenas um dos esposados, como é igualmente válido no caso de se verificar a intervenção simultânea de ambos os esposados como autores.

No entanto, verificar-se-á uma alteração no regime se, nos termos do artigo 1706º, nº 1, ficar consignado na convenção antenupcial o carácter correspetivo das duas disposições, pois neste caso a invalidade ou revogação de uma das disposições produz a ineficácia da outra.

Quer dizer, no caso de na convenção antenupcial figurarem como autores da disposição a favor de terceiro simultaneamente ambos os esposados, e se eles tiverem consignado a correspetividade das suas duas disposições, a invalidade ou revogação de uma delas arrasta a da outra.

Em suma, as disposições dos esposados passam a ter um destino comum, se tiverem consignado na convenção antenupcial a correspetividade das duas disposições. Embora sejam ambas a favor de terceiro, a disposição feita por cada um dos esposados fica dependente da do outro. Por isso se dizem correspetivas.

Em contrapartida, por força do nº 2 do mesmo artigo 1706º, desde que uma das disposições comece a produzir os seus efeitos, a outra já não pode ser revogada ou alterada, exceto se o beneficiário da primeira renunciar a ela, restituindo quanto por força dela haja recebido.

Temos vindo até agora a referir as disposições feitas por esposados que revestem carácter contratual. Porém, além destas, estão previstas, no artigo 1704º, as disposições de esposados a favor de terceiros com carácter testamentário.

É o que se verifica, segundo este preceito, quando a instituição de herdeiro e a nomeação de legatário feitas por algum dos esposados na convenção antenupcial em favor de pessoas indeterminadas, ou em favor de pessoa certa e determinada que não intervenha no ato como aceitante. Têm valor meramente testamentário, e não produzem qualquer efeito se a convenção caducar.

Estas disposições são, portanto, livremente revogáveis a todo o tempo pelo autor, desde que sejam feitas em favor de pessoas indeterminadas (como, por exemplo, descendentes, sobrinhos ou primos de um dos nubentes) ou pessoa que, embora sendo determinada, não teve intervenção no ato como aceitante. Não têm, portanto, natureza contratual.

D) Disposições de terceiros a favor dos esposados

Na alínea anterior fizemos referência às disposições dos esposados a favor de terceiros. Mas também é possível o inverso, ou seja, as disposições *mortis causa* feitas por terceiros a favor dos esposados.

Num caso e no outro, os regimes são em tudo semelhantes. Abordaremos apenas alguns desvios.

Estas disposições de que ora nos ocupamos têm sempre carácter contratual e não o carácter testamentário previsto no artigo 1704º. Basta atentar em que, sendo os esposados os beneficiários e sendo obrigatório que a doação conste da convenção antenupcial, necessariamente os esposados tiveram nela intervenção.

Outra particularidade diz respeito ao regime especial de caducidade. Na verdade, o artigo 1703º estabelece um regime particular de caducidade para os pactos sucessórios a favor dos esposados.

Como determina o nº 1 deste artigo 1703º, a instituição e o legado contratuais em favor de qualquer dos esposados caducam não só nos casos previstos no artigo 1760º, mas ainda no caso de o donatário falecer antes do doador.

Se, porém, a doação por morte for feita por terceiro, não caduca pelo predecesso do donatário, quando ao doador sobrevivam descendentes legítimos daquele, nascidos do casamento, os quais serão chamados a suceder nos bens doados, em lugar do donatário – artigo 1703º, nº 2.

No vocábulo legítimos não deve procurar-se qualquer descriminação, que não existe. Não deve ser-lhe atribuído outro significado que não seja o de considerar os descendentes provenientes do casamento em função do qual foi celebrada a convenção antenupcial.

E) Cláusulas de reversão e fideicomissárias

O artigo 1700º, nº 2, determina que são também admitidas na convenção antenupcial cláusulas de reversão ou fideicomissárias relativas às liberalidades aí efetuadas, sem prejuízo das limitações a que genericamente estão sujeitas essas cláusulas.

São, portanto, admitidas cláusulas de reversão ou fideicomissárias relativamente a todas as liberalidades inseridas na convenção antenupcial.

No que diz respeito às doações, a cláusula de reversão e as substituições fideicomissárias encontram-se previstas, respetivamente, nos artigos 960º e 962º.

As cláusulas de reversão ou fideicomissárias, embora incluídas nos pactos sucessórios, seguem o regime que lhes é próprio quando constem de doações *inter vivos*.

Nos termos do disposto no artigo 1707º, as cláusulas de reversão ou fideicomissárias previstas no nº 2 do artigo 1700º são revogáveis livremente e a todo o tempo pelo autor da liberalidade.

A livre revogabilidade a todo o tempo diz respeito às cláusulas de reversão ou fideicomissárias contidas nas disposições por morte, na forma de instituição de herdeiro ou nomeação de legatário, que são aquelas a que alude o artigo 1700º, nº 1.

PRINCIPAL BIBLIOGRAFIA

AMARAL, Jorge Augusto Pais de Amaral – Do Casamento ao Divórcio

BASTOS, Jacinto Fernandes Rodrigues – Direito das Sucessões

CAMPOS, Diogo Leite de – Lições de Direito da Família e das Sucessões

COELHO, Francisco Manuel Pereira – Curso de Direito de Família

CORTE-REAL, Carlos Pamplona – Curso de Direito das Sucessões

DIAS, Cristina M. Araújo – Uma Análise do Novo Regime Jurídico do Divórcio

FERNANDES, Luís A. Carvalho – Lições de Direito das Sucessões

GONÇALVES, Cunha – Tratado de Direito Civil

LIMA, Pires de e Varela, Antunes – Código Civil Anotado

MARQUES, Artur e Leitão, Hélder Rui – Direito das Sucessões, 4ª edição

VARELA, Antunes – Direito da Família

XAVIER, Rita Lobo – Recentes Alterações ao Regime Jurídico do Divórcio e das Responsabilidades Parentais

ÍNDICE IDEOGRÁFICO

E

ÍNDICE

II PARTE
DIREITO DAS SUCESSÕES

DINÂMICAS CRIATIVAS
PARA O ENSINO BÍBLICO